MATHIAS DIERKES

Gemeindliche Satzungen als Instrumente der Stadterhaltung und -gestaltung

Schriften zum Öffentlichen Recht

Band 605

Gemeindliche Satzungen als Instrumente der Stadterhaltung und -gestaltung

Von

Mathias Dierkes

Duncker & Humblot · Berlin

Die Deutsche Bibliothek – CIP-Einheitsaufnahme

Dierkes, Mathias:
Gemeindliche Satzungen als Instrumente der Stadterhaltung und -gestaltung / von Mathias Dierkes. – Berlin: Duncker und Humblot, 1991
(Schriften zum Öffentlichen Recht; Bd. 605)
Zugl.: Bochum, Univ., Diss., 1990
ISBN 3-428-07222-7
NE: GT

Satz: Klaus-Dieter Voigt, Berlin 61
Druck: Druckerei Gerike GmbH, Berlin 36
Printed in Germany

ISSN 0582-0200
ISBN 3-428-07222-7

Vorwort

Die vorliegende Untersuchung wurde im Januar 1990 abgeschlossen und im Wintersemester 1990/91 von der Juristischen Fakultät der Ruhr-Universität Bochum als Dissertation angenommen.

In den Fußnoten ist ausgewählte, bis Ende 1990 veröffentlichte Rechtsprechung und Literatur noch berücksichtigt worden.

Ein besonderer Dank gebührt Herrn Professor Dr. Rolf Grawert. Er hat mir inhaltlich alle Freiheiten gelassen und doch die Arbeit stets durch fachliche Anregungen und persönliches Engagement gefördert.

Gedankt sei auch Herrn Professor Dr. Wilfried Erbguth für die zügige Erstellung des Zweitgutachtens.

Schließlich möchte ich mich an dieser Stelle bedanken bei meinen Eltern, die mir durch ihre Unterstützung die juristische Ausbildung ermöglicht haben. Dank schulde ich auch meiner Frau Annette und Frau Feldmann für die mühselige Erstellung der Reinschrift.

Recklinghausen, im Januar 1991

Mathias Dierkes

Inhaltsverzeichnis

Einleitung 19

Abschnitt A

Gegenstand der Untersuchung 21

Abschnitt B

Gang der Untersuchung 23

Erster Teil

Die Handlungsform der Satzung 24

Abschnitt A

Die Aufgabenarten 26

I. Die Erhaltungssatzungen ... 28

II. Die Gestaltungssatzungen ... 29
1. (Sonder-)Ordnungsrecht ... 29
2. Der Wortlaut des § 81 BauO NW ... 30
3. Der Wille des Gesetzgebers ... 31
4. Die Systematik der BauO NW ... 32

III. Die Denkmalbereichssatzungen ... 34
1. (Sonder-)Ordnungsrecht ... 34
2. Die Unterschutzstellung in anderen Landesrechten ... 35
3. Kommunalisierung des Denkmalschutzes ... 36
a) Der Wortlaut des § 5 Abs. 1 S. 1 DSchG NW ... 36
b) Übereinstimmungen mit dem Bauplanungsrecht ... 38
4. Das Genehmigungserfordernis ... 39
5. Das Verordnungsrecht ... 41

IV. Die Baumschutzsatzungen ... 43

Abschnitt B

Die Regelungsgegenstände 44

Abschnitt C

„Heilungsvorschriften“ 45

Zweiter Teil

Die Bedeutung der einzelnen Satzungstypen für die Stadterhaltung und -gestaltung 49

1. Ein Aufgabenfeld ... 49
2. Die Einbeziehung des Baumschutzes ... 51
   a) Gemeinsame Schutzgegenstände ... 52
   b) Gemeinsame Fragestellungen ... 54
3. „Umweltschutz“ ... 55

Abschnitt A

Die Erhaltungssatzungen nach §§ 172ff. BauGB 55

I. Zweck und Zulässigkeit von Erhaltungssatzungen ... 57
   1. Überschneidungen mit dem Denkmalschutz ... 57
      a) Zweifel an der Gesetzgebungszuständigkeit ... 58
      b) „Städtebaulicher Denkmalschutz“ ... 59
   2. Eigentumsrecht ... 61

II. Erlaßvoraussetzungen der Erhaltungssatzungen ... 62
   1. Räumlicher Anwendungsbereich ... 62
   2. Sachlicher Anwendungsbereich ... 65
      a) Die Erhaltungsgründe aus § 172 Abs. 1 S. 1 Ziff. 1, Abs. 3 BauGB ... 67
         aa) Prägung des Ortsbildes ... 69
         bb) Prägung der Stadtgestalt ... 71
         cc) Prägung des Landschaftsbildes ... 75
         dd) Städtebaulich-geschichtliche Bedeutung ... 76
         ee) Städtebaulich-künstlerische Bedeutung ... 78
         ff) Sonstige städtebauliche Bedeutung ... 78
         gg) Keine Beeinträchtigung der städtebaulichen Gestalt ... 79
      b) Der Erhaltungsgrund aus § 172 Abs. 1 S. 1 Ziff. 2, Abs. 4 BauGB ... 80
      c) Der Erhaltungsgrund aus § 172 Abs. 1 S. 1 Ziff. 3, Abs. 5 BauGB ... 83

III. Inhaltliche Ausgestaltung der Erhaltungssatzungen ... 83
1. Entscheidungsmaßstäbe ... 84
2. Festsetzungsmöglichkeiten ... 86
3. Begründung ... 88

IV. Der Erlaß von Erhaltungssatzungen ... 90
1. Vorbereitende Maßnahmen ... 91
2. Die eigentliche Satzungsgebung ... 91
a) Zuständigkeit ... 91
b) Aufstellungsbeschluß ... 92
c) Staatliche Mitwirkung ... 93
d) Inkrafttreten ... 93
3. Vergleich: Gebietsbezeichnung in einem Bebauungsplan oder durch sonstige Satzung ... 95

V. Rechtsfolgen ... 96
1. Genehmigungspflicht ... 96
a) Die genehmigungspflichtigen Vorhaben ... 96
aa) Keine Beschränkung auf bauliche Maßnahmen ... 97
bb) Keine Beschränkung entsprechend § 9 Abs. 1 BauGB ... 98
b) Entscheidungsmaßstäbe ... 99
c) Genehmigungsverfahren ... 100
d) Ausnahme: Unzumutbarkeitsfälle ... 101
2. Weitere Rechtsfolgen ... 102

VI. Fehlerfolgen ... 103
1. „Heilungsvorschriften“ ... 103
2. Rechtsschutz ... 104

Abschnitt B

Die Gestaltungssatzungen nach § 81 BauO NW 105

I. Zweck und Zulässigkeit von Gestaltungssatzungen ... 105
1. Bestimmtheitsgebot ... 106
2. Eigentumsrecht ... 108

II. Erlaßvoraussetzungen der Gestaltungssatzungen ... 108
1. Der Gestaltungsgrund aus § 81 Abs. 1 Ziff. 2 BauO NW ... 109
2. Der Gestaltungsgrund aus § 81 Abs. 1 Ziff. 5 BauO NW ... 110

3. Der Gestaltungsgrund aus § 81 Abs. 1 Ziff. 1 BauO NW 111
4. Der Gestaltungsgrund aus § 81 Abs. 1 Ziff. 4 BauO NW 112

III. Inhaltliche Ausgestaltung der Gestaltungssatzungen 112
1. Entscheidungsmaßstäbe 113
2. Festsetzungsmöglichkeiten 114
a) Schranken durch Verfassungsrecht 116
b) Abgrenzungen zum Bodenrecht 117
c) Darstellung der Festsetzungen 119
3. Begründung 120

IV. Der Erlaß von Gestaltungssatzungen 125
1. Beratende Gremien 125
2. Vergleich: Gebietsbezeichnung durch Aufnahme in einen Bebauungsplan oder durch sonstige Satzung 127

V. Rechtsfolgen 127

VI. Fehlerfolgen 128
1. „Heilungsvorschriften“ 129
2. Rechtsschutz 130

Abschnitt C

Die Denkmalbereichssatzungen nach §§ 5, 6 DSchG NW 131

I. Zweck und Zulässigkeit von Denkmalbereichssatzungen 132

II. Erlaßvoraussetzungen von Denkmalbereichssatzungen 136
1. Sachlicher Anwendungsbereich 136
a) Stadtgrundriß 137
b) Stadt- und Ortsbild 138
c) Silhouette 138
d) Stadtteile, Stadtviertel, Siedlungen, Gehöftgruppen und Straßenzüge 138
e) Gesamtanlagen 139
f) Einzelbauten 139
g) Umgebung 140
h) Handwerkliche und industrielle Produktionsstätten 141
2. Räumlicher Anwendungsbereich 141

III. Inhaltliche Ausgestaltung der Denkmalbereichssatzungen 142
1. Entscheidungsmaßstäbe 142
a) Kreis der (un-)beachtlichen öffentlichen Interessen im Sinne des § 2 Abs. 1 DSchG NW 143
b) Gebundene Entscheidung über den Satzungserlaß 144
2. Festsetzungsmöglichkeiten 147
3. Begründung und Dokumentation 147

IV. Der Erlaß von Denkmalbereichssatzungen 148
1. Zuständigkeit 148
2. Bürgerbeteiligung 148
3. Staatliche Mitwirkung 149
4. Inkrafttreten 150
5. (Kein) Vorläufiger Schutz 151
6. Vergleich: Gebietsfestsetzung in einem Bebauungsplan oder durch sonstige Satzung 151

V. Rechtsfolgen 152
1. Genehmigungspflicht 153
a) Genehmigung von Maßnahmen im Gebäudeinneren 154
b) Genehmigung von Reproduktionen 155
2. Weitere Rechtsfolgen 160

VI. Fehlerfolgen 162
1. Rechtsschutz des Bürgers 163
2. Rechtsschutz der Gemeinden 164

Abschnitt D

Die Baumschutzsatzungen nach § 45 LG NW 166

I. Zweck und Zulässigkeit von Baumschutzsatzungen 167

II. Erlaßvoraussetzungen der Baumschutzsatzungen 168
1. Räumlicher Anwendungsbereich 168
2. Sachlicher Anwendungsbereich 171
a) Der Schutzgrund aus § 18 Abs. 1 Ziff. 1 BNatSchG 172
b) Der Schutzgrund aus § 18 Abs. 1 Ziff. 2 BNatSchG 172
c) Der Schutzgrund aus § 18 Abs. 1 Ziff. 3 BNatSchG 173

III. Inhaltliche Ausgestaltung der Baumschutzsatzungen ... 173
1. Entscheidungsmaßstäbe ... 173
2. Festsetzungsmöglichkeiten ... 174
a) Gebietsfestlegung ... 174
b) Verbote ... 175
c) Ausnahmetatbestände ... 176
d) Nebenbestimmungen ... 179
aa) Ersatzpflanzung ... 179
bb) Ausgleichszahlung ... 181
3. Begründung ... 183

IV. Der Erlaß von Baumschutzsatzungen ... 186

V. Rechtsfolgen ... 187
1. Auswirkungen auf Eigentümer und Nutzungsberechtigte ... 188
2. Auswirkungen auf Dritte ... 189

VI. Fehlerfolgen ... 190

Dritter Teil

Die kombinierte Anwendung der einzelnen Satzungstypen im Dienste der Stadterhaltung und -gestaltung 193

Abschnitt A

Zulässigkeit der Kombination 194

Abschnitt B

Zweckmäßigkeit der Kombination 196

Abschnitt C

Auswirkungen der Kombination 196

I. Auswirkungen auf das Erlaßverfahren ... 197
1. Vorbereitung der Inschutznahme ... 197
a) Möglichkeiten personeller Verknüpfung ... 197
b) Möglichkeiten sachlicher Verknüpfung ... 200
2. Die eigentliche Satzungsgebung ... 201

II. Auswirkungen auf das Genehmigungsverfahren ... 202

Abschnitt D

Gefahren der Kombination 204

I. Konfliktsituationen 205
1. Abgrenzungslösungen 206
2. Vorranglösungen 207
3. Konfliktlösung im Genehmigungsverfahren 209

II. Überreglementierung 211
1. Belastung der Gemeinden 212
2. Belastung der Eigentümer und Nutzungsberechtigten 212
3. Belastung der Mieter 213
4. Knebelung der baulichen Entwicklung 213

III. Alternativen 214

Zusammenfassung in Thesen 215

Literaturverzeichnis 221

Abkürzungsverzeichnis

a. A.	anderer Ansicht
a.a.O	am angegebenen Ort
Abs.	Absatz
a. F.	alte Fassung
AgrarR	Agrarrecht (1. 1971 ff.)
Alt.	Alternative
Anm.	Anmerkung
Art.	Artikel
Aufl.	Auflage
BauR	Baurecht (1. 1970 ff.)
Bay	Bayern, bayerisch
BayVBl.	Bayerische Verwaltungsblätter (N.F. 1. 1955 ff.)
BBauBl.	Bundesbaublatt (1. 1952 ff.)
Bd.	Band, Bände
ber.	berichtigt
BGBl. I	Bundesgesetzblatt, Teil I (1951 ff.)
BlGBW	Blätter für Grundstücks-, Bau- und Wohnungsrecht (1. 1952 ff.)
Bln.	Berlin
Brem.	Bremen, bremisch
BRS	Baurechtssammlung (1. 1945/50 ff.)
BT-Drs.	Drucksache(n) des Deutschen Bundestages
BW	Baden-Württemberg
BWVBl.	Baden-Württembergische Verwaltungsblätter (1. 1980 ff.)
BWVerwPr	Baden-Württembergische Verwaltungspraxis (1. 1974 ff.)
bzw.	beziehungsweise
ca.	circa
DAS	Die alte Stadt (5. 1978 ff.)

DB	Der Betrieb (1. 1948ff.)
dens.	denselben
ders.	derselbe
d.h.	das heißt
dies.	dieselben
Difu	Deutsches Institut für Urbanistik
Diss.	Dissertation
DJT	Deutscher Juristentag
DÖV	Die Öffentliche Verwaltung (1. 1948ff.)
DST	Der Städtetag (N.F. 1. 1948ff.)
DVBl.	Deutsches Verwaltungsblatt (65. 1950ff.)
f., ff.	folgende Seite, folgende Seiten
Fn.	Fußnote(n)
FS	Festschrift
gem.	gemäß
Hess.	Hessen, hessisch
h.M.	herrschende Meinung
Hrsg., hrsg.	Herausgeber, herausgegeben
i.d.R.	in der Regel
i.S.d.	im Sinne der/des
i.V.m.	in Verbindung mit
JuS	Juristische Schulung (1. 1961ff.)
lit.	litera
LK	Der Landkreis (29. 1959ff.)
LS	Leitsatz
m.a.W.	mit anderen Worten
MBl.	Ministerialblatt
m.w.N.	mit weiteren Nachweisen
Nds.	Niedersachsen, niedersächsisch
n.F.	neue Folge, neue(r) Fassung
NJW	Neue Juristische Wochenschrift (1. 1947/48ff.)
Nr.	Nummer, Nummern
NuL	Natur und Landschaft (28. 1953ff. – 57. 1982)
NuR	Natur und Recht (1. 1979ff.)

NVwZ	Neue Zeitschrift für Verwaltungsrecht (1. 1982ff.)
NVwZ-RR	NVwZ – Rechtsprechungsreport Verwaltungsrecht
NW	Nordrhein-Westfalen, nordrhein-westfälisch
NWVBl.	Nordrhein-Westfälische Verwaltungsblätter (1. 1987ff.)
o.ä.	oder ähnliche(s)
RdL	Recht der Landwirtschaft (1. 1949ff.)
Rh.-Pf.	Rheinland-Pfalz, rheinland-pfälzisch
RGBl.	Reichsgesetzblatt (1871 - 1945, ab 1921 Teil I und II)
Rdnr., Rdnrn.	Randnummer(n)
S.	Satz/Seite
SGV NW	Sammlung des bereinigten Gesetz- und Verordnungsblattes für das Land Nordrhein-Westfalen (Loseblatt 1962ff.)
s.o.	siehe oben
StGB	Städte- und Gemeindebund (24. 1971ff.)
StGR	Städte- und Gemeinderat (25. 1971ff.)
u.a.	und andere, unter anderem
UPR	Umwelt- und Planungsrecht (1. 1981ff.)
VerwArch	Verwaltungsarchiv N.F. 48. 1957ff.)
VersR	Versicherungsrecht (1. 1950ff.)
vgl.	vergleiche
VR	Verwaltungsrundschau (23. 1977, 10ff.)
VuR	Vermessungswesen und Raumordnung (35. 1973ff.)
VVDStRL	Veröffentlichungen der Vereinigung der Deutschen Staatsrechtslehrer (1. 1924ff.)
z.B.	zum Beispiel

ZfBR	Zeitschrift für deutsches und internationales Baurecht (1. 1978ff.)
ZG	Zeitschrift für Gesetzgebung (1. 1986ff.)
Ziff.	Ziffer
Zit., zit.	Zitat, zitiert
ZMR	Zeitschrift für Miet- und Raumrecht (S. 1952ff.; vorher: Handbuch des gesamten Miet- und Raumrechts)

Einleitung

„Die letzten Jahre sind durch einen spürbaren Wandel im Städtebau gekennzeichnet. Die Begrenztheit der Ressourcen Natur, Wasser und Boden ist in das allgemeine Bewußtsein gerückt. Fragen der Stadtökologie, der Wiederverwendung brachliegender Flächen im Stadtbereich, der behutsamen Stadterneuerung, der Verbesserung des Wohnumfeldes, der Erhaltung des Gebäudebestandes und der Wiederbelebung der Innenstädte sind in den Vordergrund getreten ..."

Diese „Problembeschreibung" des Bundestagsausschusses für Raumordnung, Bauwesen und Städtebau anläßlich der Vorlage des Entwurfes eines Gesetzes über das Baugesetzbuch[1] gibt Beobachtungen wieder, über die bereits vielfach berichtet worden ist. Gerade im Städtebaurecht läßt sich verfolgen, daß die Reaktion auf die Wiederauf- und Neubauphase nach dem zweiten Weltkrieg zu einer Rückbesinnung auf die Erhaltung vorhandener Bausubstanz und gewachsener Strukturen geführt hat.[2]

Nachdem bereits 1976 das Bundesbaugesetz unter dem Gesichtspunkt eines verstärkten Schutzes des Bestehenden novelliert worden war,[3] bringt nunmehr das am 1. Juli 1987 in Kraft getretene Baugesetzbuch[4] diese Tendenz noch deutlicher zum Ausdruck. Die Planungsleitlinien des § 1 Abs. 5 S. 2 Ziff. 4, 5 und 7 BauGB bilden anschauliche Beispiele dafür, wie sehr das Pendel des Zeitgeistes heute zu der Seite hin ausgeschlagen ist, die das vordringliche Ziel in der Pflege und behutsamen Weiterentwicklung einer vorgegebenen Stadtlandschaft sieht. Angesichts des Bevölkerungsrückgangs in der Bundesrepublik Deutschland steht zu erwarten, daß der Schwerpunkt der Städtebaupolitik auch in Zukunft darauf liegen wird, bereits Vorhandenes in seiner natürlichen, geschichtlichen, städtebaulichen, architektonischen oder künstlerischen Eigenart zu bewahren.[5]

---

1 Beschlußempfehlung zu dem von der Bundesregierung eingebrachten Gesetzentwurf, BT-Drs. 10/5166, S. 1, abgedruckt in: Zur Sache, Das Neue BauGB, S. 11.

2 *Brohm*, DVBl. 1985, S. 593 (595); ähnlich *Eberl*, BayVBl. 1980, S. 710ff.; *Kummer*, Denkmalschutzrecht, S. 10ff.; *Bartlsperger*, DVBl. 1981, S. 284 (285); *Henke*, DÖV 1983, S. 402 (403); *ders.*, Stadterhaltung, S. 22ff.; *Battis/Schmittat*, NuR 1983, S. 102; *Moench*, NJW 1983, S. 1998; *Erbguth*, DVBl. 1985, S. 1352 (1353, 1355); *Grooterhorst*, DVBl. 1987, S. 654.

3 Vgl. dazu *Eberl*, BayVBl. 1980, S. 710 (712); *Grauvogel*, in: Brügelmann, BBauG, § 1, Rdnrn. 195, 196.

4 BauGB vom 8. Dezember 1986, BGBl. I, S. 2253.

5 *Schmidt-Eichstaedt*, Städtebaurecht, S. 282; Bülow, Flächen- und bodenbezogener Denkmalschutz, S. 1ff.; *Brohm*, DVBl. 1985, S. 593 (599f.), sieht bereits die Gefahr

Die Aufwertung des Erhaltungsgedankens auf Kosten von Neuplanung und Neubebauung beschränkt sich jedoch nicht nur auf den Bereich des Baurechts. Wie sich in der Aufzählung der Schutzmotive bereits angedeutet hat, können bei der Erhaltung und Gestaltung bebauter Gebiete eine Vielzahl unterschiedlicher Belange eine Rolle spielen, deren Wirkung sich nicht etwa darin erschöpft, daß sie im Rahmen der Bauleitplanung zu berücksichtigen sind. Im Gegenteil zeigt sich ihre eigentliche Bedeutung vielfach erst in anderen Bereichen des Verwaltungsrechts. So hat der Belang des Naturschutzes seinen angestammten Platz im Natur- und Landschaftsschutzrecht, wird dem Interesse an der Konservierung architektonisch, künstlerisch oder historisch wertvoller Gebäude vor allem auch im Denkmalschutzrecht Rechnung getragen.

Aus dieser Sicht stellt sich die schrittweise Entwicklung des Städtebaurechts – von der Befriedigung des Nachholbedarfs bis Ende der sechziger Jahre über die Sanierung mit dem Ziel der Funktionsgerechtigkeit der Stadt bis zum Leitbild der Substanzerhaltung seit der Mitte der siebziger Jahre –[6] nur als ein Teil einer umfassenderen Bewegung dar, die gewöhnlich mit dem Etikett „Umweltschutz" versehen wird.[7]

Mit diesem Reiz- und Schlagwort der politischen Diskussion ist ein tiefer Wandel der in der Gesellschaft verbreiteten Auffassungen angesprochen, der in der Gesetzgebung einen reichen „normativen Niederschlag"[8] gefunden hat. Da die Gesetzgebungszuständigkeiten zwischen Bund und Ländern aufgeteilt sind, hat nicht nur der Bund,[9] sondern haben auch die Länder eine Reihe von Vorschriften mit dem Ziel des Umweltschutzes erlassen. Aus dem Gedanken des Erhalts der natürlichen und der durch Menschenhand geschaffenen Umwelt heraus sind in Nordrhein-Westfalen unter anderem das Denkmalschutzgesetz und das den Rahmen des Bundesnaturschutzgesetzes ausfüllende Landschaftsgesetz entstanden.[10]

---

der Übertreibung des Erhaltungsschutzes. Ähnlich auch schon *Bartlsperger,* DVBl. 1981, S. 284 (285).

[6] Vgl. *Brohm,* DVBl. 1985, S. 593ff.

[7] Ähnliche Überlegungen bei *Bartlsperger,* DVBl. 1981, S. 284 (285). Siehe zu diesem Begriff auch unten, Zweiter Teil, 3.

[8] *Battis/Schmittat,* NuR 1983, S. 102 (zum Denkmalschutzrecht).

[9] Neben dem Baugesetzbuch sind hier vor allem das Bundesimmissionsschutzgesetz vom 15. März 1974, BGBl. I, S. 721, ber. S. 1193, und das Bundesnaturschutzgesetz vom 24. Dezember 1976, BGBl. I S. 3574, ber. BGBl. I 1977, S. 650 zu nennen. Vgl. im übrigen *Breuer,* Umweltschutzrecht, in: von Münch, Bes. VerwR, S. 668ff.

[10] DSchG NW vom 11. März 1980, GV NW S. 226 / SGV NW 224; LG NW vom 26. Juni 1980, GV NW S. 734 / SGV NW 791. Vgl. die Aufzählung weiterer umweltrelevanter Landesgesetze bei Degenhart, Umweltschutzrecht, in: Grimm/Papier, StVwR NW, S. 533ff.

Abschnitt A

Gegenstand der Untersuchung

Bei näherem Hinsehen weisen die angesprochenen Gesetze neben einer zunächst weitläufig erscheinenden thematischen Verwandtschaft eine ganz bestimmte Gemeinsamkeit bei der Frage auf, auf welche Art und Weise eine als besonders wertvoll erkannte Eigenheit der Umwelt im besiedelten Bereich geschützt werden soll. § 172 BauGB, § 5 DSchG NW und § 45 LG NW sehen nämlich jeweils eine von der Gemeinde zu erlassende Satzung als das Instrument vor, mit dem bestimmte Gebiete oder Bestandteile des städtischen Lebensraumes unter Schutz gestellt werden können. Nimmt man zu der baurechtlichen Erhaltungssatzung, der denkmalrechtlichen Denkmalbereichssatzung und der landschaftsrechtlichen Baumschutzsatzung noch die Gestaltungssatzung des Bauordnungsrechts gemäß § 81 der Landesbauordnung[11] hinzu, wird der Umriß eines weiten Regelungsfeldes erkennbar, auf dem die Gemeinden im Wege der (Satzungs-)Rechtsetzung ihre landschaftliche und bauliche Entwicklung im Sinne der Erhaltung und Gestaltung des Bestehenden kontrollieren und lenken können.

Hier scheint sich eine Entwicklung anzubahnen, die jedenfalls partiell der allgemein beklagten Aushöhlung der kommunalen Selbstverwaltung[12] entgegenwirkt. Indem ihnen in diesem Gebiet die Rechtsetzung anvertraut wird, gewinnen die Gemeinden neue Handlungsspielräume. Die Kritik des staatlichen Regelungsperfektionismus, der zuvor frei gestaltete gemeindliche Aufgaben immer mehr durchnormiert, und die Klage über die anhaltende Wanderung ehemals gemeindlicher Aufgaben von „unten“ nach „oben“ hat hier offensichtlich die Erkenntnis befördert, daß die Entscheidung auf höherer Ebene und eine größere Regelungsdichte nicht per se eine bessere Problemlösung garantieren.[13] Jedenfalls der nordrhein-westfälische Gesetzgeber hat sich dazu verstanden, manche Fragen der Stadterhaltung und -gestaltung nicht selbst zu regeln, sondern unter Belassung von Freiräumen der Rechtsetzung der Gemeinden zuzuweisen. Damit spricht er die Fähigkeit der den entstehenden Konflikten am nächsten stehenden örtlichen Gemeinschaft an, innerhalb des gesetzlich vorgegebenen Rahmens selbständig und eigenverantwortlich die betroffenen Interessen auszugleichen und das Ergebnis der Abwägung in Form der Satzung verbindlich festzulegen.

---

[11] BauO NW '84 vom 26. Juni 1984, GV NW S. 419 / SGV NW 232. § 81 BauO NW '84 entspricht dem früheren § 103 der BauO NW '70.

[12] Vgl. nur *Blümel* (Bericht) und *Grawert* (Mitbericht), VVDStRL, Bd. 36 (1978), S. 171 (188ff., 277ff.); *von Mutius,* Gutachten E zum 53. Deutschen Juristentag, S. 65ff.

[13] Vgl. *Kummer,* Denkmalschutzrecht, S. 98; *Pappermann,* DSchG NW in der Praxis, BLGBW 1983, S. 101 (102) zum Denkmalschutzrecht.

Es wäre allerdings ein Irrtum zu glauben, allein die Vielfalt der Rechtsgrundlagen und Handlungsmöglichkeiten gewährleiste die Wirksamkeit des erhaltenden und gestaltenden Schutzes der Stadt durch die Gemeinden.[14] Vielmehr kann gerade der Umstand, daß ihnen im Grundsatz eine ganze Palette von Satzungstypen zur Verfügung steht, zu Überschneidungen, Spannungslagen und Rangfragen führen. Gibt zum Beispiel „der Bebauungsplan ein bebautes Grundstück zur Neubebauung frei", „obwohl das aufstehende Gebäude unter Denkmalschutz gestellt ist" oder in einem nach § 5 Abs. 1 DSchG NW festgesetzten Denkmalbereich liegt,[15] oder gerät ein Bauprojekt dadurch in Widerspruch zu einer Baumschutzsatzung gemäß § 45 LG NW, daß „die Baugrube so geplant" wird, daß der geschützte Baum in sie „hineinfällt",[16] oder werden schließlich mehrere Schutzsatzungen für ein Objekt erlassen, etwa indem eine örtliche Bauvorschrift nach § 81 BauO NW besondere Anforderungen an die einen Denkmalbereich bildenden baulichen Anlagen stellt,[17] entstehen Probleme des Vorrangs und des Nebeneinanders, der Harmonisierung manchmal konträr gegenüberstehender Regelungen, die der Klärung bedürfen.

Von den viel besprochenen „pathologischen Fällen" der Normenkollision einmal abgesehen, stellt sich für diejenigen, die mit der gemeindlichen Rechtsetzung befaßt sind, aber auch das Problem, welches der Regelungsinstrumente wann und vor allem in welcher Art und Weise eingesetzt werden kann; unter Umständen werden sie sogar die Zulässigkeit und Gebotenheit einer Kombination verschiedener Satzungstypen bedenken müssen. Dann sind (erst recht) auch Hürden des Rechtsetzungsverfahrens zu überwinden, was schon deshalb mit besonderen Schwierigkeiten verbunden ist, weil außerhalb des Bauplanungsrechts die spezifischen Anforderungen des Satzungserlasses bisher von der Wissenschaft vernachlässigt worden sind.[18]

Die Einführung neuer Ermächtigungen für die Gemeinden, mit dem Ziel der Stadterhaltung und -gestaltung als Satzungsgeber tätig zu werden, hat also eine Reihe neuer Fragen aufgeworfen. Diesen soll im folgenden auf der Grundlage des nordrhein-westfälischen Landesrechts nachgegangen werden, daß für die Bevorzugung der gemeindlichen Satzung als Schutzinstrument exemplarische Bedeutung besitzt: Denkmalrechtlicher Ensembleschutz findet nur in Nordrhein-Westfalen (§§ 5, 6 DSchG NW) und in Baden-Württemberg (§ 19 DSchG BW) durch Satzungen der Gemeinden statt.[19] Baumschutz in

---

14 *Brohm,* DVBl. 1985, S. 593 (598).

15 *Erbguth,* DVBl. 1985, S. 1352 (1358f.). Zur in solchen Fällen notwendigen Auslegung des Bauantrages siehe *Schmittat,* Denkmalschutz und gemeindliche Selbstverwaltung, S. 118 (119, 136ff.).

16 *Bartholomäi,* UPR 1988, S. 241 (245).

17 Vgl. dazu *Eberl,* BayVBl. 1987, S. 353 (355).

18 *Hufen/Leiß,* BayVBl. 1987, S. 289 (291); *Schmidt-Jortzig,* ZG 1987, S. 193.

Satzungsform sehen nur die Landesrechte Nordrhein-Westfalens (§ 45 LG NW), Niedersachsens (§ 28 Abs. 2 S. 1 und 5 NatSchG Nds) und Schleswig-Holsteins (§ 20 Abs. 4 LPflegeG SH) vor.[20]

Der Untersuchungsgegenstand ist dabei in dreifacher Hinsicht eingegrenzt. Erstens durch die Person des Gesetzgebers, nämlich die Gemeinden, zweitens durch die Handlungsform der Satzung und drittens durch das in etwa gemeinsame Ziel der Satzungen, das sich mit einer Formulierung des Baugesetzbuches vorläufig als „die Erhaltung, Erneuerung und Fortentwicklung vorhandener Ortsteile sowie die Gestaltung des Orts- und Landschaftsbildes" beschreiben läßt.[21]

Abschnitt B

Gang der Untersuchung

Die Arbeit wendet sich zunächst dem Standort der soeben umschriebenen Satzungen innerhalb des Systems der gemeindlichen Rechtsetzung zu und klärt insbesondere ihre Zugehörigkeit zu einer der Arten der Gemeindeaufgaben. Im Zweiten Teil wird ihre jeweilige Bedeutung für die Stadterhaltung und -gestaltung hinterfragt, um sodann jeden Satzungstyp im Gesamtzusammenhang des Verwaltungsrechtsgebietes zu erörtern, dem die jeweilige Ermächtigungsgrundlage entstammt. Die Fragen nach den spezifischen Aufgaben, materiellen und verfahrensmäßigen Voraussetzungen, Rechts- und Fehlerfolgen der einzelnen Satzungen bilden den Schwerpunkt der Untersuchung. Dabei sollen einerseits ihre eigenständigen Einsatzmöglichkeiten, andererseits auch die sich ergebenden Überlappungszonen untereinander, aber auch im Verhältnis zum herkömmlichen Steuerungsinstrument des Städtebaus, dem gemäß § 10 BauGB ebenfalls in Satzungsform ergehenden Bebauungsplan, nachgezeichnet werden. Hiermit verbunden wird das Bemühen, die unterschiedlichen Erlaßbedingungen darzustellen, denn nur bei Einbeziehung der Verfahrensprobleme in die Abwägung kann derjenige, der aktuell über das „Ob" und „Wie" einer solchen Schutzsatzung innerhalb der Gemeinde zu entscheiden hat, die Vor- und Nachteile der sich anbietenden Möglichkeiten verläßlich beurteilen. Abschließend wird im Dritten Teil der Zulässigkeit und Zweckmäßigkeit, den Auswirkungen und den Gefahren einer kombinierten Anwendung verschiedener Maßnahmen nachgegangen, bevor die Ergebnisse der Arbeit in Thesen zusammengefaßt werden.

---

[19] Überblick über die diversen landesrechtlichen Vorschriften bei *Erbguth/Paßlick/Püchel,* DSchG der Länder, S. 52, und *Bülow,* Flächen- und bodenbezogener Denkmalschutz, S. 239 (240).

[20] Vgl. *Steinberg,* NJW 1981, S. 550, mit Fn. 2, 3; *Rosenzweig,* NuR 1987, S. 313; *Fischermeier,* Inschutznahme, S. 14ff.

[21] § 1 Abs. 5 Ziff. 4 BauGB. Vgl. unten Zweiter Teil, 1.

Erster Teil

Die Handlungsform der Satzung

Die Verfassung gewährleistet in Art. 28 Abs.2 S. 1 GG den Gemeinden das Recht, „alle Angelegenheiten der örtlichen Gemeinschaft“ zu „regeln“. Der Begriff der Regelung umfaßt dabei nicht nur die Entscheidung in Einzelfällen, sondern mindestens ebensosehr auch den Erlaß von generell-abstrakten Rechtsvorschriften.[1]

Rechtsetzung heißt auf kommunaler Ebene aber zu allererst Satzungsgebung. Das Bundesverfassungsgericht definiert Satzungen als „Rechtsvorschriften, die von einer im Staat eingeordneten juristischen Person des öffentlichen Rechts im Rahmen der ihr gesetzlich verliehenen Autonomie (Rechtsetzungsmacht, Satzungsbefugnis) mit Wirksamkeit für die ihr angehörigen und unterworfenen Personen erlassen werden“.[2] Diese allgemein anerkannte Begriffsbestimmung ist insoweit zu ergänzen, als die Gemeinden aufgrund der Universalität ihrer Zuständigkeiten im örtlichen Bereich nicht nur die Rechtsbeziehungen zu ihren Bürgern, sondern auch alle anderen Verhältnisse und Vorgänge durch Satzung regeln dürfen, die vom Mandat örtlich-selbstverwaltender Aufgabenwahrnehmung gedeckt sind.[3]

Die vom Grundgesetz eingeräumte Satzungsautonomie ist Teil des gemeindlichen Selbstverwaltungsrechts.[4] Ihre Verleihung findet ihren guten Sinn darin, „gesellschaftliche Kräfte zu aktivieren, den entsprechenden gesellschaftlichen Gruppen die Regelung solcher Angelegenheiten, die sie selbst betreffen und die sie in überschaubaren Bereichen am sachkundigsten beurtei-

---

1 Diese auf *Fleiner,* Institutionen, S. 79, zurückgehende Auffassung ist heute allgemein anerkannt. Vgl. BVerfGE 21, 45, 62ff.; 32, 346, 361ff.; BVerwGE 6, 247, 252; *Gönnenwein,* Gemeinderecht, S. 144 (145); zuletzt *Schmidt-Jortzig,* ZG 1987, S. 193 (194).

2 BVerfGE 10, 20, 49f.; 33, 125, 156; vgl. auch § 65 I LVwG SH: „Satzung ist eine Anordnung, Festsetzung oder andere Maßnahme zur Regelung einer Vielzahl von Fällen, die aufgrund eines Gesetzes im Bereich der eigenen Angelegenheiten der Gemeinden, Kreise, Ämter sowie der Körperschaften des öffentlichen Rechts ohne Gebietshoheit und der rechtsfähigen Anstalten und Stiftungen des öffentlichen Rechts getroffen wird“.

3 *Schmidt-Aßmann,* Kommunale Rechtsetzung, S. 4.

4 Nach *Schmidt-Jortzig,* Kommunalrecht, Rdnr. 612, mit Fn. 3, ist dies heute „völlig herrschende Meinung“. Nachweise zur Gegenansicht finden sich noch bei *Gönnenwein,* Gemeinderecht, S. 145, Fn. 10.

len können, eigenverantwortlich zu überlassen und dadurch den Abstand zwischen Normgeber und Normadressat zu verringern. Zugleich wird der Gesetzgeber davon entlastet, sachliche und örtliche Verschiedenheiten berücksichtigen zu müssen, die für ihn oft schwer erkennbar sind und auf deren Veränderungen er oft nicht rasch genug reagieren könnte".[5]

Die Autonomie der Rechtsetzung unterscheidet die Satzungen von den Rechtsverordnungen. Während hier in eigener Zuständigkeit und Verantwortung gehandelt wird, bleibt es dort bei inhaltlich fremden, nur aus technischen Gründen vom Staat auf eine andere Stelle übertragenen Aufgaben.[6] Ermächtigungen für den Erlaß von Satzungen müssen deshalb, anders als bei den auf heteronomer Rechtsetzung beruhenden Rechtsverordnungen, grundsätzlich nicht „nach Inhalt, Zweck und Ausmaß bestimmt" im Sinne der Art. 80 Abs. 1 S. 2 GG, 70 Verf NW sein. Das ergibt sich nicht nur aus dem Wortlaut dieser Verfassungsbestimmungen, sondern auch aus der unmittelbaren demokratischen Legitimation der für den Satzungserlaß zuständigen Gemeinden.[7]

Die auf dem Merkmal der Autonomie aufbauende Definition der Satzung, von der oben ausgegangen wurde, beantwortet allerdings manche andere Frage nicht, wie sie sich bei der neuen, dem Ziel der Erhaltung, Pflege und Fortentwicklung des städtischen Lebensraums verpflichteten Satzungsgebung stellt. Zum einen betreffen die neuen Satzungstypen nämlich nicht notwendig nur Selbstverwaltungsangelegenheiten; ganz im Gegenteil ist die Natur der wahrzunehmenden Aufgabe bei einigen Ermächtigungen äußerst umstritten (Abschnitt A). Zum anderen lassen sich diese Regelungen ihrem Inhalt und ihrer Struktur nach nicht ohne Zwang in die gängige Unterteilung – Massenverwaltung, Planung oder Organisation – einpassen (Abschnitt B). Schließlich stellen die neuen Satzungsermächtigungen unterschiedliche Anforderungen an das Erlaßverfahren. Wo diese nicht erfüllt sind, ist zu berücksichtigen, daß Fehler der Gemeinden bei der Rechtsetzung nicht mehr notwendig die Nichtigkeit der Norm zur Folge haben. Indem die §§ 214 ff. BauGB, 4 Abs. 6 GO NW und 42 a LG NW das herkömmliche „Nichtigkeitsdogma"[8] für bestimmte Satzungen und bestimmte Fehler überwinden, stehen neue Probleme zur Klärung an (Abschnitt C).

---

[5] BVerfGE 33, 125 (156).

[6] *Schmidt-Aßmann,* Rechtsetzungsbefugnis, in: FS für von Unruh, S. 609 (610); *Schmidt-Jortzig,* Kommunalrecht, Rdnr. 615.

[7] § 28 Abs. 1 S. 2 lit. g) GO NW rechnet den Erlaß, die Änderung und die Aufhebung von Satzungen zu den nicht übertragbaren Angelegenheiten des Rates. Die allgemeine Ablehnung einer Analogie zu Art. 80 Abs. 1 GG und zu den entsprechenden Vorschriften der Landesverfassungen wird allerdings unterschiedlich begründet. Vgl. *Stober,* Kommunalrecht, S. 133; *Schmidt-Jortzig,* Kommunalrecht, Rdnr. 618.

[8] Begriff bei *Ossenbühl,* NJW 1986, S. 2805 (2806), einerseits und andererseits vgl. *Schmidt-Aßmann,* DVBl. 1984, S. 582 (586).

Abschnitt A

Die Aufgabenarten

Die Gemeinden unterliegen bei der Erfüllung der ihnen gestellten Aufgaben in unterschiedlichem Maße der staatlichen Einflußnahme. Neben die in eigener Verantwortung wahrzunehmenden, nur der Rechtsaufsicht unterliegenden (freiwilligen und pflichtigen) Selbstverwaltungsangelegenheiten treten in Nordrhein-Westfalen die Pflichtaufgaben zur Erfüllung nach Weisung und die Auftragsangelegenheiten alter Art (§ 116 GO NW).[9]

Ohne auf die umstrittenen Charaktere der einzelnen Aufgabenarten an dieser Stelle eingehen zu wollen, läßt sich im Hinblick auf die Satzungen feststellen, daß ihr Erlaß nicht nur in Angelegenheiten der gemeindlichen Selbstverwaltung, sondern nach geltendem Kommunalrecht auch bei der Erfüllung von Pflichtaufgaben nach Weisung und bei der Wahrnehmung von Auftragsangelegenheiten möglich ist.[10]

Zwar bildet dieser Bereich schon aus kompetentiellen Gründen nur ein „Zusatzfeld" der Satzungsgebung, die ihren eigentlichen Normierungsbereich bei den Aufgaben der Selbstverwaltung findet.[11] So soll auch zu beobachten sein, daß immer weniger Satzungen im Zusammenhang mit Weisungsaufgaben erlassen werden. Entweder seien diese gesetzlich so detailliert geregelt, daß für Satzungen kein Raum mehr bleibe oder es würden besondere Rechtsinstitute vorgeschrieben.[12] Dies ändert aber an der generellen Zulässigkeit der Satzung als Handlungsform der Gemeinde auch im Fremdverwaltungsbereich nichts.

Dem steht nicht entgegen, daß die nordrhein-westfälische Gemeindeordnung, anders als andere Landesrechte, keine ausdrückliche Bestimmung dieses Inhalts in den § 4 GO NW aufgenommen hat. Ihr Fehlen läßt nicht

---

[9] Zu den Abmessungen der Aufgabentypen vgl. für viele: *Erichsen,* Kommunalrecht, in: Grimm/Papier, StVwR NW, S. 124ff.

[10] So ausdrücklich: § 4 Abs. 1 S. 2 GO BW und § 3 Abs. 1 S. 2 KrO BW; Art. 23 Abs. 2 GO Bay und Art. 17 Abs. 2 KrO Bay; § 6 Abs. 1 S. 2 GO Nds und § 7 Abs. 1 S. 2 KrO Nds; § 24 Abs. 1 S. 2 GO Rh.-Pf.; §§ 12 Abs. 1 S. 2 und 143 Abs. 1 S. 2 KSVG Saar; § 65 Abs. 2 LVwVG SH. *Lerche,* DB 1969, Beilage Nr. 6, S. 6; *Erichsen,* Kommunalrecht, in: Grimm/Papier, StVwR NW, S. 169; *Schmidt-Jortzig,* Kommunalrecht, Rdnr. 609; *ders.,* ZG 1987, S. 193 (196); *Seewald,* Kommunalrecht, in: Arndt u.a., Bes. VerwR, S. 26, Rdnr. 85; *Stich,* ZfBR 1983, S. 61 (65); vorsichtiger: *Brohm,* DVBl. 1985, S. 593 (595); *Kottenberg/Rehn,* GO NW, §§ 4, Anm. II, 5 und § 3, Anm. IV; ausdrücklich für Auftragsangelegenheiten *Schmidt-Aßmann,* Rechtsetzungsbefugnis, in: FS für von Unruh, S. 607; *Stober,* Kommunalrecht, S. 132; *ders.,* in: Wolff/Bachof, Verwaltungsrecht II, Rdnr. 191.

[11] *Schmidt-Jortzig,* ZG 1987, S. 193ff. (196). Näher sogleich unten, Erster Teil, A, II, 2.

[12] *von Loebell-Oerter,* GO NW, § 4, Anm. 4a).

etwa den Rückschluß zu, daß der Landesgesetzgeber hier das gemeindliche Satzungsrecht auf die Angelegenheiten der Selbstverwaltung hätte beschränken wollen. Vielmehr findet es seinen Grund darin, daß das Kommunalrecht Nordrhein-Westfalens im Gefolge des sogenannten Weinheimer Entwurfs von einem monistischen Aufgabenverständnis ausgeht.[13] Aufgrund dieser prinzipiellen Abkehr von der Zweiteilung des Aufgabenkreises der Gemeinden in staatliche Fremdverwaltungs- und eigene Selbstverwaltungsangelegenheiten, wie sie die Art. 78 Abs. 1 und Abs. 2 Verf NW sowie § 2 GO NW dokumentieren, soll sich das allgemeine Satzungsrecht von vornherein auch auf die gemeindlichen Weisungsaufgaben erstrecken.[14]

Eine besondere Erwähnung der Satzungsbefugnis in Angelegenheiten der Fremdverwaltung ist deshalb nach der Gesamtkonzeption der nordrhein-westfälischen Kommunalverfassung schlicht überflüssig. Daß § 4 GO NW zu dieser Frage schweigt, schließt eine Satzungsgebung außerhalb des Bereichs der gemeindlichen Selbstverwaltung nicht aus. Als Beleg aus der neueren Landesgesetzgebung sei auf die Regelung über den Landschaftsplan hingewiesen, den die Kreise und kreisfreien Städte gemäß den §§ 16 Abs. 2 S. 1, 8 Abs. 1 S. 3 LG NW als untere Landschaftsbehörde und damit als Sonderordnungsbehörde (§ 8 Abs. 2 LG NW) in Form der Satzung beschließen.[15] Nur darin verbleibt ein Unterschied, daß die Gemeinde ihre eigenen Angelegenheiten aus eigenem Recht durch Satzung regeln darf, während ihr bei Aufgaben der „Fremdverwaltung" der staatliche Gesetzgeber den Einsatz dieses Instruments vorenthalten oder an eine besondere gesetzliche Verleihung binden darf.[16]

Ist Satzungsgebung vom Grundsatz her aber bei allen Aufgabenarten der Gemeinden möglich, kommt es darauf an, welchem Bereich die gemeindliche Rechtsetzung zum Zwecke der Stadterhaltung und Stadtgestaltung zuzuordnen ist. Die Zuordnung des Satzungserlasses zu einer bestimmten Aufgabenkategorie kann nämlich durchaus Auswirkungen haben. Zu nennen sind etwa die Fragen, welche Gestaltungsspielräume den Gemeinden offen-, welche Rechtsschutzmöglichkeiten ihnen gegenüber der Aufsichtsbehörde zur Verfügung stehen oder ob sich das Erlaßverfahren an § 4 GO NW orientieren darf.[17]

---

[13] Für viele: *Erichsen,* Kommunalrecht, in: Grimm/Papier, StVwR NW, S. 126.

[14] *Schmidt-Jortzig,* Kommunalrecht, Rdnr. 609, Fn. 1; *ders.,* ZG 1987, S. 193 (196, Fn. 11).

[15] Vgl. dazu VerfGH NW, NWVBl 1988, S. 11ff.; NuR 1988, S. 136.

[16] *Gönnenwein,* Gemeinderecht, S. 147 (149); *Schmidt-Aßmann,* Rechtsetzungsbefugnis, in: FS für von Unruh, S. 607; *Stober,* Kommunalrecht, S. 132; *Luersen/Neuffer,* GO Nds, § 6, Anm. 1 und Anm. 2; noch weitergehend *Schmidt-Jortzig,* ZG 1987, S. 193 (196, Fn. 11: Bei monistischer Aufgabenstruktur könne die allgemeine kommunalrechtliche Satzungsermächtigung ‹d.h. in NW § 4 Abs. 1 GO NW› auch schon die Ermächtigung zum Satzungserlaß im Fremdverwaltungsbereich miterbringen, auf eine besondere Verleihung komme es nicht mehr an).

Im folgenden soll daher vorweg die Zugehörigkeit dieser Satzungsgebung zu dem einen oder anderen Typ der von der Gemeinde wahrzunehmenden Aufgaben erörtert werden. Diese Vorgehensweise bietet sich an, weil sich zu dieser Frage häufig ähnliche Gedankengänge finden, insbesondere, wenn man die Diskussion um die Gestaltungssatzungen des Bauordnungsrechts mit der um die Einordnung der Denkmalbereichssatzungen vergleicht. Dabei wird der Versuch unternommen, die Übereinstimmungen und Abweichungen der Argumentationsmuster aufzuzeigen, um die bisher nur für eine bestimmte Satzungsermächtigung angestellten Überlegungen auch für die Klärung der Rechtsnatur des Satzungserlasses in den anderen Bereichen fruchtbar zu machen.

Die Fragestellung ist allerdings schon dadurch etwas eingeschränkt, daß von vornherein nur noch die Kategorien der freiwilligen oder pflichtigen Selbstverwaltungsangelegenheit oder der Pflichtaufgabe zur Erfüllung nach Weisung in Betracht kommen können. Art. 78 Abs. 3 und Abs. 4 S. 2 Verf NW behandeln nämlich die Auftragsangelegenheiten alter Art nicht mehr, sondern beziehen sich nur noch auf die Pflichtaufgaben zur Erfüllung nach Weisung im Sinne des § 3 Abs. 2 GO NW. Daraus muß man schließen, daß das Land die Gemeinden lediglich zur Durchführung von Aufgaben dieser Art neu verpflichten kann, die Neuübertragung von Auftragsangelegenheiten alten Stils dem Landesgesetzgeber in Nordrhein-Westfalen hingegen verwehrt ist. Dies bestätigt § 116 GO NW, der die Auftragsangelegenheiten mit unbeschränktem staatlichem Weisungsrecht nur noch in Form einer Übergangsregelung behandelt.[18] Da mit Ausnahme der Erhaltungssatzungen nach § 172 BauGB, deren Rechtscharakter unter diesem Aspekt ohnehin eindeutig ist,[19] aber nicht der Bundes-, sondern der Landesgesetzgeber die zum Satzungserlaß ermächtigenden Normen des § 81 BauO NW, § 5 DSchG NW und des § 45 LG NW geschaffen hat, kommt eine Übertragung der dort den Gemeinden aufgegebenen Rechtsetzung als Auftragsangelegenheit überkommener Prägung nicht in Frage. Zur Einordnung der genannten Befugnisnormen verbleiben nur die Klassifikation als Selbstverwaltungsangelegenheit oder als Pflichtaufgabe zur Erfüllung nach Weisung.

I. Die Erhaltungssatzungen

§ 172 Abs. 1 BauGB erlaubt der Gemeinde, in einem Bebauungsplan oder durch sonstige Satzung Gebiete festzulegen, in denen der Abbruch, die Ände-

---

[17] Zum Teil andere Auswirkungen nennen, bezogen auf die Gestaltungssatzungen: *Böckenförde/Temme,* BauO NW, § 81, Rdnr. 5; *Moelle/Rabeneck/Schalk,* BauO NW, § 81, Rdnr. 2.

[18] *Kottenberg/Rehn,* GO NW, § 116, Anm. IV.

[19] Siehe dazu sogleich unten, I.

rung oder Nutzungsänderung und gegebenenfalls auch die Errichtung von baulichen Anlagen der Genehmigung bedürfen. Der auf diesem Wege begründete Genehmigungsvorbehalt soll der Erhaltung und Erneuerung von Städten und Dörfern dienen.[20] Das durch § 39 h BBauG '76 eingeführte Instrument der Erhaltungssatzung ergänzt dadurch die den Gemeinden durch § 2 Abs. 1 S. 1 BBauG bestätigte Befugnis, in eigener Verantwortung Bauleitpläne aufzustellen. Wie der Erlaß von Flächennutzungs- und Bebauungsplänen, fällt auch der Erlaß von Erhaltungssatzungen unbestritten in den Bereich gemeindlicher Selbstverwaltung.[21]

II. Die Gestaltungssatzungen

Bei anderen Ermächtigungen der Gemeinden zur Rechtsetzung mit dem Ziel der Bewahrung und Fortentwicklung der Stadt hat die prinzipiell bestehende Möglichkeit, Satzungen nicht nur im Rahmen von Selbstverwaltungsangelegenheiten, sondern auch bei Pflichtaufgaben zur Erfüllung nach Weisung zu erlassen, zu Meinungsverschiedenheiten geführt. Kontroverse Auffassungen über die Zuordnung zu der einen oder der anderen Aufgabenart werden etwa zu § 81 BauO NW vertreten. Nach dieser Vorschrift können die Gemeinden in Form von Gestaltungssatzungen eigenes Ortsbaurecht schaffen, dessen Regelungen auch als Festsetzungen in einen Bebauungsplan aufgenommen werden können, § 81 Abs. 4 BauO NW.

1. (Sonder-)Ordnungsrecht

Die Ermächtigung zum Erlaß örtlicher Bauvorschriften, § 81 BauO NW, ist Teil des Bauordnungsrechts. Als Sonderordnungsrecht dient es in der Hauptsache der Gefahrenabwehr, also einer klassischen, stets vom Staat wahrgenommenen Aufgabe.[22] Die auf der Grundlage der bauordnungsrechtlichen Ermächtigungen erlassenen örtlichen Bauvorschriften bezwecken darüber hinaus auch die Abwehr von Verunstaltungen. Auch der Verunstaltungsschutz wird jedoch zu den traditionellen Funktionen dieses Rechtsgebietes gezählt,[23] so daß zunächst einmal vieles dafür spricht, daß der Erlaß von Gestaltungssatzungen nach § 81 BauO NW in den übertragenen Wirkungskreis der Gemeinden fällt. Demgemäß werden diese Satzungen vielfach als

---

[20] *Krautzberger,* in: B/K/L, BauGB, § 172, Rdnr. 1.

[21] *Stich,* ZfBR 1983, S. 61 (65); *Brohm,* DVBl. 1985, S. 593 (598); *Erbguth,* DVBl. 1985, S. 1353.

[22] *Krebs,* Baurecht, in: Grimm/Papier, StVwR NW, S. 388; vgl. auch *Stich,* ZfBR 1983, S. 61 (66).

[23] *Krebs,* a.a.O., S. 395 (397); zur geschichtlichen Entwicklung des Bauordnungsrechts in Nordrhein-Westfalen siehe *Bülow,* Flächen- und bodenbezogener Denkmalschutz, S. 39ff.

„Bauaufsichtsrecht“, dessen Geltung auf das Gemeindegebiet begrenzt sei, qualifiziert.[24]

2. Der Wortlaut des § 81 BauO NW

Anders als etwa in Niedersachsen, wo die Zuordnung der Satzungsgebung zum übertragenen Wirkungskreis der Gemeinden ausdrücklich in dem ermächtigenden § 97 Abs. 1 S. 1 BauO Nds verankert ist,[25] besteht in Nordrhein-Westfalen eine solche gesetzliche Festlegung nicht. Der einschlägige § 81 BauO NW spricht nur davon, daß die Gemeinden örtliche Bauvorschriften als Satzung erlassen können. Dennoch wird versucht, diese Bestimmung für die Frage nach der Art der mit dem Satzungserlaß wahrzunehmenden Angelegenheiten fruchtbar zu machen. Indem die Ermächtigung gerade die Handlungsform der Satzung vorschreibe, bringe sie den Charakter der dort zugelassenen Rechtsetzung als eine Selbstverwaltungsaufgabe der Gemeinden zum Ausdruck.[26]

Wer in dieser Weise ganz allein darauf abstellen will, daß Satzungen herkömmlicherweise als Normsetzungen von Selbstverwaltungskörperschaften im eigenen Wirkungskreis auftreten und daraus den Schluß ziehen will, eine gesetzliche Befugnis zum Erlaß einer „Satzung“ belege stets den Willen des Gesetzgebers, die Angelegenheit der Selbstverwaltung der Gemeinden zu überlassen, geht jedoch zu weit. Die These, daß immer Selbstverwaltung gemeint sei, wenn das Gesetz von Satzungen spricht, läßt sich in dieser Allgemeinheit nicht halten.[27] Ein solcher Automatismus: Handlungsform Satzung = eigener Wirkungskreis der Gemeinden widerspräche nicht nur der bereits erwähnten Regelung des § 97 Abs. 1 S. 1 BauO Nds,[28] sondern auch dem gel-

---

[24] Von einer Aufgabe im übertragenen Wirkungskreis der Gemeinden gehen aus: *Ernst/Hoppe,* Bau- und Bodenrecht, Rdnr. 858; für das jeweilige Landesrecht auch *Koch/Molodovsky,* BauO Bay, Art. 91, Anm. 1; *Simon,* BauO Bay (Sept. '86), Art. 91, Anm. I, der noch in der Lieferung April '83 eine Selbstverwaltungsaufgabe angenommen hatte; *Sauter/Krohn/Kiess/Imig,* BauO BW, § 111, Anm. 3 und 21; *Bonin,* BauO Rh.-Pf., § 123, Anm. 1; *Lerche,* DB 1969, Beilage Nr. 6, S. 5ff.; *Teucher,* Das Parlament 1987, Nr. 32, S. 6. Unentschieden BayVGH, BayVBl. 1986, S. 213 (214); *Stich,* ZfBR 1983, S. 61 (66); *Brohm,* DVBl. 1985, S. 593 (598); *Bülow,* Flächen- und bodenbezogener Denkmalschutz, S. 389; *Friauf/Wendt,* Baurechtlicher Denkmalschutz, S. 34.

[25] „Örtliche Bauvorschriften werden als Satzung im übertragenen Wirkungskreis erlassen“. Kritisch zu dieser Regelung *Grosse/Suchsdorf/Schmaltz/Wiechert,* BauO Nds, § 97, Anm. 2.

[26] So *Rosenzweig,* NuR 1987, S. 313 (316), für Satzungen aufgrund des NatSchG Nds. Anklänge dieser Argumentation aber auch bei *Rößler,* BauO NW, § 81, Anm. 1, und Neuffer, BauO BW, § 73, Anm. 1.

[27] *Lerche,* DB 1969, Beilage Nr. 6, S. 6. Vgl. für das jeweilige Landesrecht: *Simon,* BauO Bay (Lief. Sept. '86), Art. 91, Anm. I; *Bonin,* BauO Rh.-Pf., § 123 Anm. 1.

[28] Diese bezeichnet *Rosenzweig* – (nur) von seinem Standpunkt aus folgerichtig – als „gesetzgeberischen Fehlgriff“, NuR 1987, S. 313 (316 mit Fn. 37).

tenden Kommunalrecht. Dieses sieht nämlich[29] durchaus Satzungen bei der Wahrnehmung von Angelegenheiten außerhalb der gemeindlichen Selbstverwaltung vor.

Auf der anderen Seite indiziert der Umstand, daß das Gesetz den Gemeinden die Handlungsform der Satzung zur Verfügung stellt, aber immerhin die sachliche Nähe zur Bauleitplanung als originärer gemeindlicher Selbstverwaltungsangelegenheit und schafft Distanz zum Bereich der mit dem Instrument der Rechtsverordnung arbeitenden, instanziell grundsätzlich auf der Kreisebene angesiedelten (Bau-)Ordnungsverwaltung im engeren Sinne.[30]

Die Richtigkeit dieses Gedankenganges bestätigt sich, wenn man erneut den verfassungsrechtlichen Rahmen mit in den Blick nimmt: Das Grundgesetz gewährleistet den Gemeinden in Art. 28 Abs. 2 S. 1 GG das Recht, alle Angelegenheiten der örtlichen Gemeinschaft im Rahmen der Gesetze in eigener Verantwortung zu regeln. Dieser von Art. 78 Abs. 2 LVerf NW und § 2 GO NW aufgenommene Grundsatz der gemeindlichen Allzuständigkeit beinhaltet die Vermutung, daß die Wahrnehmung einer Aufgabe des örtlichen Wirkungskreises der Gemeinde zusteht und daß sie dabei in weisungsfreier Selbstverwaltung tätig wird, soweit die Gesetze nicht ausdrücklich anderes betimmen.[31]

Die (einfachgesetzlichen wie verfassungs-)rechtlichen Koordinaten sprechen demnach insgesamt für das Vorliegen von Selbstverwaltung, wenn § 81 BauO NW den Gemeinden die Befugnis einräumt, für ihr Gebiet örtliche Bauvorschriften in Satzungsform zu erlassen. Die Inschutznahme gerade durch Satzung als einem typischen Instrument eigenverantwortlicher Aufgabenerfüllung[32] begründet (zwar noch keine Gewißheit, aber) eine Vermutung für Selbstverwaltung, die allerdings durch weitere Umstände erhärtet werden müßte.

3. Der Wille des Gesetzgebers

Eine eindeutige Begründung für die Annahme einer Selbstverwaltungsangelegenheit bei dem Erlaß von Gestaltungssatzungen ergibt sich aber auch aus den Gesetzgebungsmaterialien noch nicht. Zwar wurde bei der Novellierung im Jahre 1984 ausgeführt, daß die Satzungsgebung auf der Grundlage des neuen § 81 BauO NW '84 ebenso wie die nach § 103 BauO NW '70 in den

---

[29] Siehe oben, Erster Teil, A.

[30] So OVG Münster, BRS 40, Nr. 152, S. 337; StGR 1984, 291; NVwZ 1984, S. 319. Im Ansatz auch *Keller,* Örtliche Bauvorschriften, S. 26.

[31] Vgl. *Kottenberg/Rehn,* GO NW, § 2, Anm. I.1 und 3; *Thiele,* DVBl. 1980, S. 10; *Stober,* in: Wolff/Bachof, Verwaltungsrecht II, § 86, Rdnrn. 45ff.; *Teucher,* Das Parlament 1987, Nr. 32, S. 6.

[32] *Schmidt-Aßmann,* Rechtsetzungsbefugnis, in: FS von Unruh, S. 607, m.w.N.; *Schmidt-Jortzig,* ZG 1987, S. 193 (194ff.).

eigenen Wirkungskreis der Gemeinden falle.[33] Diese Meinung des Gesetzgebers bringt der § 81 BauO NW jedoch nicht klar zum Ausdruck, auch nicht dadurch, daß den Gemeinden für den Erlaß der örtlichen Bauvorschriften die Handlungsform der Satzung vorgeschrieben wird.[34] Daß sie das eigene Ortsbaurecht nur in Form der Satzung schaffen dürfen, kann für sich allein den Charakter der dadurch wahrzunehmenden Aufgabe noch nicht festlegen. Insoweit muß das oben zum Wortlaut des § 81 BauO NW bereits Gesagte gelten.

4. Die Systematik der BauO NW

Trotz des auslegungsfähigen, den Willen des Gesetzgebers nicht eindeutig bestätigenden Wortlauts der ermächtigenden Norm gehen die Kommentare zur nordrhein-westfälischen Landesbauordnung davon aus, daß der Erlaß der örtlichen Bauvorschriften dem Bereich gemeindlicher Selbstverwaltung zuzurechnen ist. Sie begründen dies mit der Systematik des Gesetzes. Zunächst wird zutreffend darauf verwiesen, daß § 57 Abs. 2 S. 2 BauO NW den § 81 BauO NW ausdrücklich von der Regel des ersten Satzes, wonach die Aufgaben der Bauaufsichtsbehörden als solche der Gefahrenabwehr gelten, ausnehme.[35] Die in § 81 BauO NW aufgeführten Gegenstände seien nur über § 1 Abs. 3 OBG NW in den Kreis der ordnungsbehördlichen Aufgaben einbezogen, sachlich handele es sich nicht um Gefahrenabwehr.[36] Das bestätigt ein Vergleich mit § 80 BauO NW, der die oberste Bauaufsichtsbehörde zum Erlaß von Rechtsverordnungen (nur) zur Verwirklichung der in § 3 BauO NW genannten allgemeinen Anforderungen ermächtigt. Die dort genannten Anforderungen dienen einzig der Abwehr von Gefahren für die öffentliche Sicherheit oder Ordnung, § 3 Abs. 1 S. 1 BauO NW. Indem § 81 BauO NW darauf keinen Bezug nimmt, läßt diese Differenzierung im Gesetz darauf schließen, daß die zur Satzungsgebung berufenen Gemeinden auch andere Belange als die der Gefahrenabwehr bei Erlaß der örtlichen Bauvorschriften berücksichtigen sollen und dürfen.[37]

Ein solcher über die Gefahrenabwehr hinausgehender Regelungszweck wird auch nicht mehr nur in dem Verunstaltungsschutz gesehen. Zwar wurden

---

[33] Begründung zu § 81 des Gesetzentwurfes der Landesregierung, LT-Drs. 9/2721, S. 92; *Bork/Köster,* BauO NW, § 81, Rdnr. 1.

[34] Vgl. für das bayerische Landesrecht *Koch/Molodovsky,* BauO Bay, Art. 91, Anm. 4.1.1.; *Simon,* BauO Bay (Sept. '86), Art. 91, Anm. I; a.A. *Keller,* Örtliche Bauvorschriften, S. 26.

[35] *Böckenförde/Temme,* BauO NW, § 81, Rdnr. 5; OVG Münster, BauR 1981, S. 559 (560); BRS 38, Nr. 138; NJW 1982, S. 845; StGR 1982, S. 72; BRS 40, Nr. 152, S. 291ff. zu § 77 Abs. 2 S. 2 BauO NW '70. Vgl. auch *Wachter,* Urteilsanmerkung zu OVG Münster, BauR 1981, S. 559, in: StGR 1982, S. 72 (75).

[36] *Rößler,* BauO NW, § 81, Anm. 1.

[37] *Bork/Köster,* BauO NW, § 81, Rdnr. 2.

die Vorgängervorschriften zu § 81 BauO NW '84 und § 103 BauO NW '70 ursprünglich in diesem Sinne ausgelegt.[38] Heute ist jedoch auch die sogenannte positive Baugestaltungspflege als zulässiger Zweck der örtlichen Bauvorschriften anerkannt. Damit dürfen in den Gestaltungssatzungen auf der Grundlage des § 81 BauO NW strengere, ästhetische Maßstäbe für die Baugestaltung festgesetzt werden, als sie für eine bloße Gefahren- oder Verunstaltungsabwehr notwendig wären.[39]

Mithin wird der oben angeführten Argumentation, der Erlaß örtlicher Bauvorschriften falle schon wegen der Herkunft der Satzungsermächtigung aus dem (Sonder-)Ordnungsrecht in den übertragenen Wirkungskreis der Gemeinden, der Boden entzogen. Da es sich nicht mehr um „Verunstaltungsverhinderungsvorschriften" handelt, kommt es nicht darauf an, daß auch der Verunstaltungsschutz zu den traditionellen Aufgaben des Bauordnungsrechts gerechnet wird. Jedenfalls in der Erweiterung der Satzungsziele von der bloß negativen Abwehr von Verunstaltungen hin zur Gestaltung der baulichen Anlagen zeigt sich, daß der gesetzesgeschichtlich bedingte Standort der Ermächtigung zum Erlaß der örtlichen Bauvorschriften im Recht der Gefahren- und Verunstaltungsabwehr für ihre heutige Einordnung nicht mehr maßgeblich sein kann.

Dann ist aber aus der Gesetzessystematik der aktuellen BauO NW '84, die insofern auch den Willen des Gesetzgebers zum Ausdruck bringt, zu schließen, daß der Erlaß von Baugestaltungssatzungen in Nordrhein-Westfalen der gemeindlichen Selbstverwaltung überlassen ist. Die Satzungsgebung nach § 81 BauO NW stellt sich im Ergebnis als eine Selbstverwaltungsaufgabe der Gemeinden dar.[40]

---

[38] So etwa noch: OVG Münster, NJW 1964, S. 1977; OVG Berlin, BRS 24, Nr. 119, S. 170; OVG Bremen, BRS 38, Nr. 148, S. 340.

[39] OVG Münster, BauR 1981, S. 559ff., mit zustimmender Anmerkung *Wachter*, StGR 1982, S. 72 (73); OVG Lüneburg, BRS 39, Nr. 132, S. 281; BRS 47, Nr. 122, S. 321 – LS; NVwZ 1984, S. 252 (253); VGH Mannheim, BRS 39, Nr. 133, S. 284; VGH Kassel, BRS 47, Nr. 121, S. 319; VGH München, BayVBl. 1989, S. 210 (212); *Gassner*, VuR 1981, S. 143 (169); *Schmaltz*, VuR 1983, S. 217 (218); *Stich*, ZfBR 1983, S. 61 (64); *Krebs*, Baurecht, in: Grimm/Papier, StVwR NW, S. 396ff.; *Böckenförde/Temme*, BauO NW, § 81, Rdnr. 7; *Bork/Köster*, BauO NW, § 81, Rdnr. 2; *Moelle/Rabeneck/Schalk*, BauO NW, § 81, Rdnrn. 6, 7; *Rößler*, BauO NW, § 81, S. 484, 486; *Simon*, BauO Bay, Art. 91, Rdnr. 5, und Art. 12, Rdnr. 8; *Grosse-Suchsdorf/Schmaltz/Wiechert*, BauO Nds, § 56, Rdnr. 3; *Ortloff*, NVwZ 1983, S. 10 (11); *Neuffer*, BauO BW, § 73, Rdnr. 4; a.A. *Lerche*, DB 1969, Beilage Nr. 6, S. 8ff.; *Friauf/Wendt*, Baurechtlicher Denkmalschutz, S. 23ff.; siehe auch unten Zweiter Teil, B, I.

[40] Für die Einordnung als Selbstverwaltungsaufgabe nach nordrhein-westfälischem Landesrecht sind: OVG Münster, BRS 40, Nr. 152, S. 335ff.; *Rößler*, BauO NW, § 81, Anm. 1, S. 484; *Bork/Köster*, BauO NW, § 81, Rdnr. 1, S. 362; *Böckenförde/Temme*, BauO NW, § 81, Rdnr. 5; *Moelle/Rabeneck/Schalk*, BauO NW, § 81, Rdnr. 2; allgemein *Schmidt-Jortzig*, ZG 1987, S. 193 (195); *Manssen*, Stadtgestaltung, S. 110ff.; für Bayern: *Simon*, BauO Bay (April '83), Art. 91, Anm. 1; *Keller*, Örtliche Bauvorschriften, S. 25ff.; für Baden-Württemberg: *Neuffer*, BauO NW, § 73, Rdnr. 1; BW VGH, BRS, 39, Nr. 133, S. 285.

III. Die Denkmalbereichssatzungen

Eine fast parallel verlaufende Diskussion um den Charakter der Rechtsetzung als Selbstverwaltungsangelegenheit der Gemeinde oder als fremdverwaltete staatliche Aufgabe findet sich auch bei der Unterschutzstellung von Denkmalbereichen durch Satzung wieder. Gemäß § 5 Abs. 1 S. 1 DSchG NW werden Ensembles durch Satzung der Gemeinde unter Schutz gestellt, gemäß § 6 Abs. 4 DSchG NW können Denkmalbereiche auch in einem Bebauungsplan festgesetzt werden. Ob diese Maßnahmen im Rahmen gemeindlicher Selbstverwaltung erfolgen, ist lebhaft umstritten.

1. (Sonder-)Ordnungsrecht

Wie bei den bauordnungsrechtlichen Gestaltungssatzungen wird auch bei den Denkmalbereichssatzungen zunächst darauf hingewiesen, daß die Ermächtigung der Gemeinde zur Rechtsetzung dem Recht der Gefahrenabwehr entstamme. Der Denkmalschutz als die Gesamtheit der Maßnahmen, die ohne oder gegen den Willen des Eigentümers oder des sonst jeweils Nutzungsberechtigten zur Sicherung des Denkmals mit hoheitlichen Mitteln getroffen werden können und die Denkmalpflege als die Summe der schlichthoheitlichen oder fiskalischen Maßnahmen[41] seien originäre staatliche Aufgaben (der Länder). Grundsätzlich seien sie dem eigenen Wirkungskreis der Gemeinden, insbesondere ihrer Planung, entzogen.[42]

Diese klassische Aufgabenverteilung habe sich grundsätzlich auch in Nordrhein-Westfalen erhalten. Zwar obliege die Denkmalpflege seit Erlaß des Denkmalschutzgesetzes den Gemeinden kraft ausdrücklicher Regelung des § 22 Abs. 1 DSchG NW als Selbstverwaltungsaufgabe. Der eigentliche Denkmalschutz habe seinen ursprünglichen Charakter als Staatsaufgabe aber bewahrt und werde deshalb von den Gemeinden, die nach § 20 Abs. 1 Ziff. 3 DSchG NW untere Denkmalbehörden sind, als Pflichtaufgabe zur Erfüllung nach Weisung wahrgenommen.[43] § 20 Abs. 3 DSchG NW verweist durch die Verwendung des Begriffs „Sonderordnungsbehörden" für die Denkmalbehörden sowie durch die Bestimmung, daß ihre Aufgaben als solche der „Gefahrenabwehr" gelten, nämlich auf § 3 OBG NW. Nach dieser Vorschrift nehmen

---

[41] *Rothe*, DSchG NW, § 1, Rdnrn. 3, 4; ähnlich *Strobl*, BWVerwPr 1983, S. 278; *Pappermann*, BlGBW 1983, S. 101 (103); *Feger*, VR 1983, S. 279 (280).

[42] *Henke*, Stadterhaltung, S. 27, m.w.N.; *Stich*, ZfBR 1983, S. 61 (65); a.A. *Pappermann*, BlGBW 1983, S. 101 (102). Zur geschichtlichen Entwicklung des Denkmalschutzes ausführlich *Bülow*, Flächen- und bodenbezogener Denkmalschutz, S. 34ff.

[43] *Henke*, Stadterhaltung, S. 28; *Hönes*, DÖV 1979, S. 286ff.; *ders.*, DÖV 1981, S. 957; *Prahl*, BlGBW 1983, S. 41; *Brohm*, DVBl. 1985, S. 593 (598 m. Fn. 49); *Erbguth*, DVBl. 1985, S. 1352 (1353); wohl auch *Kummer*, Denkmalschutzrecht, S. 96ff.; *Bülow*, Flächen- und bodenbezogener Denkmalschutz, S. 261: „Maßnahme der Gefahrenabwehr".

die Gemeinden die Aufgaben der örtlichen Ordnungsbehörden als Pflichtaufgabe zur Erfüllung nach Weisung wahr, das heißt, sie unterliegen grundsätzlich den in § 9 OBG NW näher geregelten Weisungsrechten. Soweit das DSchG NW oder andere gesetzliche Vorschriften nichts anderes bestimmen, gelten nach § 12 Abs. 3 OBG NW die Vorschriften eben dieses Gesetzes.

2. Die Unterschutzstellung in anderen Landesrechten

Für die Einordnung der Inschutznahme von Denkmalbereichen durch Satzung als Pflichtaufgabe zur Erfüllung nach Weisung könnte neben der allgemeinen Kennzeichnung als herkömmlich staatliche Aufgabe auch der Vergleich mit anderen Landesdenkmalschutzgesetzen sprechen. Mit Ausnahme Baden-Württembergs, das 1983 durch eine Novellierung seines Denkmalschutzgesetzes den Schutz von „Gesamtanlagen" durch Satzung der Gemeinden eingeführt hat (§ 19 Abs. 1 DSchG BW),[44] hat sich kein anderes Bundesland als Nordrhein-Westfalen für die gemeindliche Satzung als Schutzinstrument entschieden. Soweit die Ensembles nicht ohnehin als Denkmäler per Gesetz oder durch Eintragung in die Denkmalliste unter Schutz gestellt werden, sehen die Denkmalrechte anderer Länder die von staatlicher Seite zu erlassende Rechtsverordnung vor.[45]

Hier zeigt sich die prinzipielle Austauschbarkeit der beiden Formen der kommunalen Rechtsetzung. Die Konkurrenz zwischen der Satzung und der Rechtsverordnung tritt bei solchen Materien auf, deren Zuordnung zum Recht der Gefahrenabwehr oder zur allgemeinen Sozialvorsorge nach der historischen Entwicklung oder wegen der aktuellen Mischung beider Aspekte nicht eindeutig ist.[46] In diesem Sinne mischt sich auch bei der Inschutznahme von Denkmalbereichen das überörtliche Interesse an der Abwehr von Gefahren für die historische Substanz mit allgemeinen, von der örtlichen Gemeinschaft wahrgenommenen Interessen, etwa der Erhaltung des Ortsbildes.[47]

Überwiegend haben sich die Länder in diesem Interessenkonflikt dafür entschieden, die Unterschutzstellung der Ensembles wie die anderen Aufgaben des Denkmalschutzes in der staatlichen Sphäre zu belassen. Diese Entscheidung, in deren Folge dann auch die entsprechenden Handlungsformen, wie die der Verordnung, vorgeschrieben worden sind, bestimmt allerdings nicht, in welcher Weise die Aufgabe des Ensembleschutzes in Nordrhein-Westfalen

---

[44] Änderungsgesetz zum Denkmalschutzgesetz vom 18. Juli 1983, GV BW, S. 378; siehe dazu *Strobl,* BWVerwPr 1983, S. 278ff., und *Brohm,* DVBl. 1985, S. 593, 598 (599).

[45] So § 3 Abs. 1 DSchG Brem; § 18 Abs. 1 DSchG He; § 5 DSchG SH; *Erbguth/Paßlick/Püchel,* DSchG der Länder, S. 52.

[46] *Schmidt-Aßmann,* Kommunale Rechtsetzung, S. 26ff.; *ders.,* Rechtsetzungsbefugnis, in: FS für von Unruh, S. 610 (611), mit (weiteren) Beispielen.

[47] Vgl. *Hönes,* DÖV 1979, S. 286.

den Gemeinden übertragen ist. Der Landesgesetzgeber ist nämlich nicht nur frei, zwischen verschiedenen Handlungsformen zu wählen, wenn er seine Befugnisse auf die Gemeinden überträgt. Wenn er sich dazu versteht, sie zum Satzungserlaß zu ermächtigen, kann er vielmehr auch wählen, ob er die durch die Satzungsgebung wahrzunehmende Aufgabe als Selbstverwaltungsaufgabe der Gemeinden oder nur als Pflichtaufgabe zur Erfüllung übertragen will. Auch im letzteren Fall setzt er sich nicht in Widerspruch zu Art. 28 Abs. 2 S. 1 GG, da es sich beim Denkmalschutz gerade nicht um eine originäre Angelegenheit der örtlichen Gemeinschaft, sondern um eine ursprüngliche dem Staat zugeordnete Aufgabe handelt. Letztlich maßgebend für die Frage, welcher Aufgabenkategorie die Inschutznahme eines Denkmalbereiches qua Satzung zuzuordnen ist, ist deshalb die Auslegung der jeweiligen landesrechtlichen Befugnisnorm in ihrem systematischen Zusammenhang im Denkmalschutzrecht.

3. Kommunalisierung des Denkmalschutzes

Trotz des Standorts des ermächtigenden § 5 Abs. 1 DSchG NW im Sonderordnungsrecht und der abweichenden Regelungen in den meisten anderen Landesrechten zählen manche den Erlaß von Denkmalbereichssatzungen nach dem nordrhein-westfälischen Denkmalschutzrecht zum Bereich der gemeindlichen Selbstverwaltung.[48] Die in Nordrhein-Westfalen getroffene Regelung sei insofern „die Konsequenz der gesetzgeberischen Grundentscheidung für eine Kommunalisierung des Denkmalschutzes",[49] mit der der Landesgesetzgeber der Planungshoheit der Gemeinden habe Rechnung tragen wollen.[50]

a) Der Wortlaut des § 5 Abs. 1 S. 1 DSchG NW

Zur weiteren Begründung des Charakters als Selbstverwaltungsaufgabe der Gemeinden wird zunächst auf den Wortlaut der Ermächtigungsnorm für den Erlaß der Denkmalbereichssatzungen verwiesen. Die Entscheidung des Gesetzgebers gegen eine Übertragung der Angelegenheit als Pflichtaufgabe zur Erfüllung nach Weisung trete darin zu Tage, daß § 5 Abs. 1 S. 1 DSchG NW in Ausnahme zu § 20 Abs. 1 und Abs. 3 DSchG NW „die Gemeinden –

---

[48] *Gahlen/Schönstein,* DSchG NW, § 5, Anm. 9; *M/U/S,* DSchG NW, § 5, Rdnr. 1; *Rothe,* DSchG NW, § 5, Rdnrn. 1, 3 und 12; *Stähler,* Denkmalbegriff, S. 114; *Peppermann,* BlGBW 1983, S. 101 (103); für das Landesrecht BW: *Strobl,* BWVerwPr 1983, S. 278, 281; zögernd: *Schmittat,* Denkmalschutz und gemeindliche Selbstverwaltung, S. 80ff., 84, 100.

[49] *Erbguth/Paßlick/Püchel,* DSchG der Länder, S. 52; vgl. auch Stich, ZfBR 1983, S. 61 (65).

[50] *Rothe,* DSchG NW, § 5, Rdnr. 1, unter Hinweis auf die Begründung zum (damaligen) § 4a des Entwurfs, Landtags-Vorlage 8/2031.

nicht die unteren Denkmalbehörden – ermächtige, Denkmalbereiche durch Satzung unter Schutz zu stellen".[51]

Diese Argumentation scheint allerdings in zweifacher Hinsicht angreifbar: Zum einen kann die Ermächtigung der Gemeinden schon deshalb nichts Endgültiges über den Charakter der zugrunde liegenden Aufgaben aussagen, weil sie gemäß § 20 Abs. 1 Ziff. 3 DSchG NW auch untere Denkmalbehörden sind. Zwar ist zuzugeben, daß das Gesetz, wenn es eine Weisungsaufgabe hätte statuieren wollen, dann – konsequent – in den §§ 5 und 6 DSchG NW den vorgegebenen Ausdruck „untere Denkmalbehörde" hätte benutzen können. Daß statt dessen der Begriff „Gemeinde" verwendet wird, könnte anzeigen, daß diese im Rahmen ihrer Selbstverwaltung tätig werden soll.[52] Jedoch zeigt § 24 Abs. 1 DSchG NW, wonach die unteren Denkmalbehörden (!) im Benehmen mit dem Landschaftsverband ehrenamtliche Beauftragte für die Denkmalpflege ernennen können, daß das Denkmalschutzgesetz die Begriffe eher willkürlich benutzt. Da diese Angelegenheit ersichtlich eine der in den §§ 22 ff. DSchG NW geregelten Fragen der Denkmalpflege darstellt, hätte hier von der Gemeinde die Rede sein müssen, denn die Pflege fällt anders als der Schutz der Denkmäler in den gemeindlichen Selbstverwaltungsbereich.[53] Die Zuordnung einzelner Tätigkeiten im Denkmalschutz zu den weisungsunterworfenen oder zu den selbstverwalteten Aufgaben läßt sich deshalb nicht an der gesetzlichen Terminologie mit der Unterscheidung zwischen „Unterer Denkmalbehörde" und der „Gemeinde" festmachen.[54]

Im übrigen kann die Tatsache, daß § 5 Abs. 1 S. 1 DSchG NW von der Gemeinde als der mit der Satzungsgebung betrauten Stelle spricht, auch einfach der Klarstellung dienen, daß die Körperschaft als solche und nicht etwa nur ein bestimmtes Organ der Gemeinde als untere Denkmalbehörde[55] bei dem Erlaß der Denkmalbereichssatzungen handeln soll.

Soweit diese Vorschrift zum anderen den Gemeinden gerade die Satzung als Schutzinstrument an die Hand gibt, läßt sich aus der Wahl dieser Handlungsform für die Frage nach dem Charakter der durch die Satzungsgebung wahrzunehmenden Aufgabe ebenfalls noch keine endgültige Klarheit gewinnen. Daß der Satz „Der Erlaß von Satzungen, auch von Denkmalbereichssatzungen, ist eine Selbstverwaltungsangelegenheit"[56] in dieser Allgemeinheit angesichts der nach Kommunalrecht möglichen Satzungsgebung auch im Bereich der Pflicht-

---

[51] *Rothe,* DSchG NW, § 5, Rdnr. 1.

[52] Vgl. *Prahl,* BlGBW 1983, S. 41.

[53] Siehe oben, Erster Teil, A, III, 1.

[54] *Oebbecke,* VR 1980, S. 384 (385); widersprüchlich *Schmittat,* Denkmalschutz und gemeindliche Selbstverwaltung, S. 60 einerseits, S. 61 andererseits.

[55] In diesem Sinne, wenn auch in anderem Zusammenhang, selbst *Rothe,* DSchG NW, § 20, Rdnr. 5.

[56] So wörtlich *M/U/S,* DSchG NW, § 5, Rdnr. 1.

aufgaben zur Erfüllung nach Weisung unhaltbar ist, wurde bereits bei den Gestaltungssatzungen angesprochen. Immerhin handelt es sich aber nur um ein „Zusatzfeld“ der Satzungsgebung, während sie im Regelfall – nach tatsächlicher Häufigkeit, vor allem aber schon wegen Art. 28 Abs. 2 S. 1 GG – als Betätigung gemeindlicher Selbstverwaltung erfolgt.[57]

Für sich allein stützt der Wortlaut des § 5 Abs. 1 S. 1 DSchG NW, nach dem Denkmalbereich durch Satzung der Gemeinde unter Schutz gestellt werden, jedoch noch nicht die Auffassung, daß der Denkmalschutz, soweit die Erhaltung von Ensembles durch Rechtsvorschriften in Frage steht, seinen Charakter als staatliche Aufgabe verloren hätte.[58]

b) Übereinstimmungen mit dem Bauplanungsrecht

Diejenigen, die die Satzungsermächtigungen des § 5 Abs. 1 S. 1 DSchG NW dem Bereich der gemeindlichen Selbstverwaltung zuordnen, können allerdings auf weitgehende Übereinstimmungen des Verfahrens bei der Unterschutzstellung von Denkmalbereichen mit dem Verfahren bei Erlaß von Flächennutzungs- und Bebauungsplänen verweisen.[59]

Größtenteils wörtlich übereinstimmend sind die einmonatige Auslegung gemäß § 6 Abs. 1 DSchG NW bzw. § 2 a Abs. 6 S. 1 und 2 BBauG[60] sowie die Mitteilungspflicht gegenüber Betroffenen, deren Bedenken und Anregungen nicht entsprochen worden ist, gemäß § 6 Abs. 2 S. 2 DSchG NW bzw. § 2 a Abs. 6 S. 4 BBauG[61] geregelt. Diese Eingaben sind mit einer Stellungnahme der Gemeinde beizufügen, wenn die Satzung bzw. der Bauleitplan der Genehmigungsbehörde vorgelegt wird, § 6 Abs. 2 S. 3 i.V.m. § 5 Abs. 1 S. 1 DSchG NW bzw. § 2 a Abs. 6 S. 6 i.V.m. § 6 oder § 11 BBauG.[62] Schließlich bestehen auch hinsichtlich des Inkrafttretens und der Verkündung der Denkmalbereichssatzung gemäß § 6 Abs. 3 DSchG NW Übereinstimmungen mit der für den Bebauungsplan vorgesehenen Regelung des § 12 BBauG.[63] Da § 2 Abs. 1 S. 1 BauGB (BBauG) die Aufstellung von Bauleitplänen aber als in eigener Verantwortung wahrzunehmende Selbstverwaltungsaufgabe der

---

[57] Vgl. *Schmidt-Jortzig*, ZG 1987, S. 193ff., und oben, Erster Teil, A, II, 2.

[58] *Brohm*, DVBl. 1985, S. 593 (598); *Henke*, Stadterhaltung, S. 28.

[59] Das Erlaßverfahren nach den §§ 5 und 6 DSchG NW lehnt sich aber nicht nur an die Aufstellung von Bauleitplänen, sondern auch an das LG NW '80 an; *Bülow*, Flächen- und bodenbezogener Denkmalschutz, S. 262.

[60] Jetzt § 3 Abs. 2 S. 1 und S. 2 BauGB. Zu den Änderungen des Baugesetzbuches gegenüber dem Bundesbaugesetz (an dem sich der Gesetzgeber bei Erlaß des DSchG NW noch orientiert hat) vgl. insoweit *Battis*, in: B/K/L, BauGB, § 3, Rdnr. 3.

[61] § 3 Abs. 2 S. 4 BauGB.

[62] § 3 Abs. 2 S. 6 i.V.m. § 6 oder § 11 BauGB.

[63] § 12 BauGB.

Gemeinden klassifiziert,[64] liegt es nahe, die in dem nachgebildeten Verfahrensrahmen ablaufende Satzungsgebung nach den §§ 5, 6 DSchG NW ebenfalls als eine Angelegenheit gemeindlicher Selbstverwaltung aufzufassen.

Die Bedeutung dieser Argumentation relativiert sich allerdings, wenn man eine ähnliche Regelung aus dem Bauordnungsrecht zum Vergleich heranzieht. Der bereits erwähnte § 97 BauO Nds ordnet nämlich in Abs. 1 S. 2 HS 1 an, daß „die Vorschriften über das Verfahren bei der Aufstellung von Bebauungsplänen" bei dem Erlaß örtlicher Bauvorschriften „entsprechend gelten" sollen. Trotzdem wird das örtliche Baurecht in Niedersachsen gemäß § 97 Abs. 1 S. 1 BauO „im übertragenen Wirkungskreis erlassen". Die Parallelität der Verfahren der Bauleitplanung und des Erlasses von Denkmalbereichssatzungen sollte deshalb auch auf der Grundlage des nordrhein-westfälischen Landesrechts nicht überbewertet werden. Eine eindeutige Bestätigung der bereits mehrfach angesprochenen Vermutung für gemeindliche Selbstverwaltung, die aus der Wahl der Satzung als Handlungsform folgt, ergibt sich aus der Regelung des Inschutznahmeverfahrens bei Denkmalbereichen nicht.

Sie ergibt sich auch nicht aus der gemäß § 6 Abs. 4 DSchG NW bestehenden Möglichkeit der Gemeinden, die Ensembles durch Festsetzung im Bebauungsplan statt durch sonstige Satzung unter Schutz zu stellen. Zwar könnte man meinen, daß § 6 Abs. 4 S. 2 DSchG NW, indem er die Vorschriften des BBauG (BauGB) bei der Festsetzung von Denkmalbereichen durch Bebauungsplan für anwendbar erklärt, damit diese auf jeden Fall der Planungshoheit der Gemeinden unterwirft. Wenn dies zutrifft, wäre angesichts der grundsätzlichen Austauschbarkeit der Unterschutzstellung durch Bebauungsplan oder durch sonstige Satzung nicht einzusehen, warum die Gemeinde bei Inschutznahme durch sonstige Satzung dann nicht selbstverantwortlich sollte handeln dürfen.

Jedoch ist gerade die Prämisse dieser Argumentation fraglich. Daß § 6 Abs. 4 DSchG NW nicht nur die Anwendung der Vorschriften über das Verfahren der Bauleitplanung, sondern auch inhaltlich eine Selbstverwaltungsaufgabe statuieren will, wenn der Denkmalbereich durch Bebauungsplan festgesetzt wird, ist unbewiesen. Da der Beweis aus dem Wortlaut der §§ 5 und 6 DSchG NW nicht möglich ist, ergibt sich nur ein Zirkelschluß. Im Ergebnis läßt sich also auch § 6 Abs. 4 DSchG NW keine Entscheidung des Gesetzes für eine bestimmte Aufgabenart entnehmen.

4. Das Genehmigungserfordernis

Neben den Übereinstimmungen weist das Denkmalschutzrecht auch signifikante Abweichungen von den Bestimmungen des Bauplanungsrechts auf.

[64] *Battis*, in: B/K/L, BauGB, § 2, Rdnr. 1.

Über die dort vorgesehenen Genehmigungstatbestände[65] hinaus gewährt § 5 Abs. 3 lit. c) DSchG NW der oberen Denkmalbehörde auch dann die Möglichkeit, die erforderliche Genehmigung der Denkmalbereichssatzung zu versagen, wenn die dort getroffenen Festsetzungen für die Zwecke des Denkmalschutzgesetzes nicht ausreichen. Das soll etwa der Fall sein, wenn der zu schützende Denkmalbereich zu klein oder zu schlecht geschnitten ist, um das Erscheinungsbild eines Ensembles wirksam zu schützen.[66]

Mit diesem Versagungsgrund wird jedoch der Bereich einer reinen Rechtmäßigkeitskontrolle verlassen. Anders als bei den Tatbeständen der § 5 Abs. 3 lit. a) und b) DSchG NW, die nur die Rechtmäßigkeit der Satzung betreffen,[67] darf die Genehmigungsbehörde aufgrund des § 5 Abs. 3 lit. c) DSchG NW auch wegen Erwägungen, die die Geeignetheit der Satzung für den Denkmalschutz betreffen, deren Genehmigung verweigern. Es handelt sich um eine Prüfung der Zweckmäßigkeit der Inschutznahme, nicht bloß ihrer Gesetzmäßigkeit.[68] Da Art. 78 Abs. 4 Verf NW die Staatsaufsicht in Selbstverwaltungsangelegenheiten auf Rechtmäßigkeitsfragen beschränkt und Zweckmäßigkeitsfragen (bei Ermächtigung im Fachgesetz) nur bei Pflichtaufgaben zur Erfüllung nach Weisung der staatlichen Nachprüfung unterwerfen will, scheint § 5 Abs. 3 lit. c) DSchG NW der Zuordnung des Erlasses von Denkmalbereichssatzungen zum eigenen Wirkungskreis der Gemeinden zu widersprechen.

Bei der staatlichen Überwachung der kommunalen Verwaltungstätigkeit wird jedoch zwischen präventiver („vorbeugender“) und repressiver („beugender“) Aufsicht unterschieden. Genehmigungsvorbehalte wie der vorliegenden werden als Mittel der präventiven Kontrolle verstanden.[69] Zumindest ein Teil der Genehmigungsvorschriften soll zwischen dem eigenen und dem übertragenen Wirkungskreis der Gemeinden stehen. Sie gingen von einer gemeinsamen Verantwortungs- und Entscheidungszuständigkeit der Gemeinden und des Staates aus. In diesem „Kondominium“[70] darf die Aufsichtsbehörde bei der Entscheidung über die Erteilung der Genehmigung überörtliche Interessen berücksichtigen und sie aus diesem Gesichtspunkt versagen, auch wenn die Maßnahme an sich nicht rechtswidrig ist.[71]

---

65 Siehe § 6 Abs. 2 BauGB, der nicht nur auf den Flächennutzungsplan, sondern über § 11 Abs. 2 BauGB auch auf den Bebauungsplan anzuwenden ist. Entsprechend im Denkmalschutzrecht § 5 Abs. 3 lit. a) und b) DSchG NW.

66 *Bülow,* Flächen- und bodenbezogener Denkmalschutz, S. 264; *Rothe,* DSchG NW, § 5, Rdnr. 12.

67 So *Löhr,* in: B/K/L, BauGB, § 6, Rdnr. 2, zu den übereinstimmenden Genehmigungstatbeständen im Bauplanungsrecht.

68 *Henke,* Stadterhaltung, S. 28; a. A. (nur Rechtmäßigkeitskontrolle) *Rothe,* DSchG NW, § 5, Rdnr. 3.

69 Für viele: *Erichsen,* Kommunalrecht, in: Grimm/Papier, StVwR NW, S. 180.

70 Der Begriff ist von *Köttgen,* Wesen und Rechtsform der Gemeinden und Gemeindeverbände, in: HdKWP, Bd. I (1. Aufl. 1956), S. 219, geprägt worden.

In diesem Sinne kann die obere Denkmalbehörde gemäß § 5 Abs. 3 lit. c) DSchG NW auch die Festsetzungen in Denkmalbereichssatzungen unter dem Aspekt der überörtlichen Bedeutung des Ensembles würdigen. Damit geht sie zwar über eine reine Rechtmäßigkeitskontrolle hinaus. Das schließt aber Selbstverwaltung bei dem Erlaß dieser Satzungen nicht aus, da die Begriffspaare von Rechtmäßigkeitsaufsicht und Selbstverwaltung bzw. Zweckmäßigkeitsaufsicht und Fremdverwaltung nur im Rahmen der repressiven, nicht aber auch bei der präventiven Aufsicht verbindlich sind.

Man mag diese Sonderbehandlung der präventiven Aufsicht für fragwürdig halten, da sie den Unterschied zwischen Rechts- und Zweckmäßigkeitsfragen verwischt und dadurch auch im eigentlichen Bereich der Selbstverwaltung eine staatliche Einwirkung über die reine Rechtsaufsicht hinaus ermöglicht.[72] Da diese Lehre jedoch durchgehend praktiziert wird, muß sie auch bei der Bewertung des Genehmigungsvorbehaltes in § 5 Abs. 3 lit. c) DSchG NW zugrunde gelegt werden.

5. Das Verordnungsrecht

Eine weitere Besonderheit des Verfahrens bei dem Erlaß von Denkmalbereichssatzungen normiert § 5 Abs. 4 DSchG NW. Durch diese Vorschrift wird die obere Denkmalbehörde bei Untätigkeit der Gemeinde und Ablauf einer Frist von drei Monaten ermächtigt, das erhaltenswerte Ensemble selbst im Wege einer ordnungsbehördlichen Verordnung unter Schutz zu stellen. Praktisch kann die Inschutznahme also gegen den Willen des Rates und ohne Beteiligung der Bürger erfolgen, mag die Verordnung auch aufzuheben sein, sobald eine wirksame Satzung vorliegt, § 5 Abs. 4 S. 3 DSchG NW.[73] Diese Möglichkeit einer „Ersatzvornahme“ durch die übergeordnete Sonderordnungsbehörde (vgl. § 20 Abs. 3 und Abs. 1 Ziff. 2 DSchG NW) dürfte der Einordnung der Satzungsgebung gemäß § 5 Abs. 1 DSchG NW als Aufgabe gemeindlicher Selbstverwaltung aber „kaum entsprechen“.[74]

Allerdings wird aus einer ähnlichen Regelung der genau entgegengesetzte Schluß gezogen. § 28 Abs. 2 NatSchG Nds, der die Zuständigkeiten beim Schutz von Landschaftsbestandteilen festlegt, sieht nämlich vor, daß die diesem Zwecke dienenden gemeindlichen Satzungen von der (staatlichen) unteren Naturschutzbehörde wieder aufgehoben werden können. Dazu wird

---

[71] *Kottenberg/Rehn,* GO NW, § 9, Anm. IV. 2.

[72] So *Erichsen,* Kommunalrecht, in: Grimm/Papier, StVwR NW, S. 181; *von Mutius,* Gutachten E zum 53. DJT, S. 144 (145); ähnlich auch schon *Gönnenwein,* Gemeinderecht, S. 200ff.

[73] *Rothe,* DSchG NW, § 5, Rdnr. 14; zur Verfassungsmäßigkeit des dieser Regelung vergleichbaren § 42a LG NW siehe VerfGH NW, NWVBl 1988, S. 11ff.; NuR 1988, S. 136.

[74] *Brohm,* DVBl. 1985, S. 593 (598); ähnlich *Henke,* Stadterhaltung, S. 28.

angemerkt, daß die ausdrückliche Einräumung eines Aufhebungsrechts den Charakter der Satzungsgebung als Selbstverwaltungsangelegenheit der Gemeinde offenlege. Denn im übertragenen Wirkungskreis sei sie überflüssig, da dort ohnehin das Aufhebungsrecht der Aufsichtsbehörde bestehe.[75]

Ob diese Argumentation nach niedersächsischem Recht schlüssig ist, mag dahinstehen, auf der Grundlage der Kommunalverfassung Nordrhein-Westfalens ist sie es aber jedenfalls nicht. Ausgehend von einer einheitlichen Aufgabenstruktur weichen Art. 78 Abs. 4 S. 2 Verf NW und § 106 Abs. 2 GO NW vom klassischen Modell der Fachaufsicht ab und lassen eine (repressive) staatliche Kontrolle der Gemeinden bei der Erfüllung von Pflichtaufgaben nach Weisung nur dort zu, wo sie im jeweiligen Fachgesetz angeordnet ist.[76] Diese „Sonderaufsicht" setzt also gerade eine ausdrückliche gesetzliche Befugnisnorm wie die des § 5 Abs. 4 DSchG NW voraus, vgl. § 106 Abs. 2 GO NW. Aus ihrem Vorhandensein muß man geradezu umgekehrt schließen, daß der Erlaß von Denkmalbereichssatzungen nicht im Rahmen gemeindlicher Selbstverwaltung erfolgen kann. Dem steht trotz des Grundsatzes der „Einheit der Aufsicht" nach § 113 GO NW[77] nicht entgegen, daß statt der allgemeinen Aufsichtsbehörde die obere Denkmalbehörde selbst zur Ersetzung der von der Gemeinde unterlassenen Satzungsgebung im Verordnungswege ermächtigt wird. Wie § 10 OBG NW verdeutlicht, ist es im Ordnungsrecht durchaus üblich, daß die vorgesetzte Fachbehörde anstelle der allgemeinen Aufsicht eine Ersatzvornahme entsprechend § 109 Abs. 2 GO NW durchführen kann.[78] Nur weil diese Bestimmung für den Erlaß ordnungsbehördlicher Verordnungen nicht ausreicht, ergab sich für den Gesetzgeber die Notwendigkeit, hinsichtlich des Schutzes der Denkmalbereiche eine gesonderte Ermächtigung für einen „Selbsteintritt" der oberen Denkmalbehörde zu schaffen.[79]

Die durch § 5 Abs. 4 DSchG NW ermöglichte Ersetzung gemeindlichen Satzungserlasses durch Rechtsverordnung der nächsthöheren Fachbehörde kann daher nur als Maßnahme der Sonderaufsicht verstanden werden. Wo aber Sonderaufsicht, d.h. eine über die Rechtmäßigkeit hinausgehende Aufsicht nach näherer spezialgesetzlicher Regelung besteht, ist Selbstverwaltung ausgeschlossen.

Das spüren wohl auch manche ihrer Verfechter, wenn sie „hoffen", daß die obere Denkmalbehörde von der ihr in § 5 Abs. 4 DSchG NW eingeräumten

---

[75] Vgl. *Rosenzweig,* NuR 1987, S. 313 (316).

[76] *Erichsen,* Kommunalrecht, in: Grimm/Papier, StVwR NW, S. 185 (186).

[77] Dazu *Gönnenwein,* Gemeinderecht, S. 213.

[78] *Hinkel,* NVwZ 1987, S. 225 (230 Fn. 44).

[79] Zu den Abmessungen der Begriffe Ersatzvornahme und Selbsteintritt siehe *Schnapp,* Ersatzvornahme in der Kommunalaufsicht, S. 58ff.; *W. Engel,* DVBl. 1982, S. 757 (759); vgl. auch *Feger,* VR 1983, S. 279 (284); M/U/S, DSchG NW, § 5, Rdnr. 23.

Befugnis keinen Gebrauch machen werde, weil diese Bestimmung „unserem Demokratieverständnis“ entgegenstehe.[80] Damit wird auf das Wesen der Selbstverwaltung Bezug genommen, die gerade durch die Regelung der Angelegenheiten des örtlichen Wirkungskreises nach eigenen politischen Vorstellungen, frei von staatlichen Zweckmäßigkeitsweisungen gekennzeichnet ist.[81] Daß der Wille der Gemeindevertretung, ein bestimmtes Ensemble nicht unter Schutz zu stellen, durch ordnungsbehördliche Verordnung überwunden werden kann, widerspräche aber nur dann der demokratisch legitimierten Selbstverwaltung, wenn es sich tatsächlich um eine eigene Angelegenheit der Gemeinde handeln würde. Der angebliche Widerspruch löst sich auf, wenn man davon ausgeht, daß der Erlaß von Denkmalbereichssatzungen in den Bereich gemeindlicher Fremdverwaltung fällt.

Trotz der Absicht des nordrhein-westfälischen Gesetzgebers, den Denkmalschutz zu kommunalisieren, ist die Satzungsgebung nach den §§ 5, 6 DSchG NW als Pflichtaufgabe zur Erfüllung nach Weisung im Sinne des § 3 Abs. 2 GO NW einzuordnen. Die durch die Wahl der Satzung als Instrument der Inschutznahme von Ensembles begründete Vermutung für gemeindliche Selbstverwaltung wird durch das die Satzung ersetzende Verordnungsrecht der oberen Denkmalbehörde gemäß § 5 Abs. 4 DSchG NW widerlegt. Als typische Befugnis der Sonderaufsicht in ordnungsbehördlichen Angelegenheiten schließt diese Befugnis zum „Selbsteintritt“ der höheren (staatlichen) Behörde die Interpretation des Erlasses von Denkmalbereichssatzungen als Angelegenheit gemeindlicher Selbstverwaltung aus.

IV. Die Baumschutzsatzungen

Gemäß § 45 LG NW können die Gemeinden durch Satzung den Schutz des Baumbestandes innerhalb der im Zusammenhang bebauten Ortsteile und dem Geltungsbereich der Bebauungspläne fördern. Im Gegensatz zur Mehrzahl der anderen Bundesländer, die sich für die im Recht der Gefahrenabwehr typische Handlungsform der ordnungsbehördlichen Verordnung entschieden haben,[82] hat der nordrhein-westfälische Gesetzgeber auch beim Baumschutz wieder der Satzung den Vorzug gegeben. Aus der gesetzlichen Entscheidung für diese Form der Rechtsetzung läßt sich bereits eine gewisse Vermutung dafür ableiten, daß der Erlaß der Satzungen nach § 45 LG NW in Selbstverwaltung erfolgt.[83]

---

[80] *Rothe,* DSchG NW, § 5, Rdnr. 14.

[81] *Stober,* in: Wolff/Bachof, Verwaltungsrecht II, S. 56ff.

[82] Zur (Un-)Beachtlichkeit der in anderen Landesrechten gewählten Handlungsformen siehe oben, Erster Teil, A, III, 2.

[83] Siehe oben, Erster Teil, A, II, 2.

Das durch Handlungsform Satzung indizierte Vorliegen von Selbstverwaltung wird durch das System des Landschaftsgesetzes bestätigt. Gemäß § 8 LG NW nehmen die Kreise und kreisfreien Städte, nicht die Gemeinden, die Aufgaben der unteren Landschaftsbehörden als Pflichtaufgaben zur Erfüllung nach Weisung wahr. Die Gemeinden bilden also keine zur Ausführung dieses Gesetzes vorgesehenen (Sonder-)Ordnungsbehörden und unterliegen auch keinen weitergehenden Weisungs- oder Aufsichtsrechten von staatlicher Seite. Der Erlaß von Baumschutzsatzungen gemäß § 45 LG NW ist deshalb ihrer Selbstverwaltungstätigkeit zuzurechnen.[84]

Abschnitt B

Die Regelungsgegenstände

Die Fragen, die potentiell durch gemeindliche Satzungen geregelt werden können, lassen sich nicht erschöpfend aufzählen. Trotz dieser inhaltlichen Unbegrenztheit der normierungsfähigen Sachverhalte wird versucht, die Satzungen auf örtlicher Ebene doch bestimmten typischen Anwendungsfeldern zuzuordnen. Gebräuchlicherweise werden drei große Gebiete unterschieden. Neben den Vorschriften, die der Lenkung und Ordnung der Massenverwaltung dienen, werden solche genannt, die als Mittel kommunaler Planung eingesetzt werden und schließlich die Satzungen, die auf dem Gebiet der Selbstorganisation ergehen.[85]

Letztere können als ausschließliche Innenrechtssätze im folgenden außer Betracht bleiben, da die hier zu behandelnden, der Erhaltung und Gestaltung der gewachsenen städtischen Umgebung dienenden Satzungstypen gerade darauf ausgerichtet sind, Rechtswirkungen gegenüber Dritten, wie etwa den Eigentümern im Gemeindegebiet gelegener Grundstücke, zu erzeugen.

Eine Beziehung zu den beiden erstgenannten Aufgabenfeldern weisen die Erhaltungs-, Gestaltungs-, Denkmalbereichs- und Baumschutzsatzungen dagegen durchaus auf. Sie ermöglichen durch abstrakt-generelle Regelung, die jedoch den örtlichen Verhältnissen Rechnung tragen kann, eine Breitenwirkung und erleichtern dadurch die Massenverwaltung. Sie enthalten aber auch planerische Elemente, da sie die Entwicklung der betroffenen Teile des Gemeindegebiets unter spezifischen Aspekten lenken. Zwar ist ihr Regelungsziel gegenüber dem in § 1 Abs. 1 BauGB festgelegten Ziel der Bauleitpla-

---

[84] *Bauer/Salewski,* LG NW, S. 105; *Kunz,* DÖV 1987, S. 16; *Rosenzweig,* NuR 1987, S. 313 (316).

[85] *Pagenkopf,* Kommunalrecht, Bd. 1, S. 92ff.; *Schmidt-Aßmann,* Kommunale Rechtsetzung, S. 4ff.; *Schmidt-Jortzig,* Kommunalrecht, Rdnrn. 623, 624; *ders.,* ZG 1987, S. 193 (194ff.); *Stober,* Kommunalrecht, S. 132.

nung, die bauliche und sonstige Nutzung der Grundstücke in der Gemeinde insgesamt vorzubereiten und zu leiten, jeweils nur ein begrenztes. Zum Bebauungsplan besteht aber doch auch insoweit eine Parallele, als sie das Verhalten der von ihnen Betroffenen imperativ, d.h. unmittelbar durch Ge- und Verbote steuern sollen.[86]

Es verwundert daher nicht, daß eine Zuordnung im Sinne eines „entweder – oder" nicht durchgehalten wird. Während etwa die Festlegung besonderer gestalterischer Anforderungen an Bauten durch Satzung von den einen[87] als Beispiel für die Regelungsinstrumente kommunaler Massenverwaltung angeführt werden, ordnen die anderen den Erlaß der örtlichen Bauvorschriften nach § 81 BauO NW als Planungsmaßnahme ein, die einen Ausgleich der widerstreitenden öffentlichen und privaten Interessen herbeizuführen habe.[88]

Auch wenn man in dieser Weise den Gesichtspunkt der Normstruktur einbezieht und Satzungen als abstrakte Rechtssätze klassischen Typs den mehr planerisch-programmatischen Regelungen gegenüberstellt, so leiten sich doch daraus ohnehin keine unmittelbaren Rechtsfolgen ab. Nicht die Verwandtheit mit einem dieser Regelungstypen entscheidet über den Charakter und die Bedeutung einer Satzung, sondern die ihr zugrunde liegende Ermächtigungsnorm, die umgekehrt den Rückschluß auf ihre Einordnung erlaubt.

Abschnitt C

„Heilungsvorschriften"

Satzungen sind keine Gesetze im formellen Sinn, weil sie nicht von einem Gesetzgebungsorgan (Bundestag/Landtag), sondern von der Gemeindevertretung, also von einem – wenn auch demokratisch speziell legitimierten – Verwaltungsorgan erlassen werden. Die materielle Rechtsetzung durch Satzungserlaß erfolgt aber ebenso wie die Gesetzgebung der Parlamente in einem formalisierten Verfahren. Der Beschluß einer Satzung muß hinsichtlich „demokratischer Legitimation, fachlicher Problemklärung, definitiver, verläßlicher Positivierung und Bekanntgabe höheren Anforderungen genügen als die Entscheidungen des verwaltungsmäßigen Tagesgeschäfts".[89]

Welche Folgen ein Verstoß gegen diese Anforderungen nach sich zieht, läßt sich allerdings nicht mehr so ohne weiteres beantworten. Die traditionelle

---

[86] *Erichsen/Martens,* in: dies., Allg. VerwR, § 22.I., S. 261.

[87] *Schmidt-Aßmann,* Kommunale Rechtsetzung, S. 5.

[88] OVG Münster, BRS 40, Nr. 142, S. 335 (337); zustimmend *Bork/Köster,* BauO NW, § 81, Rdnr. 2, S. 365; *Böckenförde/Temme,* BauO NW, § 81, Rdnr. 9; siehe auch unten, Zweiter Teil, B, III, 1.

[89] *Schmidt-Jortzig,* ZG 1987, S. 193 (194).

Lösung fußte auf dem Prinzip des Vorranges des Gesetzes: Widersprach die Satzung Vorschriften des materiellen oder des formellen Rechts, galt sie als nichtig. Abgemildert wurde diese einfache Struktur nur dadurch, daß Übertretungen von als bloßen „Ordnungsvorschriften" bezeichneten Form- und Verfahrensregeln ausgenommen wurden, wobei im einzelnen streitig blieb, inwieweit Sollvorschriften (wie z. B. die des § 66 Abs. 2 LVwG SH) oder Vorschriften über die Geschäftsordnung der kommunalen Vertretungen unter diese Kategorie zu fassen waren.[90]

Heute sind Differenzierungen notwendig, da sich die Rechtslage durch die Einführung der sogenannten „Heilungsvorschriften"[91] gewandelt hat. Seitdem am 1. 1. 1977 der § 155 a BBauG (übernommen und erweitert durch die §§ 214 - 216 BauGB) in Kraft getreten und in anderen Rechtsgebieten, wie dem Gemeinderecht, rezipiert worden ist, muß man bei Satzungen ähnlich wie bei Verwaltungsakten zwischen der Rechtswidrigkeit einer Maßnahme und ihrer Nichtigkeit als der möglichen, aber nicht länger zwingenden Rechtsfolge unterscheiden.[92]

Die Gründe für diese Entwicklung[93] und die darüber entbrannte rechtspolitische Diskussion brauchen hier nicht nachgezeichnet zu werden. Die Kritik läuft im wesentlichen darauf hinaus, daß der Gesetzgeber mit der einen Hand etwas gebe, beispielsweise Möglichkeiten frühzeitiger Bürgerbeteiligung, was er mit der anderen Hand wieder nehme, indem er die Geltendmachung von Verstößen gegen das dadurch komplizierter gewordene (Verfahrens-)Recht erschwere oder gar völlig ausschließe.[94] Die Überlegung, ob man nicht statt dessen besser die Anforderungen an das Zustandekommen der Satzungen hätte herabsetzen sollen,[95] hat de lege lata keine direkten Auswirkungen auf die im folgenden zu erörternden Satzungen. Etwas anderes kann nur dann gelten, wenn sich aus diesem Ansatz sogar die verfassungsrechtliche Unzulässigkeit einer solchen Abwertung der Verfahrens- und Formvorschriften herleiten ließe. Da sich ihre Untersuchung bei den einzelnen Satzungstypen in diesem Fall erübrigen würde, soll diese Frage vorweg abgehandelt werden.

---

[90] Vgl. *Hill,* Das fehlerhafte Verfahren, S. 79ff.; *Schmidt-Jortzig,* ZG 1987, S. 204 (205); *Schmidt-Aßmann,* Kommunale Rechtsetzung, S. 14ff. (19); *Ossenbühl,* NJW 1986, S. 2805 (2807, 2812).

[91] Kritisch zu diesem Begriff u. a. *Hill,* DVBl. 1983, S. 1ff.; *Ipsen,* Die Verwaltung 1987, S. 477 (485 m.w.N.).

[92] *Meyer,* NVwZ 1986, S. 513 (516); *Ossenbühl,* NJW 1986, S. 2805 (2810); *Ipsen,* a.a.O., S. 481 (485). Andere Wertung bei *Pietzcker,* DVBl. 1986, S. 806, der von bloßen „Grenzfragen" spricht.

[93] Vgl. nur BT-Drs. 8/2885, S. 35f., 46, sowie 10/6166, S. 134ff.

[94] Für viele: *Meyer,* NVwZ 1986, S. 513 (522); *Lotz,* BayVBl. 1983, 385 (388f.); *Schmidt-Aßmann,* Rechtsetzungsbefugnis, in: FS von Unruh, S. 612ff. (615): „Springprozession".

[95] Vgl. die vorstehend Genannten sowie den Bericht des Arbeitskreises „Baurechtliche und verwaltungsprozessuale Fragen", BBauBl 1985, S. 359 (360). *Battis,* in: B/K/L, BauGB, Rdnr. 6 vor §§ 214 - 216, hält dieses partiell bereits für verwirklicht.

Vor allem auch unter dem Eindruck des Mülheim-Kärlich-Beschlusses des Bundesverfassungsgerichtes,[96] durch „den (Verwaltungs-)Verfahrensbestimmungen eine, wenn auch im einzelnen sehr diffizile grundrechtliche Weihe“ erfahren haben, ist die sich – nicht nur (vgl. die §§ 44 a VwGO, 46 VwVfG, 6 b Abs. 3 GO NW) – in den „Heilungsvorschriften“ manifestierende gegenläufige Tendenz insbesondere im Bereich des Baurechts massiv angegriffen worden.[97] Ein Widerspruch zum Grundgesetz wird speziell aus den Gesichtspunkten der rechtsstaatlichen Gesetzesbindung der Verwaltung,[98] der Rechtsschutzgarantie des Art. 19 Abs. 4 GG[99] und der Gewährleistung des Eigentums in Art. 14 GG behauptet.[100]

Soweit das Rechtsstaatsprinzip herangezogen wird, darf jedoch nicht übersehen werden, daß Art. 20 Abs. 3 GG neben der Gesetzmäßigkeit auch das Element der Rechtssicherheit beinhaltet. Das Gleichgewicht beider Elemente erlaubt es dem (einfachen) Gesetzgeber, statt der Nichtigkeit eine andere Rechtsfolge an die Rechtswidrigkeit einer untergesetzlichen Norm zu knüpfen.[101] Art. 19 Abs. 4 GG eröffnet zwar den Weg zu den Gerichten, ist aber „als prozessuale Garantie der materiellen Rechtslage akzessorisch“ und kann daher die Nichtigkeitsfolge nicht (allein) begründen.[102]

Materielle Verfassungsbestimmungen schreiben die Nichtigkeitsfolge ebenfalls nicht zwingend vor. So drängt Art. 14 Abs. 1 GG zwar zu der Annahme, daß sie auch bei Verfahrens- und Formfehlern als Regelsanktion erhalten bleiben muß, denn dadurch wäre der (Grund-)Rechtsschutz durch Verfahren in stärkstem Maße verwirklicht.[103] Der dem Grundrecht beigefügte Gesetzesvorbehalt eröffnet dem Gesetzgeber in diesem Bereich aber einen gewissen Spielraum bei der Wahl der Rechtsfolgen für solche Verstöße, der – in Grenzen – ein Absehen von der Nichtigkeit erlaubt.[104] Daß diese mit den §§ 214 ff. BauGB bzw. den Vorläufervorschriften überschritten worden wären, hat die Rechtsprechung in einer Reihe von Entscheidungen zu Teilregelungen verneint.[105] Lediglich § 155 b Abs. 2 S. 2 BBauG, nunmehr § 214 Abs. 3 S. 2

---

[96] BVerfGE 53, 30, 51ff.; dazu etwa *Ossenbühl,* NJW 1986, S. 2805 (2811); *Battis,* in: B/K/L, BauGB, § 3, Rdnr. 5, m.w.N.

[97] Für viele: *Meyer,* NVwZ 1986, S. 513 (518); Redeker, DVBl. 1982, S. 133 (134); *Weyreuther,* DÖV 1983, S. 575 (578); *Schmidt-Jortzig,* ZG 1987, S. 193 (205f. m.w.N. in Fn. 51); *Battis,* in: B/K/L, BauGB, Rdnr. 6, vor §§ 214 - 216, m.w.N.

[98] Zuletzt *Schmidt-Aßmann,* DVBl. 1984, S. 582 (586).

[99] Vor allem *Meyer,* in: *Brügelmann,* BBauG, § 155a, Rdnrn. 97ff., 100, und § 155b, Rdnr. 14.

[100] *Schwerdtfeger,* JuS 1983, S. 270 (272). Alle drei Aspekte nennt Breuer, NVwZ 1982, S. 273 (279); vgl. auch BVerwGE 64, 33 (36).

[101] *Schwerdtfeger,* JuS 1983, S. 270 (272); *Breuer,* NVwZ 1982, S. 270 (275); *von Mutius/Hill,* Fehlerhafte Bebauungspläne, S. 21.

[102] *Schwerdtfeger,* a.a.O.; *Ossenbühl,* NJW 1986, S. 2805 (2807).

[103] Ausführlich *Schwerdtfeger,* a.a.O.

[104] Vgl. *von Mutius/Hill,* a.a.O., S. 21.

BauGB, ist eingehender überprüft, aber im Wege restriktiver Auslegung – die freilich inhaltlich nicht viel übrig ließ – aufrechterhalten worden.[106]

In gleicher Weise ist auch in den anderen Rechtsgebieten, die diesem Vorbild ähnelnde Bestimmungen enthalten, von der Verfassungsmäßigkeit der „Heilungsvorschriften“ auszugehen. So ist für das kommunale Mitwirkungsverbot entschieden worden, daß dessen Verletzung als „unbeachtlich“ behandelt werden könne, wenn und weil eine solche Regelung „durch übergeordnete Rechtsvorschriften nicht geboten“ sei. Deshalb sei der Gesetzgeber – a maiore ad minus – frei, statt der Nichtigkeit der fehlerhaft zustande gekommenen Satzung eine andere Rechtsfolge vorzusehen.[107]

Als Fazit bleibt demnach, daß die auf die Einschränkung der verwaltungsgerichtlichen Kontrolle der Satzungsgebung abzielenden „Heilungsvorschriften“ vor allem des Baurechts rechtspolitischen, aber keinen durchgreifenden verfassungsrechtlichen Bedenken unterliegen. Übrig bleiben Fragen der Auslegung und der – damit verquickten – dogmatischen Einordnung der neuen Regelungen, auf die im Rahmen der Untersuchung der einzelnen Satzungstypen zurückzukommen sein wird.

---

[105] BGH, NVwZ 1982, S. 210; BVerwG, DVBl. 1980, S. 230 (232); DVBl. 1982, S. 1100 (1101); NVwZ 1983, S. 30f.; ZfBR 1987, S. 101.

[106] BVerwGE 64, 33ff.; vgl. dazu *Redeker,* DVBl. 1982, S. 130 (134); *Schwerdtfeger,* JuS 1983, S. 270ff.; *Ipsen,* Die Verwaltung 1987, S. 477 (483); *Battis,* in: B/K/L, BauGB, Rdnr. 6 vor §§ 214 - 216, § 214, Rdnr. 15.

[107] OVG Koblenz, ZfBR 1980, S. 102 (103); zustimmend *Hill,* DVBl. 1983, S. 1ff.; kritisch zu diesem Argument *Meyer,* in: Brügelmann, BBauG, § 155a, Rdnrn. 99ff., m.w.N.

Zweiter Teil

Die Bedeutung der einzelnen Satzungstypen für die Stadterhaltung und -gestaltung

Welche Bedeutung Erhaltungs-, Gestaltungs-, Denkmalbereichs- und Baumschutzsatzungen für die Stadterhaltung und die Stadtgestaltung haben, läßt sich erst beantworten, nachdem die Frage, was denn eigentlich unter diesen Begriffen genau zu verstehen sei, geklärt ist. Dieser allgemeinere Ansatz erweist allerdings schnell seine Tücken: Es leuchtet zwar unmittelbar ein, daß Erhaltung und Gestaltung des Vorhandenen den Gegensatz zum Neubau, Umbau und zur Erweiterung der Stadt bilden. Das gilt auch, wenn in diesem Zusammenhang die Ablösung des Konzepts der totalen Flächensanierung, das auf den Abriß und den „funktionsgerechten" Wiederaufbau ganzer Stadtteile abzielte, durch das einer behutsamen Erneuerung und Instandsetzung im Wege der Objektsanierung betont wird.[1] Diese kontrastierende Betrachtungsweise ist unwidersprochen geblieben, spiegelt sie doch lediglich die bereits angesprochene[2] dialektische Entwicklung des Städtebaus seit der Gründung der Bundesrepublik Deutschland wider. Einer solchen bloß negativen Abgrenzung fehlt allerdings die Trennschärfe, durch die sich juristische Definitionen vom allgemeinen Sprachgebrauch abheben sollten.

1. Ein Aufgabenfeld

Darüber hinausgehende Versuche einer Begriffsbestimmung sind dennoch selten und erscheinen auf den ersten Blick eher verwirrend als klärend. So faßt Henke[3] die Stadtgestaltung (neben der „Sozialgestaltung") nur als ein Element der Stadterhaltung im Städtebaurecht auf, während etwa Eberl die Ortsbildpflege zum Oberbegriff erhebt, da sie „über die Vermeidung und Entfernung von Verunstaltungen hinaus der Gestaltung (!) eines ansprechenden, das ästhetische Empfinden des Bürgers angenehm berührenden Erscheinungsbildes der bebauten Teile eines Gemeindegebietes" diene.[4] Das scheint schlecht damit zusammenzupassen, daß sich das Ortsbild andererseits als nur

---

[1] So *Brohm,* DVBl. 1985, S. 593 (594f.); *Kummer,* Denkmalschutz, S. 7f.

[2] Siehe oben, Erster Teil.

[3] *Henke,* Stadterhaltung, S. 29.

[4] *Eberl,* BayVBl. 1987, S. 353; Hervorhebungen vom Verfasser.

eines der möglichen Schutzobjekte eines Denkmalbereichs gemäß den §§ 2 Abs. 3 S. 2, 5 DSchG NW und als nur einer unter den nach § 172 Abs. 3 S. 1 BauGB zulässigen Versagungsgründen für die im Bereich einer Erhaltungssatzung erforderlichen Genehmigung wiederfindet, und zwar neben der (gleichwertigen!) Stadtgestalt.

Die Gründe für diesen zunächst unbefriedigenden Befund muß man in den betroffenen Gesetzen selbst suchen. Die einzelnen Ermächtigungen für den Satzungserlaß sind von zwei verschiedenen Gesetzgebern zu unterschiedlichen Zeiten geschaffen worden. Ihnen liegt deshalb keine einheitliche Terminologie zugrunde, so daß etwa für den, der aus der Sicht des Bauplanungsrechts schreibt, der Begriff der Stadtgestaltung sehr wohl einen anderen Inhalt und einen anderen Stellenwert haben kann als für den, der primär über örtliche Bauvorschriften nach der Landesbauordnung berichtet. In ihrem jeweiligen Kontext haben daher die zitierten Meinungen durchaus ihre Berechtigung, sind sie „richtig". Sie können und wollen aber nicht als allgemeingültige Formulierungen dessen verstanden werden, was Stadterhaltung und Stadtgestaltung losgelöst von dem einzelnen Gesetz ausmacht.

In diesem – hier thematisierten – Sinn bezeichnen die beiden Begriffe nur ein „Aufgabenfeld",[5] das durch die negative Abgrenzung gegenüber vergangenen Leitbildern im großen und ganzen schon hinreichend abgesteckt ist. Ohne der Untersuchung der Einsatzmöglichkeiten der Satzungstypen vorgreifen zu wollen, läßt sich weiter feststellen, daß Stadterhaltung und Stadtgestaltung – mögen sie sich auch ergänzen – durchaus eigenständige Bereiche bezeichnen: Während diese an bereits Vorhandenes anknüpft, wobei aus der Sicht des Denkmalschutzes die Konservierung der historisch authentischen Bausubstanz „auf Dauer"[6], aus der Sicht des Städtebaus dagegen die Refunktionalisierung und Bewahrung von Bauten als aktueller und zukünftiger Lebensraum „auf Zeit"[7] im Vordergrund steht, setzt jene an sich gar nicht das Bestehen einer erhaltenswerten Anlage voraus. Die Stadtgestaltung befaßt sich auch mit der Reglementierung von Veränderungen an Gebäuden, die, für sich betrachtet, nicht schutzwürdig sind, oder auf noch unbebauten Grundstücken, wenn die drohenden Neu-, Um-, Aus- oder Wiederaufbauten das städtische Erscheinungsbild beeinträchtigen können.[8] Auf der anderen Seite bietet die Stadtgestaltung aber keine Handhabe gegen den Totalabriß einer baulichen Anlage, macht sie spezielle Instrumente des Erhaltungsschutzes

---

[5] *Erbguth,* DVBl. 1985, S. 1352.

[6] Vgl. *Bülow,* Flächen- und bodenbezogener Denkmalschutz, S. 80, m.w.N. in Fn. 1, und S. 349 (350); *Eberl,* BayVBl. 1987, S. 353; *Erbguth,* DVBl. 1985, S. 1352 (1358).

[7] *Bülow,* a.a.O.; *Henke,* Stadterhaltung, S. 25; *Battis/Krieger,* DVBl. 1981, S. 479 (481); BuMi RBS, Stadtbild und Gestaltung, S. 145.

[8] *Stich,* ZfBR 1983, S. 61 (63f.); *Eberl/Gebeßler,* Baudenkmäler, S. 221f.; *Eberl,* BayVBl. 1987, S. 353 (355); allgemein auch *Jaeger,* DAS 1979, S. 297ff.

also nicht überflüssig.[9] Aus diesem Grunde sollten die beiden Begriffe nicht in einem Stufenverhältnis, sondern in einem ergänzenden Nebeneinander gesehen werden. Stadterhaltung und Stadtgestaltung sind, bildlich gesprochen, zwei Aufgabenkreise, die sich zum größten Teil, aber doch nicht völlig überschneiden. Als Beleg für diese Auffassung mag der erwähnte[10] § 1 Abs. 5 S. 2 Ziff. 4 BauGB dienen, der „die Gestaltung des Orts- und Landschaftsbildes" durch die Konjunktion „sowie" gleichberechtigt neben „die Erhaltung, Erneuerung und Fortentwicklung vorhandener Ortsteile" stellt.

Diese Andeutungen zu den inhaltlichen Dimensionen von Stadterhaltung und -gestaltung, wenn sie die neuen Aufgaben der Gemeinden bei der Steuerung ihrer baulichen Entwicklung kennzeichnen sollen, mögen hier genügen. Damit liegt zwar keine erschöpfende Definition vor; sie ist jedoch auch nicht erforderlich, da nicht das „Etikett" das Problem löst, sondern sich die konkreten Anwendungs- und Rechtsfragen erst anhand der spezialgesetzlichen Ausgestaltungen entscheiden lassen. Immerhin läßt sich auf dieser Grundlage ohne weiteres konstatieren, daß (nicht nur wegen ihrer Benennung) Erhaltungssatzungen nach § 172 BauGB und Gestaltungssatzungen nach § 81 BauO NW sowie Denkmalbereichssatzungen nach § 5 DSchG NW in diesem Bereich als Mittel zur Aufgabenerfüllung in Betracht kommen. Die Relevanz dieser drei Satzungstypen für die Stadterhaltung und -gestaltung samt ihren „sachinhaltlichen Wechselbeziehungen"[11] untereinander ist denn auch Allgemeingut geworden.[12]

2. Die Einbeziehung des Baumschutzes

Keine Behandlung erfahren dagegen die Satzungen, die die Gemeinden gemäß § 45 LG NW zum „Schutz des Baumbestandes innerhalb der im Zusammenhang bebauten Ortsteile und des Geltungsbereichs der Bebauungspläne" erlassen können: Obwohl man sie vom Wortsinn her zwanglos als Maßnahmen der städtischen Erhaltung und Gestaltung verstehen kann, sind sie bisher kaum in diesen Zusammenhang gestellt worden.[13]

Offenbar beruht diese Vernachlässigung darauf, daß sie – anders als die anerkannte Trias der Erhaltungs-, Gestaltungs- und Denkmalbereichssatzun-

---

[9] *Stich,* ZfBR 1983, S. 61.

[10] Siehe oben, Einleitung, A.

[11] *Stich,* ZfBR 1983, S. 61.

[12] Vgl. außer den bereits Genannten: *Dittus,* StGB 1980, S. 297 (299); *Watzke,* ZfBR 1981, S. 10ff. (12); *Battis/Krieger,* DVBl. 1981, S. 479ff.; *Gassner,* VuR 1981, S. 143 (157ff.); *Schmaltz,* VuR 1983, S. 217ff.; *Moench,* NJW 1983, S. 1998 (2006); *ders.,* ZfBR 1985, S. 113 (167); *ders.,* NVwZ 1988, S. 304ff. (313ff.); *Brohm,* DVBl. 1985, S. 593 (598); *Rothe,* DSchG NW, § 5, Rdnrn. 1, 2; *ders.,* Verwirklichung von Bebauungsplänen, Rdnr. 336; *Friauf/Wendt,* Baurechtlicher Denkmalschutz, S. 46ff.; *Simon,* BauO Bay, Art. 12, Rdnrn. 1ff.

[13] Vgl. aber *Gassner,* VuR 1981, S. 143 (170).

gen – nicht an die Bebauung, sondern an natürliche Bestandteile des Gemeindegebietes anknüpfen. Ob diese Unterscheidung und die darauf beruhende Ausgrenzung der Baumschutzsatzungen zu Recht erfolgt, erscheint schon deshalb zweifelhaft, weil in unserer Kulturlandschaft alle, auch die „natürlichen" Landschaftsteile in ihrer heutigen Gestalt auf menschliche Einwirkung zurückzuführen sind.[14] Insbesondere werden die durch Satzung zu schützenden Bäume und Sträucher im besiedelten Bereich in aller Regel ebenso von Menschenhand angepflanzt sein, wie die zu pflegende Bebauung vom Menschen herrührt. Aufgrund der bisher auf die drei genannten Satzungstypen beschränkten Diskussion soll jedoch näher begründet werden, warum auch durch den Erlaß von Baumschutzsatzungen Stadterhaltung und Stadtgestaltung betrieben werden kann und muß.

a) Gemeinsame Schutzgegenstände

Einen ersten Einstieg bietet § 1 Abs. 5 S. 2 Ziff. 4 BauGB, aus dem bereits oben die selbständige Bedeutung der beiden Begriffe hergeleitet worden war. Die dort festgelegten „Planungsleitlinien"[15] betreffend die Erhaltung und Gestaltung bei der Aufstellung der Bauleitpläne überschneiden sich nämlich nicht nur mit den in Ziff. 5 genannten Belangen des Denkmalschutzes, sondern auch mit den in Ziff. 7 zusammengefaßten umweltschutzbezogenen Belangen.[16] Indem diese Vorschrift ausdrücklich auch das Orts- und Landschaftsbild nennt, läßt sie eine Beschränkung des Gedankens der Erhaltung und Gestaltung auf die bebaute Umwelt nicht mehr zu. Der Gesetzgeber des Baugesetzbuches hat hier durch seine Wortwahl zu erkennen gegeben, daß ihm der untrennbare Zusammenhang zwischen dem Schutz der „natürlichen" und der durch Bebauung gewordenen Bestandteile des städtischen Lebensraumes bewußt gewesen ist.

Daneben belegen aber auch die unmittelbar für die Erhaltungs-, Gestaltungs-, Denkmalbereichs- und die Baumschutzsatzungen relevanten Gesetze selbst, daß der Anwendungsbereich der letzteren sich partiell mit dem der drei ersten Satzungstypen überlagert. So wird wiederum das Orts- und Landschaftsbild nicht nur in § 172 Abs. 3 S. 1 BauGB, § 12 Abs. 2 S. 1 BauO NW und in § 2 Abs. 2 S. 2, Abs. 3 S. 2 DSchG NW als Schutzobjekt erwähnt, sondern auch in § 18 Abs. 2 S. 1 Ziff. 2 BNatSchG, der die bundesrechtliche

---

[14] *Bernatzky/Böhm,* Bundesnaturschutzrecht, § 1 BNatSchG, Rdnr. 2; *Henke,* Stadterhaltung, S. 118, Fn. 123, und S. 120; *Kummer,* NuR 1986, S. 12; differenzierend *Kolodziejok/Recken,* Naturschutz und Landschaftspflege, § 1 BNatSchG, Rdnr. 34; *Hennecke,* Landwirtschaft und Naturschutz, S. 248, m.w.N.

[15] *Hoppe,* in: *Ernst/Hoppe,* Bau- und Bodenrecht, Rdnr. 258.

[16] *Krautzberger,* in: B/K/L, BauGB, § 1, Rdnr. 71; zu ähnlichen Überschneidungen im Bundesbaugesetz '76 vgl. *Grauvogel,* in: *Brügelmann,* BBauG, § 1, Rdnrn. 189, 191.

Grundlage für § 45 LG NW bildet. „Sachinhaltliche Wechselbeziehungen",[17] die eine übergreifende Erörterung nahelegen, weisen Erhaltungssatzungen, Gestaltungssatzungen und Denkmalbereichssatzungen also nicht nur untereinander, sondern auch zu den landschaftsrechtlichen Baumschutzsatzungen auf. Die Bekämpfung der „optischen Umweltverschmutzung"[18] kann sich eben nicht auf „architektonische Scheußlichkeiten" und „unmäßige Überbauung von Grundstücken" beschränken.[19] Vielmehr muß sie auch den Schutz des Baum- und Strauchbestandes im innerörtlichen Bereich mit umfassen, denn auch er beeinflußt und „belebt optisch das Ortsbild", da eine Belebung nicht nur durch die optisch-visuelle Gliederung des äußeren Erscheinungsbildes, sondern auch durch die ökologisch-biologische Bereicherung der Umgebung eintreten kann.[20]

Alle Elemente unseres Lebensraumes, die sich innerhalb eines Stadtgebietes ergeben und im optisch-sinnlichen Maßstab Wirkung zeigen, sind auch mit stadtgestalterischen Aspekten behaftet.[21] Straßen-, Orts- und Landschaftsbilder haben ihre ansprechende und charakteristische Gestalt nicht selten verloren, weil bestimmte Bäume und Baumgruppen beseitigt worden sind.[22] Aus diesem Grund sehen auch einige Landesbauordnungen den Erlaß von Gestaltungssatzungen vor, die die Beseitigung oder Beschädigung von Bäumen verbieten (vgl. Art. 91 BauO Bay und § 118 BauO Hess). Einen so weitgehenden bauordnungsrechtlichen Baumschutz gibt es in Nordrhein-Westfalen zwar nicht; § 81 BauO NW ermöglicht es dem Ortsgesetzgeber in Abs. 1 Ziff. 4 aber immerhin, die Gestaltung unbebauter Flächen bebauter Grundstücke sowie die Notwendigkeit und Ausführung von Einfriedungen z.B. durch Hecken zu regeln.[23]

Wollen die Gemeinden Stadterhaltung und Stadtgestaltung als Aufgaben ernst nehmen, müssen sie deshalb auch und gerade die Baumschutzsatzungen als Schutzinstrumente nutzbar machen.

---

17 *Stich,* ZfBR 1983, S. 61; vgl. auch oben, Zweiter Teil, 1. Zu weiteren Berührungspunkten des Denkmal- und Naturschutzrechts siehe etwa *Kummer,* NuR 1986, S. 12 (13); historisch *Fischermeier,* Inschutznahme, S. 3ff.

18 *Pappermann,* BLGBW 1983, S. 101.

19 *Pappermann,* a.a.O.

20 BayVGH, NVwZ 1986, S. 951 (952); BayVBl. 1985, S. 435ff.; NuR 1985, S. 236; zustimmend Müller, VR 1987, S. 301; ähnlich auch schon das Umweltgutachten 1978, BT-Drs. 8/1938, Tz. 1076; vgl. auch *Krupinski,* StGR 1988, S. 147 (151).

21 *Jaeger,* DAS 1979, S. 297 (299); *Gassner,* VuR 1981, S. 143.

22 *Simon,* BauO Bay, Art. 91, Rdnr. 22, unter Verweis auf eine Bekanntmachung des bayerischen Innenministers.

23 Siehe dazu unten, Zweiter Teil, B, II, 4. Vgl. auch § 9 Abs. 1 BauO NW: Begrünungspflicht für nicht überbaute Flächen der bebauten Grundstücke.

b) Gemeinsame Fragestellungen

Die Notwendigkeit eines übergreifenden Ansatzes ergibt sich jedoch nicht nur aus den gemeinsamen Schutzgegenständen. Durch die inhaltlichen Überschneidungen bedingt, ergeben sich nämlich auch gemeinsame Problemlagen bei der Inschutznahme, die eine gleichzeitige Untersuchung erst recht nahelegen.[24]

Im Rahmen solcher Einzelprobleme sind die Zusammenhänge zwischen den Baumschutzregelungen und den anderen Satzungstypen durchaus erkannt und gewürdigt worden. So etwa bei der Frage, ob die (mit Ausnahme des § 172 BauGB) landesrechtlichen Ermächtigungen neben der Gesetzgebungskompetenz des Bundes für das Bodenrecht aus Art. 74 Nr. 18 GG Bestand haben können[25] oder ob die in den Satzungen ausgesprochenen Erhaltungsgebote im Konfliktfall der Bauleitplanung weichen müssen.[26]

In anderen Bereichen sind dagegen sich aufdrängende Querverbindungen unberücksichtigt geblieben. Zutreffend wird festgestellt, daß „die Wechselbezüglichkeiten, die zwischen dem Bauplanungsrecht einerseits und dem Bauordnungs- ... Natur- und Landschaftsschutz- sowie Denkmalschutzrecht auf der anderen Seite“ bestehen, „noch weithin fachlich und rechtlich ... unerforschtes Neuland“ darstellen.[27] Beispielhaft sei hier nur der Streitpunkt erwähnt, ob die Satzungen nähere Angaben zu ihrem Schutzzweck oder sogar eine Begründung für die konkrete Inschutznahme enthalten müssen.[28]

Durch die nachfolgende Erörterung der Erhaltungssatzungen (Abschnitt A), der Gestaltungssatzungen (Abschnitt B), der Denkmalbereichssatzungen (Abschnitt C) und der Baumschutzsatzungen (Abschnitt D) soll versucht werden, diese bisher nur punktuell aufeinander bezogene Diskussion auf breiterer Front zusammenzuführen, indem parallel oder divergierend verlaufende Argumentationsstränge gegenüberstellt, untereinander verknüpft und für den jeweils anderen Rechtsbereich nutzbar gemacht zu werden.

---

[24] So für das Denkmal- und Naturschutzrecht bereits *Fischermeier,* Inschutznahme, S. 3f.

[25] Die auf den Baumschutz bezogenen Erörterungen *Steinbergs,* NJW 1981, S. 550 (551f.), verwerten *Erbguth,* DVBl. 1985, S. 1352 (1357 ‹Fn. 54›) für die Erhaltungssatzungen, und *Bülow,* Flächen- und bodenbezogener Denkmalschutz, S. 309 (310 ‹Fn. 2›) für die Denkmalbereichssatzungen. Vgl. auch *von Münch,* in: *ders.,* GG, Art. 74, Rdnr. 78a, und *Grooterhorst,* DVBl. 1987, S. 654 (655 ‹Fn. 13, 14›).

Zu der umgekehrten Frage nach der Gesetzgebungskompetenz des Bundes für die Ermächtigung zum Erlaß von Erhaltungssatzungen siehe sogleich Zweiter Teil, A, I, 1.

[26] Auf die Erwägungen *Steinbergs,* a.a.O., S. 553, für den Baumschutz verweisen für den Denkmalschutz *Moench,* NJW 1983, S. 1998 (2004 ‹Fn. 61›); *Brohm,* DVBl. 1985, S. 593 (Fn. 62), und *Erbguth,* DVBl. 1985, S. 1352 (1354 ‹Fn. 24›).

[27] *Stich,* Stadtbauwelt 1985, S. 470 (477).

[28] Zur Begründungspflicht vgl. etwa § 5 Abs. 2 S. 2 - 4 DSchG NW. Zu den unterschiedlichen Meinungen im übrigen siehe unten, Zweiter Teil, B, III, 3, und D, III, 3.

3. „Umweltschutz“

Zur Kennzeichnung des gemeinsamen Anliegens dieser Satzungen wird dabei weiterhin die Überschrift „Stadterhaltung und Stadtgestaltung“ in dem oben umrissenen Sinn gebraucht. Die gelegentlich befürwortete Zuordnung zum Umweltschutz[29] oder zur Stadtökologie[30] würde zwar auf die Einbettung des Erhaltungsgedankens in die „integrale Bewegung zur Umwelterhaltung“[31] hinweisen. In dem integrativen Ansatz dieser Begriffe liegt jedoch gleichzeitig ihre Krux, da sie weder eine homogene Rechtsmaterie bezeichnen noch einheitlich verwendet werden.[32] So soll die Stadtökologie als „Querschnittsaufgabe des kommunalen Umweltschutzes“[33] etwa auch die Wasserversorgung, den Lärmschutz oder die Abfallwirtschaft umgreifen.[34]

Bei einer solchen Vielfalt zuordbarer Aufgaben und Maßnahmen würden diese allgemeinen Begriffe das besondere Anliegen der Stadterhaltung und -gestaltung eher verdunkeln als erhellen, zumal die Stadtentwicklung noch nicht einmal zu den Grundbereichen, sondern nur zu den komplexen Bereichen der Umweltpolitik gerechnet wird.[35]

Abschnitt A

Die Erhaltungssatzungen nach §§ 172 ff. BauGB

Die Erhaltungssatzung ist innerhalb des Zweiten Kapitels des Baugesetzbuches, „Besonderes Städtebaurecht“, im ersten Abschnitt des dritten Teils, den §§ 172 – 174 BauGB geregelt. Die in diesen Vorschriften enthaltenen Rege-

---

[29] Nach dem Arbeitskreis I der 24. Hauptversammlung des Deutschen Städtetages umfaßt der Umweltschutz „z.B. auch den Denkmalschutz“, vgl. den Bericht in DST 1987, S. 382 (384); ebenso *Stich,* in: *Salzwedel,* Umweltrecht, S. 171 (230); *ders.*, Stadtbauwelt 1985, S. 470 (473); kritisch *Gebeßler,* in: *Gebeßler/Eberl,* Baudenkmäler, S. 213 (229), und *Backes,* DAS 1984, S. 241ff. – Nach OVG Münster, BRS 40, Nr. 152, S. 338, und HessVGH, BRS 47, Nr. 121, S. 319, dienen Gestaltungssatzungen dem „ästhetischen Umweltschutz“. *Stroetmann,* Umwelt 1990, S. 229, sieht den Denkmalschutz als „kulturellen Umweltschutz“.

[30] Nach einer Arbeitsgruppe des Bauausschusses des Deutschen Städtetages und des DiFU, DST 1988, S. 600 (601), umfaßt diese neben dem Denkmalschutz u. a. auch die Stadtbegrünung und die Landschaftspflege; vgl. auch *Fiebig,* DST 1987, S. 311ff.

[31] *Bartlsperger,* DVBl. 1981, S. 284 (285); zustimmend *Grauvogel,* in: *Brügelmann,* BBauG, § 1, Rdnr. 202; siehe auch oben, Einleitung.

[32] *Creifelds,* Rechtswörterbuch, Stichwort „Umweltschutz“; Arbeitsgruppe des Bauausschusses des DST und des DiFU, Zum Begriff „Stadtökologie“, DST 1988, S. 600 (601).

[33] Titel bei *Fiebig,* DST 1987, S. 311ff.

[34] Vgl. die Arbeitsgruppe des Bauausschusses des DST und des DiFU, a.a.O.; *Fiebig,* a.a.O.

[35] Vgl. das Umweltgutachten 1978, BT-Drs. 8/1938, Gliederung und Tz. 1048ff.

lungen entsprechen im wesentlichen denen des bisherigen § 39 h BBauG, der durch die Novelle 1976 in das Städtebaurecht eingefügt worden war. Dabei werden in § 172 BauGB die materiell-rechtlichen Voraussetzungen für den Satzungserlaß sowie die Genehmigungs- und Versagungstatbestände, in § 173 BauGB das Genehmigungsverfahren und der Übernahmeanspruch geregelt, während § 174 BauGB die bisher in § 39 i BBauG enthaltenen Ausnahmen von der Anwendbarkeit übernommen hat.[36]

Die in § 172 BauGB nunmehr durchgeführte Trennung der in Abs. 1 geregelten Erhaltungsziele von den in den Absätzen 3 bis 5 normierten Versagungsgründen soll, besser als die ineinander verschränkte Regelung des § 39 h Abs. 1 S. 1, Abs. 3 und Abs. 4 BBauG, dem zweistufigen „Ablaufprogramm"[37] der Erhaltungssatzung Rechnung tragen: Auf der ersten Stufe wird durch ihren Erlaß ein Schutzbereich festgelegt, in dessen Grenzen präventiv die Genehmigungsbedürftigkeit bestimmter Vorhaben angeordnet ist, während die Entscheidung über das Vorliegen des Versagungstatbestandes im Einzelfall erst im Genehmigungsverfahren auf der zweiten Stufe getroffen wird.[38] Belegt wird diese Erkenntnis durch die Normierung der Unzumutbarkeitsfälle in § 172 Abs. 4 S. 2 und Abs. 5 S. 3 BauGB, die eine endgültige Berücksichtigung der Eigentümerinteressen und deren Durchsetzung (erst) auf der Genehmigungsebene vorsieht, wenn auch unter Berücksichtigung des Allgemeinwohls die Erhaltung des Gebäudes (ohne Veränderungen) wirtschaftlich nicht mehr zumutbar ist.[39]

Innerhalb des § 172 BauGB ist zunächst der erste Absatz von Interesse, da er über die mit dem Erlaß von Erhaltungssatzungen verfolgbaren Ziele Auskunft gibt.

---

[36] Vgl. die Begründung in: BT-Drs. 10/4630, abgedruckt in: Zur Sache, Das Neue BauGB, S. 405 (406); *Krautzberger,* in: B/K/S, BauGB-Leitfaden, Rdnr. 416; *ders.,* in: NVwZ 1987, S. 647 (651). Die zu § 39h BBauG ergangene Literatur, auf die auch im folgenden zurückgegriffen wird, ist durchweg weiter verwendbar.

[37] Grundlegend, auch im übrigen, zu § 39h BBauG: *Henke,* DÖV 1983, S. 402 (404ff.); *ders.,* Stadterhaltung, S. 94ff., 165ff., 203ff.

[38] Im Anschluß an *Schmidt-Eichstaedt,* DST 1979, S. 143, und *Henke,* a.a.O., allgemeine Meinung. Vgl. nur: OVG Lüneburg, ZfBR 1983, S. 238 (240); DÖV 1983, S. 640; BauR 1983, S. 436; BRS 40, Nr. 154; Die Gemeinde 1983, S. 303; NJW 1984, S. 2905; HessVGH, DVBl. 1986, S. 693 (694); NuR 1988, S. 150; BVerwG, DÖV 1987, S. 966 (967); DVBl. 1987, S. 1013; UPR 1988, S. 60; BBauBl 1988, S. 93; ZfBR 1988, S. 40; NVwZ 1988, S. 357; BRS 47, Nr. 129; NuR 1989, S. 127; *Krautzberger,* ZfBR 1983, S. 241 (242); *ders.,* in: B/K/S, BauGB-Leitfaden, Rdnrn. 419, 420; *ders.,* in: B/K/L, BauGB, § 172, Rdnr. 19; *Battis/Schmittat,* DVBl. 1981, S. 479 (481); *Bielenberg/Stock,* in: E/Z/B, BauGB, § 172, Rdnrn. 37, 49; *Lemmel,* in: Berliner Kommentar zum BauGB, § 172, Rdnrn. 2, 4, 7; *Stich,* ZfBR 1983, S. 61 (62); *Breuer,* NVwZ 1985, S. 635 (637); *Rothe,* Verwirklichung von Bebauungsplänen, Rdnr. 316; *Schmidt-Eichstaedt,* Städtebaurecht, S. 282; *Bülow,* Flächen- und bodenbezogener Denkmalschutz, S. 374.

[39] OVG Lüneburg und HessVGH, a.a.O.

I. Zweck und Zulässigkeit von Erhaltungssatzungen

Die Gemeinden können gemäß § 172 Abs. 1 S. 1 BauGB Gebiete bezeichnen, in denen der Abbruch, die Änderung oder die Nutzungsänderung, zum Teil auch die Errichtung baulicher Anlagen der Genehmigung bedürfen, wenn dies der Erhaltung der städtebaulichen Eigenart des Gebietes (Ziff. 1), der Erhaltung der Zusammensetzung der Wohnbevölkerung (Ziff. 2) oder der Sicherung eines den sozialen Belangen Rechnung tragenden Ablaufs von städtebaulichen Umstrukturierungen (Ziff. 3 i.V.m. Abs. 5 S. 1) dient. Die Vorschrift eröffnet damit Steuerungsmöglichkeiten bei der Erhaltung von Städten und Dörfern und bei ihrer Erneuerung, soweit nicht bereits der Einsatz der Sanierungsinstrumente der §§ 136 ff. BauGB geboten erscheint.[40] Der Gesetzgeber ging bei ihrem Erlaß davon aus, daß es auch im allgemeinen Städtebaurecht einer Handhabe bedürfe, Gebäude, die für das Ortsbild von Bedeutung sind oder die aus geschichtlichen, künstlerischen oder sonstigen städtebaulichen Gründen erhalten bleiben sollen, vor einem Abbruch o.ä. zu schützen.[41]

1. Überschneidungen mit dem Denkmalschutz

Die Aufnahme einer Vorschrift in das Bundesbaurecht, die als Schutzzweck die Erhaltung baulicher Anlagen verfolgt, hat bereits im Gesetzgebungsverfahren[42] die Frage nach ihrem Verhältnis zum Denkmalschutzrecht aufgeworfen. Insbesondere die Erhaltungsgründe aus § 172 Abs. 1 S. 1 Ziff. 1, Abs. 3 BauGB[43] lassen von ihrem Wortlaut her viele Überschneidungen mit dem denkmalrechtlichen Ensembleschutz zu: Die Vorschrift sieht – abgesehen von der Sonderregelung in Abs. 1 S. 2, Abs. 3 S. 2 – den Erlaß von Erhaltungssatzungen zur Bewahrung der durch die vorhandene Bebauung geprägten städtebaulichen Eigenart des Erhaltungsgebietes vor, wobei die Gebietsfestlegung das Ortsbild, die Stadtgestalt oder das Landschaftsbild schützen soll[44] oder aber der Erhaltung baulicher Anlagen dient, die sonst von städtebaulicher, insbesondere geschichtlicher oder künstlerischer Bedeutung sind.[45]

Diese Schutzobjekte stimmen offensichtlich mit den in § 2 Abs. 3 S. 2 DSchG NW aufgezählten Beispielen für Denkmalbereiche – „Stadtgrundrisse, Stadt- und Ortsbilder und Silhouetten, Stadtteile und -viertel, Siedlungen,

---

[40] *Krautzberger,* in: B/K/L, BauGB, § 172, Rdnr. 1.

[41] Vgl. BT-Drs. 7/2496, S. 53.

[42] Zur Novelle des BBauG 1976 (Einführung des § 39h) vgl. BT-Drs. 7/2496, Nr. 62, und Anlagen.

[43] Vgl. dazu unten, Zweiter Teil, A, II, 2.

[44] § 172 Abs. 3 S. 1 Fall 1 BauGB; bisher § 39h Abs. 3 Ziff. 1 BBauG.

[45] § 172 Abs. 3 S. 1 Fall 2 BauGB; bisher § 39h Abs. 3 Ziff. 2 BauGB.

Gehöftgruppen, Straßenzüge, bauliche Gesamtanlagen und Einzelbauten sowie deren engere Umgebung, sofern sie für deren Erscheinungsbild bedeutend ist" – zum großen Teil überein.

a) *Zweifel an der Gesetzgebungszuständigkeit*

Die (Teil-)Identität mit den denkmalrechtlichen Begriffen hat – obwohl „die landesrechtlichen Vorschriften, insbesondere über den Schutz und die Erhaltung von Denkmälern unberührt"[46] bleiben sollen – zu dem Vorwurf geführt, die Ermächtigung zum Erlaß von Erhaltungssatzungen sei verfassungswidrig. Dies gelte, soweit der Bundesgesetzgeber durch ihre Einführung in die Länderkompetenz für Kultusangelegenheiten, der unbestritten auch der Denkmalschutz unterfällt,[47] eingegriffen habe. Während gegen die übrigen Erhaltungsgründe des § 172 BauGB keine verfassungsrechtlichen Bedenken erhoben werden, wird ein solcher Eingriff und deshalb die völlige oder teilweise Nichtigkeit für beide Fälle des § 172 Abs. 1 S. 1 Ziff. 1 i.V.m. Abs. 3 S. 1 BauGB behauptet.[48]

Ausgangspunkt der Argumentation ist dabei die Feststellung, daß sich eine Gesetzgebungskompetenz des Bundes für den Erlaß von Vorschriften über die Stadterhaltung ernstlich nur aus Art. 74 Nr. 18 GG ergeben könne.[49] Dem Baurechtsgutachten des Bundesverfassungsgerichtes aus dem Jahre 1954 wird entnommen, daß die von der Bundeskompetenz gedeckte Materie Bodenrecht diejenigen Vorschriften umgreife, „die den Grund und Boden unmittelbar zum Gegenstand rechtlicher Ordnung haben, also die rechtlichen Beziehungen des Menschen zum Grund und Boden regeln".[50] Über die unmittelbare Regelung der Bodennutzung hinaus erfasse die Gesetzgebungskompetenz aus Art. 74 Nr. 18 GG zwar auch sonstige staatliche Aufgabenbereiche; dies jedoch nur, wenn und soweit diese eine Beziehung zur „geordneten städtebaulichen Entwicklung" im Sinne des § 1 Abs. 5 BauGB aufwiesen. Das gelte auch für die Aufgabe der Stadterhaltung, für die die Bundeskompetenz für das

---

[46] § 173 Abs. 4 BauGB; früher § 39a Abs. 2 BBauG.

[47] Vgl. nur *Erbguth*, DVBl. 1985, S. 1352 (1356); *Eberl*, BayVBl. 1980, S. 710 (711); *Watzke*, ZfBR 1981, S. 10; *Stich*, in: *Salzwedel*, Umweltrecht, S. 171 (231ff.); *Bülow*, Flächen- und bodenbezogener Denkmalschutz, S. 74.

[48] *Bülow*, Flächen- und bodenbezogener Denkmalschutz, S. 353ff. (359) versucht, eingehend die Verfassungswidrigkeit des § 39h Abs. 3 Ziff. 1 und (z.T.) Ziff. 2 BBauG (= § 172 Abs. 3 BauGB) zu begründen. Ebenso *Erbguth*, DVBl. 1985, S. 1352 (1358). Für eine „verfassungskonforme Reduktion" des § 39h Abs. 3 Ziff. 2 BBauG tritt *Hönes*, Unterschutzstellung, S. 32ff. (41), ein. Diese Autoren sind bei *Henke*, Stadterhaltung, S. 31, der die Bundeskompetenz für „nicht mehr ernsthaft angezweifelt" hält, noch nicht berücksichtigt. Vgl. auch *Gebeßler*, in: *Gebeßler/Eberl*, Baudenkmäler, S. 213 (218 Fn. 21).

[49] *Erbguth*, DVBl. 1985, S. 1352 (1355ff., auch zum folgenden insgesamt).

[50] BVerfGE 3, S. 407 (424).

Bodenrecht die Gesetzgebungszuständigkeit nicht insgesamt begründen könne, sondern nur insofern, als es um den spezifisch städtebaulichen Aspekt der Stadterhaltung geht.[51] Daher überschreite die bundesrechtliche Ermächtigung zum Erlaß von Erhaltungssatzungen den Rahmen des Zulässigen, indem sie im § 172 Abs. 1 S. 1 Ziff. 1 BauGB nicht städtebauliche Zwecke, sondern solche des Denkmal- und Ortsbildschutzes ohne bodenrechtlichen Bezug verfolge.[52]

b) „Städtebaulicher Denkmalschutz"

Dieser letzten Folgerung ist das Bundesverwaltungsgericht[53] zu Recht entgegengetreten: Die Vorschrift ergreife verfassungsgemäß den Denkmalschutz nur in seinem städtebaulichen Aspekt, das heißt in seiner Ausstrahlungswirkung in das Bauplanungsrecht und sei deshalb von der Bundeskompetenz für das Bodenrecht gedeckt. Zwar stützt sich das Gericht in seiner Entscheidung auch auf einen Nichtannahmebeschluß des Bundesverfassungsgerichts,[54] in dessen Gründen u. a. auf die Ausführungen von Bartlsperger, von Münch und Maunz[55] zum sogenannten städtebaulichen Denkmalschutz Bezug genommen wird, nach Hönes[56] eine „unglückliche Zitatenkette", von der zu hoffen bleibe, daß sie „nicht weiter für Verwirrung" sorge.

Dennoch ist mit den zuvor Angeführten und der Rechtsprechung die kompetenzrechtliche Zulässigkeit auch des § 172 Abs. 1 S. 1 Ziff. 1 BauGB zu bejahen. Sie ergibt sich daraus, daß der Bundesgesetzgeber mit dieser Vorschrift nicht etwa die Erhaltung baulicher Anlagen aus historischen Gründen ermöglichen wollte; denn dann hätten die Gemeinden in der Tat mittels der Erhaltungssatzungen „der Sache nach Denkmalschutz" betreiben können.[57] Er hat vielmehr nur städtebauliche Erhaltungsgründe normiert, die auf die Beziehung der Gebäude zur aktuellen Stadtstruktur und ihre stadträumliche Funktion für das gegenwärtige Zusammenleben der Menschen in der Gemeinde abstellen.[58] Diese mit dem Erlaß des § 172 BauGB bzw. des § 39 h

[51] *Erbguth*, DVBl. 1985, S. 1356.

[52] *Erbguth*, a.a.O., S. 1358; *Bülow*, Flächen- und bodenbezogener Denkmalschutz, S. 353ff. (357, 359) zu § 39h BBauG.

[53] BVerwG, DÖV 1987, S. 966 (977) zu § 39h BBauG.

[54] BVerfG, DVBl. 1987, S. 465; ZfBR 1987, S. 203; NVwZ 1987, S. 879. In diesem Beschluß geht das Gericht auch auf die Unbegründetheit einer Verfassungsbeschwerde gegen das im gleichen Sinne ergangene Urteil des OVG Lüneburg, ZfBR 1983, S. 238 (239), ein.

[55] *Bartlsperger*, DVBl. 1981, S. 284 (295ff.); *von Münch*, in: ders., GG, Art. 74, Rdnr. 77, unter Berufung auf ihn und *Maunz*, in: *Maunz/Dürig*, GG, Art. 74, Rdnr. 200, unter Berufung auf beide Vorstehenden. Vgl. auch das OVG Münster, NJW 1983, S. 2598, das von „Denkmalschutz im weiteren Sinne" spricht.

[56] *Hönes*, Unterschutzstellung, S. 36. Siehe auch *Manssen*, Stadtgestaltung, S. 61/62.

[57] Vgl. BVerwG, a.a.O.

[58] BVerwG, a.a.O.; *Erbguth*, Bauplanungsrecht, Rdnr. 364.

BBauG '76 verfolgte Zielsetzung ist aber für ihre verfassungsrechtliche Bewertung entscheidend: Denn nicht Objekt, Regelungsgegenstand oder das Instrumentarium einer Regelung erlauben ihre Einordnung, sondern vor allem ihr Ziel und Zweck, die Gründe und Motive, aus denen sie getroffen wurde sowie ihre darauf beruhende Wirkung.[59]

Der dargestellte Meinungsstreit reduziert sich letztlich auf eine unterschiedliche Einschätzung dieses funktionalen Verhältnisses zwischen den umstrittenen Regelungen und den von ihnen berührten Materien. Die Frage nach dieser Relation ist aber an sich schon im Gesetzgebungsverfahren problematisiert und geklärt worden: Auf die bei der Einführung des § 39 h in das BBauG '76 erhobene Forderung des Bundesrates, Teile der Vorschrift wegen der ausschließlichen Gesetzgebungszuständigkeit der Länder für den Denkmalschutz zu streichen, antwortete die Bundesregierung in ihrer Gegenäußerung,[60] die Bundeskompetenz ergäbe sich aus dem Sachzusammenhang mit den städtebaulichen Erfordernissen. Die (späteren) § 39 h Abs. 1 Ziff. 1 und 2 BBauG bezweckten lediglich die Erhaltung von baulichen Anlagen, die zum Erscheinungsbild der Stadt gehören und die als „Ensemble" vor Abbruch geschützt werden sollten.

Dem wurde im weiteren Verfahren dadurch Rechnung getragen, daß in § 39 h Abs. 1 Ziff. 1 BBauG nur die das Ortsbild, die Stadtgestalt oder das Landschaftsbild „prägenden" baulichen Anlagen als erhaltungswürdig eingestuft wurden und indem man in § 39 h Abs. 1 Ziff. 2 BBauG durch die Voranstellung der „städtebaulichen Bedeutung" diese Kategorie zum Oberbegriff erhob.[61] Spätestens damit hat die städtebauliche Zweckrichtung im Gesetzestext hinreichend Ausdruck gefunden. Als Regelung zum Erhalt städtebaulich wertvoller Bausubstanz konnte § 39 h Abs. 3 Ziff. 1 und 2 BBauG bzw. kann § 172 Abs. 1 Ziff. 1, Abs. 3 Fall 1 und 2 BauGB aber zum Erlaß von Erhaltungssatzungen ermächtigen, auch wenn diese sich im Einzelfall mit den nach Landesrecht möglichen Denkmalbereichssatzungen überschneiden mögen. Denn sie ermöglichen die Unterschutzstellung (nur) als Mittel zum Endzweck der Bewahrung der Stadtqualität, während der Ensembleschutz des Denkmalrechts die Erhaltung einer Gebäudegruppe als solcher wegen des ihr innewoh-

---

[59] Grundlegend *Pestalozza,* DÖV 1972, S. 181ff., und *Steinberg,* NJW 1981, S. 550 (552), unter Berufung auf die Rechtsprechung des Bundesverfassungsgerichtes, zuletzt BVerfGE 40, 261 (268); NJW 1976, S. 141; OVG Lüneburg, DVBl. 1983, S. 469 (470); BRS 39, Nr. 138; DÖV 1983, S. 387; NVwZ 1983, S. 557; BVerwGE 67, 84ff.; NuR 1983, S. 274; DÖV 1987, S. 966 (967); *Friauf/Wendt,* Baurechtlicher Denkmalschutz, S. 56 (57); *Henke,* Stadterhaltung, S. 45, m.w.N.; *Erbguth,* DVBl. 1985, S. 1352 (1357); *Grooterhorst,* DVBl. 1987, S. 654 (656); *Bielenberg/Stock,* in: E/Z/B, BauGB, § 172, Rdnr. 28; grundsätzlich a.A. *Bülow,* Flächen- und bodenbezogener Denkmalschutz, S. 78ff. (85ff.); *Manssen,* Stadtgestaltung, S. 80/81 und S. 96.

[60] BT-Drs. 7/2496, S. 78, einerseits und S. 87 auf der anderen Seite.

[61] Zum Gesetzgebungsverfahren *Bielenberg,* in: E/Z/B, BBauG, § 39h, Rdnrn. 5, 6; *Friauf/Wendt,* Baurechtlicher Denkmalschutz, S. 54 (55).

nenden Wertes im Auge hat.[62] Beide Instrumente werden daher durch die jeweils zugrunde liegende Materie legitimiert, weil und soweit sie deren unterschiedlichen Funktionen dienen.[63]

Die Vorschriften des Baugesetzbuches über den Erlaß von Erhaltungssatzungen sind demnach insgesamt durch die Bundeskompetenz aus Art. 74 Nr. 18 GG gedeckt, insbesondere auch in den Teilen, deren Verfassungsmäßigkeit bei der Vorläuferregelung in § 39 h BBauG bestritten worden ist. § 172 Abs. 1 S. 1 Ziff. 1 BauGB stellt den städtebaulichen Zweck demgegenüber sogar noch deutlicher heraus, indem er vorweg als Satzungsziel die „Erhaltung der städtebaulichen Eigenart" eines Gebietes nennt.[64]

2. Eigentumsrecht

Die gesetzliche Regelung ist auch mit Art. 14 GG vereinbar, da sie in einer der Verfassung entsprechenden Weise Inhalt und Schranken des Eigentums bestimmt. In ihrer eigentumsrechtlichen Bedeutung wird die Unterschutzstellung durch Erhaltungssatzung mit der Eintragung eines Gebäudes in eine „konstitutive" Denkmalliste verglichen.[65]

Insbesondere durch die Erörterungspflicht gemäß § 173 Abs. 3 BauGB und die Sondervorschriften für die Fälle wirtschaftlicher Unzumutbarkeit in § 173 Abs. 2 und § 172 Abs. 4 S. 2 BauGB wird eine übermäßige Belastung der Grundeigentümer vermieden, denen durch die Satzung die Möglichkeit verlorengegangen ist, den vorhandenen Baubestand in einer gegen die §§ 172 ff. BauGB verstoßenden Art und Weise abzuändern oder durch Neuerrichtung baulicher Anlagen zu beeinträchtigen und so den aus ihrem Eigentum zu ziehenden wirtschaftlichen Nutzen zu erhöhen. Nach allgemeiner Ansicht[66] hat sich der Gesetzgeber bei der Festlegung der anzustrebenden Gemeinwohlziele und der dabei einzusetzenden Mittel im Rahmen des ihm zustehenden

[62] *Friauf/Wendt,* Baurechtlicher Denkmalschutz, S. 57 (58).

[63] Vgl. *Grooterhorst,* DVBl. 1987, S. 654 (656 mit Fn. 13, 14); *Müller,* VR 1987, S. 301 (304), für das Verhältnis Naturschutzrecht – Bauplanungsrecht; OVG Lüneburg, DVBl. 1983, S. 469 (470), für das Verhältnis Bauordnungsrecht – Bauplanungsrecht.

[64] BT-Drs. 10/4630, abgedruckt in: Zur Sache, Das neue BauGB, S. 405. – Die Gesetzgebungskompetenz des Bundes bejahen außerdem: VG Köln, DST 1983, S. 577; *Battis/Krieger,* DVBl. 1981, S. 479, Fn. 3; *Krautzberger,* in: B/K/L, BauGB, § 172, Rdnrn. 1, 30; *Stähler,* Denkmalbegriff, S. 110ff.; *Bielenberg/Stock,* in: E/Z/B, BauGB, § 172, Rdnrn. 31, 113.

[65] *Rothe,* Verwirklichung von Bebauungsplänen, Rdnr. 331a.

[66] BVerfG, DVBl. 1987, S. 465 (466); OVG Lüneburg, ZfBR 1983, S. 238 (239). Zustimmend u.a.: *Friauf/Wendt,* Baurechtlicher Denkmalschutz, S. 71ff.; *Henke,* Stadterhaltung, S. 188 (189); *Krautzberger,* in: B/K/L, BauGB, § 172, Rdnr. 35; § 173, Rdnr. 3; *Lemmel,* in: Berliner Kommentar zum BauGB, § 172, Rdnr. 3; *Bielenberg/Stock,* in: E/Z/B, BauGB, § 172, Rdnrn. 115ff.

Gestaltungsspielraums gehalten, so daß die verfassungsrechtliche Zulässigkeit der §§ 172 ff. BauGB keiner weiteren Erörterung bedarf.

II. Erlaßvoraussetzungen der Erhaltungssatzungen

Die Frage, wann der Erlaß einer Erhaltungssatzung zulässig ist, spricht zwei Aspekte an: Es geht sowohl um die räumliche Komponente, also Zuschnitt und Grenzziehung des Satzungsgebietes, als auch in sachlicher Hinsicht um die Gründe, die eine Schutzanordnung rechtfertigen können.

1. Räumlicher Anwendungsbereich

Wer mit der Satzungsgebung befaßt ist, wird sich zuerst überlegen müssen, wie weit er die Erhaltungszone ausdehnen soll und darf. Zum möglichen Geltungsbereich treffen die §§ 172 ff. BauGB ihrem Wortlaut nach zwar keine besonderen Aussagen; daraus läßt sich zunächst nur im Rückschluß entnehmen, daß die Unterschutzstellung grundsätzlich sowohl qualifiziert überplante als auch Gebiete nach § 34 und § 35 BauGB betreffen darf.[67] Die Abstinenz des Gesetzgebers beruht allerdings nicht darauf, daß sich insoweit keine Probleme stellen: Sie sind durchaus vorhanden, da etwa zu klären ist, ob eine Erhaltungssatzung das gesamte Gemeindegebiet umfassen darf oder sie sich im Gegenteil auf Festsetzungen bezüglich einzelner Objekte beschränken muß.

Auf den ersten Blick bietet sich für die Gemeinde die erste Lösung an, da sie die Schwierigkeiten beim Satzungserlaß minimalisiert und ihr trotzdem gegenüber den veränderungswilligen Grundeigentümern eine günstige Ausgangsposition verschafft. Sie gewährleistet wirksamen Schutz, da sie jeden Abbruch, jede Änderung und Nutzungsänderung sowie gegebenenfalls jede Errichtung baulicher Anlagen genehmigungspflichtig macht und verschiebt die Prüfung, ob einer der gesetzlichen Erhaltungsgründe gegeben ist, in das Genehmigungsverfahren im Einzelfall.[68] So bequem dieser (Aus-)Weg erscheinen mag, ist er dem Satzungsgeber doch versperrt.

Die Unzulässigkeit eines solchen generellen Erhaltungsschutzes läßt sich allerdings nicht – wie das bei den Baumschutzregelungen versucht wird[69] – bereits aus der Rechtsprechung zu den allgemeinen Anforderungen an Bebauungspläne begründen. Zwar hat das Bundesverwaltungsgericht in einem Urteil[70] zu einem in dieser Form erlassenen, das Stadtgebiet Frankfurts über-

[67] Allgemeine Meinung, vgl. *Henke,* Stadterhaltung, S. 166 (121ff.); *Kiepe,* DST 1983, S. 409; *Krautzberger,* ZfBR 1983, S. 238ff., ebenda, S. 242.

[68] *Henke,* Stadterhaltung, S. 193 (194).

[69] Siehe unten, Zweiter Teil, D, II, 1.

[70] BVerwGE 50, S. 114ff.

deckenden Begrünungsplan ausgesprochen, daß Bebauungspläne ihre Festsetzungen prinzipiell konkret – individuell in Beziehung zu den jeweiligen Plangebieten treffen müssen. Diesem Grundsatz würde eine nicht auf Einzelbereiche bezogene und beschränkte Erhaltungssatzung ersichtlich nicht genügen. Jedoch hat das Gericht seine Auffassung gerade aus den Besonderheiten des Baurechts entwickelt: dessen Pläne sollen sich von den baurechtlichen Vorschriften typischerweise darin unterscheiden, daß letztere eine abstrakt-generelle Regelung träfen, während erstere sozusagen im Angesicht der konkreten Lage regeln würden.[71] Diese Erwägungen sind auf Satzungen nach den §§ 172 ff. BauGB nicht übertragbar, denn ihr Regelungsgehalt – bloße Statuierung eines Genehmigungsvorbehaltes[72] – ist mit den komplexen Festsetzungen eines Bebauungsplanes nicht zu vergleichen.[73] Anders als dieser trifft die Erhaltungssatzung selbst nämlich noch keine rechtsverbindliche Nutzungsregelung für das einzelne Grundstück.[74]

Eine undifferenzierte Schutzanordnung für das ganze Gemeindegebiet (oder auch nur den bebauten Bereich) „gleichsam mit einem Federstrich"[75] ist dem Satzungsgeber gleichwohl nicht erlaubt. Er muß den Geltungsbereich der Satzung auf einzelne Flächen beschränken, die durch den auf sie anwendbaren Erhaltungsgrund gegenüber anderen Teilgebieten der Gemeinde qualifiziert sind.[76] Das ergibt zunächst der Rückgriff auf § 39 h Abs. 1 S. 2 BBauG, nach dem in der Satzung anzugeben ist, „welche der ... bezeichneten Gründe" auf das festgelegte Gebiet zutreffen. Daß diese Vorschrift nicht in das Baugesetzbuch übernommen worden ist, hat an der materiellen Rechtslage nichts geändert.[77] Wenn aber die Verpflichtung besteht, in der Satzung diejenigen der im Gesetz vorgesehenen Erhaltungsgründe anzugeben, die aktuell die Gebietsfestlegung rechtfertigen, ist es ausgeschlossen, daß ein Schutzbereich geschaffen wird, ohne daß Klarheit darüber besteht, daß einer dieser Gründe dort verwirklicht ist. So wäre aber die Situation, wenn gewissermaßen „prophylaktisch"[78] eine flächendeckende Regelung getroffen würde, ohne bei ihrem Erlaß schon das tatsächliche Vorliegen des Schutzbedarfs zu prüfen.[79]

---

71 BVerwGE 50, S. 119.

72 Siehe oben, Zweiter Teil, A.

73 VG Köln, DST 1983, S. 577 (578); OVG Lüneburg, ZfBR 1983, S. 238 (239f.); *Rothe,* Verwirklichung von Bebauungsplänen, Rdnr. 329.

74 *Krautzberger,* in: B/K/L, BauGB, § 172, Rdnr. 19.

75 BVerwG, a.a.O., S. 121.

76 OVG Lüneburg, ZfBR 1983, S. 238 (240); *Schlichter,* in: S/S/T, BBauG, § 39h, Rdnr. 6; *Bülow,* Flächen- und bodenbezogener Denkmalschutz, S. 360, mit Fn. 1; *Henke,* Stadterhaltung, S. 195.

77 *Krautzberger,* in: B/K/S, BauGB – Leitfaden, Rdnr. 424; *ders.,* in: B/K/L, BauGB, § 172, Rdnr. 12.

78 *Battis,* Stadterhaltung, S. 216.

79 *Henke,* Stadterhaltung, S. 194; *Bülow,* Flächen- und bodenbezogener Denkmalschutz, S. 360 (362).

Entscheidend fallen schließlich auch die betroffenen Interessen ins Gewicht: Bereits durch die Anordnung des Genehmigungsverfahrens wird eine besondere Hürde für bauliche Veränderungen errichtet, die das Grundstückseigentum faktisch belastet.[80] Die den §§ 172 ff. BauGB widersprechenden Nutzungsmöglichkeiten gehen verloren, bei genehmigungspflichtigen, aber genehmigungsfähigen Vorhaben kommt es zu zeitlichen Verzögerungen.[81] Diese Folgen sind, wenn das Bestehen von Erhaltungsgründen im Satzungsbereich festgestellt und dieser entsprechend geschnitten ist, zur Erreichung des gesetzgeberischen Ziels in Kauf zu nehmen und nicht übermäßig.[82] Demgegenüber erscheint die Überdeckung aller in der Gemeinde gelegenen Grundstücke mit dem Genehmigungsvorbehalt ohne Prüfung und damit in aller Regel ohne Bestehen der Erhaltungswürdigkeit für die erfaßten Objekte aber unverhältnismäßig. Sie würde neben den Eigentümerinteressen zudem auch die Rechtssicherheit außer acht lassen, da die durch unbestimmte Rechtsbegriffe bezeichneten Erhaltungsgründe der Konkretisierung bedürfen, die nur erreichbar ist, wenn sie sich auf besondere, durch die städtebauliche Situation geprägte und abgegrenzte Teilbereiche des Gemeindegebiets beziehen.[83]

Kann die Gemeinde die Erhaltungssatzung also nicht als „bequeme Abrißbremse" einsetzen,[84] indem sie sie mit einem umfassenden Geltungsbereich ausstattet (oder mehrere Satzungen flächendeckend anordnet),[85] ist sie doch andererseits nicht dem entgegengesetzten Extrem unterworfen: Nicht jede satzungsgemäß unter Schutz gestellte bauliche Anlage muß erhaltungswürdig sein, denn die Prüfung, ob ein Einzelobjekt konserviert werden soll, bleibt dem Genehmigungsverfahren zweiter Stufe vorbehalten.[86]

Im Ergebnis läßt sich eine generelle Grenze noch zulässiger Ausdehnung der Erhaltungsbereiche im Sinne eines bestimmten Prozentsatzes der Gemeindefläche nicht angeben. Maßgebend sind die lokalen tatsächlichen Verhältnisse, die die Gemeinde anhand bereits vorhandener Unterlagen oder durch eine Bestandsaufnahme zu erforschen hat. Weisen danach bestimmte Teilbereiche erhaltenswerte Besonderheiten auf, liegt grundsätzlich die Anwendungssituation für eine Erhaltungsregelung vor.[87] Mindest- und Maximalum-

---

[80] *Henke,* a.a.O., S. 188; vgl. auch OVG Lüneburg, BauR 1983, S. 436f., insoweit nicht abgedruckt in ZfBR 1983, S. 238ff.

[81] BVerfG, DVBl. 1987, S. 465 (466).

[82] BVerfG, a.a.O.; siehe oben, Zweiter Teil, A, I, 2.

[83] *Henke,* Stadterhaltung, S. 195. Zur Parallele bei den Gestaltungssatzungen siehe unten, Zweiter Teil, B, I, 1 und II, 1.

[84] *Henke,* a.a.O.

[85] Vgl. dazu *Battis,* Stadterhaltung, S. 216, und *Henke,* a.a.O., Fn. 516.

[86] OVG Lüneburg, ZfBR, S. 238 (240); *Schmidt-Eichstaedt,* DST 1979, S. 143 (144); *Schmaltz,* in: *Schrödter,* BBauG, § 39h, Rdnr. 4; *Henke,* DÖV 1983, S. 402 (405); *Krautzberger,* in: B/K/L, BauGB, § 172, Rdnr. 21; *Bielenberg/Stock,* in: E/Z/B, BauGB, § 172, Rdnr. 37.

[87] *Bielenberg/Stock,* in: E/Z/B, BauGB, § 172, Rdnrn. 37, 62.

fang des durch sie in Schutz zu nehmenden „Gebietes" im Sinn des § 172 Abs. 1 S. 1 BauGB hängen dabei jeweils davon ab, wie weit sich eine Homogenität der Bausubstanz aus dem Blickwinkel des jeweiligen Erhaltungszwekkes feststellen läßt.[88] Dabei bleiben einzelne „Fremdkörper" unberücksichtigt, soweit sie nicht den Erhaltungsgrad bzw. die Erhaltungsgründe wieder insgesamt in Frage stellen.[89]

An ihnen darf – und muß – sich der Satzungsgeber bei der Festlegung von Lage, Größe und Umgrenzung der Erhaltungsbereiche orientieren und messen lassen. Fußt die Satzung etwa auf § 172 Abs. 1 S. 1 Ziff. 1 i.V.m. Abs. 3 S. 1 Fall 1 BauGB, hängt ihr Zuschnitt von der Reichweite der das Ortsbild, die Stadtgestalt oder das Landschaftsbild prägenden Bebauung ab; bezieht sie sich auf den Erhaltungsgrund nach § 172 Abs. 3 S. 1 Fall 2 BauGB, wird ihre Grenze – vor allem – nach den optischen Auswirkungen des städtebaulich bedeutenden Bauwerks zu ziehen sein.[90] Aufgrund der Zweistufigkeit des Erhaltungsschutzes ist die Gemeinde allerdings nicht gezwungen, bei der Umgrenzung des Geltungsbereiches der Satzung „parzellenscharf" die tatsächlich erhaltenswert bebauten Grundstücke nachzeichnen zu müssen.[91] Das ermöglicht eine praktikable, in der Regel gradlinige Grenzziehung und Abrundung.[92]

Diese braucht auch keine Rücksicht darauf zu nehmen, ob Grundstücke der öffentlichen Hand miterfaßt werden. § 174 BauGB trifft für sie ohnehin nur dann eine Sonderregelung, wenn sie bestimmten öffentlichen Zwecken dienen. § 174 Abs. 2 S. 1 BauGB läßt sich darüber hinaus im Rückschluß entnehmen, daß selbst diese besonders zweckgebundenen Grundstücke in den Geltungsbereich einer Erhaltungssatzung fallen können (ohne das allerdings für sie die Rechtswirkungen des § 172 BauGB einträten),[93] so daß der Zuschnitt des Satzungsgebietes zunächst einmal unabhängig von diesen Ausnahmeregeln erfolgen kann.

2. Sachlicher Anwendungsbereich

Die Erhaltungssatzung muß neben der Abgrenzung ihres räumlichen Geltungsbereiches nur die Angabe enthalten, welcher der – in Anlehnung an

---

[88] *Bülow*, Flächen- und bodenbezogener Denkmalschutz, S. 366.

[89] *Bielenberg/Stock*, in: E/Z/B, BauGB, § 172, Rdnrn. 38, 62. Ausführlich und vergleichbar zu den Denkmalbereichen: *Bülow*, a.a.O., S. 183ff.

[90] OVG Lüneburg, ZfBR 1983, S. 238 (240).

[91] VG Köln, DST 1983, S. 577 (578); *Schmidt-Eichstaedt*, DST 1979, S. 143 (144); *Battis/Krieger*, DVBl. 1981, S. 479 (482); *Henke*, Stadterhaltung, S. 194.

[92] OVG Lüneburg, ZfBR 1983, S. 238 (240); ihm zustimmend *Bülow*, Flächen- und bodenbezogener Denkmalschutz, S. 362, 184; *Schmidt-Eichstaedt*, a.a.O., S. 144; *Henke*, a.a.O., S. 195. Vgl. auch unten, Zweiter Teil, A, III, 1.

[93] *Krautzberger*, in: B/K/L, BauGB, § 174, Rdnr. 2; *Bülow*, a.a.O., S. 366.

§ 39 h Abs. 1 S. 2 BBauG als „Erhaltungsgründe" bezeichneten[94] – gesetzlichen Tatbestände Anwendung finden soll.[95] Das Gesetz kennzeichnet sie durch unbestimmte Rechtsbegriffe,[96] die der Auslegung bedürfen. Diese Aufgabe wird dadurch erleichtert, daß die verwendeten Ausdrücke zum größten Teil bereits in Rechtsgebieten mit längerer Tradition – Bauplanung, Denkmalschutz, Baugestaltung – verwandt und begrifflich vorgeprägt worden sind. Bei der Übernahme dieser bereits vorhandenen Begriffsbildungen ist allerdings Vorsicht angebracht, da stets dem bodenrechtlichen Charakter der Erhaltungsvorschriften, der allein die Zuständigkeit des Gesetzgebers begründet, Rechnung getragen werden muß.[97]

Die inhaltliche Abklärung und Abgrenzung der Erhaltungsgründe soll im folgenden anhand der vom Gesetz vorgegebenen Reihenfolge – § 172 Abs. 1 S. 1 Ziff. 1 mit Abs. 3, § 172 Abs. 1 S. 1 Ziff. 2 mit Abs. 4, § 172 Abs. 1 S. 1 Ziff. 3 mit Abs. 5 BauGB – vorgenommen werden. Dabei wird davon ausgegangen, daß ein Erhaltungsgrund sich jeweils aus der Zusammenschau eines der in § 172 Abs. 1 BauGB aufgeführten Satzungsziele mit einem der in den Absätzen 3 bis 5 geregelten Versagungsgründe ergibt. Zwar gehören letztere an sich zur zweiten Stufe des Ablaufprogramms, auf der endgültig über die Genehmigung des einzelnen Vorhabens entschieden wird. Jedoch nehmen die in § 172 Abs. 1 S. 1 Ziff. 1 – 3 BauGB enthaltenen Klammerverweise ausdrücklich auf die entsprechenden Absätze Bezug. Da sich die Rechtslage insoweit nicht geändert hat,[98] ist daran in Übereinstimmung mit der bisherigen Literatur und Rechtsprechung zu § 39 h BBauG[99] festzuhalten.

Ohne an dieser Stelle schon entscheiden zu wollen, wie der Satzungsgeber seiner Pflicht zur Angabe der maßgebenden Erhaltungsgründe im einzelnen genügen muß,[100] werden nachfolgend die einzelnen Fälle des § 172 Abs. 3 – 5 BauGB erörtert. Sie bilden den eigentlichen Tatbestand der Erhaltungsgründe, die in § 172 Abs. 1 S. 1 Ziff. 1 – 3 BauGB lediglich allgemein in Form

---

[94] Ebenso *Henke,* Stadterhaltung, S. 94ff.; widersprüchlich *Krautzberger,* in: B/K/L, BauGB, § 172, Rdnrn. 12, 18 einerseits, Rdnr. 2 vor § 172 andererseits.

[95] BVerwG, DÖV 1987, S. 966, und oben, Zweiter Teil, A, II, 1.

[96] Allgemeine Meinung, vgl. nur: *Bielenberg,* in: E/Z/B, BBauG, § 39h, Rdnr. 28, unter Berufung auf den Mustererlaß der ARGEBAU; *Henke,* a.a.O., S. 94 (112ff., 167); *Rothe,* Verwirklichung von Bebauungsplänen, Rdnr. 342; *Stich,* ZfBR 1983, S. 61 (65); OVG Lüneburg, ZfBR 1983, S. 238 (239); VG Köln, DST 1983, S. 577 (578). Zu den Konsequenzen sogleich unten, Zweiter Teil, A, II, 3.

[97] *Bielenberg,* a.a.O., Rdnr. 3; *Rothe,* a.a.O., Rdnrn. 318ff.; *Henke,* a.a.O., S. 97; OVG Lüneburg, DVBl. 1983, S. 469. Vgl. allgemein zur Auslegung bodenrechtlicher Begriffe BVerwGE 44, 59 (61ff.).

[98] *Krautzberger,* in: B/K/S, BauGB – Leitfaden, Rdnr. 424; *ders.,* in: B/K/L, BauGB, Rdnr. 12; vgl. oben, Zweiter Teil, A, II, 1.

[99] *Schmaltz,* in: Schrödter, BBauG, § 39h, Rdnrn. 3, 4; *Schlichter,* in: S/S/T, BBauG, § 39h, Rdnr. 3; HessVGH, DVBl. 1986, S. 693; BVerfG, DVBl. 1987, S. 465; BVerwG, DÖV 1987, S. 966 (967).

[100] Zur richtigen „Begründung" vgl. Zweiter Teil, A, III, 2, 3.

von Zielbestimmungen beschrieben werden.[101] Daß diese Schutzziele nicht gleichgeordnet neben ihnen stehen, ergibt sich aus der Wortwahl des Gesetzes: Die „Erhaltung der städtebaulichen Eigenart des Gebiets aufgrund seiner städtebaulichen Gestalt" wegen dessen „städtebaulicher Bedeutung" (§ 172 Abs. 1 S. 1 Ziff. 1, Abs. 3 S. 1 Fall 2 BauGB) wäre – bei aller nötigen Betonung des städtebaulichen Aspekts – wohl doch ein mehr als unglücklich formulierter Erhaltungsgrund. Die Auslegung konzentriert sich deshalb auf die konkreten Versagungsgründe und berücksichtigt die dadurch inhaltlich ausgefüllten Schutzziele nur in diesem Rahmen.

a) Die Erhaltungsgründe aus § 172 Abs. 1 S. 1 Ziff. 1, Abs. 3 BauGB

Die Unterschutzstellung baulicher Anlagen in einem bestimmten Bereich kann zunächst zur Erhaltung der städtebaulichen Eigenart des Gebiets aufgrund seiner städtebaulichen Gestalt erfolgen, weil sie entweder allein oder im Zusammenhang mit anderen baulichen Anlagen das Ortsbild, die Stadtgestalt oder das Landschaftsbild prägen oder sonst von städtebaulicher, insbesondere geschichtlicher oder künstlerischer Bedeutung sind. Hinzu kommt die Sonderregelung in § 172 Abs. 1 S. 2 i.V.m. Abs. 3 S. 2 BauGB.

Mit dem „oder" in § 172 Abs. 3 S. 1 BauGB wird angedeutet, daß es sich hier um zwei Fallgruppen handelt, die durch das Merkmal des „Prägens" bzw. durch die vorangestellte „städtebauliche Bedeutung" verklammert werden. Beide Merkmale verwendet das Gesetz, um die Abgrenzung der erhaltenswerten von der nicht erhaltenswerten Bausubstanz zu ermöglichen.[102]

Dennoch wurde unter der Geltung des § 39 h BBauG übereinstimmend angenommen, sie stellten unterschiedlich hohe Anforderungen. Schon dem Wortsinne nach gehe, wie Friauf/Wendt ausführen, ein „prägen" weiter als das bloße „Bedeutung-Haben".[103] Dies werde insbesondere durch die Gesetzgebungsgeschichte bestätigt. Denn der ursprüngliche Regierungsentwurf, der die Erhaltung baulicher Anlagen schon wegen jeder „Bedeutung für das Ortsbild"[104] habe ermöglichen wollen, sei im Nachheinein bewußt auf den Begriff der Prägung umgestellt worden.[105] Eine Prägung des Ortsbildes, der Stadtge-

[101] Vgl. *Krautzberger,* in: B/K/L, BauGB, § 172, Rdnrn. 8, 28.

[102] Vgl. oben, Zweiter Teil, A, I, 1 b); *Friauf/Wendt,* Baurechtlicher Denkmalschutz, S. 60 (64); *Henke,* Stadterhaltung, S. 107f.; *Krautzberger,* in: B/K/L, BauGB, § 172, Rdnr. 29; *Bielenberg/Stock,* in: E/Z/B, BauGB, § 172, Rdnrn. 62.

[103] *Friauf/Wendt,* Baurechtlicher Denkmalschutz, S. 60; ähnlich *Henke,* Stadterhaltung, S. 108; VG Köln, DST 1983, S. 577f.; keine Unterscheidung dagegen bei *Krautzberger,* in: B/K/L, BauGB, § 172, Rdnr. 30.

[104] BT-Drs. 7/2496, S. 14, zu § 39h Abs. 2 Ziff. 1 BBauG.

[105] Zur Entstehungsgeschichte *Bielenberg,* in: E/Z/B, BBauG, § 39h, Rdnrn. 5, 6; *Friauf/Wendt,* a.a.O.; *Henke,* a.a.O.

staltung oder des Landschaftsbildes erfordert nach dieser Auffassung eine gesteigerte Bedeutung von gewissem Gewicht, während die zweite Fallgruppe in § 172 Abs. 3 S. 1 BauGB nur eine einfache städtebauliche Bedeutung voraussetzen soll.[106]

Ihr könnte nach der Neufassung der Vorschrift allerdings nunmehr das Adverb „sonst" entgegenstehen, das in § 172 Abs. 3 S. 1 BauGB gegenüber der alternativen Aufzählung der Erhaltungsgründe in § 39 h BBauG hinzugefügt worden ist. Die Prägung des Ortsbildes usw. erscheint dadurch nur noch als ein Beispiel für die städtebauliche Bedeutung, scheint nicht mehr auf eine höhere Qualität zu verpflichten, sondern mit einer einfachen Bedeutung gleichzusetzen zu sein.

Tatsächlich hat sich an der Relation der beiden Begriffe durch das Einfügen des „sonst" aber nichts geändert. Die Prägung bezieht sich nämlich immer auf ganz konkrete Objekte, „ein bestimmtes städtebauliches Ensemble oder einen geschlossenen Altstadtkern",[107] während die „Bedeutung" für den städtebaulichen Zusammenhang insgesamt bestehen muß. Mit anderen Worten muß ein Bauwerk von gesteigerter Bedeutung für das Ortsbild, die Stadtgestalt oder das Landschaftsbild sein, eben diese prägen, um eine – einfache – Bedeutung für das Gesamtgefüge der Stadt zu erreichen. Ihre überragende spezielle städtebauliche Relevanz vermittelt den Erhaltungsgründen nach § 172 Abs. 3 S. 1 Fall 1 BauGB die allgemeine städtebauliche Bedeutung, die bei den Erhaltungsgründen nach § 172 Abs. 3 S. 1 Fall 2 BauGB direkt zu prüfen ist.[108]

Erklären läßt sich diese unterschiedliche Ausgestaltung der beiden Gruppen von Erhaltungsgründen von ihren Zielen her, denn während die erste vor allem den Ensembleschutz im Auge hat, dient die zweite dem Schutz des Einzelobjekts.[109] Die eine ermöglicht die Unterschutzstellung auch solcher baulicher Anlagen, die isoliert gesehen gar nicht erhaltenswert wären, verlangt dafür aber eine erhebliche Auswirkung auf den jeweiligen Schutzgegenstand. Die andere betrachtet dagegen jedes Bauwerk für sich, das sich dann in Beziehung auf die städtebauliche Gesamtheit als schutzwürdig erweisen muß.

Innerhalb der so abgegrenzten Fälle des § 172 Abs. 3 S. 1 BauGB ist zunächst zu fragen, wann eine bestimmte bauliche Anlage allein oder zusammen mit anderen das Ortsbild prägt.

---

[106] Vgl. *Henke*, Stadterhaltung, S. 108, 132; *Friauf/Wendt*, Baurechtlicher Denkmalschutz, S. 64.

[107] BT-Drs. 7/4793, S. 38, Begründung zu § 39h BBauG.

[108] Vgl. *Friauf/Wendt*, Baurechtlicher Denkmalschutz, S. 64.

[109] *Battis/Krieger*, DVBl. 1981, S. 479 (480); *Edel/Schäfer*, Erhaltung in der Praxis, S. 17f.; *Henke*, Stadterhaltung, S. 134; *Bielenberg/Stock*, in: E/Z/B, BauGB, § 172, Rdnrn. 57, 64.

aa) Prägung des Ortsbildes

Unter einem Ortsbild ist die bauliche Ansicht, die Optik oder Fassade eines Ortes oder Ortsteiles – von innen oder außen betrachtet – zu verstehen.[110]

Diese aufgrund der Rechtsprechung und Literatur zu vielen anderen Normen des Bundes- und Landesrechts, die diesen Begriff verwenden,[111] als gefestigt anzusehende Definition gilt grundsätzlich auch im Rahmen des § 172 Abs. 3 S. 1 Fall 1 BauGB. Beeinflußt wird das Ortsbild demnach vor allem durch die Lage und Stellung der Gebäude in ihrer Umgebung sowie ihre Art, Größe und Gestaltung.[112]

Unerheblich sind dagegen die für Außenstehende nicht wahrnehmbaren Einzelheiten, wie etwa das Hausinnere, da sie bereits nicht zum (Erscheinungs-)„Bild“ gehören; darauf kann – mit bloß deklaratorischer Wirkung – in der Satzung selbst hingewiesen werden.[113]

Nach dem Sinn dieses Wortes ist auch eine Aufteilung nach verschiedenen Blickwinkeln nicht möglich, vielmehr ist das Ortsbild – da es mit seiner Umgebung in der Gesamtschau erfahren wird – insgesamt unter Schutz zu stellen.[114]

Ebenfalls aus dem Wortlaut ergibt sich noch der Grundsatz, daß eine isoliert stehende bauliche Anlage kein taugliches Schutzobjekt sein kann, da ein „Ort“ ein Mit- oder zumindest Nebeneinander mehrerer Bauten voraussetzt. Nur ausnahmsweise kann sie als Teil eines „künftigen“ Ortsbildes unter Schutz gestellt werden, wenn abzusehen ist, daß sie eine geplante, in Zukunft hinzutretende Bebauung dominieren wird.[115] Im übrigen mag ein Einzelbauwerk wegen seiner prägenden Wirkung für ein Landschaftsbild konservierbar sein.[116]

---

110 *Schmaltz,* in: Schrödter, BBauG, § 39h, Rdnr. 6; *Schlichter,* in: S/S/T, BBauG, § 39h, Rdnr. 6; *Schmidt-Aßmann,* in: E/Z/B, BBauG, § 39h, Rdnr. 6; *Bielenberg/Stock,* in: E/Z/B, BauGB, § 172, Rdnr. 32; *Gelzer,* Bauplanungsrecht, Rdnr. 1048; *Simon,* BauO Bay, Art. 12, Rdnr. 20; *Edel/Schäfer,* Erhaltung in der Praxis, S. 17; *Friauf/Wendt,* Baurechtlicher Denkmalschutz, S. 58f.; *Bülow,* Flächen- und bodenbezogener Denkmalschutz, S. 351 (242, 82ff.); *Battis/Krieger,* DVBl. 1981, S. 479 (480); *Henke,* DÖV 1983, S. 402 (410); *ders.,* Stadterhaltung, S. 210; *Eberl,* BayVBl. 1987, S. 353; *Moench,* ZfBR 1985, S. 113 (163, 166); OVG Münster, BRS 32, Nr. 51, S. 109; OVG Lüneburg, BauR 1978, S. 460 (462).

111 Vgl. die Aufzählung bei *Henke,* Stadterhaltung, S. 98, und oben, Zweiter Teil, 2, a).

112 Vgl. OVG Münster, BRS 32, Nr. 51, S. 109; *Krautzberger,* in: B/K/L, BauGB, § 35 Rdnr. 64; *Henke,* a.a.O., S. 100 (101); *Weyreuther,* Außenbereich, S. 489ff.; *Schmaltz,* VuR 1983, S. 217 (218).

113 Vgl. *Bielenberg/Stock,* in: E/Z/B, BauGB, § 172, Rdnrn. 51, 64.

114 OVG Münster, BRS 38, Nr. 149, S. 342; zustimmend *Henke,* Stadterhaltung, S. 105f.; *Ortloff,* NVwZ 1983, S. 10 (12); vgl. auch OVG Lüneburg, BauR 1978, S. 260 (262); OVG Koblenz, NVwZ 1988, S. 371 (373).

115 *Henke,* a.a.O., S. 106; vgl. auch *Gelzer,* Bauplanungsrecht, Rdnr. 1048; *Simon,* BauO Bay, Art. 12, Rdnrn. 19, 21; OVG Bremen, BRS 38, Nr. 148, S. 340.

Von dem so umrissenen, insbesondere durch das Bauordnungsrecht vorgezeichneten Verständnis weicht der Ortsbildbegriff des § 172 Abs. 3 S. 1 BauGB aufgrund der städtebaulichen Zielsetzung in einem Punkt ab: Während dort nur solche Situationen erfaßt werden sollen, die vom öffentlichen Verkehrsraum aus einsehbar sind,[117] gilt diese Einschränkung hier nicht.[118]

Das Vorliegen eines Ortsbildes ist allerdings nur die eine Voraussetzung der Inschutznahme. Der Erlaß der Erhaltungssatzung erfordert kumulativ, daß die bauliche Anlage allein oder im Zusammenhang mit anderen diese auch „prägt".[119] Wie man eine solche Prägung ermittelt, kann mit der Rechtsprechung zur „Eigenart der näheren Umgebung" im Sinne des § 34 Abs. 1 BBauG bzw. BauGB beantwortet werden, nach der die Betrachtung auf das Wesentliche zurückzuführen und alles außer Betracht zu lassen ist, was die vorhandene Bebauung (eben) nicht prägt oder in ihr gar als Fremdkörper erscheint.[120] Die Parallele zu dieser Vorschrift tritt offen zutage,[121] insbesondere seitdem in § 172 Abs. 1 S. 1 Ziff. 1 BauGB eine Zielbestimmung aufgenommen worden ist, nach der die Unterschutzstellung gerade zur „Erhaltung der städtebaulichen Eigenart (!) des Gebietes" erfolgt.

Ein Prägen ist danach ersichtlich zu bejahen, wo eine bauliche Anlage oder eine Gruppe baulicher Anlagen gegenüber der Umgebung dominiert.[122] Sie kann aber auch bei einheitlicher und gleichwertiger Bebauung ohne dominierende Teile vorliegen, da auch dann ein Zusammenhang von baulichen Anlagen für das Ortsbild bestimmend sein kann. Wie Henke entgegen Friauf/Wendt eingehend dargelegt hat,[123] fallen etwa auch Stadtviertel der Gründerzeit oder einen bestimmten Hausgrundriß wiederholende und variierende Arbeiterwohnsiedlungen nach Sinn und Zweck unter diesen Erhaltungsgrund. In einem solchen Siedlungsbereich kann die Entfernung eines der Häuser nämlich ebenso das Ortsbild stören, wie in einem Umfeld, das sich einem hervorragenden Bauwerk unterordnet. So hat die Rechtsprechung die Unterschutzstellung einer „homogenen Bebauung" durch eingeschossige Kleinbür-

---

[116] Siehe unten, Zweiter Teil, A, II, 1, a), cc).

[117] So BW VGH, BRS 39, Nr. 133, S. 283; a.A. aber *Simon,* BauO Bay, Art. 12, Rdnr. 10.

[118] Ausführlich *Henke,* Stadterhaltung, S. 103f.; für eine Gleichsetzung dagegen Bülow, Flächen- und bodenbezogener Denkmalschutz, S. 352.

[119] Siehe dazu bereits oben, Zweiter Teil, A, II, 2, a).

[120] Ständige Rechtsprechung des Bundesverwaltungsgerichts seit BVerwGE 27, 341; DÖV 1968, S. 329 – Leitsatz; zustimmend *Dyong,* in: E/Z/B, BBauG, § 34, Rdnr. 30; *Krautzberger,* in: B/K/L, BauGB, § 34, Rdnr. 14; *Friauf/Wendt,* Baurechtlicher Denkmalschutz, S. 61; *Henke,* Stadterhaltung, S. 108.

[121] So *Henke,* a.a.O., schon zu § 39h Abs. 3 Ziff. 1 BBauG; vgl. auch *Gelzer,* Bauplanungsrecht, Rdnr. 1047.

[122] Vgl. nur den Runderlaß des Innenministers NW vom 8. 12. 1976, MBl NW 1976, S. 2712f., Ziff. 6.2.2.2.

[123] *Henke,* a.a.O., S. 109ff.; *Friauf/Wendt,* a.a.O., S. 61ff.

gerhäuser, die ihre besondere Prägung u.a. durch den Spitzgiebel über der Haustür erhalten, anerkannt.[124]

Dabei ist allerdings das Augenmerk auf die Erhaltenswürdigkeit des Viertels zu richten: Während das Bestehen eines Ortsbildes noch unabhängig von der Frage bejaht werden kann, ob es als „schön" oder „häßlich" empfunden wird,[125] beinhaltet das Prägen im Sinne des § 172 Abs. 3 S. 1 Fall 1 BauGB eine Anforderung an seine Qualität: Der Erlaß der Satzung dient der „Erhaltung der städtebaulichen Eigenart des Gebiets aufgrund seiner städtebaulichen Gestalt", bezweckt also die Abwehr von Störungen und (dadurch) Verbesserung der vorhandenen Bebauung.[126] Mit dieser die Zukunft einbeziehenden Perspektive geht § 172 Abs. 3 Fall 1 BauGB über die oben herangezogene Rechtsprechung zu § 34 Abs. 1 BBauG bzw. BauGB, nach der es nicht darauf ankommt, ob die vorhandene Bebauung städtebaulich erwünscht ist,[127] hinaus, denn nur so kann die Erhaltungssatzung die bezweckte Abgrenzung von erhaltens- und nicht erhaltenswerter Bausubstanz leisten. In der Konsequenz kann von einer Prägung deshalb um so eher gesprochen werden, je reizvoller und schutzwürdiger das Ortsbild bereits jetzt erscheint.[128] Diesem qualitativen Maßstab werden Villenviertel häufiger als Werksiedlungen für Arbeiter, historische Altstädte öfter als Vorstadtsiedlungen der fünfziger Jahre genügen, ohne daß aber die Anwendung des Erhaltungsgrundes das Prägen des Ortsbildes auf solche baulichen Situationen von vornherein ausgeschlossen wäre.[129]

bb) Prägung der Stadtgestalt

Welche Bedeutung der Stadtgestalt neben dem Ortsbild zukommt, ist umstritten, da für die Interpretation dieses durch das BBauG '76 neu eingeführten Begriffes[130] weder auf andere Rechtsgebiete noch auf die unergiebige Begründung des Gesetzgebers[131] zurückgegriffen werden kann. Soweit überhaupt auf diese Frage eingegangen wurde, herrschte zunächst die Ansicht vor, dieser Erhaltungsgrund betreffe die Gegebenheiten, die sich aus der Topogra-

[124] OVG Lüneburg, BauR 1983, S. 437 (442), insoweit nicht abgedruckt in: ZfBR 1983, S. 238ff. Vgl. auch VG Sigmaringen, BWVerwPr 1983, S. 17 (18); *Henke,* Stadterhaltung, S. 111, mit Fn. 79 und Fn. 82; *Battis,* Stadterhaltung, S. 209ff.; *Schmidt-Eichstaedt,* Städtebaurecht, S. 286.

[125] *Weyreuther,* Außenbereich, S. 490; *Henke,* a.a.O., S. 106, mit Fn. 56.

[126] *Krautzberger,* in: B/K/L, BauGB, § 172, Rdnr. 9.

[127] *Dyong,* in: E/Z/B, BBauG, § 34, Rdnr. 30, im Anschluß an BVerwG, DÖV 1975, S. 103; BauR 1975, S. 29, LS 1.

[128] *Henke,* Stadterhaltung, S. 112.

[129] *Henke,* a.a.O.

[130] OVG Lüneburg, DVBl. 1983, S. 469 (470); *Schlichter,* in: S/S/T, BBauG, § 39h, Rdnr. 6; *Henke,* a.a.O., S. 123.

[131] BT-Drs. 7/2496, S. 53, und 7/4793, S. 38.

phie, den Grundriß- und Nutzungsstrukturen der Bebauung ergäben. Das gehe über den mehr auf Optik ausgerichteten Ortsbildbegriff hinaus.[132] Es besteht allerdings keine Klarheit darüber, ob die Stadtgestalt damit auch alles, was als Ortsbild geschützt werden kann, inhaltlich mit umfaßt.[133]

Generell wird an diesem Verständnis kritisiert, daß dem Erhaltungsgrund im Ergebnis kein nennenswerter eigenständiger Anwendungsbereich verbleibe: Abgesehen von den äußerst seltenen Fällen erhaltenswerter Nutzungsstrukturen beeinflußten die genannten Gestaltungselemente immer auch das Ortsbild. Man könne aber nicht annehmen, daß ein erstmals im Gesetz verwendeter Begriff nahezu überflüssig sei. Deshalb meine Stadtgestalt etwas anderes, nämlich die sozialen und psychischen Auswirkungen der Bebauung, das heißt, sie diene dem sog. Psychotopschutz.[134] Diese erstmals in einer denkmalrechtlichen Entscheidung des VG München[135] „entdeckte" Funktion historischer Bausubstanz eröffne nicht nur der Stadtgestalt einen weitgehend selbständigen Bereich, der nicht bereits durch den Ortsbildbegriff besetzt sei. Der Schutz eines durch Atmosphäre, emotionale Stadtstrukturen, Vermittlung von Selbstidentifikation und Heimatbewußtsein eher bebilderten als definierten „Psychotops" durch Erhaltung der Stadtgestalt soll nach dieser Meinung auch den einfachgesetzlichen und verfassungsrechtlichen Vorgaben entsprechen, denn „daß die Entscheidung über Bestand oder Beseitigung altstädtischer Bausubstanz den Menschen als Individuum, aber auch die Gesellschaft existentiell betreffen kann, ist aus der Sicht des Verfassungsrechts kein neutraler Befund".[136]

Ohne auf die Berechtigung der Herleitung des Erhaltungsschutzes und damit – nach Vorstellung Henkes –[137] auch des Psychotopschutzes aus dem Grundgesetz im einzelnen eingehen zu wollen oder zu müssen, läßt sich feststellen, daß selbst dann, wenn man diese Vorstellung zugrunde legt, der Schluß, Schutz der Stadtgestalt bedeute notwendig Psychotopschutz, nicht zwingend ist. Mag dieser wünschenswert oder sogar geboten sein, ob der Erhaltungsgrund Stadtgestalt in § 172 Abs. 3 S. 1 BauGB seine Verwirklichung bezweckt, läßt sich jedenfalls nicht aus den Grundrechten und Art. 1 Abs. 3 GG beantworten.

---

132 *Schmaltz,* in: Schrödter, BBauG, § 39h, Rdnr. 6; *Schlichter,* in: S/S/T, BBauG, § 39, Rdnr. 6; *Friauf/Wendt,* Baurechtlicher Denkmalschutz, S. 59; *Stähler,* Denkmalbegriff, S. 95.

133 Diese Entscheidung läßt OVG Lüneburg, DVBl. 1983, S. 469 (470) ausdrücklich offen. Vgl. dazu *Henke,* Stadterhaltung, S. 124.

134 *Henke,* a.a.O., S. 125ff.

135 VG München, Bay VBl. 1974, S. 649 (650). Für den Denkmalschutz zustimmend: *Hönes,* DÖV 1979, S. 286 (289); *Schmittat,* Denkmalschutz und gemeindliche Selbstverwaltung, S. 39f.

136 *Henke,* Stadterhaltung, S. 75, auf die er in S. 126 verweist.

137 *Henke,* a.a.O., S. 125f. und S. 58ff.

Jedoch liegt in dieser verfassungsrechtlichen Überhöhung der Schlüssel zu Henkes Problemsicht, in der der durch die Konservierung der Stadtgestalt zu bewirkende Psychotopschutz dem vordergründig optisch-visuellen Ortsbildschutz pointiert gegenübergestellt wird. Das ist – zumindest – übertrieben, denn auch er muß einräumen, daß das Vorhandensein eines Ortsbildes und einer optisch wahrnehmbaren Gestaltung Voraussetzung dafür ist, daß Stadtgestalt im Sinne von „Lebensqualität“ oder „Ambiente“ einer Stadt überhaupt entstehen kann.[138]

Die städtische Atmosphäre an sich kann die Erhaltungssatzung nicht schützen. Veränderungen des Psychotops, die durch andere als bauliche Maßnahmen drohen, vermag sie nicht zu verhindern. Dies gilt sogar auch für die Umgebung beeinträchtigende Bauvorhaben, wenn sie unter der Schwelle des § 172 Abs. 1 S. 1 und 2 BauGB bleiben, also nicht als Abbruch, Änderung, Nutzungsänderung oder Errichtung baulicher Anlagen anzusprechen sind.

Eine Gleichsetzung des Erhaltungsgrundes Stadtgestalt mit dem Psychotopschutz würde diesen Ausgangspunkt verdecken. Sie entspräche auch weder den Gesetzesmaterialien, in denen vom Psychotop keine Rede ist, noch dem Wortlaut der Norm. Dieser knüpft aus guten Gründen an die durch Beobachtung feststellbare äußere Stadtgestalt an, nicht an die dadurch möglicherweise bewirkte Atmosphäre, die verschiedene Bewohner des Gebietes subjektiv jeweils anders erfahren werden. „Der Umstand, daß ein Bauwerk auf Betrachter erholsam wirkt“, ist nämlich „schon wegen der Ungewißheit dieses Erfolges zur auslegungsweisen Herleitung bestimmter Rechtsfolgen ... nicht geeignet.[139]

Schließlich würde sie auch nicht mit der Neufassung der Satzungsermächtigung in Übereinstimmung stehen, da § 172 Abs. 1 S. 1 Ziff. 1 BauGB nunmehr die Erhaltung aufgrund der „städtebaulichen Gestalt“ allen (!) Erhaltungsgründen des § 172 Abs. 3 BauGB überordnet. Gerade durch die Gesetzessystematik wird dadurch klargestellt, daß die Prägung der Stadtgestalt gegenüber der des Orts- oder Landschaftsbildes der umfassende Erhaltungsgrund ist. Er geht etwa über den des Ortsbildes hinaus,[140] und zwar in dem Sinne, daß er die Inschutznahme alles dessen ermöglicht, was auch das Orts-

---

138 *Henke,* Stadterhaltung, S. 125f.

139 *Dilcher,* Wertschätzung dokumentierter Geschichte, FS Coing, S. 82. Vgl. auch *Bielenberg/Stock,* in: E/Z/B, BauGB, § 172, Rdnr. 60. Die von *Henke,* Stadterhaltung, S. 112ff., selbst gestellte Frage nach den Bewertungskriterien würde hier geradezu unlösbar. Vgl. unten, Zweiter Teil, A, III.

140 *Schlichter,* in: S/S/T, BBauG, § 39h, Rdnr. 6; *Schmaltz,* in: Schrödter, BBauG, § 39h, Rdnr. 5; *Friauf/Wendt,* Baurechtlicher Denkmalschutz, S. 59; *Battis/Krieger,* DVBl. 1981, S. 479 (480); *Stich,* ZfBR 1983, S. 61 (62); *Edel/Schäfer,* Erhaltung in der Praxis, S. 17; *Bülow,* Flächen- und bodenbezogener Denkmalschutz, S. 352; *Bielenberg/Stock,* in: E/Z/B, BauGB, § 172, Rdnr. 59; wohl auch *Krautzberger,* in: B/K/L, BauGB, § 172, Rdnr. 29.

bild prägt, weiterhin aber auch die Unterschutzstellung solcher baulicher Anlagen erlaubt, die – ohne das Ortsbild zu prägen – etwa nur für den Stadtgrundriß wesentlich sind.

Nur diese weite Interpretation wird auch dem neuen Versagungsgrund für die Errichtung baulicher Anlagen in § 172 Abs. 3 S. 2 BauGB gerecht, der ebenfalls die „städtebauliche Gestalt“ als Bezugsrahmen nennt. Wollte man annehmen, die Stadtgestalt betreffe nur die Baustrukturen usw. ausschließlich des Orts- und Landschaftsbildes, käme man zu dem unhaltbaren Ergebnis, daß die Errichtung einer zum Beispiel (nur) das Ortsbild beeinträchtigenden baulichen Anlage ohne Genehmigung gestattet, ihre Änderung oder ihre Nutzungsänderung dagegen ohne sie verboten sein müßte. Die Beibehaltung des dann im Prinzip überflüssigen, weil grundsätzlich in der Stadtgestalt enthaltenen Erhaltungsgrundes der Prägung des Ortsbildes wird man sich damit zu erklären haben, daß der Gesetzgeber auf diesen seit langem bekannten, mit gefestigtem Bedeutungsgehalt versehenen Begriff nicht hat verzichten wollen.

Neben dem Bereich, in dem er sich mit dem Orts- und Landschaftsbildbegriff überschneidet, verbleibt dem Begriff der Stadtgestalt entgegen der eingangs referierten Kritik aber auch ein nur ihm vorbehaltenes Anwendungsfeld. Daß zum Beispiel dem Grundriß gegenüber dem Ortsbild ein eigenständiger Inhalt verbleibt, belegt schon § 2 Abs. 3 S. 2 DSchG NW, der beide Begriffe nebeneinander nennt, mit den Stadtteilen, -vierteln, Siedlungen, Gehöftgruppen und Straßenzügen aber auch der durch die Bebauung hervorgerufenen topographischen Gestaltung gegenüber beiden eine eigene Bedeutung zuerkennt.[141]

Im Ergebnis ist somit von einem umfassenden Verständnis des Erhaltungsgrundes auszugehen, der neben baulichen Anlagen, die das Orts- oder Landschaftsbild prägen, auch die Prägung des Stadtgrundrisses, der Topographie sowie der Bau- und Nutzungsstrukturen umfaßt.[142] Wenn einer dieser Fälle gegeben ist – aber auch nur dann – kann außerdem auch die Erhaltung eines „Psychotops“ eine Rolle spielen. Diese Ansicht ist in der Literatur schon verschiedentlich angeklungen. So zählen Battis/Krieger[143] die durch den Baubestand bewirkte Raumstrukturierung und Raumgestaltung, die Atmosphäre und den Psychotopschutz gleichrangig auf. Wie oben dargelegt, kann das Psychotop allerdings nicht isoliert und selbständig, sondern immer nur insoweit in Schutz genommen werden, als es sich baulich ausgeprägt hat, „Stein gewor-

---

[141] Vgl. *Bülow*, Flächen- und bodenbezogener Denkmalschutz, S. 242ff. – Zu den Einzelbegriffen siehe unten, Zweiter Teil, C, II, 1.

[142] *Bielenberg/Stock*, in: E/Z/B, BauGB, § 172, Rdnrn. 33 und 59. – Zur Frage der Prägung vgl. oben, Zweiter Teil, A, II, 2, a).

[143] *Battis/Krieger*, DVBl. 1981, S. 479 (480); ähnlich *Edel/Schäfer*, Erhaltung in der Praxis, S. 17; *Bülow*, a.a.O., S. 352; *Moench*, NJW 1983, S. 1198 (2006); *ders.*, ZfBR 1985, S. 113, (163, 166).

den" ist. Das meint offenbar auch Moench,[144] wenn er „in jedem Fall ... eine in der Bodenordnung wurzelnde siedlungsstrukturelle Prägung" für erforderlich hält. Unter dieser Voraussetzung ist dann durchaus auch der Schutz der durch die Gestalt von Anlagen vermittelten sozialen und psychischen Wirkungen möglich.

Dies ist dem Erhaltungsgrund der Prägung der Stadtgestalt jedoch weder vorbehalten noch erschöpft sich darin seine Bedeutung, da auch Gebäude, die etwa (nur) das Ortsbild prägen oder geschichtlich städtebauliche Bedeutung haben, aufgrund ihrer städtebaulichen Gestalt (§ 172 Abs. 1 S. 1 Ziff. 1 BauGB) eine besondere Wohnatmosphäre erzeugen können. Mithin ist der – mittelbare (!) – Psychotopschutz bei allen besonderen Erhaltensgründen in § 172 Abs. 3 BauGB in gleicher Weise zu berücksichtigen wie bei der Prägung der Stadtgestalt.

cc) Prägung des Landschaftsbildes

Das Landschaftsbild betrifft vom Standpunkt des Naturschutzrechts aus die äußere, sinnlich wahrnehmbare Erscheinung von Natur und Landschaft.[145] Aus der Sicht des Baurechts ergibt es sich sowohl aus den natürlichen als auch aus den baulichen Gegebenheiten in der Landschaft,[146] wobei eine Nutzung der Landschaft etwa durch Besiedlung das Vorliegen eines schutzwürdigen Bildes nicht ausschließt.[147]

Ähnlich wie der des Ortsbildes ist auch dieser Begriff des Landschaftsbildes in anderen Rechtsgebieten bereits weitgehend inhaltlich abgesteckt worden,[148] wobei die Trennungslinie zwischen beiden dort zu ziehen ist, wo das Bild noch oder eben nicht mehr durch das Vorherrschen der „freien Natur" bestimmt wird.[149]

Die Unterscheidung ist allerdings nicht strikt durchzuführen: Zwar hat der Gesetzgeber bei der Aufnahme dieses Erhaltungsgrundes den Schutz des Außenbereichs im Auge gehabt.[150] Danach können Einzelobjekte wie alte

---

[144] *Moench,* NJW 1983, S. 2006.

[145] *Kolodziejcok/Recken,* Naturschutz und Landschaftspflege, § 8 BNatSchG, Rdnr. 7; *Henneke,* Landwirtschaft und Naturschutz, S. 188 m.w.N., und S. 120.

[146] *Battis/Krieger,* DVBl. 1981, S. 479 (480); *Bülow,* Flächen- und bodenbezogener Denkmalschutz, S. 352; *Friauf/Wendt,* Baurechtlicher Denkmalschutz, S. 59; *Edel/Schäfer,* Erhaltung in der Praxis, S. 17; umfassend *Simon,* BauO Bay, Art. 12, Rdnr. 20, und zustimmend *Henke,* Stadterhaltung, S. 120.

[147] *Bielenberg/Stock,* in: E/Z/B, BauGB, § 172, Rdnrn. 34 und 61.

[148] Siehe oben, Zweiter Teil, A, II, 2, a), aa), und *Henke,* Stadterhaltung, S. 117ff.

[149] *Weyreuther,* Außenbereich, S. 487; *Bielenberg/Stock,* in: E/Z/B, BauGB, § 172, Rdnr. 34.

[150] BT-Drs. 7/4793, S. 38. Dem grundsätzlich folgend *Bielenberg,* in: E/Z/B, BBauG, § 39h, Rdnrn. 7, 10; *Schmaltz,* in: *Schrödter,* BBauG, § 39h, Rdnr. 5; *Battis/*

Bauernhäuser, alte Mühlen, Brücken, Kapellen, Kirchtürme, Burgruinen und ähnliche bauliche Anlagen das Landschaftsbild prägen,[151] darüber hinaus aber auch Gruppen baulicher Anlagen wie alte Friesenhäuser, Gebirgshütten oder Einödhöfe, die die typische Siedlungsform darstellen.[152] Das beschreibt den Anwendungsbereich dieses Erhaltungsgrundes aber noch nicht ganz,[153] denn auch Gebäude im Bereich eines qualifizierten Bebauungsplanes oder innerhalb im Zusammenhang bebauter Ortsteile können das Landschaftsbild maßgeblich beeinflussen. Genannt werden beispielhaft bauliche Anlagen am Stadtrand oder an Dorfgebieten, die zusammen mit der umgebenden Landschaft sichtbar sind.[154] In solchen Situationen des Überganges der Ortschaft in die Landschaft ist das Ortsbild im Sinne einer äußeren Ansicht nicht mehr trennscharf vom Landschaftsbild zu scheiden, stellt es praktisch einen Teil desselben dar.[155]

Erforderlich ist allerdings in jedem Fall, daß sowohl die baulichen Anlagen als auch das durch sie geprägte Landschaftsbild als schutzwürdig erscheinen, denn auch hier sind, wie beim Ortsbild und der Stadtgestalt,[156] qualitative Anforderungen zu stellen.

dd) Städtebaulich-geschichtliche Bedeutung

Bereits durch die Überschrift wird angedeutet, daß dieser Erhaltungsgrund wie auch der nächstfolgende der städtebaulich-künstlerischen Bedeutung einen zweiteiligen Tatbestand aufweist: Er ist nur dann erfüllt, wenn die bauliche Anlage allein oder im Zusammenhang mit anderen baulichen Anlagen geschichtlich und (!) städtebaulich bedeutend ist. Dieser Zusammenhang ist früh erkannt worden, obwohl der Wortlaut hier „mindestens schief“[157] ist, da er durch das „insbesondere“ die lediglich geschichtliche oder künstlerische

---

Krieger, DVBl. 1981, S. 479 (480); *Edel/Schäfer,* Erhaltung in der Praxis, S. 17; *Krautzberger,* in: B/K/L, BauGB, § 172, Rdnr. 29; *Erbguth,* Bauplanungsrecht, Rdnr. 365.

151 Vgl. oben, Zweiter Teil, A, II, 2, a), aa); *Bielenberg,* in: E/Z/B, BBauG, § 39h, Rdnrn. 8, 10, unter Berufung auf den Mustererlaß der ARGEBAU. Entsprechend der Runderlaß des Innenministers NW vom 8.12.1976, MBl. NW 1976, S. 2712 (2714, Ziff. 6.2.2.2).

152 *Schmaltz,* s. Fn. 150; *Schlichter,* in: S/S/T, BBauG § 39h, Rdnr. 6; VG Sigmaringen, BWVerwPr 1983, S. 17 (18), zu § 35 Abs. 5 Ziff. 3 BBauG.

153 *Bielenberg/Stock,* a.a.O.; a.A. *Schmaltz,* a.a.O.

154 *Henke,* Stadterhaltung, S. 122; vgl. auch *Bielenberg,* in: E/Z/B, BBauG, § 39h, Rdnr. 10; *Schlichter,* in: S/S/T, BBauG, § 39h, Rdnr. 6.

155 Vgl. *Weyreuther,* Außenbereich, S. 490, und zusammenfassend *Henke,* a.a.O., S. 120ff., mit Fn. 131. Zum umgekehrten Fall vgl. OVG Münster, BRS 32, Nr. 51, S. 109, und *Gelzer,* Bauplanungsrecht, Rdnr. 1048.

156 Vgl. oben, Zweiter Teil, A, II, 2, a), aa), und *Henke,* a.a.O., S. 120.

157 *Schmaltz,* in: Schrödter, BBauG, § 39h, Rdnr. 6; zustimmend *Henke,* a.a.O., S. 130.

Bedeutung als Beispiele für eine städtebauliche Gewichtigkeit auszuweisen scheint.[158] Deshalb reicht etwa die Tatsache, daß ein Gebäude Schauplatz eines historischen Ereignisses war, für eine Unterschutzstellung nach § 172 Abs. 3 S. 1 Fall 2 BauGB nicht aus.[159] Es hat dann zwar geschichtliche Bedeutung, weil seine Beschaffenheit für die historische oder kunsthistorische Forschung relevant sein kann,[160] daß es aber auch städtebaulich bedeutsam wäre, folgt daraus noch nicht.

In der geschichtlichen Bedeutung liegt aber gleichzeitig der städtebauliche Aspekt begründet, wenn das Bauwerk Aussagen über die Baukultur zur Zeit seiner Errichtung gestattet, wenn es zum Beispiel für die zeitliche Weiterentwicklung des Städtebaus in seiner konkreten Umgebung signifikant ist.[161] Ein solcher baugeschichtlicher Wert wird am häufigsten die städtebauliche Bedeutung indizieren. Der Begriff des Geschichtlichen in § 172 Abs. 3 S. 1 Fall 2 BauGB umfaßt jedoch auch die anderen Zweige der historischen Forschung.[162] Sogar orts- oder stadtteilgeschichtliche Gesichtspunkte erlauben, wenn die Anlage gleichzeitig städtebaulich von Gewicht ist, die Inschutznahme.[163]

Die Hürde liegt hier niedriger als im Denkmalschutzrecht, da die immer zusätzlich erforderliche städtebauliche Dimension der zu erhaltenden baulichen Anlage das den notwendigen Eigentumsschutz gewährleistende Korrektiv bildet.[164] Diese kann das jeweilige Bauwerk haben, ohne denkmalwürdig zu sein, muß es umgekehrt aber auch erreichen, damit ein zum Satzungserlaß legitimierender städtebaulicher Erhaltungsgrund gemäß § 172 Abs. 3 S. 1 Fall 2 BauGB gegeben ist. Ob das Gebäude daneben als Denkmal einzuordnen und gegebenenfalls zu schützen ist, spielt dagegen unmittelbar keine Rolle.[165]

---

158 VG Köln, DST 1983, S. 577 (578); *Friauf/Wendt*, Baurechtlicher Denkmalschutz, S. 57, 65; *Stich*, Stadterhaltung und Denkmalschutz, ZfBR 1983, S. 61 (62).

159 *Krautzberger*, in: B/K/L, BauGB, § 172, Rdnr. 30; *Henke*, Stadterhaltung, S. 131; *Schmidt-Eichstaedt*, Städtebaurecht, S. 286; *Stähler*, Denkmalbegriff, S. 111 (112); *Bielenberg/Stock*, in: E/Z/B, BauGB, § 172, Rdnrn. 35, 36, 65.

160 Definition in BVerwGE 11, 32, 34. Dem folgend *Schlichter*, in: S/S/T, BBauG, § 39h, Rdnr. 6; *Friauf/Wendt*, a.a.O., S. 65; *Bielenberg/Stock*, a.a.O., Rdnr. 66.

161 VG Köln, DST 1983, S. 577 (578); *Schlichter*, a.a.O.; *Friauf/Wendt*, a.a.O., S. 66; ähnlich *Böckenförde/Temme*, BauO NW, § 81, Rdnr. 18.

162 *Henke*, a.a.O., S. 130; a.A. wohl *Kiepe*, DST 1983, S. 409.

163 VG Köln, a.a.O.; *Friauf/Wendt*, a.a.O., S. 65; *Edel/Schäfer*, Erhaltung in der Praxis, S. 18; *Henke*, a.a.O., S. 134; *ders.*, DÖV 1983, S. 402 (410); *Lemmel*, in: Berliner Kommentar zum BauGB, § 172, Rdnr. 6.

164 Siehe oben, Zweiter Teil, A, II, 2, a).

165 VG Köln, DST 1983, S. 577 (578); OVG Lüneburg, ZfBR 1983, S. 238 (241); BVerwG, DÖV 1987, S. 966 (967); *Moench*, NJW 1983, S. 1998 (2007); *Krautzberger*, in: B/K/L, BauGB, § 172, Rdnr. 30; *Rothe*, Verwirklichung von Bebauungsplänen, Rdnr. 347; *Stich*, ZfBR 1983, S. 61 (63); *Schmaltz*, VuR 1983, S. 217 (218), und die zuvor bereits Genannten (vorletzte Fn.). Zur geschichtlichen, künstlerischen und städ-

ee) Städtebaulich-künstlerische Bedeutung

Bedeutung für die Kunst soll solchen Anlagen zukommen, die das ästhetische Empfinden in besonderem Maße ansprechen oder mindestens den Eindruck vermitteln, daß etwas nicht Alltägliches oder ein Gebäude mit Symbolgehalt geschaffen worden ist.[166] Ausgegrenzt sind damit lediglich gewöhnliche Zweckbauten, während Ingenieurbauten wie Brücken oder Fördertürme erhaltungswürdig sein können, wenn sie eine Schöpfung darstellen, in der Eindrücke, Erfahrungen und Erlebnisse durch das Medium einer bestimmten Formensprache zur unmittelbaren Anschauung gebracht werden.[167]

Auch bei diesem Erhaltungsgrund muß natürlich neben die künstlerische noch die städtebauliche Bedeutung in dem Sinne treten, wie sie sogleich mit allgemeiner Geltung für § 172 Abs. 3 S. 1 Fall 2 BauGB erörtert wird.

ff) Sonstige städtebauliche Bedeutung

Um den vom Gesetz nicht definierten, nur durch die geschichtliche und künstlerische Bedeutung illustrierten Begriff der städtebaulichen Bedeutung zu erläutern, genügt der Hinweis auf die in § 1 Abs. 5 BauGB aufgelisteten Ziele und Grundsätze der Bauleitplanung nicht. Zwar werden dort die allgemein im Bodenrecht berücksichtigungsfähigen Belange aufgezählt,[168] ohne daß damit indes schon beschrieben wäre, was als städtebaulich bedeutend im speziellen Sinn des § 172 Abs. 3 S. 1 Fall 2 BauGB anzusehen ist.[169]

Dieser besondere Begriffsinhalt erschließt sich vielmehr durch den Rückgriff auf § 172 Abs. 1 S. 1 Ziff. 1 BauGB, der als Ziel der Unterschutzstellung eines Erhaltungsbereiches die Gebietsbezeichnung „zur Erhaltung der städtebaulichen Eigenart des Gebietes aufgrund seiner städtebaulichen Gestalt" (!) nennt. Es kommt somit auf die gestaltende Funktion der Bauwerke an, die auf die räumliche Situation bzw. auf das Erscheinungsbild der Stadt Einfluß nehmen müssen.[170] Dementsprechend heißt es pars pro toto bereits in den Gesetz-

---

tebaulichen Bedeutung im Sinne des DSchG NW vgl. die Rechtsprechung bei Müller, VR 1987, S. 36 (37f.).

[166] Definition in BVerwGE 11, 32 (35); vgl. *Schlichter,* in: S/S/T, BBauG, § 39h, Rdnr. 6; *Friauf/Wendt,* Baurechtlicher Denkmalschutz, S. 66; *Bielenberg/Stock,* in: E/Z/B, BauGB, § 172, Rdnr. 67. Denkmalrechtliche Beispiele bei OVG Lüneburg, NVwZ 1983, S. 231 (233); UPR 1983, S. 236, und *Moench,* Entwicklung des Denkmalschutzrechts, NVwZ 1988, S. 304 (305) mit Nachweisen.

[167] Vgl. BVerwGE 30, 173 (177); *Dilcher,* Wertschätzung dokumentierter Geschichte, S. 77; *Henke,* Stadterhaltung, S. 135.

[168] Vgl. BVerwG, DÖV 1987, S. 966 (967), und den Städtebaubericht der Bundesregierung, BT-Drs. 7/3583, S. 47.

[169] Vgl. *Henke,* a.a.O., S. 129, mit Fn. 175; a. A. *Bülow,* Flächen- und bodenbezogener Denkmalschutz, S. 356f.

gebungsmaterialien, der Tatbestand sei insofern Ausdruck städtebaulicher Erfordernisse, als er „die Erhaltung von baulichen Anlagen von geschichtlicher und künstlerischer Bedeutung, die zum Erscheinungsbild der Stadt gehören" (!), bezwecke.[171]

Wie oben dargelegt,[172] genügen für die zweite Fallgruppe jedoch – bei verändertem Bezugsrahmen – geringere raumgestaltende Auswirkungen als bei der durch das „Prägen" gekennzeichneten ersten Gruppe des § 172 Abs. 3 S. 1 BauGB. Trotz der unterschiedlichen Schwerpunkte – Ensemble- oder Objektschutz – kommt es zwischen beiden und auch innerhalb der Erhaltungsgründe der städtebaulichen Bedeutung zu vielfältigen Überschneidungen,[173] so daß die Angabe von Beispielen, in denen ein Gebäude nur in sonstiger Weise städtebaulich bedeutend ist, ohne gleichzeitig geschichtliche oder künstlerische Bedeutung zu haben oder das Orts- oder Landschaftsbild oder die Stadtgestalt zu prägen, schwerfällt. Das regelmäßige Zusammentreffen dieser Erhaltungsgründe in der einen oder anderen Weise ist jedoch insofern unschädlich, als eine mehrfache Nennung in der „Begründung" einer Erhaltungssatzung grundsätzlich keinen Bedenken begegnet.[174]

gg) Keine Beeinträchtigung der städtebaulichen Gestalt

Der durch das Baugesetzbuch neu eingeführte spezielle Erhaltungsgrund für die Errichtung baulicher Anlagen in § 172 Abs. 3 S. 2 BauGB bietet – bis auf seine negative Fassung – zunächst keine Besonderheiten. Der Begriff der städtebaulichen Gestalt entspricht wörtlich dem in § 172 Abs. 1 S. 1 Ziff. 1 BauGB und inhaltlich der Stadtgestalt im Sinne des § 172 Abs. 3 S. 1 Fall 1 BauGB, umfaßt also sämtliche Erhaltungsfälle der letztgenannten Vorschrift.[175]

Wann sie beeinträchtigt ist, wird man, wie bei den (nicht privilegierten) „sonstigen Vorhaben", nach § 35 Abs. 2 BauGB zu beurteilen haben. Kriterium ist dort, ob das Schutzobjekt durch konkrete und nicht nur unerhebliche

---

170 *Schmaltz,* in: Schrödter, BBauG, § 39h, Rdnr. 6; *Friauf/Wendt,* Baurechtlicher Denkmalschutz, S. 67, m.N., und *Henke,* Stadterhaltung, leiten dieses Ergebnis aus der Systematik des § 39h BBauG ab.

171 Stellungnahme der Bundesregierung, BT-Drs. 7/2496, S. 87, und dazu *Friauf/Wendt,* a.a.O., S. 67, mit Fn. 202.

172 Zweiter Teil, A, II, 2, a).

173 Vgl. *Battis/Schmittat,* DVBl. 1981, S. 479 (480); *Edel/Schäfer,* Erhaltung in der Praxis, S. 17; *Henke,* a.a.O., S. 137; OVG Lüneburg, ZfBR 1983, S. 238 (240).

174 *Bielenberg,* in: E/Z/B, BBauG, § 39h, Rdnr. 12; *Friauf/Wendt,* Baurechtlicher Denkmalschutz, S. 68; *Schmidt-Eichstaedt,* DST 1979, S. 143 (144); vgl. aber auch *Henke,* Stadterhaltung, S. 137f.

175 Siehe oben, Zweiter Teil, A, II, 2, a), bb).

Auswirkungen eines Vorhabens tangiert wird.[176] Die Prüfung der Beeinträchtigung hat sich jedoch nicht an den dort bzw. in § 34 BauGB genannten oder im Bebauungsplan festgesetzten Maßstäben zu orientieren, sondern immer an dem speziellen Erhaltungsanliegen des § 172 Abs. 1 S. 1 Ziff. 1, Abs. 3 S. 2 BauGB. In der Folge kann einzelnen Neubauvorhaben, die nach den §§ 30 ff. BauGB zulässig wären, aufgrund der Erhaltungssatzung wegen Beeinträchtigung der städtebaulichen Gestalt die Genehmigung versagt werden.[177]

Davon zu trennen ist die umstrittene Frage, ob eine die Gestaltwirkung der Altbebauung erreichende oder sogar übertreffende Neubaukonzeption nicht auch auf die Entscheidung über den zu ihrer Verwirklichung zunächst notwendig werdenden Abbruch des Vorhandenen zurückschlägt.[178] Ausgeschlossen erscheint dies nur dann, wenn die Verwirklichung der Erhaltensziele unlösbar an die Bausubstanz geknüpft ist, gerade der originäre Bauzustand die zu schützende städtebaulich-geschichtliche oder städtebaulich-künstlerische Wirkung vermittelt. Soweit dagegen die Erhaltungswürdigkeit – im Unterschied zum Denkmalschutz (!) –[179] auch unabhängig von der Authentizität bestehen kann, vermag ein Neubau im Einzelfall dem Orts- oder Landschaftsbild, der Stadtgestalt ebensogut oder besser dienen können, sind die Entscheidungen über seine Errichtung und die (vorgelagerte) Entscheidung über zu deren Durchführung erforderliche Abbruchmaßnahmen unter Berücksichtigung des Vergleichs von Alt und Neu zu treffen.[180]

b) Der Erhaltungsgrund aus § 172 Abs. 1 S. 1 Ziff. 2, Abs. 4 BauGB

Die Inschutznahme baulicher Anlagen durch Erhaltungssatzung kann weiterhin erfolgen, wenn die Zusammensetzung der Wohnbevölkerung aus besonderen städtebaulichen Gründen erhalten werden soll.

Die zu dem ersten Element dieses Erhaltungsgrundes zunächst vertretene Ansicht, die Zusammensetzung der Wohnbevölkerung müsse Besonderheiten aufweisen,[181] ist zu Recht auf einhellige Ablehnung gestoßen.[182] „Besondere“

---

176 *Weyreuther,* Außenbereich, S. 86, mit Nachweisen aus der Rechtsprechung des BVerwG.

177 Vgl. *Krautzberger,* in: B/K/L, BauGB, § 172, Rdnr. 31.

178 Entwickelt bei *Krautzberger,* a.a.O., Rdnr. 6.

179 Vgl. Einzelheiten unten, Zweiter Teil, V, 1, b).

180 *Bielenberg/Stock,* in: E/Z/B, BauGB, § 172, Rdnr. 72, die dies mit dem Begriff der „Eigentümlichkeit“ bzw. deren Fehlen verdeutlichen wollen.

181 LG München, NVwZ 1982, S. 59 (60); zustimmend nur *Kerbusch,* NVwZ 1982, S. 360f.

182 *Battis/Krieger,* DVBl. 1981, S. 479 (480); *Löhr,* NVwZ 1982, S. 19 (20); *Edel/Schäfer,* Erhaltung in der Praxis, S. 43f.; *Bülow,* Flächen- und bodenbezogener Denkmalschutz, S. 363, m.w.N.; *Henke,* DÖV, 1983, S. 403 (411); *ders.,* Stadterhaltung,

Anforderungen stellt § 172 Abs. 4 S. 1 BauGB schon dem Wortlaut nach nur in Hinblick auf das zweite Merkmal, die „besonderen städtebaulichen Gründe“, während er sie für die Bevölkerungsstruktur im Erhaltungsgebiet gerade nicht verlangt.[183] Auch der im Gesetzgebungsverfahren zur Kennzeichnung des Erhaltungszieles benutzte Ausdruck „Milieuschutz“[184] zwingt nicht zur gegenteiligen Annahme, da ein Milieu zwar umgangssprachlich mit der Ballung bestimmter gesellschaftlicher (Rand-)Gruppen in einem Stadtviertel assoziiert wird, diese Deutung jedoch weder durch den ursprünglichen Wortsinn noch durch den sozialwissenschaftlichen Sprachgebrauch geboten ist.[185]

Es sind also keine außergewöhnlichen Anforderungen an die Schichtung der Einwohnerschaft des Erhaltungsgebietes zu stellen, die sich in keiner Weise von der im übrigen Gemeindegebiet unterscheiden muß; allerdings muß sie gewöhnliche Anforderungen in dem Sinne erfüllen, daß sie den städtebaulichen Zielsetzungen auch nicht direkt widersprechen darf.[186] Diese ergeben sich aus den Planungsleitsätzen des § 1 Abs. 5 BauGB, vor allem aus Satz 2 Ziff. 2, wonach einseitige Bevölkerungsstrukturen zu vermeiden sind.[187]

Soweit demgegenüber argumentiert wird, auch einseitig strukturierte Wohngebiete könnten erhaltungswürdig sein,[188] soweit sie (trotzdem) „intakt“[189] sind, liegt in der Sache gleichwohl kein Widerspruch vor, da das Gebot der Vermeidung einseitiger Strukturen ohnehin nicht in jedem Fall zur Schaffung homogener Wohngebiete verpflichtet, sondern nur dann Bedeutung hat, wenn durch die Einseitigkeit der Einwohnerschaft städtebauliche Nachteile eingetreten sind oder einzutreten drohen.[190]

S. 143ff.; *Krautzberger,* ZfBR 1983, S. 242; *ders.,* in: B/K/L, BauGB, § 172, Rdnr. 32; *Erbguth,* Bauplanungsrecht, Rdnr. 365; *Bielenberg/Stock,* in: E/Z/B, BauGB, § 172, Rdnr. 39; OVG Lüneburg, ZfBR 1983, S. 238 (240); VGH Kassel, DVBl. 1986, S. 693 (694). Diese Rechtsprechung ausdrücklich aufnehmend: Begründung zu § 172 BauGB, BT-Drs. 10/4630, S. 406.

183 *Löhr,* NVwZ 1982, S. 19 (20); VGH Kassel, a.a.O.; a. A. *Kerbusch,* NVwZ 1982, S. 360 (361).

184 BT-Drs. 7/4793, S. 38; Runderlaß des Innenministers vom 8. 12. 1976, MBl. NW 1976, S. 2712ff., Ziff. 6.2.2.2., und Ziff. 6.4.5.2. Allgemein übernommen, vgl. nur *Löhr* und *Kerbusch,* a.a.O., sowie *Bielenberg,* in: E/Z/B, BBauG, § 39h, Rdnr. 4; *Battis/Krieger,* a.a.O.; *Moench,* NJW 1983, S. 1998 (2006); *Brohm,* DVBl. 1985, S. 593 (597).

185 *Henke,* Stadterhaltung, S. 145f., m.w.N.; *ders.,* DÖV 1983, S. 402 (411).

186 VGH Kassel, DVBl. 1986, S. 693 (694); OVG Lüneburg, ZfBR 1983, S. 238 (240), mit zustimmender Anmerkung von *Krautzberger,* ZfBR 1983, S. 242; *ders.,* in: B/K/L, BauGB, § 172, Rdnr. 32; Henke, a.a.O., S. 147.

187 *Schlichter,* in: S/S/T, BBauG, § 39h, Rdnr. 6; OVG Lüneburg, ZfBR 1983, S. 238 (240); VGH Kassel, a.a.O.

188 *Battis,* Stadterhaltung, S. 212; *Battis/Krieger,* DVBl. 1981, S. 479 (480); *Henke,* a.a.O.

189 BVerfG, DVBl. 1987, S. 465 (466).

190 *Schmidt-Aßmann,* in: E/Z/B, BBauG, § 1, Rdnr. 203; *Krautzberger,* in: B/K/L, BauGB, § 1, Rdnr. 66; a. A. *Schlichter,* in: S/S/T, BBauG, § 1 Rdnr. 18.

Dafür, daß sich die Zusammensetzung der Wohnbevölkerung darüber hinaus auch noch „praktisch bewährt" haben müßte,[191] enthält das Gesetz keinen Anhaltspunkt.[192] Eine solche zusätzliche Einschränkung vertrüge sich auch nicht mit der Auslegung, wie sie zu den besonderen städtebaulichen Gründen für den Erhalt der Zusammensetzung der Wohnbevölkerung als der weiteren Voraussetzung des § 172 Abs. 4 S. 1 BauGB gefunden worden ist. Diese werden nicht nur darin gesehen, „daß die zu wesentlichen Stücken gerade im Satzungsgebiet vorhandene öffentliche und private Infrastruktur ... besonders auf die ansässige Wohnbevölkerung zugeschnitten ist und ... an anderer Stelle nicht ohne weiteres ersetzbar wäre", sondern auch in den „negativen Folgen für andere Stadtquartiere".[193] Solche störenden Auswirkungen einer massiven Zuwanderung treten in den Zuzugsgebieten aber unabhängig davon ein, ob die Neubürger sich in dem Abwanderungsgebiet als angestammte Wohnbevölkerung bewährt hatten.

Die von der Rechtsprechung durch diese und das weitere Beispiel einer drohenden Unterausnutzung der Infrastruktur, etwa der Erholungseinrichtungen in einem Kur- und Fremdenverkehrsort,[194] bereits illustrierten städtebaulichen Gründe für die Erhaltung der Bevölkerungsstruktur können generell der gesamten Palette des § 1 Abs. 5 S. 2 BauGB entspringen. Indes müssen die Belange stets „besondere" sein. In Anlehnung an die Auslegung der besonderen städtebaulichen Gründe in § 9 Abs. 3 BauGB kann man präzisieren, daß nur außergewöhnliche städtebauliche Situationen, die den tangierenden Belangen einiges Gewicht verleihen, nicht aber der Regelfall der Betroffenheit die Unterschutzstellung rechtfertigen.[195]

Die bisher in diesem Zusammenhang zusätzlich angestellten Erwägungen, daß gerade durch bauliche Maßnahmen die Zusammensetzung der Wohnbevölkerung verändert und dadurch besondere städtebauliche Probleme aufgeworfen werden müßten,[196] haben mit der Einbeziehung der Nutzungsänderung in den Kreis der nach § 172 Abs. 1 S. 1 BauGB genehmigungspflichtigen

---

[191] So OVG Lüneburg, ZfBR 1983, S. 238 (240); zustimmend *Schmaltz,* in: Schrödter, BBauG, § 39h, Rdnr. 7; *Rothe,* Verwirklichung von Bebauungsplänen, Rdnr. 349; *Henke,* Stadterhaltung, S. 147f.

[192] *Bülow,* Flächen- und bodenbezogener Denkmalschutz, S. 363.

[193] VGH Kassel, DVBl. 1986, S. 693 (695); *Schmidt-Eichstaedt,* Städtebaurecht, S. 287; *Krautzberger,* in: B/K/L, BauGB, § 172, Rdnr. 33: „sehr weitgehend"; *Bielenberg/Stock,* in: E/Z/B, BauGB, § 172, Rdnr. 43.

[194] OVG Lüneburg, ZfBR 1983, S. 238 (240); zustimmend *Krautzberger,* in der Urteilsanmerkung, S. 242, und in: B/K/L, BauGB, § 172, Rdnr. 33; *Brohm,* DVBl. 1985, S. 593 (597), sowie *Schmidt-Eichstaedt,* Städtebaurecht, S. 287. Weitere Beispiele bei *Henke,* Stadterhaltung, S. 151ff.; *Schlichter,* in: S/S/T, BBauG, § 39h, Rdnr. 6 a.E.

[195] *Henke,* a.a.O., S. 149 (150), m.w.N.; *Krautzberger,* in: B/K/L, BauGB, § 172, Rdnr. 33; *Löhr,* ebenda, § 9, Rdnr. 105.

[196] Vgl. *Henke,* a.a.O., S. 155 (156).

Vorhaben an Relevanz verloren und werden dort miterörtert.[197] Festzuhalten bleibt aber, daß die Satzung zum Schutz der vorhandenen Bevölkerungsstruktur die Kontrolle gerade der baulichen Entwicklung dient[198] und deshalb nicht (jedenfalls nicht unmittelbar) für andere Ziele wie den Mieterschutz oder die Sozial-, Wohnungs- oder die allgemeine Infrastrukturpolitik einsetzbar ist.[199] Daraus ergeben sich zeitliche Grenzen für die Erforderlichkeit der Erhaltungssatzung nach § 172 Abs. 4 BauGB, da die sie begründenden Gefahren für die Zusammensetzung der Einwohnerschaft im Geltungsgebiet in aller Regel temporärer Natur sein werden, insbesondere aber auch die geschützte Bevölkerung sich mit der Zeit in ihrer Struktur verändern wird.[200]

c) Der Erhaltungsgrund aus § 172 Abs. 1 S. 1 Ziff. 3, Abs. 5 BauGB

Das zeitliche Moment rückt noch viel mehr in den Vordergrund bei den Erhaltungssatzungen zur Sicherung eines den sozialen Belangen Rechnung tragenden Ablaufs von städtebaulichen Umstrukturierungen. Hier soll keine soziale Gruppe auf Dauer, sondern von vornherein nur für eine bestimmte Zeitspanne, nämlich die der Umstrukturierung, erhalten bleiben.[201] Aufgrund dieser nur kurzfristigen Erhaltungswirkungen der Sanierungssatzung wird auf sie nicht näher eingegangen.[202]

III. Inhaltliche Ausgestaltung der Erhaltungssatzungen

Die so beschriebenen räumlichen und sachlichen Voraussetzungen einer Erhaltungssatzung betreffen die eine, die Tatbestandsseite ihres Erlasses. Sie ist durch gerichtlich voll überprüfbare unbestimmte Gesetzesbegriffe gekennzeichnet, die der Gemeinde keinen (Beurteilungs-)Spielraum eröffnen.[203] Zwar sind die einzelnen Erhaltungsgründe für subjektive Wertungen inhaltlich offen, werden verschiedene Betrachter die ästhetische Prägung etwa eines Ortsbildes durch bauliche Anlagen unterschiedlich erfahren.[204] Das stellt aber

---

197 Siehe unten, Zweiter Teil, V, 1, a).

198 BVerfG, DVBl. 1987, S. 465 (466).

199 *Bielenberg/Stock,* in: E/Z/B, BauGB, § 172, Rdnrn. 39ff., 42; *Krautzberger,* in: B/K/L, BauGB, § 172, Rdnr. 33; *Henke,* Stadterhaltung, S. 140ff.; *Bülow,* Flächen- und bodenbezogener Denkmalschutz, S. 363; *Brohm,* DVBl. 1985, S. 693 (695); OVG Lüneburg, ZfBR 1983, S. 238 (240).

200 Zu den eintretenden Rechtsfolgen vgl. *Krautzberger,* a.a.O., Rdnr. 22; *Henke,* a.a.O., S. 156f.

201 Vgl. *Schmidt-Eichstaedt,* Städtebaurecht, S. 284; *Henke,* a.a.O., S. 159; *Bülow,* a.a.O., S. 364.

202 Ausführliche Darstellung bei *Henke,* a.a.O., S. 158ff.

203 Siehe oben, Zweiter Teil, A, II, 2.

204 Vgl. *Stich,* ZfBR 1983, S. 61 (65); *Henke,* Stadterhaltung, S. 112ff.

kein spezielles Problem des § 172 BauGB dar, denn wertausfüllungsbedürftige Tatbestände begegnen im Verwaltungsrecht häufig. Um die „eine richtige Entscheidung"[205] über die Anwendbarkeit eines bestimmten Erhaltungsgrundes zu finden, wird man, wie sonst auch, notfalls den Sachverständigen hinzuzuziehen haben, wenn nicht beim Satzungserlaß, dann möglicherweise im verwaltungsgerichtlichen Verfahren.[206]

Liegen solche Erhaltungsgründe aber erst einmal vor, bleibt die Gemeinde auf der anderen Seite nicht auf die Formulierung rechtlich streng gebundener Entscheidungen beschränkt. Der Erlaß einer Erhaltungssatzung ist, wie allgemein die Satzungsgebung, nicht nur Vollzug gesetzlicher Vorgaben. Es steht vielmehr ein Gestaltungsspielraum zur Verfügung, der im Planungsrecht als Planungsermessen oder Abwägung bezeichnet wird.[207]

1. Entscheidungsmaßstäbe

Das legislatorische Ermessen bei Erlaß einer Erhaltungssatzung bestätigt die „Kann"-Bestimmung des § 172 Abs. 1 BauGB noch einmal ausdrücklich. Sie eröffnet dem Satzungsgeber zunächst die Alternativen der Inschutznahme oder deren Unterlassen, gegebenenfalls die weitere Möglichkeit der – alleinigen oder zusätzlichen – Unterschutzstellung mittels einer gestaltungs- oder denkmalrechtlichen Satzung, falls die potentielle Erhaltungszone auch die dafür erforderlichen Voraussetzungen erfüllt.

Steht das „Ob" des Satzungserlasses, auch hinsichtlich des Zeitpunktes, demnach zur Disposition, gilt dies für das „Wie" der Erhaltungssatzung allerdings nicht uneingeschränkt. Zwar gibt es auch hier ein Entweder – Oder: Der Satzungsgeber kann sich zwischen dem Schutz durch Bebauungsplan oder durch eine „sonstige Satzung" entscheiden, § 172 Abs. 1 S. 1 BauGB. Er kann alle oder nur einige der erhaltungswürdigen Zonen im Gemeindegebiet überdecken, sogar bestimmte Teilbereiche einer homogenen Zone unter Schutz stellen, während der andere davon ausnimmt, wenn nur die Erhaltungsmaßnahme dadurch nicht sinnlos wird.[208] Schließlich kann er bei der Gebietsfestlegung auch einzelne nicht erhaltenswert bebaute Grundstücke mit

---

[205] BVerwGE 21, 184 (186); 35, 69 (73).

[206] Vgl. *Battis,* Stadterhaltung, S. 214; *Henke,* Stadterhaltung, S. 116 (170f.). Zur Problematik der unbestimmten, insbesondere der normativen Rechtsbegriffe allgemein *Erichsen/Martens,* in: *dies.,* Allgemeines Verwaltungsrecht, § 12, II, 1, S. 186; *Erichsen,* DVBl. 1985, S. 22ff. Beispiel für die Behandlung eines Gutachtens in OVG Lüneburg, NVwZ 1983, S. 231ff.

[207] Vgl. *Schmidt-Aßmann,* Kommunale Rechtsetzung, S. 11; kritisch zur (Nicht-) Austauschbarkeit der Begriffe *Koch,* Abwägungsgebot, DVBl. 1983, S. 1125.

[208] VGH Kassel, DVBl. 1986, S. 693 (694); *Henke,* Stadterhaltung, S. 170; *Krautzberger,* in: B/K/L, BauGB, § 172, Rdnr. 16.

in das Schutzgebiet einbeziehen und dessen Geltungsbereich dadurch abrunden.[209]

Neben der Intensität des Erhaltungsinteresses kann die Gemeinde dabei auch Gesichtspunkte wie die Durchsetzbarkeit der Genehmigungspflicht, die Verwaltungsökonomie oder die Praktikabilität der Festsetzungen berücksichtigen, die sie etwa von einer zu großflächigen Unterschutzstellung abhalten oder zu einer gradlinigen Umgrenzung des Erhaltungsgebietes veranlassen können.[210]

Andere Fragen des „Wie“ der Erhaltung sind dagegen von vornherein der gemeindlichen Gestaltung entzogen, da bereits der Gesetzgeber den Inhalt dieses Satzungstyps weitgehend vorwegbestimmt hat. Das Erhaltungsinstrumentarium liegt von vornherein fest. Alle, aber auch nur die in § 172 Abs. 1 BauGB aufgezählten Maßnahmen können von einer Genehmigung abhängig gemacht, diese kann aus jedem, aber auch nur aus den in den Abs. 3 bis 5 genannten Versagungsgründen verweigert werden.[211]

Neben dieser ist noch eine weitere gewichtige Einschränkung der Abwägung zu beobachten, die sich aus dem oben[212] konstatierten zweistufigen Ablaufprogramm der Inschutznahme ergibt. Weil die Letztentscheidung über die Wertigkeit der auf ein einzelnes Grundstück bezogenen öffentlichen (Erhaltungs-) und privaten (Veränderungs-)Interessen erst auf der Genehmigungsebene fällt, sind sie beim Satzungserlaß nämlich noch nicht abschließend zu beurteilen. Die Abwägung auf dieser ersten Stufe kann vielmehr nur erst gebietsbezogen erfolgen. Hier wird nur in den Blick genommen, ob die für die Anordnung der Erhaltung in einem bestimmten Gebiet sprechenden Argumente so schwer wiegen, daß für die in § 172 Abs. 1 BauGB bezeichneten Vorhaben eine Genehmigungspflicht eintreten soll.[213]

Wenn dennoch behauptet wird, „daß der Satzungserlaß nach Maßgabe der sich aus der Erhaltungsintention ergebenden Besonderheiten uneingeschränkt (!) dem Abwägungsgebot untersteht“,[214] schießt dies nicht nur in der Formulierung über das Ziel hinaus. Richtig ist zwar zunächst die Grundlegung, daß die Festlegung eines Erhaltungsgebietes der Sache nach eine Planungsentscheidung darstellt, die auf die – gegenständlich begrenzte – Ordnung und

---

209 Siehe oben, Zweiter Teil, A, II, 1.

210 *Krautzberger,* s. Fn. 208; OVG Lüneburg, ZfBR 1983, S. 238 (240); VGH Kassel, s. Fn. 208.

211 Vgl. BVerwG, DÖV 1987, S. 966 (967); *Krautzberger,* a.a.O., Rdnr. 20; siehe dazu sogleich Zweiter Teil, A, III, 2, und unten, A, V, 1, a).

212 Zweiter Teil, A.

213 Vgl. OVG Lüneburg, ZfBR 1983, S. 238 (240); VGH Kassel, DVBl. 1986, S. 693; *Krautzberger,* in: B/K/L, BauGB, § 172, Rdnr. 20.

214 So *Henke,* Stadterhaltung, S. 169, unter Berufung auf OVG Münster, NJW 1983, S. 2598f.; BRS 39, Nr. 172.

Gestaltung des menschlichen Lebensraumes im städtebaulichen Bereich abzielt und daß die dabei auftretenden Kollisionen nur nach Maßgabe des für jede Planung geltenden Abwägungsgebotes gelöst werden können.[215] Man mag dies auch mit der Anknüpfung der Erhaltungsgründe an die Planungsleitsätze des § 1 Abs. 5 BauGB und dem in § 173 Abs. 2 BauGB enthaltenen Verweis auf Teile des Planungsschadensrechts weiter untermauern können.[216] Jedoch überzeugt die daraus gezogene Folgerung nicht, denn zwingend erscheint nur der weniger weitgehende Schluß, daß die Gemeinden bei dem Erlaß von Erhaltungssatzungen überhaupt abzuwägen haben. In welchem Umfang das gilt, läßt sich dagegen nicht der Charakterisierung als „Planungsentscheidung" o. ä. entnehmen, sondern nur der einzelnen, zum Satzungserlaß ermächtigenden Norm.[217]

Sie kann durchaus den Kreis der in die Abwägung einzustellenden Aspekte begrenzen, wenn die durch die Satzungsgebung zu erfüllende Funktion dies erlaubt oder gebietet. Die Aufzählung der Erhaltungsziele in § 172 Abs. 1 S. 1 Ziff. 1 – 3 BauGB beschränkt, verglichen mit der Vielzahl der bei der Aufstellung von Bauleitplänen zu beachtenden Belange, die durch den Erlaß von Erhaltungssatzungen wahrzunehmende Aufgabe ganz erheblich. Diese spezielle Zielsetzung, die eben nur auf eine „gegenständlich begrenzte Ordnung und Gestaltung des menschlichen Lebensraumes"[218] ausgerichtet ist, hat den Gesetzgeber in die Lage versetzt, wie dargestellt einerseits die Anwendungssituation der Erhaltungssatzung „vorwegzuplanen",[219] andererseits einen Teilbereich der Abwägung, soweit sie sich nämlich auf die Eigentümerinteressen am einzelnen Grundstück bezieht, in das Genehmigungsverfahren zu verlagern. Indem er von beiden Möglichkeiten Gebrauch gemacht hat, ist eine entsprechende Entlastung bzw. – je nach Blickwinkel – entsprechende Einschränkung des Gestaltungsfreiraums beim Satzungserlaß eingetreten, die de lege lata nicht zu leugnen ist.[220]

2. Festsetzungsmöglichkeiten

In der Erhaltungssatzung hat die Gemeinde nur zu regeln, in welchem Gebiet und aus welchen der vom Gesetz dafür vorgesehenen Gründe das Erfordernis eines besonderen Genehmigungsverfahrens statuiert werden

---

215 OVG Münster, NJW 1983, S. 2598.

216 Ausführlich *Henke,* Stadterhaltung, S. 168 (169).

217 Vgl. oben, Erster Teil, B; a. A. wohl *Henke,* Stadterhaltung, a.a.O.

218 OVG Münster, NJW 1983, S. 2598.

219 *Krautzberger,* in: B/K/L, BauGB, § 172, Rdnr. 20; a. A. *Henke,* a.a.O., S. 169.

220 Diese Auffassung vertreten neben den Genannten auch *Bülow,* Flächen- und bodenbezogener Denkmalschutz, S. 368f., m.w.N.; *Rothe,* Verwirklichung von Bebauungsplänen, Rdnr. 329.

soll.[221] Mit der Bezeichnung der Erhaltungszonen und der auf sie zutreffenden Erhaltungsgründe erschöpft sich ihr Inhalt. Eine Regelung von Versagungsgründen in der Satzung ist nicht erforderlich, wenn auch unschädlich, solange nur die gesetzlichen Gründe deklaratorisch in Bezug genommen bzw. wörtlich oder doch in strenger wörtlicher Übereinstimmung wiederholt werden; über die Ermächtigung hinausgehende Versagungstatbestände können allerdings nicht festgesetzt werden.[222]

Das gleiche gilt sinngemäß für die in § 172 Abs. 1 BauGB genannten Vorhaben, deren Wiedergabe in der Erhaltungssatzung sich ebenfalls erübrigt. Der gesetzliche Katalog zählt sie einerseits abschließend auf, d.h. der Gemeinde ist die satzungsmäßige Normierung weiterer genehmigungsabhängiger Maßnahmen nicht erlaubt.[223] Andererseits darf sich die Erhaltungssatzung – vom Sonderfall der Errichtung baulicher Anlagen, deren Verhinderung nach § 172 Abs. 3 S. 2 BauGB ja nur aus bestimmten Gründen möglich ist, einmal abgesehen – auch nicht darauf beschränken, nur eines oder nur einen Teil der aufgelisteten Vorhaben den Kontrollmöglichkeiten zu unterwerfen. Dies wird zwar aufgrund des Übermaßverbots für denkbar und rechtlich zulässig gehalten,[224] findet aber im Gesetzeswortlaut keine Stütze. Im Gegensatz zu den Regelungen über städtebauliche Sanierungsmaßnahmen enthalten die über die Erhaltungssatzung gerade keine dem § 142 Abs. 4 BauGB entsprechende Ermächtigung, den gesetzlich vorgesehenen Genehmigungsvorbehalt z.B. nur auf den Abbruch zu begrenzen.[225] Die durch sie bewirkte „umfassende Genehmigungspflicht" entspricht vielmehr gerade der mit den Erhaltungsregelungen verfolgten Zielsetzung.[226]

Es verbleibt also bei den eingangs genannten zwei Komplexen, die einer Festsetzung in der Satzung offenstehen und sie erforderlich machen. Die Kennzeichnung des Schutzgebietes kann dabei durch einen Text, der die umgrenzenden Straßen nennt oder die betroffenen Flurstücke aufzählt, oder in einem Plan erfolgen, wobei Kombinationen dieser Mittel unbedenklich sind. Die zeichnerische Darstellung ist für die Ausweisung von Erhaltungszonen im Bebauungsplan in Ziff. 14.1. der Anlage zur Planzeichenverordnung[227]

---

221 BVerwG, DÖV 1987, S. 966 (967), zu § 39h BBauG; siehe oben, Zweiter Teil, A, II, 2.

222 Vgl. BVerwG, a.a.O.

223 Allgemeine Meinung, vgl. nur *Battis/Krieger,* DVBl. 1981, S. 479 (480); *Bielenberg,* in: E/Z/B, BBauG, § 39h, Rdnr. 1; *Bülow,* a.a.O., S. 373; *Krautzberger,* in: B/K/L, BauGB, § 172, Rdnr. 2.

224 *Bülow,* Flächen- und bodenbezogener Denkmalschutz, S. 367.

225 *Krautzberger,* a.a.O., § 172, Rdnr. 2; a. A. gerade bezüglich des Abbruchs *Bülow,* a.a.O.

226 BVerfG, DVBl. 1987, S. 465 (466).

227 „Verordnung über die Ausarbeitung der Bauleitpläne und die Darstellung des Planinhalts" vom 30. Juli 1981, BGBl. I, S. 833, abgedruckt in: E/Z/B, BauGB – Band 3;

geregelt. Stets muß die Umgrenzung des unter Schutz zu stellenden Bereiches jedoch eindeutig und parzellenscharf sein,[228] um dem Bestimmtheitsgebot zu genügen und um dem bei allen Flächensatzungen bekannten Phänomen, daß Grundstückseigentümer im Grenzbereich immer wieder versuchen, sich aus dem Schutzgebiet zu stehlen, entgegenzuwirken.[229]

Für die Angabe der auf das Gebiet zutreffenden Erhaltungsgründe genügt die Wiederholung der oder die Bezugnahme auf die entsprechenden Formulierungen im Gesetz.[230] Zu zitieren sind nicht (allein) die allgemeinen Erhaltungsziele des § 172 Abs. 1 S. 1 BauGB, sondern jeweils die einzelnen Erhaltungsgründe in den Absätzen 3 – 5 der Vorschrift, unter denen der Satzungsgeber seine Auswahl treffen muß. Nur dies entspricht der Regelung des früheren § 39 h Abs. 1 S. 2 BBauG, die unverändert maßgebend ist.[231]

Bei der Inschutznahme in einem Bebauungsplan sind die Gründe als textliche Festsetzung, sonst als Teil der besonderen Satzung zu behandeln.[232] Mehrfache Nennungen sind schon aufgrund der vielfältigen Überschneidungen möglich bzw. angezeigt; dabei ist jeweils klarzustellen, welche Einzelgründe in welchem Gebiet oder Gebietsteil zusammentreffen. Eine Ausnahme macht nur der „Sanierungsschutz" nach § 172 Abs. 1 S. 1 Ziff. 3, Abs. 5 BauGB, der ja nicht auf die dauernde Stadterhaltung, sondern auf eine nur vorübergehende Ablaufsicherung bei Neubaumaßnahmen abzielt und deshalb regelmäßig nicht mit den anderen Erhaltungsgründen kombiniert werden kann.[233]

3. Begründung

Eine über diese Zitierpflicht bezüglich der Erhaltungsgründe hinausgehende Begründungspflicht kennen die §§ 172 ff. BauGB nicht. Durch die Angabe, auf welche besonderen Gesichtspunkte etwaige Erhaltungsgebote gestützt werden sollen, enthält die Satzung sozusagen „in sich selbst ihre Begründung".[234]

---

vgl. *Rothe,* Verwirklichung von Bebauungsplänen, Rdnr. 325, und *Krautzberger,* in: B/K/L, BauGB, § 172, Rdnr. 17; *Henke,* Stadterhaltung, S. 187, m.w.N., S. 197.

[228] Runderlaß des Innenministers NW vom 8. Dezember 1976, MBl. NW 1976, S. 2712 (2714), Ziff. 6.3.1.; zustimmend *Rothe,* Verwirklichung von Bebauungsplänen, Rdnr. 325.

[229] So *Bartholomäi,* UPR, 1988, S. 241 (242f.), für Baumschutzsatzungen.

[230] VGH Kassel, DVBl. 1986, S. 693; BVerwG, DÖV 1987, S. 966; *Krautzberger,* in: B/K/L, BauGB, § 172, Rdnrn. 12, 18.

[231] Siehe oben, Zweiter Teil, A, II, 1.

[232] *Bielenberg,* in: E/Z/B, BBauG, § 39h, Rdnrn. 23f.

[233] Vgl. *Schmidt-Eichstaedt,* Erhaltung baulicher Anlagen, DST 1979, S. 143 (144f.); *Battis/Krieger,* DVBl. 1981, S. 479 (480); *Bülow,* Flächen- und bodenbezogener Denkmalschutz, S. 367; *Krautzberger,* in: B/K/L, BauGB, § 172, Rdnr. 12; siehe oben, Zweiter Teil, A, II, 2 c).

[234] *Schmidt-Eichstaedt,* Städtebaurecht, S. 282.

Das ist allerdings auch vehement in Abrede gestellt worden. Unter Berufung auf eine vordringende Meinung, die generell für Gesetze, mindestens aber für Satzungen einen verfassungsrechtlichen Begründungszwang behauptet,[235] aber auch mit Argumenten, die sich speziell auf die Erhaltungssatzungen beziehen, wird von einer „strikten Begründungspflicht" gesprochen.[236] In der Satzung seien die örtlichen Gegebenheiten den jeweiligen gesetzlichen Erhaltungsgründen zuzuordnen und darzulegen, aus welchen Erwägungen die Erhaltung von Gebäuden dem Satzungsgeber sinnvoll erscheine.[237]

Von dem verfassungsrechtlichen Ansatz einmal abgesehen, der besonders in der Rechtsprechung des OVG Münster zu den Gestaltungssatzungen aufgegriffen worden ist und in diesem Zusammenhang abgehandelt werden soll,[238] bestätigt die gesetzliche Regelung über die Erhaltungssatzungen diese Auffassung gerade nicht. Die §§ 172 – 174 BauGB verhalten sich zur Frage einer Begründung überhaupt nicht, der frühere § 39 h Abs. 1 S. 2 BBauG begründet seinem Wortlaut nach lediglich das beschriebene Zitiergebot.

Soweit Henke[239] demgegenüber auf § 39 VwVfG verweist, in dem die „Erkenntnis, daß die Begründungspflicht ein wesentliches Erfordernis jedes rechtsstaatlichen Verfahrens" darstellt, ihre augenfällige Ausprägung erfahren habe, muß er selbst einräumen, daß der Begründungszwang für Verwaltungsakte nicht unbesehen auf autonome Satzungen übertragbar ist. Auch die weiteren als vergleichbar angeführten Beispiele einer gesetzlichen Verpflichtung zum Begründen der Satzung, § 9 Abs. 8 BBauG (jetzt BauGB) und § 5 Abs. 2 DSchG NW, lassen nicht erkennen, daß ihnen eine allgemeine Regel zugrunde liegt. Man könnte aus ihnen sogar umgekehrt schließen, daß eine Satzungsbegründung nur in solchen, besonders normierten Fällen erforderlich ist, da die gesetzliche Regelung sonst eine Selbstverständlichkeit wiederholt.

Ebenso ambivalent ist der Hinweis auf die Rechtsschutz- und Kontrollfunktion der Begründung: Wenn ihre Notwendigkeit damit untermauert wird, daß durch sie auch der Abwägungsvorgang der gerichtlichen Prüfung unterworfen werde,[240] an anderer Stelle der Beschränkung der Überprüfung auf das Abwägungsergebnis aber mit dem Hinweis auf den im Sinne einer strikten Begründungspflicht verfassungskonform auszulegenden § 39 h Abs. 1 S. 2 BBauG

---

[235] So *Ossenbühl,* NJW 1986, S. 2805 (2809/2810); *Koch,* DVBl. 1983, S. 1125ff.; *Henke,* Stadterhaltung, S. 188 (189 m.w.N.); vgl. aber auch § 214 Abs. 1 Ziff. 2, HS 2 BauGB, der Fehler der Begründung selbst bei Bebauungsplänen relativiert.

[236] *Henke,* a.a.O., S. 190, m.w.N., und ähnlich *Schmidt-Eichstaedt,* DST 1979, S. 143 (144); *Battis/Krieger,* DVBl. 1981, S. 479 (482) *Kiepe,* DST 1983, S. 409 (410); *Bülow,* Flächen- und bodenbezogener Denkmalschutz, S. 368.

[237] *Kiepe,* a.a.O.; vgl. auch *Henke,* a.a.O., S. 190f., 193.

[238] Siehe unten, Zweiter Teil, B, III, 3.

[239] *Henke,* Stadterhaltung, S. 189.

[240] *Henke,* Stadterhaltung, S. 190; vgl. auch *Bülow,* Flächen- und bodenbezogener Denkmalschutz, S. 369.

begegnet wird,[241] dreht sich die Argumentation im Kreise. Hier wird das Sollen mit dem Sein, die im Einzelfall tatsächlich sinnvoll und wünschenswert erscheinende Möglichkeit[242] mit einem aufgrund der Regelungen der §§ 172 ff. BauGB nicht feststellbaren Zwang zur Satzungsbegründung gleichgesetzt.

Entscheidend ist auch hier die besondere Ausgestaltung der Satzungsermächtigung.[243] Sie belegt eine Pflicht zur Begründung bzw. die ihr zugemessene Funktion nicht, weshalb man in der Tat sagen kann, das Gesetz konzentriere die verwaltungsgerichtliche Kontrolle weitgehend auf das Ergebnis der Abwägung.[244]

Eine – scheinbare – Ausnahme ergibt sich nur aus § 9 Abs. 8 BauGB, wenn das Erhaltungsgebiet durch Bebauungsplan bezeichnet wird. Diese Maßnahme selbst bedarf zwar im Text des Bebauungsplanes über die Angabe der Erhaltungsgründe hinaus keiner zusätzlichen Erläuterung. Seine anderen Festsetzungen können aber dadurch begründungspflichtig werden, soweit sie besondere Auswirkungen auf die Erhaltungsziele haben.[245]

IV. Der Erlaß von Erhaltungssatzungen

Neben der für jeden Satzungstyp möglichen Unterscheidung zwischen den nur vorbereitenden Maßnahmen und dem eigentlichen Erlaß ist bei den Erhaltungssatzungen auch noch zwischen der Unterschutzstellung „in einem Bebauungsplan oder durch eine sonstige Satzung" zu differenzieren, § 172 Abs. 1 S. 1 BauGB. Weil bei der Wahl der ersten Alternative grundsätzlich das Normsetzungsverfahren mit dem bei der Aufstellung (allgemeiner) Bebauungspläne identisch ist,[246] soll sie im folgenden nur bei Bestehen von Besonderheiten berücksichtigt werden. Zunächst wird der Blick jedoch auf die in jedem Fall erforderliche Vorbereitung der Satzungsgebung gelenkt, d. h. auf die rechtlich meist noch nicht vorentschiedenen Verwaltungsabläufe vor der abschließenden Behandlung der Erhaltungssatzung im Rat.

---

241 *Henke,* Stadterhaltung, S. 170f.

242 So OVG Lüneburg, ZfBR 1983, S. 238 (239); *Schmaltz,* in: *Schrödter,* BBauG, § 39H, Rdnr. 3; *Rothe,* Verwirklichung von Bebauungsplänen, Rdnr. 329a.

243 Siehe oben, Erster Teil, B, und Zweiter Teil, A, III, 1.

244 Vgl. OVG Lüneburg, a.a.O., mit zustimmender Anmerkung *Krautzberger,* S. 242; BVerfG, DVBl. 1987, S. 465 (466); BVerwG, DÖV 1987, S. 966; VGH Kassel, DVBl. 1986, S. 693; *Schmidt-Eichstaedt,* Städtebaurecht, S. 282; *Krautzberger,* in: B/K/L, BauGB, § 172, Rdnrn. 18, 21; *ders.,* in: B/K/S, BauGB-Leitfaden, Rdnr. 426, sowie die in Fn. 242 Genannten.

245 *Krautzberger,* in: B/K/L, BauGB, § 172, Rdnr. 18; *Rothe,* Verwirklichung von Bebauungsplänen, Rdnr. 323; vgl. aber auch BVerwG, DVBl. 1986, S. 686 (687).

246 *Bülow,* Flächen- und bodenbezogener Denkmalschutz, S. 371; *Rothe,* a.a.O.; zur Aufstellung von Bebauungsplänen allgemein siehe etwa *Hoppe,* in: *Ernst/Hoppe,* Öffentliches Bau- und Bodenrecht, Rdnrn. 313ff.

1. Vorbereitende Maßnahmen

Wenn innerhalb der Gemeinde der politische Wille besteht, ein bestimmtes Gebiet unter Erhaltungsschutz zu stellen, wird in aller Regel die Verwaltung den Auftrag erhalten, einen Satzungsentwurf zu erarbeiten. Obwohl das Gesetz anders als bei Sanierungsmaßnahmen die Durchführung „vorbereitender Untersuchungen" (§ 141 BauGB) nicht vorschreibt, sind sie faktisch geboten, soweit nicht bereits entsprechende Unterlagen vorliegen. Naturgemäß muß zuerst Material über die Bausubstanz und ihre städtebaulich-gestaltenden Wirkungen (§ 172 Abs. 1 S. 1 Ziff. 1, Abs. 3 BauGB), über die Bevölkerungsstruktur und die darauf zu erwartenden Auswirkungen von Umstrukturierungen (§ 172 Abs. 1 S. 1 Ziff. 2, Abs. 4 BauGB) gesammelt und ausgewertet werden, um eine Erhaltungszone abgrenzen und ihre Schutzwürdigkeit anhand der einzelnen Erhaltungsgründe beurteilen zu können. In welchem Maß die Informationen verfügbar sein müssen, läßt sich dabei nicht generell, sondern wie bei der Aufstellung von (allgemeinen) Bebauungsplänen nur „nach Lage der Dinge" im Einzelfall beantworten.[247]

Hilfreich können die Ergebnisse einer städtebaulichen Rahmenplanung sein. Anders als bei der – hier nicht weiter behandelten – Sanierungsschutzsatzung, die eines gemeindlichen Handlungskonzepts bedarf, ist ihr Vorliegen jedoch keine unabdingbare Voraussetzung des Satzungserlasses.[248]

2. Die eigentliche Satzungsgebung

Während bei der Vorbereitung nach Zweckmäßigkeit entschieden wird, welches Amt oder welche Arbeitsgruppe innerhalb, u.U. welche Experten außerhalb der Verwaltung die Bestandsanalysen erstellen, welcher Ausschuß des Gemeinderats den darauf aufbauenden Entwurf (vor-)beraten soll, sind Verfahren und Form des endgültigen Satzungserlasses und seine Präsentation nach außen weitgehend gesetzlich geregelt. Das erweist sich schon bei der Frage nach der Zuständigkeit zum Beschluß, egal, ob er sich auf einen Bebauungsplan oder eine sonstige Satzung bezieht.

a) Zuständigkeit

Zurechnungssubjekt des Selbstverwaltungs- und damit auch des Satzungsrechts[249] ist die Gemeinde als solche. Innerhalb dieser ist wiederum der

---

[247] *Krautzberger,* in: B/K/L, BauGB, § 172, Rdnr. 14; *Rothe,* Verwirklichung von Bebauungsplänen, Rdnr. 326; eingehend *Henke,* Stadterhaltung, S. 174 (175), unter Verweis auf BVerwGE 45, 309 (314); BVerwGE 48, 56 (63ff.).

[248] *Krautzberger,* a.a.O.; a.A. *Henke,* a.a.O., S. 171ff., der stets ein „Erhaltungsgesamtkonzept" verlangen will; vgl. unten, Dritter Teil, C, I, 1, b).

[249] Siehe oben, Erster Teil.

Gemeinderat das für den Satzungserlaß zuständige Organ, § 28 Abs. 1 S. 2 lit. g) GO NW. Das gilt auch für den Erlaß von Erhaltungssatzungen, obwohl die mögliche Legitimierung der Inschutznahme baulicher Anlagen von historisch-städtebaulicher Bedeutung auch aus stadtteilgeschichtlichen Gründen es an sich nahelegen könnte, die Entscheidung in diesen Fällen nach den §§ 13 ff. GO NW den „sachnäheren" Bezirksvertretungen zu überlassen.[250] Dieser vom Innenminister Nordrhein-Westfalen für bestimmte Angelegenheiten des Denkmalschutzes durchaus aufgegriffene Gedanke[251] muß jedoch immer versagen, sobald es um den Beschluß von (Erhaltungs- oder etwa auch Denkmalbereichs-)Satzungen geht, da dies eine sog. Vorbehaltsangelegenheit ist. Die gemeinderechtliche Regelung ist insoweit zwingend und erlaubt die Übertragung dieser Befugnis auf andere Gemeindeorgane in keinem Fall.

b) Aufstellungsbeschluß

Ein förmlicher Aufstellungsbeschluß ist zur Einleitung der Satzungsgebung nur dann erforderlich, wenn die Gemeinde von der Möglichkeit Gebrauch machen will, Veränderungsgesuche zurückzustellen. Diese sich aus § 172 Abs. 2 i.V.m. § 15 Abs. 1 BauGB ergebende Regelung gilt sowohl bei der Festlegung von Erhaltungszonen durch sonstige Satzung als auch bei der durch Bebauungsplan. Schon Bielenberg[252] hat zu Recht darauf hingewiesen, daß der Gesetzeswortlaut nur diese Auslegung zuläßt. Auch die Neufassung des § 172 Abs. 2 BauGB bestätigt dies, da „Erhaltungssatzung" in Übereinstimmung mit der Abschnittsüberschrift nur als Oberbegriff für beide Arten der Unterschutzstellung gebraucht sein kann. Diese Sichtweise führt auch zu einem sinnvollen Ergebnis, da der Gemeinde dann in jedem Fall die Wahl bleibt, einen Aufstellungsbeschluß zu fassen oder darauf zu verzichten. Denn auch aus § 2 Abs. 1 S. 2 BauGB ergibt sich für sie keine Verpflichtung zu einem solchen Beschluß, wenn sie sich der Handlungsform des Bebauungsplanes bedient.[253]

Der Hinweis, die auf 12 Monate befristete Zurückstellung werde dem in diesem Fall stattfindenden langwierigen Verfahren nicht gerecht, weshalb

---

[250] Vgl. dazu oben, Zweiter Teil, A, II, 2, a), dd), und unten, Zweiter Teil, B, IV, 1; Dritter Teil, C, I, 1, a).

[251] Nicht veröffentlichte Erlasse vom 11.11.1985 und 21.5.1986, zitiert und kritisiert bei Darmstadt, VR 1987, S. 33ff.

[252] *Bielenberg,* in: E/Z/B, BBauG, § 39h, Rdnrn. 26, 31; dem folgend OVG Lüneburg, ZfBR 1983, S. 238; *Bülow,* Flächen- und bodenbezogener Denkmalschutz, S. 370; *Rothe,* Verwirklichung von Bebauungsplänen, Rdnr. 339; *Krautzberger,* in: B/K/L, BauGB, Rdnrn. 15, 26; a.A. *Henke,* Stadterhaltung, S. 198 (200).

[253] So die herrschende Ansicht, nachgewiesen etwa bei *Bielenberg,* a.a.O., § 2, Rdnrn. 32 - 35; zur Gegenmeinung *Gelzer,* Bauplanungsrecht, Rdnrn. 282ff.; *Henke,* a.a.O., S. 198; *Battis,* in: B/K/L, BauGB, § 2, Rdnr. 6.

§ 172 Abs. 2 BauGB nur auf sonstige Satzungen zu beziehen sei,[254] geht fehl. Wenn die Gemeinde nämlich die Festlegung durch Bebauungsplan beabsichtigt, kann sie zusätzlich das Instrument der Veränderungssperre gemäß dem dann (direkt) anwendbaren § 14 BauGB einsetzen, sollte die Jahresfrist aus §§ 172 Abs. 2, 15 Abs. 1 BauGB nicht ausreichen.[255]

Erforderlich ist allerdings in jedem Fall nicht nur der Erlaß, sondern auch die ortsübliche Bekanntmachung des Aufstellungsbeschlusses entsprechend §§ 172 Abs. 1 S. 2, 16 Abs. 2 S. 1 BauGB, um eine vorläufige Konservierung der erhaltenswerten Bausubstanz durch Zurückstellen von Veränderungsanträgen zu erreichen.[256] Dann begründet § 172 Abs. 2 BauGB jedoch nicht etwa einen eigenen Genehmigungstatbestand. Der bekanntgemachte Aufstellungsbeschluß bewirkt nur, daß nach anderen Vorschriften, vor allem des Bauordnungsrechts, notwendige Anträge ein Jahr zurückgestellt werden können, wenn sie (auch) auf Durchführung eines Vorhabens i. S. d. § 172 Abs. 1 S. 1 BauGB gerichtet sind.[257]

c) *Staatliche Mitwirkung*

Die bisher aufgrund § 39 h Abs. 1 S. 3 BBauG bestehende Genehmigungspflicht der Erhaltungssatzung ist ersatzlos entfallen. Sogar auf eine nachträgliche Rechtskontrolle wurde ausweislich der Gesetzesmaterialien verzichtet, weil sich die Wirkungen der Erhaltungssatzungen erst durch weitere Vollzugsmaßnahmen, d. h. die Vorhabengenehmigung oder ihre Versagung in Form des Verwaltungsaktes ergäben.[258] Ist die Gebietsbezeichnung aber Teil eines Bebauungsplanes, findet § 11 BauGB Anwendung, d. h. es besteht nach Abs. 3 grundsätzlich eine Pflicht zur Anzeige, in den Ausnahmefällen des Abs. 1 sogar eine zur Genehmigung des Bebauungsplanes durch die höhere Verwaltungsbehörde.[259]

d) *Inkrafttreten*

Wie jede andere bedarf auch die Erhaltungssatzung der Ausfertigung und Bekanntmachung, um zu einem bestimmten Termin in Kraft zu treten. Besonderheiten ergeben sich insoweit nur daraus, daß sie in zwei verschiedenen For-

---

[254] *Henke,* Stadterhaltung, S. 198, mit Fn. 530.

[255] So *Bielenberg,* in: E/Z/B, BBauG, § 39h, Rdnr. 32.

[256] *Schmaltz,* in: *Schrödter,* BBauG, § 39h, Rdnr. 9; siehe sogleich unten, Zweiter Teil, A, IV, 2, d).

[257] *Krautzberger,* in: B/K/L, BauGB, § 172, Rdnr. 26; *Rothe,* Verwirklichung von Bebauungsplänen, Rdnr. 340; Einzelheiten bei *Henke,* Stadterhaltung, S. 198.

[258] Begründung der Ausschußmehrheit, abgedruckt in: Zur Sache, Das neue BauGB, S. 50.

[259] Vgl. *Krautzberger,* in: B/K/L, BauGB, § 172, Rdnr. 25.

men beschlossen werden kann: Erfolgt die Gebietsfestlegung in einem Bebauungsplan, kommt es zur Ersatzverkündung, das heißt, die Gemeinde hat die (dann notwendige) Durchführung des Anzeigeverfahrens oder die Genehmigung des Bebauungsplans anstelle seiner selbst bekanntzumachen und ihn nebst Begründung für jedermann zur Einsicht bereitzuhalten.[260] Dabei ist es zulässig, den Geltungsbereich des Erhaltungsgebotes im Satzungstext nur grob zu bezeichnen und im übrigen auf eine amtlicherseits einsehbar gehaltene Karte zu verweisen, wenn die schriftlichen Ausführungen den Interessenten mindestens so vororientieren, daß eine Anstoß- und Warnfunktion ausgeübt wird.[261] Sonstige Satzungen können entweder über die Verweisungskette der §§ 172 Abs. 1 S. 3, 16 Abs. 2 S. 2 2. Halbs., 12 S. 2 – 5 BauGB in gleicher Weise oder nach den allgemeinen gemeinderechtlichen Vorschriften ortsüblich bekannt gemacht werden. In Nordrhein-Westfalen sind die damit zusammenhängenden Fragen in der auf § 4 Abs. 5 GO NW beruhenden Verordnung über die öffentliche Bekanntmachung von kommunalem Ortsrecht geregelt.[262]

Gemäß § 2 dieser BekanntmVO erfolgt die Ausfertigung der Satzung durch den Gemeindedirektor, was schon deshalb angebracht ist, weil ihm auch sonst das Prüfungs- und Rügerecht bei fehlerhaften Beschlüssen der Gemeindevertretung zusteht, § 39 Abs. 2 GO NW.[263] Sie besteht in der schriftlichen Bestätigung, daß der Wortlaut der Satzung mit den Ratsbeschlüssen übereinstimmt und daß sie ordnungsgemäß zustande gekommen ist, § 2 Abs. 3 BekanntmVO NW. Unter Beifügung einer Bekanntmachungsanordnung, deren Inhalt sich nach § 2 Abs. 4 BekanntmVO NW bestimmt, leitet der Gemeindedirektor sodann die Satzung samt seiner Bestätigung dem Bürgermeister zu, der die Anordnung der Bekanntmachung eigenhändig unterzeichnet. Schließlich wird die Satzung samt Bekanntmachungsanordnung in vollem Wortlaut öffentlich bekannt gemacht, indem sie in einer durch die Hauptsatzung der Gemeinde festgelegten Formen des § 4 Abs. 1 BekanntmVO NW veröffentlicht wird.[264]

Gemäß § 4 Abs. 4 GO NW treten sonstige Erhaltungssatzungen mit dem Tage nach ihrer Bekanntmachung in Kraft, während Schutzanordnungen nach § 172 BauGB in einem Bebauungsplan bereits mit der Bekanntmachung selbst in Kraft treten.

---

260 Siehe soeben, Zweiter Teil, A, IV, 2, c); *Krautzberger,* in: B/K/L, BauGB, § 172, Rdnr. 23, und § 12, Rdnr. 3.

261 OVG Lüneburg, ZfBR 1983, S. 238 (239); *Schmaltz,* in: *Schrödter,* BBauG, § 39h, Rdnr. 3; *Henke,* Stadterhaltung, S. 202, mit Fn. 555; *Krautzberger,* a.a.O., § 172, Rdnr. 23; Noch geringere Anforderungen stellt *Rothe,* Verwirklichung von Bebauungsplänen, Rdnr. 331; strenger *Bülow,* Flächen- und bodenbezogener Denkmalschutz, S. 370f.

262 BekanntmVO vom 7. April 1981, GV NW S. 224 / SGV NW 2023.

263 *Schmidt-Jortzig,* ZG 1987, S. 193 (208); zur Ausfertigung von Satzungen allgemein *Ziegler,* DVBl. 1987, S. 280ff.; VGH München, NVwZ-RR 1990, S. 588f.

264 Zu den Einzelheiten *Kottenberg/Rehn,* GO NW, § 4, Anm. 3 - 5.

3. Vergleich: Gebietsbezeichnung in einem Bebauungsplan oder durch sonstige Satzung

Die Bezeichnung eines Erhaltungsgebietes in einem Bebauungsplan muß nicht nur in Hinblick auf die genannten Umstände, sondern insgesamt das für Bauleitpläne übliche Verfahren durchlaufen.[265] Erforderlich wird etwa die Bürgerbeteiligung und die der Träger öffentlicher Belange gemäß den §§ 3 und 4 BauGB, die den Prozeß des Zustandekommens in die Länge ziehen.[266]

Demgegenüber entsteht bei dem Erlaß einer sonstigen Satzung nur die allgemeine Pflicht zur formlosen Unterrichtung der Einwohner nach Gemeinderecht. Die Ausweisung eines Erhaltungsbereiches kann – wie die Unterschutzstellung von Gebieten durch Gestaltungs-, Denkmalbereichs- und Baumschutzsatzungen – nämlich unmittelbar raum- oder entwicklungsbedeutsam im Sinne des § 6 b Abs. 1 GO NW sein.[267] Dann sind die Einwohner durch den Rat regelmäßig in der Weise zu unterrichten, daß Gelegenheit zur Äußerung und zur Erörterung besteht, wobei eine Beteiligung der Bezirksvertretungen durch die Hauptsatzung festgelegt werden kann, § 6 b Abs. 2 S. 1 und 3 GO NW. Dennoch verbleibt eine erhebliche Zeitersparnis gegenüber dem ausführlich geregelten Verfahren bei einer Unterschutzstellung in Form des Bebauungsplanes, denn nach empirischen Untersuchungen soll der Erlaß sonstiger Erhaltungssatzungen in mehr als der Hälfte der Fälle weniger als ein Jahr beanspruchen.[268]

Ebenso hat die bei Bebauungsplänen – wahre oder nur vermutete –[269] hohe Fehlerquote und die dadurch bedingte Anfälligkeit gegenüber Rechtsschutzverfahren das Urteil über sie negativ beeinflußt. In der bisherigen Praxis hat das in 99% der Fälle dazu geführt, daß sich die Gemeinden zur Erhaltung durch sonstige Satzung entschlossen haben.[270] So hält etwa Kiepe[271] den Erhaltungsschutz mittels eines Bebauungsplanes im Außen- und im unbeplanten Innenbereich schlicht für „unzweckmäßig".

Die von § 172 Abs. 1 S. 1 BauGB eingeräumte Wahlmöglichkeit ist demgemäß kaum angenommen worden, obwohl die Gebietsbezeichnung durch

---

[265] *Bülow,* Flächen- und bodenbezogener Denkmalschutz, S. 371; *Kiepe,* DST, 1983, S. 409 (410).

[266] Deshalb ablehnend *Gassner,* VuR 1981, S. 143 (174).

[267] Ausdrücklich für Denkmalbereichssatzungen: *Gahlen/Schönstein,* DSchG NW, § 6, Rdnr. 1.

[268] *Henke,* Stadterhaltung, S. 185, m.w.N. in Fn. 468.

[269] Vgl. BT-Drs. 8/2885, S. 35; 10/6166, S. 134ff., und den Streit zwischen *Stuer,* DVBl. 1985, S. 469, der die Fehlerquote bei 90% ansetzt, und *Ipsen,* Die Verwaltung, 1987, S. 477 (487), der solche Schätzungen für „lanciert" hält. Der Bericht des Arbeitskreises, BBauBl. 1985, S. 359 (360) geht von 30 - 60% Nichtigkeitsfällen aus.

[270] *Henke,* a.a.O., S. 184f.

[271] *Kiepe,* DST, 1983, S. 409 (410).

Bebauungsplan durchaus Vorzüge aufweist. Der Möglichkeit der Partizipation der betroffenen Eigentümer schon während der Erarbeitung des Planes, die dafür vor allem angeführt wird,[272] messen die kommunalen Satzungsgeber offenbar keine allzu große Bedeutung zu. Statt dessen scheint man eine Vorgehensweise zu favorisieren, bei der eine bereits im Raum stehende Erhaltungsregelung als Plattform für Verhandlungen mit den veränderungswilligen Grundstückseigentümern benutzt wird.[273]

Ein weiterer Vorteil dieser Lösung mag darin gesehen werden, daß dadurch die bei frühzeitiger Bürgerbeteiligung sonst (wenn überhaupt) nur durch Erlaß eines besonderen Aufstellungsbeschlusses[274] einzudämmende Gefahr, daß Betroffene schnell noch vor Rechtsverbindlichkeit der Satzung versuchen, aus ihrer Sicht entbehrliche oder unrentable Gebäude, die unter das Erhaltungsgebot fallen könnten, abzubrechen oder zu verändern,[275] gering gehalten werden kann.

V. Rechtsfolgen

Welche Auswirkungen der Erlaß einer Erhaltungssatzung hat, bestimmt sich zunächst nach § 172 Abs. 1 S. 1 und S. 2 BauGB. Danach wird primär ein Genehmigungserfordernis für die dort benannten Vorhaben statuiert.

1. Genehmigungspflicht

Die Verpflichtung, vor Realisierung geplanter Maßnahmen eine Erlaubnis einzuholen, betrifft zunächst die Eigentümer der Grundstücke im Erhaltungsgebiet. Genauso stellen sich aber auch für die mit der Entscheidung über den Genehmigungsantrag betrauten Stellen Fragen, die die inhaltlichen Maßstäbe und die formellen Anforderungen bei der Entscheidungsfindung betreffen. Sie sollen im folgenden allerdings, da hier die zweite Stufe des Ablaufprogramms für den Erhaltungsschutz in Frage steht, so knapp wie möglich beantwortet werden.

a) Die genehmigungspflichtigen Vorhaben

Der hier in Übereinstimmung mit § 29 BauGB als Sammelbezeichnung verwendete Begriff der „Vorhaben"[276] umfaßt die in § 172 Abs. 1 BauGB

---

[272] *Henke,* Stadterhaltung, S. 184; *Rothe,* Verwirklichung von Bebauungsplänen, Rdnr. 316a.

[273] Vgl. *Edel/Schäfer,* Erhaltung in der Praxis, S. 32ff.; ablehnend zu dieser Praxis *Henke,* Stadterhaltung, S. 213 - 216.

[274] Siehe oben, Zweiter Teil, A, IV, 2, b).

[275] Diese Gefahr betont *Schmidt-Eichstaedt,* DST 1979, S. 143 (144), und Städtebaurecht, S. 283.

abschließend[277] aufgezählten Maßnahmen des Abbruchs, der Änderung, der Nutzungsänderung sowie der Errichtung baulicher Anlagen. Der in § 39 h BBauG noch enthaltene „Umbau“ wird vom Begriff der Änderung umfaßt und wurde gestrichen. Eine Änderung kann im übrigen auch in geringfügigen, im Hinblick auf den Schutzzweck aber möglicherweise relevanten Vorgängen liegen.[278]

Neu in das Gesetz aufgenommen ist die Errichtung baulicher Anlagen, die allerdings gemäß § 172 Abs. 1 S. 2 BauGB nur in den Erhaltungszonen eine Rolle spielt, die wegen der Erhaltungsgründe aus § 172 Abs. 1 S. 1 Ziff. 1, Abs. 3 BauGB eingerichtet worden sind. Gleichfalls neu ist der Genehmigungstatbestand der Nutzungsänderung, durch den das Instrumentarium der Stadterhaltung weiter verbessert werden soll, indem dem Umstand Rechnung getragen wird, daß städtebauliche Erhaltungsziele im Einzelfall auch durch eine Änderung der Nutzung ohne gleichzeitige bauliche Maßnahmen beeinträchtigt werden können.[279]

Die Vorhabenbegriffe entsprechen den zu § 29 BauGB gefundenen Definitionen,[280] nur im Falle des Abbruchs der baulichen Anlage greift § 172 Abs. 1 BauGB weiter aus.[281] Hierunter ist die völlige Beseitigung eines Bauwerks zu verstehen; aber selbst eine Teilbeseitigung wird davon erfaßt, wenn sie den Gesamtcharakter oder die Gestaltmerkmale der Anlage völlig zerstört.[282]

Wegen der engen Anlehnung an § 29 S. 1 BauGB erübrigt sich eine nähere Darstellung der einzelnen Vorhaben und des Begriffs der baulichen Anlage. Die bisherige Behandlung der Genehmigungstatbestände hat jedoch generell zu einigen Irritationen geführt, die der Aufklärung bedürfen.

aa) Keine Beschränkung auf bauliche Maßnahmen

Mit der Einbeziehung der Nutzungsänderung ist für § 172 Abs. 1 BauGB die noch bei § 39 h BBauG festzustellende Beschränktheit des Erhaltungsschutzes auf bauliche Maßnahmen entfallen. Denn dieses Vorhaben kann,

---

276 Vgl. *Zinkahn,* in: E/Z/B, BauGB, § 29, Rdnr. 1; *Bielenberg/Stock,* in: E/Z/B, BauGB, § 172, Rdnrn. 47 und 70.

277 Allgemeine Meinung, siehe schon oben, Zweiter Teil, A, III, 2.

278 Runderlaß des Innenministers Nordrhein-Westfalen vom 8.12.1976, MBl. NW 1976, S. 2725, Ziff. 6.4.2.; *Rothe,* Verwirklichung von Bebauungsplänen, Rdnr. 364.

279 Vgl. die Ausschußbegründung in: Zur Sache, Das neue BauGB, S. 57.

280 Für viele *Krautzberger,* in: B/K/L, BauGB, § 172, Rdnr. 2; *Rothe,* Verwirklichung von Bebauungsplänen, Rdnrn. 318ff.; a.A. nur Bülow, Flächen- und bodenbezogener Denkmalschutz, S. 372.

281 Zur Nichterfassung der Abbruchvorhaben durch den § 29 BauGB vgl. OVG Münster, NJW 1983, S. 2598.

282 *Henke,* Stadterhaltung, S. 205, mit Beispielen; *Krautzberger,* a.a.O., § 172, Rdnr. 3; OVG Münster, a.a.O.

muß aber nicht notwendig von einer Änderung der Bausubstanz begleitet sein.[283]

Diese Tatsache verdient Beachtung,[284] mag ihre Bedeutung auch dadurch reduziert werden, daß dennoch für die Umwandlung von Haus- in Wohnungseigentum – anders als in § 22 BauGB – kein Genehmigungserfordernis errichtet werden kann[285] und (selbstverständlich) nur dann eine Erlaubnispflicht besteht, wenn die Änderung der Nutzungsweise bodenrechtliche Belange in der Weise berührt, daß die Genehmigungsfrage neu aufgeworfen wird.[286] Als Beispiel für eine mögliche Beeinträchtigung städtebaulicher Erhaltungsziele ohne Baumaßnahme wird die Umwidmung von Ladenlokalen oder Gaststätten in Spielhallen angeführt.[287]

bb) Keine Beschränkung entsprechend § 9 Abs. 1 BauGB

Daraus, daß nur solche Vorhaben der Genehmigungspflicht unterfallen, die überhaupt eine im Bodenrecht wurzelnde Beeinträchtigung hervorrufen können, hat das OVG Lüneburg[288] allerdings zunächst den Schluß und den Gegenschluß gezogen, daß einerseits „nur" andererseits aber auch „alles, was in einem Bebauungsplan festgesetzt werden könne" durch eine Erhaltungssatzung zu bewahren sei. Diese Identifizierung (vor allem des Veränderungs-) Vorhabensbegriffes des § 172 Abs. 1 BauGB mit dem nach § 9 Abs. 1 BauGB möglichen Inhalt des Bebauungsplanes wird jedoch den Erfordernissen eines wirksamen Erhaltungsschutzes nicht gerecht. So ist „der Spitzgiebel über der Haustür als Merkmal friesischer Bauart ... nicht durch einen Bebauungsplan festsetzbar, sondern könnte nur durch eine örtliche Bauvorschrift über Gestaltung festgelegt werden. Was beim einzelnen Haus als Frage der bauordnungsrechtlichen Gestaltung erscheint, kann bei vielfältiger Wiederholung – und auch Abwandlung – (aber) in städtebauliche Qualität umschlagen und kann damit (zum Beispiel) auch das Ortsbild ... prägen. ... Dabei kann die städtebauliche Relevanz einer baulichen Anlage ... auch durch Merkmale begründet sein, die in einem Bebauungsplan nicht festsetzbar sind."[289]

---

[283] *Zinkahn,* in: E/Z/B, BauGB, § 29, Rdnr. 15.

[284] Kein Hinweis auf die neue Rechtslage bei *Schmidt-Eichstaedt,* Städtebaurecht, S. 286f.; widersprüchlich Krautzberger, in: B/K/L, BauGB, § 172, Rdnr. 2 gegen Rdnr. 5.

[285] Vgl. *Krautzberger,* a.a.O., Rdnr. 2, und *Schmidt-Eichstaedt,* a.a.O., S. 287.

[286] Für viele *Zinkahn,* in: E/Z/B, BauGB, § 29, Rdnr. 15, mit Nachweisen aus der Rechtsprechung des Bundesverwaltungsgerichts.

[287] *Hoppenberg,* NJW 1987, S. 748 (751).

[288] OVG Lüneburg, DVBl. 1983, S. 469; vgl. auch *Weyreuther,* Außenbereich, S. 489 (490); *Rothe,* Verwirklichung von Bebauungsplänen, Rdnrn. 344f.; *Stähler,* Denkmalbereich, S. 134.

[289] OVG Lüneburg, BauR 1983, S. 437 (441f.), insoweit nicht abgedruckt in: ZfBR 1983, S. 238ff. (Klammerzusätze vom Verfasser); allgemein *Henke,* Stadterhaltung,

b) *Entscheidungsmaßstäbe*

Mit der Bezeichnung eines Erhaltungsgebietes in einem Bebauungsplan oder durch sonstige Satzung ist – um ein anschauliches Bild von Henke zu benutzen –[290] ein Netz gespannt, das einerseits so eng geknüpft ist, daß unerwünschte Vorhaben darin hängenbleiben, andererseits aber aus so weiten Maschen besteht, daß unschädliche Projekte noch hindurchschlüpfen können. Im Falle der Unschädlichkeit des Vorhabens muß die Genehmigung nämlich erteilt werden, da die Erhaltungssatzung ein (nur) präventives Verbot aufrichtet, das lediglich eine behördliche Prüfung vor Realisierung der beabsichtigten Maßnahmen ermöglichen soll.[291]

Ob umgekehrt auch dann eine gebundene Entscheidung – Ablehnen der Genehmigung – getroffen werden muß, wenn ein Versagungsgrund erfüllt ist, kann nicht so einfach beantwortet werden. Manche lehnen einen Ermessensspielraum ausdrücklich ab. Seine Einräumung sei nicht sinnvoll, da dann in den Fällen des § 173 Abs. 1 S. 2 BauGB die Baugenehmigungsbehörde (Rechtsfolge-)Ermessen ausübe, das die Gemeinde durch den Erlaß der Erhaltungssatzung weitgehend tatbestandlich vorstrukturiert habe.[292] Vor allem aber verwende das Gesetz die Formel „darf die Genehmigung nur versagt werden" in dem § 172 Abs. 3 – 5 BauGB im Sinne einer abschließenden Aufzählung der Versagungsgründe, das Dürfen bezeichne deshalb kein Ermessen. Dies werde durch vergleichbare Bestimmungen, besonders § 22 Abs. 5 S. 1 BauGB, eindeutig belegt und sei dort allgemein anerkannt.[293]

Man wird nicht umhin können, diese Interpretation anzuerkennen.[294] Die für sie sprechenden Gründe wiegen letztlich auch schwerer als die Argumentationen Henkes,[295] der das Ermessen jedenfalls aus dem bisherigen § 39 h Abs. 1 S. 1 BBauG herleiten will. Zwar ist ihm zuzugeben, daß dort durch die doppelte Formulierung „Die Gemeinde kann (!) ... Gebiete bezeichnen, in denen die Genehmigung ... versagt werden kann (!)" neben dem Ermessen

---

S. 207f., und – um Harmonisierung bemüht – *Krautzberger,* in: B/K/L, BauGB, § 172, Rdnr. 4; ausführlich neuerdings *Bielenberg/Stock,* in: E/Z/B, BauGB, § 172, Rdnr. 48.

290 *Henke,* Stadterhaltung, S. 165, 203.

291 Siehe oben, Zweiter Teil, A; *Henke,* Stadterhaltung, S. 203; *Bülow,* Flächen- und bodenbezogener Denkmalschutz, S. 376; *Krautzberger,* in: B/K/L, BauGB, § 172, Rdnr. 27; vgl. auch BVerfGE 35, 65, 78.

292 *Henke,* a.a.O., S. 219.

293 *Neuhausen,* NJW 1977, S. 784 (788); *Bülow,* a.a.O.; *Rothe,* Verwirklichung von Bebauungsplänen, Rdnr. 369; *Krautzberger,* a.a.O.; Runderlaß des Innenministers Nordrhein-Westfalen vom 8. 12. 1976, MBl. NW 1976, S. 2725, Ziff. 6.4.5.1. (zum BBauG); *Bielenberg/Stock,* in: E/Z/B, BauGB, § 172, Rdnr. 50, § 173, Rdnrn. 3, 11.

294 A. A. aber die „überwiegende Meinung", vgl. *Henke,* a.a.O., S. 219, mit Nachweisen in Fn. 629; *Schlez,* BauGB, § 173, Rdnr. 1.

295 *Henke,* a.a.O., S. 220.

beim Satzungserlaß[296] an sich auch ein Ermessen bei der Einzelfallentscheidung zweiter Stufe indiziert wird. Jedoch ist dem nicht nur entgegenzuhalten, daß § 172 Abs. 1 BauGB nunmehr anders gefaßt ist, sondern auch, daß die Auslegung dieser „Kann"-Bestimmung – spiegelbildlich zu Henkes Ansatz – unter Beachtung der zu § 172 Abs. 3 – 5 BauGB gefundenen Lösung erfolgen muß, da diese die spezielleren Vorschriften sind. Dann bezeichnete aber auch das zweite „kann" in § 39 h BBauG kein Ermessen, sondern wies nur auf die Beschränkung der möglichen Vorhaben hin, die untersagt werden konnten.

Ist somit eine gebundene Entscheidung über die Genehmigungsanträge zu treffen, verbietet dies doch Differenzierungen nicht. Im Gegenteil wird ein und dasselbe Vorhaben je nach dem auf ein Gebiet zutreffenden Erhaltungsgrund unterschiedlich zu beurteilen sein.[297] Auch können besonders hervortretende Schönheiten oder „Vorbelastungen" einer Erhaltungszone das Urteil, ob ein Versagungsgrund erfüllt ist, in der einen oder anderen Richtung beeinflussen.[298] Schließlich ist – wie dargestellt – bei der Entscheidung über einen Abbruch die Wirkung der geplanten Neubebauung zu berücksichtigen.[299]

All dies hat aber nichts mit Ermessen zu tun, sondern betrifft Umstände, die bereits auf der Tatbestandsseite der Entscheidung „ob überhaupt" ein Vorhaben vorliegt, dem die Genehmigung zu versagen ist, relevant werden. Auf der Rechtsfolgenseite kann bei Erfüllung eines Versagungsgrundes nur dann differenziert werden, wenn statt der Ablehnung des Antrages etwa eine Genehmigung unter Auflage oder verbunden mit einer sonstigen Nebenbestimmung in Betracht kommt: sie ist zulässig, wenn sie sicherstellen soll, daß die gesetzlichen Voraussetzungen der Erlaubniserteilung erfüllt sind, § 36 Abs. 1 2. Alt. VwVfG.

c) Genehmigungsverfahren

Zuständigkeit und Verfahren für die Erteilung/Versagung der Vorhabengenehmigung regelt § 173 BauGB. Nach Abs. 1 S. 1 dieser Vorschrift ist grundsätzlich die Gemeinde selbst zuständig. Gemäß S. 2 (i.V.m. § 58 Abs. 1 BauO NW) tritt jedoch die Baugenehmigungsbehörde an ihre Stelle, wenn für das Vorhaben (außerdem) eine baurechtliche Genehmigung nach den

---

[296] Siehe oben, Zweiter Teil, A, III, 1.

[297] Vgl. *Friauf/Wendt,* Baurechtlicher Denkmalschutz, S. 52f.; *Henke,* Stadterhaltung, S. 222f., m.w.N. Speziell zum Milieuschutz *Krautzberger,* ZfBR 1983, S. 238ff.; ebenda, S. 243, und in: B/K/L, BauGB, § 172, Rdnr. 34, mit Zustimmung bei *Henke,* a.a.O.

[298] Vgl. OVG Lüneburg, ZfBR 1983, S. 238 (241); *Rothe,* Verwirklichung von Bebauungsplänen, Rdnr. 347; *Henke,* a.a.O.; Beispiel bei OVG Lüneburg, DVBl. 1983, S. 469f.

[299] Zu dieser vor allem vor dem Inkrafttreten des BauGB (mit dem Errichtungstatbestand) relevanten Frage ausführlich oben, Zweiter Teil, A, II, 2, a), gg).

§§ 60 ff. BauO NW oder Zustimmung nach § 75 Abs. 1 BauO NW notwendig ist. Dann entscheidet diese über die Erhaltungsbelange des § 172 Abs. 3 – 5 BauGB mit.

Dieser der Verfahrenskonzentration dienende „Zuständigkeitswechsel"[300] ist gesetzessystematisch als Ausnahme konzipiert, wird wegen der weitgehenden Übereinstimmung der erlaubnispflichtigen Vorhaben mit denen des § 60 Abs. 1 BauO NW allerdings tatsächlich die Regel darstellen.[301] Die Folgen werden aus der Sicht der Gemeinden jedoch dadurch abgemildert, daß die Genehmigung nur „im Einvernehmen" mit der Gemeinde erteilt werden kann, § 173 Abs. 1 S. 2 BauGB. Die Baugenehmigungsbehörde ist an seine Versagung rechtlich gebunden.[302]

Demgegenüber hat stets die Gemeinde die weiter erforderliche Erörterung mit dem Eigentümer oder sonst zur Unterhaltung Verpflichteten, gegebenenfalls auch Mietern, Pächtern und sonstigen Nutzungsberechtigten durchzuführen, § 173 Abs. 3 BauGB. Diese vor der Entscheidung über den Genehmigungsantrag zu ermöglichende Beteiligung soll durch Kontaktaufnahme und Information, etwa über bestehende Förderungsmöglichkeiten, eine übermäßige Belastung des betroffenen Bürgers vermeiden helfen.[303]

d) Ausnahme: Unzumutbarkeitsfälle

Sonderregelungen greifen ein, wenn ein Vorhaben zwar den mit der Satzung verfolgten Zwecken zuwiderläuft, dem Eigentümer die Erhaltung des Gebäudes jedoch wirtschaftlich nicht mehr zuzumuten ist. Das Gesetz differenziert dabei anhand der Schutzziele: Soll die Erhaltung die Zusammensetzung der Wohnbevölkerung (§ 172 Abs. 1 S. 1 Ziff. 2, Abs. 4 BauGB) oder städtebauliche Umstrukturierungen (§ 172 Abs. 1 S. 1 Ziff. 3, Abs. 5 BauGB) sichern, muß die Genehmigung im Falle der Unzumutbarkeit erteilt werden, § 172 Abs. 4 S. 2, Abs. 5 S. 3 BauGB. Einen Ausweg bietet hier lediglich die nach den §§ 85 Abs. 1 Ziff. 6, 87 Abs. 1 BauGB zulässige Enteignung, wenn das Wohl der Allgemeinheit sie erfordert.[304]

Während diese Fallgruppen auf den dauerhaften oder wenigstens zeitweisen Schutz der Bevölkerung durch Gebäudeerhaltung abzielen, steht bei der

---

[300] *Henke,* Stadterhaltung, S. 211.

[301] *Schmidt-Eichstaedt,* Städtebaurecht, S. 283; *Bielenberg/Stock,* in: E/Z/B, BauGB, § 172, Rdnr. 54, und § 173, Rdnrn. 5ff.

[302] Ausführlich *Rothe,* Verwirklichung von Bebauungsplänen, Rdnr. 364, und *Henke,* Stadterhaltung, S. 212f., jeweils mit Nachweisen.

[303] Vgl. BVerwG, DVBl. 1987, S. 465 (466); *Rothe,* a.a.O., Rdnrn. 366f.; *Krautzberger,* in: B/K/L, BauGB, § 172, Rdnr. 4; *Henke,* a.a.O., S. 213f.

[304] Vgl. *Schmidt-Eichstaedt,* Städtebaurecht, S. 284f.; *Krautzberger,* in: B/K/L, BauGB, § 172, Rdnrn. 35, 38.

Inschutznahme aufgrund des § 172 Abs. 1 S. 1 Ziff. 1, Abs. 3 BauGB die Erhaltung der baulichen Anlagen selbst im Vordergrund. Deshalb besteht dort auch bei Unzumutbarkeit keine Verpflichtung zur Erlaubnis störender Vorhaben. Jedoch kommt (neben der Enteignung) ein Übernahmeanspruch des Eigentümers, dem die Genehmigung versagt wird, gemäß § 173 Abs. 2 i. V. m. § 40 Abs. 2 BauGB in Frage.[305]

Problematisch ist in diesem Zusammenhang nur die Feststellung der Unzumutbarkeit. Zwar liegt sie unangezweifelt vor, wenn die Erhaltung sich für jeden Eigentümer wirtschaftlich verbieten würde. Ob die Voraussetzungen des § 172 Abs. 4 S. 2 bzw. § 40 Abs. 2 S. 1 Ziff. 1 BauGB darüber hinaus auch dann gegeben sind, wenn die unveränderte Erhaltung nur dem derzeitigen Eigentümer finanziell nicht zuzumuten ist, steht dagegen im Streit.[306] Dafür spricht, daß das Gesetz sich in einem Teilbereich bereits für die letztere, subjektive Lösung entschieden hat: Soweit über § 173 Abs. 2 BauGB der § 40 Abs. 2 S. 1 Ziff. 1 BauGB Anwendung findet, läßt dessen Wortlaut dies eindeutig erkennen, da dort davon die Rede ist, ob die Maßnahme „ihm", d. h. dem jetzigen Eigentümer, individuell zugemutet werden kann.[307] Das ist mit der Lage im Denkmalrecht vergleichbar, wo § 31 DSchG NW ausdrücklich den individuellen Maßstab gelten läßt.[308]

2. Weitere Rechtsfolgen

Der Satzungserlaß zieht neben dem Entstehen der Genehmigungspflicht gemäß Abs. 172 Abs. 1 BauGB und der Möglichkeit der Enteignung in besonderen Fällen gemäß Abs. 85 Abs. 1 Ziff. 6 BauGB noch weitere Folgen nach sich.

Zu erwähnen ist zunächst das Vorkaufsrecht der Gemeinden in den Erhaltungsbereichen gemäß § 24 Abs. 1 Ziff. 4 BauGB, der – anders als noch die Vorläuferregelung – auch unbebaute Grundstücke ergreift.

---

[305] Vgl. *Schmidt-Eichstaedt,* a.a.O.; *Krautzberger,* in: B/K/L, BauGB, § 173, Rdnr. 3. Die mit der Einführung des Übernahmeanspruchs verbundenen Befürchtungen der Gemeinden haben sich nicht bewahrheitet, vgl. einerseits noch *Battis/Krieger,* Bedeutung des § 39h BBauG, dagegen jetzt *Edel/Schäfer,* Erhaltung in der Praxis, S. 35, und *Henke,* Stadterhaltung, S. 238f.

[306] Verneinend *Bielenberg,* in: E/Z/B, BBauG, § 39h, Rdnr. 49; *Kiepe,* DST 1983, S. 409 (410); *Krautzberger,* in: B/K/L, BauGB, § 172, Rdnr. 3.
Bejahend *Schmidt-Eichstaedt,* Städtebaurecht, S. 284; *ders.,* DST 1979, S. 143, 145f.; *Rothe,* Verwirklichung von Bebauungsplänen, Rdnr. 371; *Henke,* Stadterhaltung, S. 224ff., 230, m.w.N.

[307] *Schmidt-Eichstaedt,* a.a.O., S. 143, 146.

[308] Vgl. zu dieser Vorschrift M/U/S, DSchG NW, § 31, Rdnr. 8; *Schmittat,* Denkmalschutz und gemeindliche Selbstverwaltung, S. 34ff., 103f.; zur Anwendbarkeit auf Grundstücke im Denkmalbereich siehe unten, Zweiter Teil, C, V, 2.

Hinzu kommen Sanktionsbestimmungen, wenn ein Vorhaben ohne Genehmigung oder davon abweichend durchgeführt wird. Die Erhaltungssatzungen bilden öffentlich-rechtliche Vorschriften im Sinne des § 58 Abs. 1 S. 1 BauO NW, ihre Verletzung eröffnet damit die Eingriffsmöglichkeiten des Landesbauordnungsrechts. Daneben kommt, beschränkt auf die Fälle des Abbruchs und der Änderung, die Verhängung einer Geldbuße wegen Ordnungswidrigkeit gemäß § 213 Abs. 1 Ziff. 4, Abs. 2 BauGB in Betracht.[309]

VI. Fehlerfolgen

Für die Beurteilung der Erhaltungssatzung als Instrument der Inschutznahme können neben den durch sie ausgelösten Rechtsfolgen und den an ihren Erlaß zu stellenden inhaltlichen und formellen Anforderungen schließlich die Auswirkungen möglicher Fehler eine Rolle spielen. Hält die Gemeinde die Hürde der Voraussetzungen für zu hoch und will sie deshalb auf die Ausweisung eines Erhaltungsgebietes verzichten, mag eine großzügige Heilungsmöglichkeit o. ä. die ihrer Einschätzung nach zu große Fehleranfälligkeit wieder ausgleichen und doch noch zur Erhaltungsentscheidung führen.

1. „Heilungsvorschriften"

Inwieweit die oben[310] im Grundsätzlichen bereits angesprochenen „Heilungsvorschriften" Anwendung finden, hängt zunächst von der Form der Unterschutzstellung ab: Die §§ 214 – 216 BauGB gelten bei einer Festlegung der Erhaltungszone in einem Bebauungsplan voll, bei der durch sonstige Satzung nur zum Teil. Angesichts der bisher geringen praktischen Relevanz der ersten Möglichkeit[311] soll sie hier vernachlässigt werden, da insoweit auch keine Abweichungen vom Normalfall bestehen.

Die Anwendbarkeit auf die sonstigen Erhaltungssatzungen entscheidet sich nach dem Wortlaut der Vorschriften: § 214 Abs. 1 BauGB spricht allgemein von den „Satzungen nach dem Gesetzbuch", ist also im Prinzip einschlägig. Da die sonstige Satzung aber nicht den Beteiligungs- und den weiteren Regelungen der §§ 2 ff. BauGB genügen (insbesondere keine Begründung enthalten) muß,[312] wird im Ergebnis allenfalls die Ziffer 3 der Vorschrift interessant. Die Wirksamkeit sonstiger Satzungen kann infolgedessen nur durch die dort abschließend genannten Verfahrens- und Formfehler beeinträchtigt werden. Sie allerdings sind „absolut beachtlich", führen also stets – auch ohne Rüge –

---

309 Ausführlich *Krautzberger,* in: B/K/L, BauGB, § 172, Rdnrn. 37ff.

310 Siehe oben, Erster Teil, C.

311 Siehe oben, Zweiter Teil, A, IV, 3.

312 Siehe oben, Zweiter Teil, A, III, 3, und A, IV.

zur Nichtigkeit der Regelung.[313] Die Absätze 2 und 3 des § 214 BauGB behandeln „Bauleitpläne“ und greifen deshalb schon thematisch nicht ein. Damit sind die auf sie bezogenen Regelungen des § 215 Abs. 1 und 2 BauGB nicht weiter zu erörtern. Das gleiche gilt für § 216 BauGB, da sonstige Satzungen nicht mehr genehmigungs- oder anzeigepflichtig sind.[314] Die Gemeinde hat sogar die Möglichkeit, die rechtlich allein gewichtigen Mängel nach § 215 Abs. 3 BauGB noch zu beheben. Wenn sie die fehlerhafte Handlung und (!) das ihr nachfolgende Verfahren wiederholt, tritt eine echte Heilung dieser Fehler ein.[315] Dabei kann die Satzung rückwirkend erneut in Kraft gesetzt werden, § 215 Abs. 3 S. 2 BauGB.

In dieser Weise behebungsfähig sind selbst die – von § 214 Abs. 1 BauGB nicht geregelten –[316] Verstöße gegen landes-, insbesondere kommunalverfassungsrechtliche Verfahrens- und Formvorschriften. Davon unabhängig kann eine Verletzung dieser Normen gegebenenfalls auch schon nach Landesrecht „nicht mehr geltend gemacht werden“, § 4 Abs. 6 GO NW.[317] Dieser weitere Weg, die Nichtigkeitsfolge bei Fehlerhaftigkeit der sonstigen Erhaltungssatzungen zu vermeiden, soll jedoch bei den (nicht als Festsetzung in den Bebauungsplan aufgenommenen) örtlichen Bauvorschriften dargestellt werden, da sie dort als alleinige Möglichkeit der „Heilung“ im Mittelpunkt der Diskussion stehen.[318] Schließlich greift speziell bei der Verletzung des Unterrichtungsrechts der Einwohner[319] § 6 b Abs. 3 GO NW ein, wonach ein solcher Verstoß die Rechtmäßigkeit der Entscheidung, d. h. der Satzung nicht berührt.

2. Rechtsschutz

Der Rechtsschutz des Bürgers gegenüber Erhaltungssatzungen weist keine Besonderheiten auf. Soweit Verstöße gegen höherrangiges Recht vorliegen, die nicht unbeachtlich (geworden) sind, können sie inzident im Rahmen der Verpflichtungsklage auf Erteilung der Genehmigung oder direkt im Wege der Normenkontrolle geltend gemacht werden. Durch die Unterschutzstellung im Sinne des § 47 Abs. 2 S. 1 VwGO „einen Nachteil erlitten“ haben können nur die Eigentümer von Gebäuden im Satzungsgebiet: in den Fällen des § 172 Abs. 1 S. 1 Ziff. 2 und 3 BauGB jeder, in denen der Ziff. 1 nur derjenige Grundstückseigentümer, dessen bauliche Anlage eine städtebauliche Qualität

---

313 *Battis,* in: B/K/L, BauGB, § 214, Rdnrn. 3, 9; BVerwG, DVBl. 1986, S. 686 (687).

314 Siehe oben, Zweiter Teil, A, IV, 2, c).

315 *Battis,* in: B/K/L, BauGB, Rdnr. 5, vor §§ 214 - 216; *Ipsen,* Die Verwaltung 1987, S. 477 (485).

316 *Battis,* a.a.O., § 214, Rdnr. 3.

317 *Battis,* a.a.O. Bejahend zur Gesetzgebungskompetenz des Bundes insoweit *H. Meyer,* in: *Brügelmann,* BBauG, § 155a, Rdnr. 88.

318 Siehe unten, Zweiter Teil, B, VI, 1.

319 Siehe dazu oben, Zweiter Teil, A, IV, 2, b).

im Sinne des § 172 Abs. 3 BauGB erreicht.[320] Zwar werden durch die Erhaltungssatzung u. U. auch Dritte, wie etwa Mieter im Satzungsgebiet geschützt, insbesondere bei den auf § 172 Abs. 1 S. 1 Ziff. 2 und 3 beruhenden Regelungen. Mangels Verfügungsbefugnis aus Eigentum oder beschränkt dinglichen Rechten können sie sich aber nicht auf ein rechtlich geschütztes Interesse berufen.[321]

Abschnitt B

Die Gestaltungssatzungen nach § 81 BauO NW

Die im Abschnitt A behandelte Ermächtigung zum Erlaß von Erhaltungssatzungen entstammt dem bundesgesetzlich geregelten Bauplanungsrecht. Dieses befaßt sich mit der räumlichen Entwicklung eines als Einheit gesehenen Gebietes, Anforderungen an ein konkretes Bauvorhaben stellt es daher nur insofern, als es sich in das jeweilige Baugebiet einzufügen hat. Der Blickwinkel der landesrechtlichen Bauordnungen ist umgekehrt: Es hat primär die Konstruktion und Gestaltung der einzelnen baulichen Anlage bzw. der anderen Anlagen und Einrichtungen (§ 1 Abs. 1 BauO NW) im Auge und regelt erst in zweiter Linie ihre Beziehungen zur Nachbarschaft. Trotz ihres individuellen Ansatzpunktes können aber auch bauordnungsrechtliche Vorschriften für einen ganzen Bereich Bedeutung erlangen, indem sich ihre Anforderungen an die einzelnen Bauwerke oder an ihre Auswirkungen auf die Umgebung im Ergebnis zu einer flächendeckenden Regelung summieren. Ein solches Umschlagen der Quantität in einen qualitativ anderen, „gebietsbezogenen" Schutz bildet geradezu das Ziel der als Satzung zu erlassenden örtlichen Bauvorschriften nach § 81 BauO NW.[322]

I. Zweck und Zulässigkeit von Gestaltungssatzungen

Die Zweckrichtung der Gestaltungssatzungen beschrieb bereits der seinerseits auf preußischen Traditionen beruhende § 2 Abs. 1 der Baugestaltungsverordnung vom 10. November 1936,[323] der die Gemeinden ermächtigte,

---

320 *Krautzberger,* in: B/K/L, BauGB, § 172, Rdnr. 41; siehe oben, Zweiter Teil, A, II, 2, a).

321 Ausführlich *Bielenberg/Stock,* in: E/Z/B, BauGB, § 172, Rdnr. 118; *Lemmel,* in: Berl. Kommentar zum BauGB, § 173, Rdnr. 20; siehe auch unten, Dritter Teil, D, II, 3.

322 Für viele: *Friauf/Wendt,* Baurechtlicher Denkmalschutz, S. 21; *Krebs,* Baurecht, in: Grimm/Papier, StVwR NW, S. 383f. Zum Umschlagen in das Bodenrecht grundsätzlich *Weyreuther,* BauR 1972, S. 1 (4); kritisch *Manssen,* Stadtgestaltung, S. 63ff.

323 Bau GestVO, RGBl. I, S. 938. Zur Geschichte der örtlichen Bauvorschriften siehe *Lerche,* DB 1969, Beilage Nr. 6, S. 7ff.; *Krebs,* Baurecht, in: Grimm/Papier, StVwR NW, S. 395f.; *Mindak/Roseneck,* LK 1978, S. 420.

„zur Verwirklichung der Ziele dieser Verordnung, vor allem zur Durchführung bestimmter städtebaulicher Absichten ... durch Ortssatzung ... für die Errichtung oder Änderung baulicher Anlagen besondere Anforderungen zu stellen." Die dazu und zu den landesrechtlichen Nachfolgevorschriften lange Zeit vorherrschende Interpretation, die sie auf die Abwehr von Verunstaltungen beschränken wollte,[324] gilt heute als überwunden. § 81 Abs. 1 BauO NW gibt in Übereinstimmung mit der Musterbauordnung[325] den Satzungszweck mit den Formulierungen „zur Durchführung baugestalterischer Absichten" und „zum Schutz bestimmter Bauten ..." noch ganz ähnlich an. Dennoch ist heute fast einhellig anerkannt, daß örtliche Bauvorschriften auch der positiven Pflege der Baukultur, die über den gestalterischen Maßstab des Durchschnittsbetrachters hinausgeht, dienen dürfen. Die Gemeinden sollen befugt sein, strengere ästhetische Maßstäbe anzulegen, als es die allgemeinen gestalterischen Vorschriften der Landesbauordnung – die §§ 12 und 13 BauO NW – zulassen.[326]

Diese Auslegung, die es den Gemeinden erlaubt, nach ihren Vorstellungen einen noch vor der Schwelle des Verunstaltungsverbots liegenden Schutz bestimmter Gebiete zu betreiben,[327] hält sich entgegen den früheren Bedenken, insbesondere zur Frage der Bestimmtheit, auch an den verfassungsrechtlich vorgegebenen Rahmen.

1. Bestimmtheitsgebot

Welchen Grad an Bestimmtheit oder doch wenigstens Bestimmbarkeit § 81 BauO NW als Satzungsermächtigung aufweisen muß, ergibt sich direkt weder aus Art. 80 Abs. 1 S. 2 GG, der sich ja von vornherein nur auf Bundesrecht bezieht,[328] noch aus Art. 70 Abs. 1 S. 2 Verf NW, da (auch) die Bestimmung der Landesverfassung ihrem Wortlaut nach nur für Rechtsverordnungen gilt.[329]

Soweit im Gegenteil behauptet wird, Gestaltungssatzungen ergingen nicht im Wege autonomer Rechtsetzung, sondern im staatlichen Bereich und unterlägen deshalb den Anforderungen dieser Verfassungsartikel,[330] trifft schon der Ausgangspunkt dieser Argumentation nicht zu. Wie bereits dargelegt,[331] ist

---

324 Grundlegend BVerwGE 2, S. 172ff.

325 § 82 der Musterbauordnung, z.T. abgedruckt bei *Rothe,* Verwirklichung von Bebauungsplänen, Rdnr. 333.

326 OVG Münster, BRS 33, Nr. 115, S. 240; BauR 1981, S. 559f.; siehe oben, Erster Teil, A, II, 4.

327 BVerwG, BayVBl. 1980, S. 408 (409).

328 BVerwG, BayVBl. 1980, S. 408 (409), unter Verweis auf BVerfGE 12, 319 (325).

329 Siehe oben, Erster Teil.

330 *Lerche,* DB 1969, Beilage Nr. 6, S. 5ff.

331 Siehe oben, Erster Teil, A, II.

der Erlaß örtlicher Bauvorschriften jedenfalls in Nordrhein-Westfalen als Aufgabe gemeindlicher Selbstverwaltung anzusehen.

Allerdings handelt es sich bei diesen Vorschriften um bloße Einzelausprägungen des allgemeinen Bestimmtheitsgebotes für belastende Maßnahmen, das bei eigentumsrechtlich relevanten Satzungen wie denen nach § 81 BauO NW ohnehin ähnlich hohe Anforderungen in Hinblick auf die Bestimmtheit der Ermächtigung stellt.[332] Diese Anforderungen erfüllt die Vorschrift über den Erlaß örtlicher Bauvorschriften durch die Gemeinde aber auch dann, wenn man mit der neueren Auslegung davon ausgeht, daß mit ihnen der Zweck der positiven Baugestaltung verfolgt werden darf. Zwar scheint § 81 Abs. 1 Ziff. 1 BauO NW auf den ersten Blick blankettartig Zielsetzungen freien Inhalts zuzulassen, indem er den Gemeinden die Durchführung ihrer gestalterischen Absichten mit Hilfe der Satzungen erlaubt. Jedoch müssen diese Absichten des Ortsgesetzgebers immer an bestimmte Gebiete anknüpfen, d.h. er bleibt an die Eigenart des zu schützenden Bereiches gebunden, der die über die Verunstaltungsabwehr hinausgehende Schutzanordnung rechtfertigen muß.[333]

In ähnlicher Weise darf die Gemeinde besondere Anforderungen durch Gestaltungssatzung nach § 81 Abs. 1 Ziff. 2 BauO NW nur zum Schutz von Denkmälern und Naturdenkmälern sowie bestimmter Bauten, Straßen und Plätze oder Ortsteile einsetzen, wenn sie von städtebaulicher, künstlerischer oder geschichtlicher Bedeutung sind. Auch in dieser Alternative bleibt somit der Geltungsbereich einer Satzung immer auf besonders qualifizierte Gebiete beschränkt. Durch diese spezielle räumliche Anknüpfung hat der Gesetzgeber aber den Zweck der Satzungsermächtigung hinreichend klar zum Ausdruck gebracht.[334]

Durch das aus der gesetzlichen Regelung abzuleitende Merkmal einer gebietsspezifischen Gestaltungsabsicht ist den Gerichten ein praktikabler Maßstab an die Hand gegeben, zu prüfen, ob die verschiedenen Gestaltungsvorschriften zur Verwirklichung des Normzwecks erforderlich sind oder nicht.[335]

Zu weiteren Bedenken hinsichtlich seiner Bestimmtheit als Satzungsermächtigung gibt § 81 BauO NW keinen Anlaß.

---

[332] Vgl. BVerwG, BayVBl. 1980, S. 408 (409); *Neuffer/von Arnim/Schlotterbeck,* BauO NW, § 73, Rdnr. 3; allgemein etwa *Schmidt-Aßmann,* Kommunale Rechtsetzung, S. 8; *Stober,* Kommunalrecht, S. 133.

[333] OVG Lüneburg, NVwZ 1984, S. 252 (253), zur entsprechenden Vorschrift des § 56 BauO Nds.; OVG Koblenz, BauR 1989, S. 68 (69); *Böckenförde/Temme,* BauO NW, § 81, Rdnr. 11; *Manssen,* Stadtgestaltung, S. 221/222.

[334] Vgl. BVerwG, a.a.O., zur entsprechenden Vorschrift des Art. 107 BauO Bay; *Böckenförde/Temme,* a.a.O., § 81, Rdnr. 17; *Neuffer/von Arnim/Schlotterbeck,* a.a.O., § 73, Rdnr. 5.

[335] OVG Koblenz, BauR 1989, S. 68 (69).

2. Eigentumsrecht

Beschränkungen privater Bauvorhaben durch gemeindliche Satzungen müssen nicht nur auf einer hinreichend bestimmten Ermächtigung beruhen, sondern sich auch an den Grundrechten messen lassen. Relevant wird vor allem[336] Art. 14 GG in Verbindung mit dem ebenfalls verfassungsrechtlich abgesicherten Übermaßverbot, der bei der anzustellenden Abwägung zwischen den öffentlichen und privaten Interessen eine zentrale Rolle spielt. Zu der Frage, in welcher Weise das Eigentumsrecht des einzelnen zu berücksichtigen ist und wie es sich im konkreten Fall auswirkt, liegt eine bis ins Detail gehende Rechtsprechung vor, die bei den einzelnen Satzungsmerkmalen berücksichtigt werden soll. An dieser Stelle mag die Feststellung genügen, daß die Gestaltungssatzungen allgemein zulässige, Inhalt und Schranken des Eigentums bestimmende Regelungen im Sinne des Art. 14 Abs. 1 S. 2 GG darstellen. Sie dürfen dann die Gestaltungsabsichten des Bauherrn beschränken, wenn sie auf sachgerechten Erwägungen beruhen, nach den örtlichen Verhältnissen im Schutzbereich erforderlich und auch in ihrem Umfang gerechtfertigt sind.[337]

II. Erlaßvoraussetzungen der Gestaltungssatzungen

Der Zuschnitt des von der Schutzordnung zu erfassenden Bereiches, die (Un-)Möglichkeit der Überdeckung des gesamten Gemeindegebietes hängt bei den örtlichen Bauvorschriften ganz davon ab, auf welche Alternative des § 81 Abs. 1 oder 2 BauO NW sie gestützt werden sollen. Es bietet sich daher an, die räumliche Komponente der Satzungserstreckung jeweils im Rahmen des Gestaltungsgrundes mitzuerörtern, der die Inschutznahme sachlich rechtfertigen kann. Dabei bleibt die Erläuterung im folgenden auf die für die Stadtgestaltung wichtigsten Einzelermächtigungen – bauliche Anlagen, Werbeanlagen und Warenautomaten, unbebaute Flächen und Einfriedungen betreffend – beschränkt. Es sollte jedoch nie übersehen werden, daß die Stellung gestalterischer Anforderungen an „Nebensächlichkeiten" wie Stellplätze, Standplätze für Abfallbehälter und Lagerplätze in der Praxis ebenso wirksam sein kann.[338]

---

[336] Aber nicht nur: vgl. Bay VerfGH, DVBl. 1986, S. 44ff., zu Art. 5 GG.

[337] Im Ergebnis allgemeine Meinung, vgl. BVerwG, BRS 35, Nr. 133, S. 254; OVG Münster, BRS 33, Nr. 115, S. 241f.; OVG Lüneburg, BRS 39, Nr. 132, S. 282; *Simon,* BauO Bay, Art. 91, Rdnr. 5; *Neuffer/von Arnim/Schlotterbeck,* BauO BW, § 7, Rdnr. 5; *Bülow,* Flächen- und bodenbezogener Denkmalschutz, S. 383f.

[338] *Schmaltz,* VuR 1983, S. 217 (221).

1. Der Gestaltungsgrund aus § 81 Abs. 1 Ziff. 2 BauO NW

Die besondere Nähe zum Erhaltungsschutz, aufgrund derer diese Bestimmung an erster Stelle untersucht werden soll, ergibt sich bereits aus dem Wortlaut ihrer ersten Alternative. Die dort erwähnten Bauten, Straßen, Plätze oder Ortsteile müssen nämlich „von städtebaulicher, künstlerischer oder geschichtlicher Bedeutung" sein, um unter den Schutz der Gestaltungssatzung gestellt werden zu können. Wann das der Fall ist, wie also die unbestimmten Rechtsbegriffe auszulegen sind, ist oben bereits zu § 172 Abs. 1 Ziff. 1, Abs. 3 BauGB erörtert worden.[339]

Hier wie dort liegt die Schwelle nicht allzu hoch. So wird die städtebauliche Bedeutsamkeit gewachsener Strukturen etwa bejaht, wenn diese zwar schon mit stilfremden Elementen durchsetzt ist, jedoch noch erkennbare Besonderheiten wie die kleinteilige Gliederung und Giebelständigkeit und in den Nutzungsmerkmalen ein kleinstädtisches Gepräge aufweist.[340] Auch muß die geschichtliche Bedeutung nicht allgemein anerkannt sein, es genügt vielmehr, daß die zu schützenden Gegenstände für die Gemeinde selbst historisch relevant sind.[341]

Ein Unterschied ergibt sich lediglich daraus, daß § 81 Abs. 1 Ziff. 2 1. Alt. BauO NW die städtebauliche, die künstlerische und die geschichtliche Bedeutung alternativ auflistet, während die Ermächtigung zum Erlaß von Erhaltungssatzungen als Bestimmung des Bundesbaurechts stets ein kumulatives Hinzutreffen der städtebaulichen zur geschichtlichen oder künstlerischen Bedeutung voraussetzt. Gestaltungsschutz durch Satzung ist, anders als der Erhaltungsschutz, deshalb im Einzelfall auch für ein Gebäude möglich, in dem sich ein bedeutendes historisches Ereignis vollzogen hat, ohne daß das Bauwerk künstlerischen Rang besitzen und ohne daß es stilistisch für die Epoche, in der das historische Ereignis stattgefunden hat, besonders charakteristisch sein müßte.[342]

Liegt eine solche Bedeutung und liegt damit ein Sachgrund für die Inschutznahme vor, bleibt ihr möglicher Geltungsbereich doch immer beschränkt. Wie erwähnt, erhält die Ermächtigung ihre notwendigen Konturen gerade durch die Anbindung an die konkrete örtliche Situation, aus der heraus die Satzung

---

[339] Zweiter Teil, A, II, 2, a), dd) - ff). Eine weitgehend übereinstimmende Begrifflichkeit nehmen auch *Rößler,* BauO NW, § 81, S. 487, und *Bülow,* Flächen- und bodenbezogener Denkmalschutz, S. 382, an.

[340] OVG Lüneburg, NVwZ 1984, S. 252 (253); BRS 40, Nr. 151; zustimmend *Bork/Köster,* BauO NW, § 81, Rdnr. 2, S. 367; *Böckenförde/Temm,* BauO NW, § 81, Rdnr. 18.

[341] *Rößler,* BauO NW, § 81, S. 487; *Bülow,* a.a.O., S. 382.

[342] *Böckenförde/Temme,* BauO NW, § 81, Rdnr. 18; vgl. oben, Zweiter Teil, A, 2, a), dd).

entwickelt und nach der sie räumlich geschnitten werden muß.[343] Das kommt darin zum Ausdruck, daß nur bestimmte Bauten, Straßen, Plätze oder Ortsteile erfaßt werden dürfen, also einzelne bauliche Anlagen oder auch Mehrheiten, die allerdings wie ein Platzbild oder eine Altstadt als zusammengehörig erscheinen müssen. Das schutzwürdige Gebiet erfaßt also eines der genannten Objekte einschließlich der für sein Erscheinungsbild notwendigen Umgebung.[344]

Auf der anderen Seite braucht die Gestaltungs- wie die Erhaltungssatzung aber nicht am letzten zu bewahrenden Gebäude enden, sondern kann auch an sich wertlose Gebäude zur Abrundung ihres Geltungsbereiches miteinbeziehen.[345] Entsprechendes gilt auch für örtliche Bauvorschriften zum Schutz von Bau- und Naturdenkmälern nach § 81 Abs. 1 Ziff. 2 2. Alt. BauO NW. Auf diese in § 2 DSchG NW und in § 22 LG NW legal definierten Begriffe, die Abgrenzung von Natur- und Denkmalschutz soll hier nicht näher eingegangen werden.[346] Ihre gesonderte Erwähnung bestätigt aber im Rückschluß noch einmal, daß die in der ersten Alternative vorausgesetzte städtebauliche, künstlerische oder geschichtliche Bedeutung auch schon dann vorliegen kann, wenn eine Denkmalwürdigkeit noch nicht besteht.[347]

2. Der Gestaltungsgrund aus § 81 Abs. 1 Ziff. 5 BauO NW

Ganz ähnlich wie Ziff. 2 setzt auch § 81 Abs. 1 Ziff. 5 BauO NW das Vorhandensein eines Ortsteiles voraus, der bauhistorische Bedeutung hat oder eine sonstige erhaltenswerte Eigenart aufweist. In derart qualifizierten Gebieten ist vielfach eine „enge" Altbebauung gegeben, die die Einhaltung der gesetzlichen Abstandsflächen überhaupt nicht zuläßt.[348] Solche, die eigentliche Gestaltung ergänzende Regelungen werden Anwendung vor allem bei der Sanierung bauhistorisch wertvoller Altstädte finden.[349] Sie setzen dabei wiederum nicht die Denkmalwürdigkeit des Schutzbereiches voraus.[350]

---

[343] Vgl. *Mindak/Roseneck,* LK 1978, S. 420 (422); *Grosse-Suchsdorf/Schmaltz/Wiechert,* BauO Nds., § 56, Rdnr. 8.

[344] Vgl. *Simon,* BauO Bay, Art. 91, Rdnr. 9; *Bülow,* Flächen- und bodenbezogener Denkmalschutz, S. 382.

[345] OVG Münster, BRS 33, Nr. 115, Leitsatz 1; zustimmend *Rößler,* BauO NW, § 81, S. 487; *Keller,* Örtliche Bauvorschriften, S. 58.

[346] Siehe dazu unten, Zweiter Teil, C, I; *Neuffer,* BauO BW, § 73, Rdnr. 8; wohl irrtümlich nur auf das DSchG verweist *Rößler,* a.a.O., § 81, S. 486.

[347] *Bülow,* Flächen- und bodenbezogener Denkmalschutz, S. 382.

[348] *Bork/Köster,* BauO NW, § 81, Rdnr. 5, S. 369.

[349] *Böckenförde/Temme,* BauO NW, § 81, Rdnr. 26; *Simon,* BauO Bay, Art. 91, Rdnr. 2.

[350] *Bülow,* Flächen- und bodenbezogener Denkmalschutz, S. 387.

3. Der Gestaltungsgrund aus § 81 Abs. 1 Ziff. 1 BauO NW

Während § 81 Abs. 1 Ziff. 2 (und Ziff. 5) BauO NW dem Schutz vorhandener städtebaulicher, künstlerischer oder geschichtlicher Werte dient, hat Ziff. 1 der Vorschrift die Sicherung bestimmter baugestalterischer Absichten, also die Normierung von Anforderungen an etwas noch Entstehendes zum Ziele.[351]

Die der Gemeinde dadurch ermöglichte Gestaltung noch in der Entwicklung begriffener Baugebiete, die anders als der bisher behandelte, an den Baubestand anknüpfende Schutz auch unbebaute Flächen betreffen kann, soll und kann zur allmählichen Besserung eines unzulänglichen Orts-, Straßen- oder Landschaftsbildes in Richtung auf ein bestimmtes Idealbild führen.[352] Die unterschiedlichen Zielsetzungen schließen eine Überschneidung der einzelnen Satzungsbestimmungen wie auch die kombinierte Anwendung nicht aus.[353]

Die mit der Satzung durchzuführenden baugestalterischen – also nicht planerischen –[354] Absichten müssen sich wiederum auf bestimmte, „tendenziell kleine“[355] Teile des Gemeindegebietes beziehen, sich also an konkreten baulichen Situationen orientieren. Die Abgrenzung des einzelnen Satzungsgebietes muß so erfolgen, daß jeweils der Bereich erfaßt wird, in dem die bauliche Entwicklung in bestimmter, gebietsspezifischer Weise gelenkt werden soll. Damit ist eine Gestaltungsvorschrift, die unterschiedslos das gesamte Gemeindegebiet überdeckt, auf der Grundlage des § 81 Abs. 1 Ziff. 1 BauO NW wie bei den zuvor behandelten Ermächtigungen ausgeschlossen. Unzulässig wäre auch der Erlaß mehrerer gleichartiger Satzungen für verschiedene Stadtgebiete um ein nicht auf die einzelnen Viertel bezogenes, sondern ein gleichermaßen für alle Ortsteile verfolgtes Ziel – etwa das Zurückdrängen der Werbung – zu erreichen.[356]

Der erforderliche Bezug auf die konkrete räumliche Situation würde selbst dann noch fehlen, wenn die Geltung der Schutzanordnung allein an das Vorhandensein einer bestimmten Baugebietsart im Sinne des § 1 Abs. 2 Bau

---

351 OVG Münster, ZMR 1984, S. 156 (157); zustimmend Moelle/Rabeneck/Schalk, BauO NW, Rdnr. 9; *Rößler,* BauO NW, § 81, S. 486; *Bork/Köster,* BauO NW, § 81, Rdnr. 2, S. 363.

352 Vgl. *Böckenförde/Temme,* BauO NW, § 81, Rdnr. 16; *Simon,* BauO Bay, Rdnr. 6.

353 OVG Münster, ZMR 1984, S. 156.

354 A.A. Zur Formulierung „städtebaulicher Absichten“ in Art. 91 Abs. 1 Ziff. 1 BauO Bay: *Simon,* Rdnr. 6. Kritik bei *Koch/Molodovsky/Rahm,* BauO Bay, Art. 91, Anm. 2.2; *Keller,* Örtliche Bauvorschriften, S. 100.

355 OVG Münster, ZMR 1984, S. 291 (292); a.A. *Bülow,* Flächen- und bodenbezogener Denkmalschutz, S. 389, Fn. 3.

356 OVG Koblenz, BauR 1989, S. 68 (69); *Moelle/Rabeneck/Schalk,* BauO NW, § 81, Rdnr. 4.

NVO geknüpft würde.[357] Der Umfang und Zuschnitt des Satzungsgebietes richten sich vielmehr, wie bei den Bebauungsplänen, nach der sachlichen Berechtigung einer Regelung, die sich wiederum aus der Art der Bebauung ergibt, die gestalterisch geschützt oder gelenkt werden soll.[358]

4. Der Gestaltungsgrund aus § 81 Abs. 1 Ziff. 4 BauO NW

Auf der Grundlage des Abs. 1 Ziff. 4 ermächtigt § 81 BauO NW die Gemeinden u.a. zum Erlaß von Vorschriften über „die Gestaltung ... der unbebauten Flächen, der bebauten Grundstücke sowie über die Notwendigkeit, Art, Gestaltung und Höhe von Einfriedungen". Solche über die §§ 9 und 10 BauO NW hinausreichenden Regelungen bleiben zwar an das Vorliegen einer Bebauung gebunden, ähneln aber weniger den Erhaltungs- oder Denkmalbereichssatzungen als den landschaftsrechtlichen Baumschutzsatzungen. Wie diese betreffen sie die „natürlichen" Bestandteile der Stadtlandschaft, da sie etwa das Anpflanzen von Bäumen und Sträuchern auf den freigebliebenen Flächen oder die Setzung von Hecken als Einfriedungen anordnen können.[359] Sie können etwa auch vorsehen, daß Vorgärten in bestimmter Weise gärtnerisch zu gestalten sind, § 81 Abs. 1 Ziff. 4 letzter Halbs. Ziel solcher auf Bepflanzungsmaßnahmen gerichteten Satzungen kann insbesondere die sinnvolle Einbindung der genannten Anlagen in Natur und Landschaft und die einheitliche Gestaltung des Straßenbildes sein.[360]

Ihr Geltungsbereich muß im Unterschied zu den bereits erörterten Einzelermächtigungen nicht auf eng begrenzte Teile des Gemeindegebietes beschränkt werden.[361]

III. Inhaltliche Ausgestaltung der Gestaltungssatzungen

Übereinstimmungen mit der Ermächtigung zum Erlaß von Erhaltungssatzungen weist § 81 BauO NW nicht nur in den Anforderungen auf, die an das unter Schutz zu stellende Gebiet gerichtet werden. Er weist auch die gleiche Normstruktur auf, beschreibt also die sachlichen Voraussetzungen des Satzungserlasses durch unbestimmte, aber bestimmbare und voll justiable Rechtsbegriffe und die Rechtsfolge durch eine „Kann"-Bestimmung.

---

357 *Rößler,* BauO NW, § 81, Rdnr. 486.

358 *Böckenförde/Temme,* BauO NW, § 81, Rdnr. 11; *Schmaltz,* VuR 1983, S. 217 (219).

359 Vgl. *Rößler,* BauO NW, § 81, Rdnr. 488; *Simon,* BauO Bay, Art. 91, Rdnr. 17; *Grosse-Suchsdorf/Schmaltz/Wiechert,* BauO Nds., § 56, Rdnrn. 19, 22.

360 *Böckenförde/Temme,* BauO NW, § 81, Rdnr. 22; *Simon,* BauO Bay, Art. 91, Rdnr. 17.

361 *Böckenförde/Temme,* a.a.O., § 81, Rdnr. 23; a.A. *Bülow,* Flächen- und bodenbezogener Denkmalschutz, S. 389, Fn. 3.

1. Entscheidungsmaßstäbe

Steht der Erlaß örtlicher Bauvorschriften zur Stadtgestaltung damit im pflichtgemäßen Ermessen[362] der Gemeinden, dann ist ihnen eine Palette von Entscheidungsalternativen zwischen den Extremen voller Ausnutzung oder gänzlicher Nichtnutzung der Festsetzungsmöglichkeiten eröffnet. Dieser Freiraum besteht in Hinblick auf die Frage, ob überhaupt eine Gestaltungssatzung für ein bestimmtes Gebiet erlassen werden soll, aber auch bezüglich der Ausgestaltung ihres Inhalts. Wie zu zeigen sein wird, ist sie durch die einzelnen Teilermächtigungen des § 81 Abs. 1 und 2 BauO NW zwar unterschiedlich genau, jedoch stets wesentlich flexibler vorgegeben, als das bei § 172 BauGB mit der einheitlichen Genehmigungspflicht als Satzungsinhalt der Fall ist.

Diese Möglichkeiten differenzierter Festsetzungen für verschiedene Satzungsbereiche, aber auch innerhalb der gleichen Schutzzone entspringen nicht einer bloßen Laune des Gesetzgebers, sondern entsprechen den Sachzwängen. Ein einförmiges Gestaltungsinstrumentarium würde die den örtlichen Bauvorschriften innewohnende Tendenz zur Vereinheitlichung[363] noch verstärken. Um der drohenden „ästhetischen Bevormundung“[364] durch unbefriedigende Gleichmacherei, die vielfach als Gefahr von (manchen) Gestaltungssatzungen angesehen wird,[365] zuvorzukommen, hat der Gesetzgeber verschiedene, die Gestaltung lenkende Festsetzungen für verschiedenartige örtliche Bedürfnisse zur Verfügung gestellt. Dabei darf der Rahmen, den die örtliche Bauvorschrift setzen darf, um so eindeutiger und enger sein, je mehr das schon Vorhandene durch seine besonderen Gestaltqualitäten bereits die lokale Situation vorprägt.[366]

Es liegt auf der Hand, daß ein gewachsenes Stadtzentrum mit Bauwerken aus einer Vielzahl von Stilepochen einen anderen Gestaltungsschutz erfordern wird als etwa die „demonstrativ schlichte Architektur“ der Fünfziger Jahre. Eine durch sparsamste Bauweise gekennzeichnete Neubausiedlung von Eigenheimen aus dieser Zeit kann zwar genauso schutzwürdig sein wie ältere Bausituationen – die (Wieder-)Entdeckung und Neubewertung ist in vollem Gange;[367] die schon bei der Entstehung angelegte und gewollte Einheitlichkeit

[362] OVG Münster, BRS 33, Nr. 115, S. 230ff.; siehe unten, Zweiter Teil, B, V.

[363] *Bülow,* Flächen- und bodenbezogener Denkmalschutz, S. 378.

[364] Begriff bei *Kuhn,* DVBl. 1968, S. 497ff.

[365] *Simon,* BauO Bay, Art. 91, Rdnr. 4; *Böckenförde/Temme,* BauO NW, § 81, Rdnr. 19, 29; *Schmaltz,* VuR 1983, S. 217 (219); *Eberl,* BayVBl. 1987, S. 353 (355); vgl. auch die Empfehlung des Deutschen Nationalkomitees für Denkmalschutz zu Gestaltungssatzungen vom 17. November 1980, abgedruckt bei Gassner, VuR 1981, S. 143ff. (178 f.).

[366] BuMiRBS, Stadtbild und Gestaltung, S. 141; *Grosse-Suchsdorf/Schmaltz/Wiechert,* BauO Nds., § 56, Rdnr. 11.

[367] Vgl. dazu ausführlich und mit vielen Beispielen *Durth/Gutschow,* Architektur und Städtebau der fünfziger Jahre, S. 1ff., 11, 13.

eines solchen Siedlungsgebietes wird aber, wenn die Erhaltung der vorhandenen Formen gewollt ist, bei der Inschutznahme durch die Gestaltungssatzung eine wesentlich geringere Variationsbreite der Festsetzungen erfordern, generellere Regelungen zulassen und sogar verlangen als ein durch Stilmischung geprägter Geltungsbereich.[368]

Die unterschiedlichen örtlichen Gegebenheiten und die darauf abgestimmten bzw. abzustimmenden differenzierten Schutzmaßnahmen, die das Gesetz dem Satzungsgeber anbietet, stellen wiederum Anforderungen an die Methode der Entscheidungsfindung. Hängt es von der konkreten Gestaltung vor Ort ab, inwieweit eine örtliche Bauvorschrift in welchem Gebiet und mit welchen Mitteln steuernd eingreifen kann und soll, muß diese zunächst einmal ermittelt werden.[369]

Diese Bestandsaufnahme wird, da eine Bürgerbeteiligung nicht vorgeschrieben ist,[370] in aller Regel die alleinige Grundlage für die Feststellung der Erlaßvoraussetzungen, etwa das Vorliegen eines „Ortsteil(s) geschichtlicher Bedeutung", gemäß § 81 Abs. 1 Ziff. 2 BauO NW, aber auch des Abwägungsprozesses bilden, in dem über den Zuschnitt des Satzungsbereiches wie über die Art und Intensität der Festsetzungen und mögliche Ausnahmen und Befreiungen zu entscheiden ist. Zwar enthält § 81 BauO NW kein ausdrückliches Abwägungsgebot, es folgt aber aus dem oben beschriebenen Gestaltungsspielraum des Satzungsgebers: Die Gemeinde verleiht ihren gestalterischen Vorstellungen Verbindlichkeit, indem sie in der Satzung die Freiheit der Eigentümer einschränkende Regelungen postuliert. „Das setzt – nach der Entwicklung entsprechender Absichten – einen Ausgleich der widerstreitenden öffentlichen und privaten Interessen voraus, der wegen der möglichen Unvereinbarkeit nicht allein im Wege eines objektiv angemessenen Kompromisses, sondern nur durch eine – unvermeidlich subjektive – Gestaltung erfolgen kann, wie sie der Abwägung als Kernstück der Planung immanent ist.[371]

2. Festsetzungsmöglichkeiten

Die Vielzahl möglicher Festsetzungen in einer Gestaltungssatzung, die ihrem Schöpfer eine größere inhaltliche Gestaltungsfreiheit belassen, als das

---

368 Vgl. die Beispiele bei *Bülow,* Flächen- und bodenbezogener Denkmalschutz, S. 378 f.

369 *Moelle/Rabeneck/Schalk,* BauO NW, § 81, Rdnr. 7; *Burger/Gutschow/Krause,* Bebauungspläne und Ortssatzungen, S. 151; *Bülow,* a. a. O., S. 379; vgl. auch die Empfehlung des Deutschen Nationalkomitees für Denkmalschutz zu Gestaltungssatzungen vom 17. November 1980, abgedruckt bei Gassner, VuR 1981, S. 178.

370 Siehe unten, Zweiter Teil, 1 und 2.

371 OVG Münster, StGR 1984, S. 291, in Fortführung der Entscheidung BauR 1981, S. 559 (560), und daran anschließend allgemeine Meinung; zuletzt VGH München, BayVBl. 1989, S. 210 (211).

bei Erhaltungssatzungen der Fall ist,[372] kann im folgenden nur äußerst kursorisch angesprochen werden. Welche Einzelheiten in bezug auf den Baukörper (Stellung, Firstrichtung und -höhe, Gebäudeflucht und -zusammenziehung), die Fassaden- und Außenwandgestaltung (Erhaltung und Freilegung und Fachwerk, Putzmaterial und -verarbeitung, Art und Farbe des Anstrichs, Verbot von Verkleidungen), die Gebäudeöffnungen (Proportionen zur Wandfläche, Format, Sprossenteilung, Verglasung und Rahmung von Fenstern, entsprechend von Schaufenstern, Türen und Toren) oder in Hinblick auf die Dachgestaltung (Form, Neigung, Material und Farbe der Eindeckung, Begrünung, Dachaufbauten, -einschnitte und -fenster, Antennenverbote)[373] und weitere Merkmale baulicher Anlagen festsetzbar sind, ist in den einschlägigen Kommentaren ausführlich dargestellt,[374] ihre Häufigkeit in der Praxis durch empirische Arbeiten untersucht worden.[375]

Eine besonders eingehende Behandlung auch durch die Rechtsprechung haben die Werbeanlagen erfahren.[376] Sie sind auf der Grundlage des § 81 Abs. 1 Ziff. 1 BauO NW einer Regelung der äußeren Gestaltung, aber auch hinsichtlich ihrer Art und Größe sowie ihres Anbringungsortes zugänglich. § 81 Abs. 1 Ziff. 2 BauO NW erlaubt sogar, daß sie und die Warenautomaten mit bestimmten Arten ausgeschlossen oder auf Teile baulicher Anlagen und auf bestimmte Farben beschränkt werden, ermächtigt, wie das den letzten Halbsatz einleitende „insbesondere" zeigt, daneben aber auch zu allen anderen, Werbeanlagen und Warenautomaten betreffenden Regelungen.[377] Nur der völlige Ausschluß von Werbeanlagen durch Ortsrecht wäre von der Ermächtigung nicht gedeckt.[378]

---

372 Siehe oben, Zweiter Teil, A, III, 1.

373 Vgl. dazu Bay VerfGH, DVBl. 1986, S. 44ff., und die Stellungnahme der Landesregierung NW, abgedruckt bei *Moelle/Rabeneck/Schalk,* BauO NW, § 81, Rdnr. 7 a.

374 Siehe nur *Simon,* BauO Bay, Art. 91, Rdnrn. 7 - 9; *Böckenförde/Temme,* BauO NW, § 81, Rdnrn. 10ff.; *Moelle/Rabeneck/Schalk,* a.a.O., § 81, Rdnr. 5; *Rößler,* BauO NW, § 81, S. 484f., und jeweils zu § 12 Art. 12 der BauO; *Neuffer/von Arnim/Schlotterbeck,* BauO BW, § 73, Rdnr. 7; *Bielenberg/Stock,* in: E/Z/B, BauGB, § 172, Rdnr. 48; *Grosse-Suchsdorf/Schmaltz/Wiechert,* BauO Nds., § 56, Rdnrn. 15ff.; *Boeddinghaus,* Stadterhaltung und Stadtgestaltung, Rdnrn. 128ff., mit Beispiel; *Keller,* Örtliche Bauvorschriften, S. 110ff., und nächste Fußnote.

375 *Mindak/Roseneck,* LK 1978, S. 420 (422ff.).

376 Ausgehend von BVerwGE 2, 172ff., vgl. nur BVerwG, BayVBl. 1980, S. 408ff.; OVG Münster, DVBl. 1964, S. 789; OVG Bremen, BRS 38, Nr. 148, S. 339ff.; OVG Lüneburg, NVwZ 1984, S. 252f.; VGH Kassel, BRS 47, Nr. 121, S. 317ff., und zuletzt OVG Koblenz, BauR 1989, S. 68ff.

377 *Bülow,* Flächen- und bodenbezogener Denkmalschutz, S. 384; siehe auch *Simon,* a.a.O., Art. 91, Rdnr. 10.

378 *Moelle/Rabeneck/Schalk,* BauO NW, § 81, Rdnr. 10, und bereits BVerwGE 2, 172ff.

Schließlich kann die Gestaltungssatzung aufgrund § 81 Abs. 2 Ziff. 1 BauO NW vorsehen, daß in besonders schutzwürdigen Gebieten[379] für alle oder nur für bestimmte Arten[380] von (nach Wegfall der FreistellungsVO)[381] gemäß § 62 Abs. 1 Ziff. 30 bis 32 BauO NW eine Genehmigungspflicht begründet wird.

a) Schranken durch Verfassungsrecht

Dieser kurze Überblick verdeutlicht bereits, daß eine positive Beschreibung der Gegenstände örtlicher Bauvorschriften unvollständig bleiben muß. Statt dessen sollen an dieser Stelle nur einige für den Satzungserlaß wertvolle Hinweise gegeben werden, die sich damit beschäftigen, was die Gestaltungsvorschrift auf der Grundlage des § 81 BauO NW nicht darf. Ein erster Hinweis ist bezüglich der durch das Eigentumsrecht und das Verhältnismäßigkeitsprinzip gezogenen Schranken der Eingriffstiefe bereits erfolgt.[382]

Neben dem Verbot übermäßiger Belastungen läßt sich aus dem Rechtsstaatsgrundsatz auch das Gebot entnehmen, die in den örtlichen Bauvorschriften ausgesprochenen Anforderungen an die ihnen unterworfenen Sachverhalte durch klare, bestimmte und allgemeinverständliche Gebote und Verbote zu formulieren.[383] Das Bestimmtheitsgebot verlangt die Festlegung des Gegenstandes und des Umfangs der Regelung in der Bauvorschrift selbst, so daß der Bürger daraus die Einschränkungen seiner Baufreiheit ablesen kann. So genügte es nicht, wenn die Gestaltungssatzung etwa den Gemeindedirektor ermächtigte, die schutzbedürftigen baulichen Anlagen erst durch öffentliche Bekanntmachung noch zu benennen.[384]

Die in der Entscheidung für einen Negativkatalog von Verboten oder Positivkatalog von Geboten beschlossenen Konsequenzen dürfen dabei nicht unterschätzt werden. Im ersten Fall bleibt alles erlaubt, was nicht ausdrücklich verboten ist, ein schwächeres Lenkungsmittel als die zweite Festsetzungsart, bei der alles verboten ist, was nicht ausdrücklich erlaubt wird. Ob die Anfor-

---

379 Erläutert bei *Bork/Köster*, BauO NW, § 81, Rdnr. 6; *Simon*, BauO Bay, Art. 91, Rdnr. 20; *Rößler*, BauO NW, § 81, S. 489; zu eng *Bülow*, Flächen- und bodenbezogener Denkmalschutz, S. 388.

380 *Böckenförde/Temme*, BauO NW, § 81, Rdnr. 28; *Simon*, a.a.O., Art. 91, Rdnr. 20.

381 Die Freistellungsverordnung vom 5. 9. 1978, zuletzt geändert durch die VO vom 30. 6. 1980, ist am 1. 1. 1985 außer Kraft getreten. Vgl. *Bork*, Neue BauO NW, StGR 1984, S. 219 (221). Die Erwägungen *Bülows*, a.a.O., S. 388, sind insoweit obsolet.

382 Siehe oben, Zweiter Teil, B, I, 2.

383 Vgl. BVerwGE 2, 172 (175); *Simon*, BauO Bay, Art. 91, Rdnrn. 1, 4; *Schmaltz*, VuR 1983, S. 217 (219); *Keller*, Örtliche Bauvorschriften, S. 97; *Bülow*, Flächen- und bodenbezogener Denkmalschutz, S. 391. Allgemein zu den verfassungsrechtlichen Anforderungen auch *Schneider*, Gesetzgebung, Rdnr. 66.

384 OVG Münster, NVwZ 1983, S. 752; *Bork/Köster*, BauO NW, § 81, Rdnr. 2, S. 367.

derungen in der Satzung positiv (typische Formulierung „müssen") oder negativ („ist/sind unzulässig") normiert oder gemischt formuliert werden, muß wiederum von den Eigenheiten des Schutzbereiches abhängig gemacht werden. Erneut kommt es ganz auf die örtlichen Verhältnisse an, die die Festsetzungen auch in ihrer Intensität rechtfertigen müssen.[385]

b) Abgrenzungen zum Bodenrecht

Auf Verfassungsrecht, nämlich auf der Verteilung der Gesetzgebungskompetenzen im Grundgesetz, fußt letztlich auch der Hinweis auf die Schranken, die den Festsetzungen gegenüber dem Bauplanungsrecht gezogen sind. Fragen der Art und des Maßes der baulichen Nutzung können durch Gestaltungssatzung nicht entschieden werden, die zulässigen Regelungen bleiben insofern – abgesehen von den oben beschriebenen Erweiterungen bei Werbeanlagen – ihrem Gegenstand nach identisch mit der allgemeinen Gestaltungsvorschrift des § 12 BauO NW.[386]

Anders als die Erhaltungssatzungen nach Bundesbaurecht betreffen die Gestaltungssatzungen nach Landesbauordnungsrecht also nicht das „Ob", sondern nur das „Wie", die Modalitäten des Bauens. Baugebote oder -verbote, Veränderungsgebote oder -verbote sowie Abbruchgebote oder -verbote sind mit ihnen ebenso wie Nutzungsbeschränkungen nicht festsetzbar.[387]

Die zulässige „positive Baupflege" geht nicht so weit, daß örtliche Bauvorschriften von sich aus vorhandene Mißstände verbessern könnten. Die Ermächtigungen in § 81 Abs. 1 Ziff. 1, 2 und 5, Abs. 2 Ziff. 1 BauO NW setzen vielmehr zunächst voraus, daß eine Baumaßnahme durchgeführt wird, während bestehende oder nach genehmigten Bauvorlagen bereits begonnene Anlagen nur in den engen Grenzen des § 82 BauO NW erfaßt werden können.[388] Gegenüber einem Totalabbruch des Gebäudes versagen sie selbst dann.[389]

Änderungen baulicher Anlagen durch bloßes Abbrechen eines Bauteils, Neu-, Um-, Aus- und Wiederaufbauten können sie dagegen gestalterisch beeinflussen, wenn auch nicht provozieren. Zur Verdeutlichung sei das Bei-

---

[385] *Burger/Gutschow/Krause,* Bebauungspläne und Ortssatzungen, S. 151; *Krause,* in: Probleme der Stadtgestaltung, S. 95; *Schmaltz,* VuR 1983, S. 217 (219).

[386] *Moelle/Rabeneck/Schalk,* BauO NW, § 81, Rdnrn. 5, 12; *Böckenförde/Temme,* BauO NW, § 81, Rdnrn. 12 - 14.

[387] *Simon,* BauO Bay, Art. 91, Rdnr. 4; *Keller,* Örtliche Bauvorschriften, S. 99; *Schmaltz,* a.a.O., S. 217 (218, 226); vgl. auch *Bielenberg/Stock,* in: E/Z/B, BauGB, § 172, Rdnr. 48; kritisch zur Abgrenzung *Boeddinghaus,* Stadterhaltung und Stadtgestaltung, Rdnrn. 125ff., mit Beispiel, Rdnrn. 128ff.

[388] Vgl. *Grosse-Suchsdorf/Schmaltz/Wiechert,* BauO Nds., § 56, Rdnr. 14.

[389] *Simon,* BauO Bay, Art. 12, Rdnr. 11; siehe oben, Zweiter Teil, 1.

spiel von Stich[390] angeführt, nach dem sie etwa keine Handhabe bieten, den Eigentümer eines verputzten Hauses, dessen hohe Fachwerkqualität von älteren Bildern bekannt ist, zur Beseitigung des Putzes und Wiederinstandsetzung des Fachwerks anzuhalten. Eine weitergehende Befugnis enthält nur § 81 Abs. 1 Ziff. 4 BauO NW, nach dem durch Satzung nicht nur das Anpflanzen von Bäumen und Sträuchern auf unbebauten Flächen bebauter Grundstücke vorgeschrieben, sondern auch die Notwendigkeit - also das „Ob" - von Einfriedungen über die Vorschrift des § 10 Abs. 1 BauO NW hinaus durch Ge- oder Verbot geregelt werden kann.

Wichtige Funktionen können aber auch die Gestaltungssatzungen erfüllen, die auf der Grundlage der anderen Teilermächtigungen die grundsätzlichen Anforderungen des allgemeinen Verunstaltungsverbotes näher ausfüllen, konkretisieren und ergänzen und darin über diesen Rahmen hinausgehen, daß sie strengere ästhetische Maßstäbe zugrunde legen.[391] Dabei darf nicht einfach der allgemeine Maßstab der Verunstaltungsabwehr abstrakt verschärft werden, vielmehr ist konkret zu formulieren. Unzulässig wäre etwa das Gebot, Gebäude müßten sich dem Ortsbild „gut" einfügen, da es keine besonderen (!) Anforderungen stellt.[392]

Die stärkste Form der zulässigen Regelung des „Wie" stellt die Bindung der Bauvorhaben an die vorhandene bauliche Umgebung in Form einer Anpassungspflicht dar. Der Bauwillige kann sich dann u. U. noch nicht einmal auf bereits vorliegende „Ausrutscher" berufen, sondern muß sich an den charakteristischen Formen- und Gliederungselementen mit seinem Vorhaben messen lassen.[393]

Solche, vor allem die Gestaltung baulicher Anlagen betreffenden Bauvorschriften sind selbst in einem auch nach § 172 BauGB unter Schutz gestellten Erhaltungsgebiet nicht per se überflüssig. Zum einen ergänzen sie den Erhaltungsschutz dadurch, daß sie auch Baumaßnahmen auf bisher unbebauten Flächen und an Gebäuden, die, für sich betrachtet, nicht erhaltungswürdig sind, gestalterisch lenken können.[394] Erhaltungssatzungen können, wenn überhaupt, nur beim zweiten Tatbestand eingreifen und sind dann an die höheren Voraussetzungen des „Ensembleschutzes" nach § 172 Abs. 3 S. 1 Gruppe 1 BauGB – „Prägung" des Ortsbildes, der Stadtgestalt oder des Landschaftsbil-

---

[390] *Stich,* ZfBR 1983, S. 61 (64) – auch insgesamt zum Vorstehenden; *Schmaltz,* VuR 1983, S. 217 (218, 229); auch *Jaeger,* DAS 1979, S. 297 (304).

[391] OVG Münster, BauR 1981, S. 559, Leitsatz 1; *Simon,* BauO Bay, Art. 91, Rdnr. 2; *Schmaltz,* VuR 1983, S. 217 (218); differenzierend Manssen, Stadtgestaltung, S. 214ff.

[392] Vgl. § 81 Abs. 1 Ziff. 2 BauO NW; *Schmaltz,* a.a.O., S. 217 (227f.); *Grosse-Suchsdorf/Schmaltz/Wiechert,* BauO Nds., § 56, Rdnr. 6.

[393] OVG Münster, ZMR 1984, S. 156 (158); zustimmend *Bork/Köster,* BauO NW, § 81, Rdnr. 2 = S. 367.

[394] Siehe oben, Zweiter Teil, 1.

des – gebunden.[395] Zum anderen erfassen Erhaltungssatzungen gegebenenfalls zwar auch bauliche Elemente, die nicht Gegenstand einer planungsrechtlichen Regelung in einem Bebauungsplan sein können, jedoch nur dann, wenn sie eine spezifische städtebauliche Dimension aufweisen[396].

Ob neben die ästhetische auch eine die Anwendung des § 172 BauGB rechtfertigende städtebauliche Wirkung tritt, kann bei manchen Gestaltungsmerkmalen aber schwierig zu entscheiden und zu überprüfen sein. Als Beispiele werden etwa die Höhenfestsetzungen für Gebäude, die Firstrichtung,[397] selbst die Fassadengestaltung[398] genannt. Zur Vermeidung solcher Zweifelsfragen kann eine Inschutznahme solcher Elemente durch Gestaltungsvorschriften anstelle der oder zusätzlich zur Erhaltungssatzung vorteilhaft sein.[399]

Schließlich können sie – soviel sei vorweggenommen – in als Denkmalbereich unter Schutz gestellten Gebieten eine Funktion erfüllen, da aus dieser Inschutznahme noch keine Verpflichtung erwächst, zum Denkmal (-bereich) nicht passende Veränderungen der Vergangenheit bei entsprechender Gelegenheit durch qualitätvolle Elemente zu ersetzen. So kann der Ersatz eines stilwidrigen Fensters in einem Baudenkmal durch ein seinen Charakter treffendes nur über die „positiven“ Anforderungen der Gestaltungssatzung erreicht werden (allerdings auch nur dann), wenn sich (ohnehin) die Notwendigkeit zum Austausch dieses Fensters ergibt.[400]

c) Darstellung der Festsetzungen

Welche Fallstricke und Fußangeln bei der Formulierung gestalterischer Festsetzungen zu vermeiden sind, hat Schmaltz[401] anhand einer Satzung zum Schutz einer durch historische Fachwerkhäuser geprägten Altstadt instruktiv dargestellt. Läßt sich die gewollte Regelung mit Worten nicht oder nur schwer hinreichend genau ausdrücken, kann die zeichnerische Darstellung der Gestaltungsanforderungen helfen. § 81 Abs. 3 BauO NW läßt sie, wie bereits

---

[395] Siehe oben, Zweiter Teil, A, II, 2, a).

[396] OVG Lüneburg, BauR 1983, S. 437 (441f.), insoweit nicht abgedruckt in: ZfBR 1983, S. 238ff.; siehe oben, Zweiter Teil, A, V, 1, a), bb).

[397] *Schmaltz,* VuR 1983, S. 217 (220); *Manssen,* Stadtgestaltung, S. 28ff. und S. 94/95; vgl. auch *Gelzer,* Bauplanungsrecht, Rdnr. 200.

[398] *Bielenberg/Stock,* in: E/Z/B, BauGB, § 172, Rdnr. 48.

[399] *Bielenberg/Stock,* a.a.O.; *Schmaltz,* a.a.O., S. 217 (222); siehe auch unten, Zweiter Teil, B, IV, 3.

[400] BuMiRBS, Stadtbild und Gestaltung, S. 142; vgl. auch *Stähler,* Denkmalbegriff, S. 131.

[401] *Schmaltz,* VuR 1983, S. 217 (223ff., 226ff.); vgl. auch den „Entwurf einer Gestaltungssatzung für die Altstadt von Hameln“, in: BuMiRBS, Stadtbild und Gestaltung, S. 145ff., mit ausführlicher Begründung.

§ 103 Abs. 3 S. 1 und 2 BauO NW 1970, zu. In Frage kommen etwa Pläne über die räumliche Erstreckung der „genau abgegrenzten" (Abs. 1 Ziff. 1) Satzungsbereiche, die zeichnerische Darstellung der beabsichtigten Gestaltung eines Platzes, von baulichen Anlagen oder deren Teilen oder die Niederlegung von Farbkatalogen.[402] Um Parzellenschärfe zu erreichen, sollte der Maßstab der Gebietskarten nicht kleiner als 1:5000 sein.[403] Für die Darstellung der Gestaltungsziele wird, wie für die Bestandsaufnahme, der Maßstab 1:200 empfohlen.[404]

Verfahrensmäßig wird die Kundbarmachung zeichnerischer Darstellungen dadurch erleichtert, daß sie nicht bekanntgegeben, sondern nur zur Einsicht bei der Gemeinde ausgelegt werden muß, worauf dann aber im Satzungstext selbst hinzuweisen ist, § 81 Abs. 3 S. 2 BauO NW.

3. Begründung

„Das" Problem der örtlichen Bauvorschriften scheint schon nach dem Platz, der dieser Frage gewidmet wird,[405] das Bestehen oder Nichtbestehen eines Begründungszwanges zu sein. Die am weitesten gehende, vor allem von Ossenbühl[406] vertretene These behauptet eine solche Verpflichtung zur Begründung für jegliche Satzungen (und Rechtsverordnungen), ausdrücklich „auch dann, wenn eine besondere gesetzliche Vorschrift eine solche Begründungspflicht nicht anordnet". Sie sei notwendige Konsequenz des grundgesetzlich verbürgten Rechtsschutzes, denn dieser könne nur dann effektiv werden, wenn Intention und Zweck einer hoheitlichen Anordnung klar erkennbar seien.[407]

Das wirft, vom verfassungsrechtlichen Befund ganz abgesehen, in zweierlei Hinsicht Fragen auf: Wird die rechtliche Stellung desjenigen, der von der fehlerhaften Satzung betroffen ist, durch deren Begründung tatsächlich entscheidend verbessert? Und – wenn ja – in welcher Form müßte sie erfolgen?

Eine Garantie dafür, daß sonst unerkannt gebliebene Fehler des Ortsgesetzgebers mit Hilfe der Satzungsbegründung aufgedeckt werden könnten, gibt es nicht. Denn „im politischen Kalkül der Gemeinderatsmitglieder ... können

---

402 *Bork/Köster,* BauO NW, § 81, Rdnr. 8, S. 369f.; *Böckenförde/Temme,* BauO NW, § 81, Rdnr. 29; Simon, BauO Bay, Art. 91, Rdnr. 27.

403 So *Bartholomäi,* UPR 1988, S. 241 (243), für Baumschutzsatzungen.

404 Vgl. *Burger/Gutschow/Krause,* Bebauungspläne und Ortssatzungen, S. 143; *Mindak/Roseneck,* LK 1978, S. 420 (430). Zur Farbgebung von Gebäuden vgl. die Thesen des Deutschen Werkbundes Bayern, abgedruckt in: LK 1978, S. 420 (431).

405 Vgl. etwa *Bork/Köster,* BauO NW, § 81, Rdnr. 2, S. 364ff.; *Keller,* Örtliche Bauvorschriften, S. 53ff.; *Manssen,* Stadtgestaltung, S. 259ff.

406 *Ossenbühl,* NJW 1986, S. 2805 (2808ff.).

407 *Ossenbühl,* a.a.O., S. 2809.

ganz andere Motive und Gesichtspunkte prägend gewesen sein, welche in den Unterlagen nicht festgehalten sind."[408] Zwar wird der Extremfall, daß eine „hieb- und stichfeste" Begründung nur vorgeschoben wird, um die etwa aus unsachlichen Motiven erlassene Satzung „gerichtsfest" zu machen, äußerst selten sein. Schon der Gedanke verdeutlicht aber die Gefahren, wenn man die Satzungsgebung an eine solche zusätzliche Voraussetzung knüpft und damit eine zusätzliche Fehlerquelle schafft. Die gesetzlichen Regelungen über den Erlaß sind ebenso wie jene zu Inhalt und Umfang der Satzungsgewalt ohnehin schon sehr ausführlich und differenziert, während die Rechtsetzung in den kommunalen Vertretungskörperschaften Mandatsträgern obliegt, denen die Aufgabe fremd ist.[409]

Die Interessen der durch einen Fehler Betroffenen sind deshalb nicht absolut zu setzen, sondern mit den Vorteilen einer Anwendbarkeit der Satzungsnormen abzuwägen. Ob dabei die Waage, selbst wenn man eine Verbesserung des Individualrechtsschutzes als gegeben unterstellt, für eine Verpflichtung zum Begründen der Satzung ausschlagen muß, erscheint mindestens zweifelhaft. Gerade die als prototypisch angeführte Begründungspflicht für Bebauungspläne nach § 9 Abs. 8 BauGB[410] hat der Gesetzgeber durch § 214 Abs. 1 Ziff. 2 2. Halbs. BauGB erheblich entwertet. Das Bundesverwaltungsgericht[411] hat die Tendenz, diese nach § 10 BauGB als Satzung ergehenden Vorschriften nach einem gewissen Zeitablauf nicht ohne Not an Erfordernissen ihres verfahrensfehlerfreien Zustandekommens scheitern zu lassen, als sachgerecht erachtet.

Verfolgt man die These vom Begründungszwang bei Satzungen trotz der problematischen Ableitung einer solchen Verfahrensvorschrift aus dem Grundgesetz[412] und trotz der in solchen „Heilungsvorschriften" deutlich zum Ausdruck kommenden gegenläufigen Tendenz weiter, fragt es sich, in welcher Form sie denn dann erfolgen müßte.

Ossenbühl[413] scheint, da er Bezug auf § 39 VwVfG nimmt, eine „echte" gesonderte Begründung zu favorisieren. Wenn er sie allerdings bei förmlichen Gesetzen schon als durch das parlamentarische Entscheidungsverfahren mitgewährleistet sieht, will er sich offensichtlich damit begnügen, daß die Gründe des Gesetzgebers aus den Materialien ersichtlich sind.[414] Dann müßte es aber

---

408 *Schwerdtfeger,* JuS 1983, S. 270 (271), zum Bebauungsplan.

409 *Hill,* Das fehlerhafte Verfahren, S. 78f.

410 Vgl. *Ossenbühl,* NJW 1986, S. 2805 (2809).

411 BVerwGE 64, 33, 36ff., 38, zu § 155 b Abs. 2 S. 2 BBauG = § 214 Abs. 3 S. 2 BauGB. Dazu *Hill,* Das fehlerhafte Verfahren, S. 79; *Schwerdtfeger,* JuS 1983, S. 270 (272).

412 So *Ossenbühl* selbst, a. a. O., S. 2805 (2812).

413 Ebenda. S. 2809.

414 *Ossenbühl,* a. a. O. Zur (Regierungs-)Begründung formeller Gesetze u. ä. allgemein auch *Schneider,* Gesetzgebung, Rdnrn. 111ff.

auch bei den typischerweise weniger „wesentlichen" und rangniederen Ortsvorschriften genügen, wenn die Begründung nicht Teil der Willensäußerung des Ortsgesetzgebers selbst ist, sondern sich anderweitig aus den Unterlagen ergibt.

Ob nun das eine oder das andere verlangt wird oder ob Satzungen sogar – wie oben für die nach § 172 BauGB bejaht –[415] ihre Begründung in sich selbst tragen können, bleibt für die Gemeinde, die eine örtliche Bauvorschrift erlassen will, zunächst von nur theoretischem Interesse, solange sich dieser Ansatz nicht in der Rechtspraxis durchgesetzt hat. Tatsächlich ist im Rahmen der Satzungsermächtigungen der Landesbauordnungen der Bogen zum Gedanken des generellen Begründungszwanges – soweit ersichtlich – nicht geschlagen worden. Dennoch tauchen gleiche Fragestellungen und Argumentationsmuster auf, wird ganz ähnlich die (sonst fehlende) Möglichkeit ausreichender Rechtskontrolle ins Feld geführt und aus diesem Gesichtspunkt eine Begründung der Gestaltungssatzung gefordert.

Ausgangspunkt der Erörterung ist dabei meist die Rechtsprechung des OVG Münster,[416] die eine Überprüfbarkeit auch des Abwägungsvorganges bei der Entscheidung über den Satzungserlaß verlangt. Ihr wird die des OVG Lüneburg[417] gegenübergestellt, das die verwaltungsgerichtliche Prüfung auf das Ergebnis der Abwägung konzentriert sieht. Trotz Vergleichbarkeit des (unergiebigen) Wortlauts der jeweiligen landesrechtlichen Bestimmungen über örtliche Bauvorschriften des Bauordnungsrechts stimmen die nordrhein-westfälischen Kommentierungen „ihrem" Obergericht in dieser Frage einmütig zu, während die Resonanz sonst eher gering ist.

Bei näherer Prüfung ist allerdings zu differenzieren. Eine weitgehende Meinung fordert in der Tat eine echte Begründung in der oder als Anlage zur Gestaltungssatzung, „die sowohl die Orts- und Stadtbildanalyse wiedergibt als auch Auskunft über das Warum und Wie der Einzelanordnungen enthält."[418]

Sie leidet von vornherein daran, daß sie zu Art. 107 Abs. 2 S. 4 BauO Bay entwickelt worden ist,[419] der im Gegensatz zu § 81 BauO NW durch Verweis auf die entsprechenden Regelungen bei Bebauungsplänen ausdrücklich eine

---

[415] Siehe oben, Zweiter Teil, A, III, 3.

[416] OVG Münster, BauR 1981, S. 559ff.; zustimmend *Wachter,* StGR 1982, S. 72 (74); *Bork/Köster,* BauO NW, § 81, Rdnr. 9; *Rößler,* BauO NW, § 81, S. 485f.; *Moelle/Rabeneck/Schalk,* BauO NW, § 81, Rdnr. 7; *Bülow,* Flächen- und bodenbezogener Denkmalschutz, S. 390ff.; *Simon,* BauO Bay, Art. 91, Rdnr. 5.

[417] OVG Lüneburg, BRS 39, Nr. 132, S. 282; zustimmend VGH Kassel, BRS 47, Nr. 121, S. 317; *Keller,* Örtliche Bauvorschriften, S. 53ff.; *Schmaltz,* VuR 1983, S. 217 (222); unentschieden *Ortloff,* NVwZ 1983, S. 10 (12).

[418] So *Bülow,* Flächen- und bodenbezogener Denkmalschutz, S. 390.

[419] Vgl. BayVGH, BayVBl. 1975, S. 672ff. Auf dieses Urteil nimmt *Bülow,* a. a. O., S. 390, Fn. 4, ausdrücklich Bezug.

Begründungspflicht vorsah.[420] Sie ist deshalb, zumal auch in Bayern heute eine entgegengesetzte Bestimmung gilt,[421] auf die Rechtslage in Nordrhein-Westfalen nicht übertragbar.

Eine solche ausdrückliche Begründung in der örtlichen Bauvorschrift selbst ist hier von der Rechtsprechung nie für geboten erachtet worden. Obwohl von der Notwendigkeit einer „Begründung" die Rede ist,[422] wurde von Anfang an klargestellt, daß es auch genüge, wenn die Satzungsunterlagen, also die in die Willensbildung und Entscheidung des Rates eingeflossenen Verwaltungsvorlagen und seine Sitzungsniederschriften,[423] Aufschluß über den Abwägungsvorgang gewährten.[424] Dies immerhin bestehende Erfordernis folge daraus, daß nur die Erkennbarkeit der vom Satzungsgeber angestellten Überlegungen eine Rechtskontrolle der Satzung ermögliche. Damit orientiert sich diese Auffassung an den Anforderungen, die das Bundesverwaltungsgericht im Planungsrecht an Abwägungsvorgang und -ergebnis stellt.[425]

Ihr wird zu Recht entgegengehalten, daß die Gestaltungssatzung – wie soeben dargestellt – nur Modalitäten der Bebauung betreffe und bei weitem nicht die eigentumsrechtliche Bedeutung des Bebauungsplanes habe. Vor allem sei aber der Spielraum des Ortsgesetzgebers bei ihrem Erlaß ungleich geringer als die bei der Bauleitplanung eingeräumte Freiheit.[426] Schließlich wird darauf hingewiesen, daß der Gesetzgeber zwar auch (wie durch § 1 Abs. 6 BauGB geschehen) Anforderungen an die Abwägung als Vorgang stellen könne, aber nicht dazu gezwungen sei, vielmehr „sich – in dem einen oder anderen Zusammenhang – darauf beschränken (kann), lediglich das Ergebnis eines Planvorganges einer bestimmten Bindung zu unterwerfen".[427]

In seiner ausführlichen Antwort auf diese Kritik hat das OVG Münster im Urteil vom 30. Juni 1983[428] die These, die Gemeinde dürfe eine (Gestaltungs)-Satzung als Abwägungsergebnis nur auf der Basis eines ordnungsgemäßen Abwägungsvorganges erlassen, verbal bestätigt, in der Sache aber ganz wesentlich eingeschränkt.

---

420 Ähnlich auch § 97 Abs. 1 BauO Nds.; siehe dazu *Grosse-Suchsdorf/Schmaltz/Wiechert,* BauO Nds., § 97, Rdnr. 6.

421 Art. 91 Abs. 3 S. 2 BauO Bay, eingefügt durch das 4. Änderungsgesetz 1982; vgl. *Simon,* BauO Bay, Art. 91, Rdnr. 31.

422 So *Bork/Köster,* BauO NW, § 81, Rdnr. 2, S. 364.

423 *Wachter,* StGR 1982, S. 72 (74).

424 OVG Münster, BauR 1981, S. 559 (560). Zu ähnlichen Überlegungen des Gerichts bei Baumschutzsatzungen siehe unten, Zweiter Teil, D, III, 3.

425 Vgl. OVG Münster, a.a.O., mit Nachweisen; Darstellung bei *Krautzberger,* in: B/K/L, BauGB, § 1, Rdnrn. 90ff.

426 OVG Lüneburg, BRS 39, Nr. 132, S. 282. Zum zweiten Argument vgl. *Hill,* Das fehlerhafte Verfahren, S. 323; *Keller,* Örtliche Bauvorschriften, S. 54f.

427 BVerwGE 45, 309 (313); OVG Lüneburg, BRS 39, Nr. 132, S. 282, mit Nachweisen aus der Rechtsprechung des BVerfG.

428 OVG Münster, StGR 1984, S. 291ff. (293).

Zunächst wird das Überprüfbarkeitsargument relativiert: „Die gesetzlich nicht vorgesehene (!) Form- und Dokumentationsbedürftigkeit des Satzungserlaßverfahrens kann ... nicht mit dem Hinweis gefordert und gerechtfertigt werden, andernfalls sei eine gerichtliche Kontrolle nicht möglich."[429] Für die Gemeinde bleibe es jedoch immerhin eine Obliegenheit, die Abwägung „egal in welcher Art und Weise" nachzuweisen, andernfalls sie Gefahr laufe, daß das Gericht die Satzung mangels feststellbarer Abwägung für ungültig erklärt. Ihr soll allerdings sogar dann Genüge getan sein, wenn nur der Satzung selbst die sie legitimierenden baugestalterischen Absichten zu entnehmen sind.[430] Als ausreichend wird – wie bei den Baumschutzsatzungen – die Angabe des Schutzzwecks der Norm durch die Überschrift „Schutz bestimmter Straßen und Plätze" angesehen.[431]

Können aber bereits solche Formeln in Überschriften oder Präambeln oder auch der bloße räumliche Geltungsbereich und die einzelnen Festsetzungen[432] die Überlegungen des Rates dokumentieren, schrumpft der Unterschied zur reinen Ergebnisprüfung praktisch auf Null. Liegen keine „relevanten Begleitumstände" wie Sitzungsniederschriften oder Beschlußvorlagen vor und orientiert sich die gerichtliche Kontrolle deshalb am Satzungsinhalt, reduziert sie sich auf die Frage der Begründbarkeit der Festsetzungen, kommt es auf die Begründung im materiellen Sinn letztlich nicht an. Die sich anschließende Erörterung einer örtlichen Bauvorschrift verdeutlicht noch stärker, daß es dem Gericht – obwohl dies nicht explizit zugestanden wird – nicht (mehr) um die Nachvollziehung dessen geht, was konkret bei ihrem Erlaß bedacht und abgewogen worden ist, sondern (nur) noch darum, ob sich die Ausweisungen angesichts der örtlichen Situation in der Gemeinde als rechtfertigungsfähig erweisen.[433]

Eine damit mögliche Rechtfertigung der in der Satzung getroffenen Festsetzungen aus den spezifischen Gegebenheiten des Schutzgebietes stellt aber weder ein Mehr noch ein Weniger gegenüber dem dar, was oben[434] bereits als Forderung des Bestimmtheitsgebotes und der Eigentumsgarantie dargestellt worden ist. Spätestens nach dieser „Präzisierung" der eigenen Rechtsprechung durch das OVG Münster gibt es auch in Nordrhein-Westfalen „nach

---

429 Hervorhebung vom Verf. Die entscheidende Bedeutung der konkreten Ausgestaltung der Ermächtigung ist bereits oben, Zweiter Teil, A, III, 1 und 3, angesprochen worden.

430 OVG Münster, StGR 1984, S. 291 ff. (293).

431 OVG Münster, ZMR 1984, S. 156; *Bork/Köster,* BauO NW, § 81, Rdnr. 2, S. 366. Zur Angabe des Schutzzweckes bei den Baumschutzsatzungen siehe unten, Zweiter Teil, D, III, 3.

432 OVG Münster, StGR 1984, S. 291 (293).

433 Zum Verhältnis Abwägungsvorgang und -ergebnis einerseits und Begründung und Begründbarkeit andererseits siehe *Koch,* DVBl. 1983, S. 1125 ff.; *Erbguth,* Bauplanungsrecht, Rdnrn. 174 ff., 189 f.

434 Zweiter Teil, B, I, 1 und 2.

alledem keinen Anlaß zu der Sorge, daß künftig erhöhte Anforderungen an den Erlaß baugestalterischer Vorschriften gestellt werden".[435]

IV. Der Erlaß von Gestaltungssatzungen

Das Erlaßverfahren für Gestaltungssatzungen ist in § 81 BauO NW, soweit sie nicht nach Absatz 4 als Festsetzungen in den Bebauungsplänen aufgenommen werden sollen, nicht geregelt.[436] Für die „sonstigen" örtlichen Bauvorschriften sind deshalb, nachdem auch die in § 103 BauO NW a. F. ausgesprochene Pflicht zur Genehmigung der oberen Bauaufsichtsbehörde entfallen ist (vgl. § 4 Abs. 1 S. 2 GO NW), allein die allgemeinen Regelungen des Gemeinderechts maßgebend, die hier nicht weiter zu verfolgen sind. Jedoch sollen einige Besonderheiten Erwähnung finden, die bei der Vorbereitung der eigentlichen Satzungsgebung eine Rolle spielen können.

1. Beratende Gremien

Welche Maßnahmen neben der bereits erwähnten Analyse des Baubestandes[437] im Vorfeld des Erlasses von Gestaltungsvorschriften notwendig oder zumindest nützlich sind, läßt sich nicht allgemein beantworten. Die Inschutznahme einer Altstadt erfordert eine andere Vorgehensweise als die Gestaltungsplanung von Neubaugebieten,[438] der Erlaß von einschränkenden Vorschriften über Werbeanlagen stößt erfahrungsgemäß auf mehr Widerstand als der über bauliche Anlagen,[439] so daß der „Verkauf" der Regelung gegenüber den Betroffenen und in der Öffentlichkeit jeweils eine andere Politik, mehr oder weniger Fingerspitzengefühl und Kompromißbereitschaft verlangen wird.[440]

Offensichtlich mit dem Ziel, möglichen Kontroversen ein Forum zu geben und sie dadurch frühestmöglich zu kanalisieren und zu bereinigen, sind in Nordrhein-Westfalen zwei institutionelle Mittel an die Hand gegeben, die eine Rückbindung der Regelung an den Willen der Betroffenen ermöglichen. Damit sind zum einen die bereits durch Runderlaß von 1963 vom Gesetzgeber

---

[435] So *Wachter,* StGR 1982, S. 72 (74), bereits in seiner Anmerkung zum Urteil OVG Münster – BauR 1981, S. 559ff.

[436] Siehe aber oben, Zweiter Teil, B, III, 2, c), zur zeichnerischen Darstellung.

[437] Diese wird allgemein gefordert, vgl. nur *Bülow,* Flächen- und bodenbezogener Denkmalschutz, S. 379; *Burger/Gutschow/Krause,* Bebauungspläne und Ortssatzungen, S. 151f.; *Mindak/Roseneck,* LK 1978, S. 420 (422, 430).

[438] Ausführlich *Jaeger,* DAS 1979, S. 297 (301ff.).

[439] *Burger/Gutschow/Krause,* Bebauungspläne und Ortssatzungen, S. 145 (147ff.).

[440] Beispiel einer Satzungsvorbereitung bei *Zwanzig,* LK 1975, S. 280ff.; *Jaeger,* a. a. O., S. 297 (305f.).

empfohlenen Beiräte für Gestaltungsfragen angesprochen.[441] Sie sollen aus sachkundigen Gemeindebürgern bestehen und, gegebenenfalls unter Heranziehung von Fachleuten, bei der Aufstellung einer örtlichen Gestaltungssatzung beratend mitwirken. Organisation, Zusammensetzung und Aufgaben solcher Beiräte sind ebenso wie die gemachten Erfahrungen höchst unterschiedlich.[442]

Einer engen Anlehnung an die örtlichen Interessen und Verhältnisse dienen auch die Bezirksvertretungen, die u.a. mit der „Pflege des Ortsbildes und Ausgestaltung der Grün- und Parkanlagen, deren Bedeutung nicht wesentlich über den Stadtbezirk hinausgeht" befaßt sind, § 13b Abs. 1 lit. b) GO NW. Durch ihre präzise Kenntnis lokaler Gegebenheiten und bürgerschaftlicher Belange können sie zur Entscheidungsfindung bezüglich aller Maßnahmen beitragen, die auf eine ästhetische äußere Gestaltung der Gebäude, der Straßen und Wege, der Anlagen und Einrichtungen abzielen.[443] Wie die Gestaltungsbeiräte werden auch sie vorwiegend bei der schwierigen Erfassung und Bewertung der schutzbedürftigen Stadtgestalt tätig werden.[444] Im Unterschied zu jenen können sich die Bezirksvertretungen gegenüber dem Rat jedoch auf die Verankerung ihrer Mitwirkungsrechte in der Gemeindeordnung selbst berufen. § 13 b Abs. 5 räumt ihnen neben der Möglichkeit zu Vorschlägen und Anregungen in allen den Stadtbezirk betreffenden Angelegenheiten in Satz 1 ein umfassendes unentziehbares Anhörungsrecht ein. Nach dem Gesetzeszweck ist die Anhörung dabei jeweils so rechtzeitig vor jeder einen Verfahrensabschnitt abschließenden Entscheidung (im Bebauungsplanverfahren z.B. vor dem Aufstellungsbeschluß, gegebenenfalls vor dem Offenlegungsbeschluß und vor der endgültigen Entscheidung des Rates) durchzuführen, daß die Vorstellungen der Bezirksvertretung noch in die Beratung einfließen können.[445]

Die eigentliche Entscheidung über den Satzungserlaß trifft allerdings wegen der abschließenden Zuordnung durch § 28 Abs. 1 S. 2 lit. g) GO NW trotz der Zuweisung der Aufgabe Ortsbildpflege in § 13 b Abs. 2 GO NW auch hier der Rat selbst, § 13 b Abs. 1 S. 1 GO NW.[446]

---

[441] Vgl. den Runderlaß des Ministers für Landesplanung, Wohnungsbau, und öffentliche Arbeiten vom 10. Mai 1963 (MBl NW S. 834/SMBl NW 23.212), abgedruckt bei *Thiel/Rößler/Schuhmacher,* Baurecht NW, Band 3/1, vor § 14 BauO NW.

[442] *Krause,* in: Probleme der Stadtgestaltung, S. 97; *Burger/Gutschow/Krause,* Bebauungspläne und Ortssatzungen, S. 144f.; *Mindak/Roseneck,* LK 1975, S. 420 (430).

[443] Vgl. *Kottenberg/Rehn,* GO NW, § 13 b, Anm. IV, 4, b); *Burger/Gutschow/Krause,* Bebauungspläne und Ortssatzungen, S. 146.

[444] *Burger/Gutschow/Krause,* a.a.O., S. 143f. Zur Wahrnehmung von Stadtgestalt ausführlich *Gassner,* VuR 1981, S. 143 (159ff.).

[445] *Kottenberg/Rehn,* a.a.O., S. 13 b, Anm. IV, 1.

[446] Siehe auch oben, Zweiter Teil, A, IV, 2, a).

2. Vergleich: Gebietsbezeichnung durch Aufnahme in einen Bebauungsplan oder durch sonstige Satzung

Gemäß § 81 Abs. 4 BauO NW können Gestaltungsregelungen, statt als selbständige „sonstige" Satzung zu ergehen, auch als Festsetzungen in den Bebauungsplan aufgenommen werden. Dadurch gewinnen sie zwar nicht selbst planungsrechtlichen Charakter, bleiben vielmehr bauordnungsrechtlicher Natur;[447] es finden jedoch die aufgezählten verfahrensrechtlichen Bestimmungen des Baugesetzbuches Anwendung, etwa die über die öffentliche Auslegung des Entwurfs. Ähnlich wie bei den Erhaltungssatzungen[448] wird daran die Befürchtung geknüpft, das Verfahren werde zu sehr erschwert und zeitlich verzögert.[449]

Ein demgegenüber neuer Gesichtspunkt ergibt sich bei den Gestaltungssatzungen allerdings daraus, daß bei der Wahl der durch die §§ 81 Abs. 4 BauO NW, 9 Abs. 4 BauGB eröffneten Form offengelassen werden kann, welche Ermächtigung für die einschlägige Festsetzung einschlägig sein soll. Dadurch lassen sich die oben erwähnten[450] Abgrenzungsschwierigkeiten zwischen bundesrechtlichem Bodenrecht und landesrechtlichem Baugestaltungsrecht umgehen.[451]

Keine Rolle spielt dagegen die Größe des Schutzgebietes. Daß die sonstige Satzung meist das ganze Gemeindegebiet oder größere Gemeindeteile erfassen wird, dagegen ihr Erlaß in Form des Bebauungsplanes für bestimmte, kleine Baugebiete zweckmäßig sei, wird man nicht sagen können.[452] Denn auch die für die Stadterhaltung und -gestaltung wichtigsten örtlichen Bauvorschriften betreffen nur bestimmte, genau abgegrenzte Teile des Gemeindegebietes, § 81 Abs. 1 Ziff. 1 BauO NW. Auch in diesem Zusammenhang sollte man sich vergegenwärtigen, daß sie das Pendant zum Bebauungsplan auf der Ebene des Gestaltungsrechts darstellen.[453]

V. Rechtsfolgen

Mit Erlaß der Gestaltungssatzung liegen, zusätzlich zu den allgemeinen Regeln der Bauordnung, besondere Anforderungen stellende (örtliche)

---

447 OVG Saarlouis, BRS 38, Nr. 48, S. 11; *Böckenförde/Temme,* BauO NW, § 81, Rdnr. 35; *Löhr,* in: B/K/L, BauGB, § 9, Rdnrn. 107, 111; *Zinkahn,* in: E/Z/B, BauGB, § 29, Rdnr. 10; *Gelzer,* Bauplanungsrecht, Rdnr. 201; zweifelnd *Ortloff,* NVwZ 1983, S. 10 (12).

448 Siehe oben, Zweiter Teil, A, IV, 3.

449 *Rößler,* BauO NW, § 81, S. 490; vgl. *Keller,* Örtliche Bauvorschriften, S. 67ff.; *Burger/Gutschow/Krause,* Bebauungspläne und Ortssatzungen, S. 143 (152). Ausführlich zum Verweis auf das Bauplanungsrecht *Manssen,* Stadtgestaltung, S. 227ff. und S. 237ff.; *Grabosch,* NWVBl 1990, S. 293ff.

450 Siehe oben, Zweiter Teil, B, III, 2, b).

451 *Schmaltz,* VuR 1983, S. 217 (222); kritisch *Manssen,* Stadtgestaltung, S. 31.

öffentlich-rechtliche (Bau-)Vorschriften vor, deren Einhaltung die Bauaufsichtsbehörden überwachen, §§ 57, 58 Abs. 1 BauO NW. Insbesondere wird der Kreis der nach §§ 60 ff., 70 BauO NW genehmigungsbedürftigen Vorhaben durch örtliche Bauvorschriften erweitert: Sie stellen besondere Anforderungen an die Gestaltung baulicher Anlagen im Sinne von § 2 Abs. 1 BauO NW, an Werbeanlagen und Warenautomaten gemäß § 13 Abs. 1 und 5 BauO NW, gegebenenfalls an nicht überbaute Flächen der bebauten Grundstücke und deren Einfriedung im Sinne der §§ 9, 10 BauO NW. Der Vollzug der Satzungsvorschriften ist Pflichtaufgabe zur Erfüllung nach Weisung. Der Tatsache, daß ihr Erlaß eine Angelegenheit gemeindlicher Selbstverwaltung ist, trägt § 81 Abs. 5 BauO NW Rechnung, nach dem die Bauaufsichtsbehörde vor der Gewährung von Ausnahmen und Befreiungen die Gemeinde hören muß.[454] Ihre Erteilung ist nicht etwa daran gebunden, daß die Satzung eine besondere Klausel enthält, vielmehr ergibt sich ihre Zulässigkeit bereits aus § 68 Abs. 1 bzw. Abs. 3 BauO NW.[455]

Diese Norm (und nicht etwa § 31 BauGB) bleibt im übrigen auch dann maßgebend, wenn die gestalterischen Festsetzungen im Wege des § 81 Abs. 4 BauO NW Bestandteil eines Bebauungsplanes geworden sind.[456]

Häufig wird in örtlichen Bauvorschriften auf die weiteren Rechtsfolgen hingewiesen, die – wie bei den Erhaltungssatzungen – einen Verstoß sanktionieren können: Zur Normierung mit Bußgeld bewehrter Ordnungswidrigkeiten durch Satzung ermächtigt § 79 Abs. 1 Ziff. 14 BauO NW.[457]

VI. Fehlerfolgen

Bei einer Fehlerhaftigkeit der Satzung stellen sich Fragen des Rechtsschutzes, vorrangig aber die nach seiner Einschränkung durch die sogenannten Heilungsvorschriften.

---

[452] So aber *Koch/Molodovsky,* BauO Bay, Art. 91, Anm. 4.1.3.; *Simon,* BauO Bay, Art. 91, Rdnr. 31; *Keller,* Örtliche Bauvorschriften, S. 67, zur Rechtslage in Bayern.

[453] Vgl. *Schmaltz,* a.a.O., S. 217 (219); siehe auch Zweiter Teil, B, I, 1, und II, 3.

[454] Siehe oben, Zweiter Teil, A, II; statt „Anhörung" ein „Einvernehmen" verlangt *Bülow,* Flächen- und bodenbezogener Denkmalschutz, S. 394.

[455] *Mindak/Roseneck,* LK 1978, S. 420 (431); *Böckenförde/Temme,* BauO NW, § 81, Rdnrn. 5, 34, 35.

[456] *Böckenförde/Temme,* a.a.O., § 81, Rdnr. 35; *Rößler,* BauO NW, § 81, S. 490; *Moelle/Rabeneck/Schalk,* BauO NW, § 81, Rdnr. 19; *Bork/Köster,* BauO NW, § 81, Rdnr. 9, S. 371; a.A. *Simon,* BauO Bay, Art. 91, Rdnr. 31; *Bülow,* a.a.O.

[457] Zur Formulierung solcher Klauseln vgl. *Simon,* BauO Bay, Art. 91, Rdnr. 28; *Mindak/Roseneck,* LK 1975, S. 420 (431); siehe oben, Zweiter Teil, A, V, 2.

1. „Heilungsvorschriften"

Erfolgt die Inschutznahme durch eine „sonstige" Gestaltungssatzung, kann die Verletzung aller, aber auch nur der Verfahrens- und Formvorschriften der Gemeindeordnung und der auf ihr beruhenden Rechtsverordnungen[458] nach Ablauf eines Jahres seit ihrer Verkündung nicht mehr geltend gemacht werden, wenn nicht der Gemeindedirektor den Ratsbeschluß vorher beanstandet oder der Mangel ordnungsgemäß gerügt worden ist. Von dieser Heilungsmöglichkeit des § 4 Abs. 6 GO NW ausgeschlossen sind nur das Fehlen der vorgeschriebenen Genehmigung[459] und Fehler bei der öffentlichen Bekanntmachung. Diese verhindern grundsätzlich das Inkrafttreten der Vorschrift, auch wenn lediglich ein Verstoß gegen die auf § 4 Abs. 5 GO NW beruhende BekanntmachungsVO gegeben ist.[460]

Andere Fehler führen dagegen, wenn in der Bekanntmachungsanordnung auf diese Rechtsfolge hingewiesen wird,[461] zwar noch zur Rechtswidrigkeit der Regelung, jedoch kann diese nicht mehr geltend gemacht werden. Die sich aufdrängende Parallele zum Verwaltungsakt überzeugt nicht uneingeschränkt, da Voraussetzung der „Heilung" nicht wie in § 45 VwVfG das Nachholen der fehlenden oder fehlerhaften Handlung ist, sondern schon der bloße Ablauf der Rügefrist genügt. Nach Ablauf eines Jahres seit Vollzug der Bekanntmachung (vgl. § 5 Abs. 1 BekanntmachungsVO) kann die Verletzung der Verfahrens- oder Formvorschrift „nicht mehr geltend gemacht werden", d.h. der Bürger wird mit dem darauf gestützten Einwand vom Richter nicht gehört.[462]

Werden die örtlichen Bauvorschriften als Festsetzungen in den Bebauungsplan aufgenommen, sind gemäß § 81 Abs. 4 2. Halbs. BauO NW auch die Vorschriften des Bauplanungsrechts über die Wirksamkeitsvoraussetzungen anzuwenden. Insoweit gilt das oben[463] bereits zu den Erhaltungssatzungen Gesagte. Allerdings kann hier zusätzlich § 214 Abs. 1 Ziff. 1 BauGB relevant werden, da das Landesrecht auch auf die bundesbaurechtlichen Vorschriften über die Beteiligung der Bürger und der Träger öffentlicher Belange (§§ 2 a Abs. 6, 2 Abs. 5, 13 BBauG bzw. §§ 3, 4, 13 BauGB) verweist. Ihre Verletzung ist grundsätzlich, d.h. außer in den Fällen des § 214 Abs. 1 Ziff. 1 2. Halbs. BauGB, beachtlich.[464]

---

458 Vgl. *Kottenberg/Rehn,* GO NW, § 4, Anm. VI, 2.

459 Für Satzungen nach § 81 BauO NW aufgrund Genehmigungsfreiheit nicht relevant; siehe oben, Zweiter Teil, B, IV.

460 *Kottenberg/Rehn,* GO NW, § 4, Anm. V, 4; vgl. aber auch VGH München. BayVBl. 1974, S. 377; *Hill,* Das fehlerhafte Verfahren, S. 82f.

461 Vgl. § 4 Abs. 6 letzter Satz GO NW und dazu *Kottenberg/Rehn,* GO NW, § 4, Anm. VI, 4.

462 Vgl. *Hill,* DVBl. 1983, S. 1ff., 5ff.; *Ipsen,* Die Verwaltung 1987, S. 477 (485ff.); *Kottenberg/Rehn,* a.a.O., § 4, Anm. VI, 3.

463 Zweiter Teil, A, VI, 1.

464 Einzelheiten bei *Battis,* in: B/K/L, BauGB, § 214, Rdnrn. 3ff.

2. Rechtsschutz

Soweit nicht nach Vorstehendem die Geltendmachung eines Fehlers ausgeschlossen oder dieser unbeachtlich ist, verläuft der Rechtsschutz des Bürgers gegenüber Gestaltungssatzungen in den üblichen Bahnen. In Frage kommt ihre Inzidentkontrolle bei Verpflichtungsklagen auf Erteilung einer Baugenehmigung oder im Rahmen von Anfechtungsklagen gegen eine Verfügung der Bauaufsicht wegen Verstoßes gegen Satzungsbestimmungen.

Ein Normenkontrollantrag ist dagegen in Nordrhein-Westfalen, das von der Ermächtigung in § 47 Abs. 1 Ziff. 2 VwGO keinen Gebrauch gemacht hat, unzulässig. Diese gelegentlich kritisierte,[465] aber verbindliche Entscheidung des Landesgesetzgebers darf grundsätzlich auch nicht dadurch unterlaufen werden, daß das Ziel des Normenkontrollverfahrens nunmehr mit der Feststellungsklage verfolgt wird. Allerdings können mit ihr bestimmte Ge- oder Verbote in Satzungen (wie in Rechtsverordnungen) aufgegriffen werden, wenn das in Frage stehende Rechtsverhältnis durch einen bestimmten, bereits überschaubaren Sachverhalt hinreichend konkretisiert ist. Dann könnte die Klage etwa auf die Feststellung gerichtet sein, daß für die beabsichtigte Maßnahme keine Genehmigungspflicht bestehe, sie also nicht in den durch die örtliche Bauvorschrift erweiterten Kreis der gemäß §§ 60ff., 70 BauO NW erlaubnispflichtigen Vorhaben falle.[466] Unter Beachtung dieser Vorgaben ist eine solche „inzidente Normenkontrolle" im Rahmen der Feststellungsklage bei allen hier behandelten Satzungstypen möglich.[467]

Umgekehrt hat der Bürger keinen Anspruch gegen die Gemeinde auf Satzungserlaß, auch keinen Anspruch gegen die Behörden der Kommunalaufsicht auf Einschreiten gegen gemeindliches Unterlassen. Zum einen kommt eine Schrumpfung des der Gemeinde eingeräumten Ermessens auf die „eine richtige Entscheidung": Satzungserlaß vom Tatsächlichen her kaum in Frage. Daß das Wohl der Allgemeinheit zwingend eine örtliche Bauvorschrift erfordert, mag bei fehlenden Kinderspielplätzen (vgl. § 81 Abs. 1 Ziff. 3 BauO NW) möglich sein, ist aber bei baugestalterischen Belangen in aller Regel ausgeschlossen.[468] Zum anderen bestünde, wenn sich im Einzelfall einmal eine Ausnahme ergeben sollte, für die Kommunalaufsicht bei Vorliegen der gemeinderechtlichen Voraussetzungen zwar die Möglichkeit, auch eine solche Satzung notfalls im Wege der Ersatzvornahme zu erlassen, § 109 GO NW.[469] Ohnehin

---

[465] Siehe unten, Zweiter Teil, C, VI, 1.

[466] Vgl. *Schmittat,* Denkmalschutz und gemeindliche Selbstverwaltung, S. 73, Fn. 286, zum Denkmalbereichsschutz.

[467] Vgl. BVerwG, NJW 1983, S. 2208f.; *Pietzner/Ronellenfitsch,* Assessorexamen, § 7, Rdnr. 26; *Kopp,* VwGO, § 43, Rdnr. 8.

[468] Wohl positiver *Simon,* BauO Bay, Art. 91, Rdnr. 3; *Keller,* Örtliche Bauvorschriften, S. 60f.

[469] *Rauball/Pappermann/Roters,* GO NW, § 109, Rdnr. 5.

auf bloße Rechtmäßigkeitsfragen beschränkt, dient die allgemeine Aufsicht nach den §§ 106 ff. GO NW aber nicht dem einzelnen, sondern ausschließlich dem öffentlichen Interesse an der ordnungsgemäßen Aufgabenerfüllung durch die Kommunen. Aus der in Art. 78 Abs. 4 S. 1 Verf NW, § 9 GO NW zu Recht vorgenommenen Beschränkung der staatlichen Aufsicht auf die reine Legalitätskontrolle[470] folgt für den Bürger, daß er ihr Einschreiten gegen eine Gemeinde, die keine Gestaltungssatzung erlassen will, nicht mit Erfolg verlangen kann.[471]

Abschnitt C

Die Denkmalbereichssatzungen nach §§ 5, 6 DSchG NW

Erörterungen zu den §§ 5 und 6 DSchG NW werden nicht selten mit der Diagnose eingeleitet, daß die dort getroffene Regelung des Ensembleschutzes zu den unklarsten des nordrhein-westfälischen Denkmalrechts gehöre.[472]

Offenbar hat der Gesetzgeber seine erklärte Absicht, die Rechtslage für den Bürger leichter durchschaubar zu machen,[473] hier nur unzureichend in die Tat umgesetzt. Die Schwierigkeiten beginnen bereits mit dem in § 2 Abs. 3 DSchG NW unternommenen Versuch, das in Nordrhein-Westfalen Denkmalbereich, in anderen Bundesländern Gesamtlage, Ensemble, Denkmalzone oder -schutzgebiet und ähnlich benannte Schutzobjekt zu definieren.[474] Eine „bemerkenswerte Fehlleistung" schon deshalb, weil die im ersten Satz dieser Vorschrift mit Denkmalbereichen gleichgesetzten Mehrheiten baulicher Anlagen nicht per se auch tatsächlich solche sind.[475]

Daß es Mehrheiten baulicher Anlagen geben muß, die nicht denkmal(bereichs-)schutzwürdig sind, liegt so offen zutage, daß eine besondere Feststellung dieses Sachverhaltes beinahe überflüssig erscheint. Man mag eine sol-

---

470 Vgl. BVerwG, DÖV 1972, S. 723; auch BVerfGE 31, 33 (42).

471 So die überwiegende Meinung, vgl. nur OVG Münster, OVGE 26, 93; 31, 51; OVG Koblenz, DÖV 1986, S. 152; *Simon*, BauO Bay, Art. 91, Rdnr. 3; *Knemeyer*, in: HdKWP, Bd. 1, S. 265 (270); *Stober*, Kommunalrecht, S. 179; *Erichsen*, Kommunalrecht NW, S. 311.

472 Vgl. *Oebbecke*, Zeitschrift Westfalen 1983, S. 256 (257); *Battis/Schmittat*, NuR 1983, S. 102 (109); *Erbguth/Paßlick/Püchel*, DSchG der Länder, S. 49; *Bülow*, Flächen- und bodenbezogener Denkmalschutz, S. 238; *Schmittat*, Denkmalschutz und gemeindliche Selbstverwaltung, S. 67.

473 Vgl. die Einleitung zum Gesetzentwurf der Fraktionen der SPD und der FDP, LT-Drs. 8/4492, S. 2.

474 Zur Begrifflichkeit der anderen Landesrechte siehe *Erbguth/Paßlick/Püchel*, a.a.O., S. 46f.; *Eberl*, in: *Gebeßler/Eberl*, Baudenkmäler, S. 15; *Bülow*, a.a.O., S. 239f., jeweils mit Nachweisen.

475 *Schmittat*, a.a.O., S. 67, mit Fn. 249, auch zu den anderen Ungereimtheiten des § 2 Abs. 3 DSchG NW; siehe weiterhin unten, Zweiter Teil, C, II, 1.

che verunglückte Formulierung, die offenbar dem an sich lobenswerten Bemühen entspringt, die Gesetzessprache durch Anpassung an die Begrifflichkeit der §§ 1 ff. BauO NW zu vereinheitlichen,[476] noch ohne große Mühe nachbessern können, indem man die am Ende des § 2 Abs. 3 S. 3 DSchG NW genannte Voraussetzung verallgemeinert und die allgemeinen Schutzwürdigkeitskriterien für Denkmäler nach Abs. 1 in die „Definition" des Denkmalbereichs hineinliest.[477] Das ist zur inhaltlichen Auffüllung des blutleeren § 2 Abs. 3 S. 1 DSchG NW möglich und notwendig, unabhängig davon, ob man zugrunde legen will, daß der Denkmalbereich „selbst Denkmal ist" oder nicht,[478] also einen geringeren Zeugniswert genügen läßt, als er bei Einzeldenkmälern verlangt wird.[479] Denn auch die zweite Ansicht muß letztlich, obwohl zum Teil zunächst nur auf § 1 DSchG NW verwiesen wird, auf die Bedeutungsgründe des § 2 Abs. 1 DSchG NW zurückgreifen,[480] da dieser (auch) den dortigen Denkmalbegriff definiert.

Der Denkmalbereich muß demnach grundsätzlich die in dieser Vorschrift genannten Qualitäten aufweisen, auch wenn er quantitativ hinter der für Einzeldenkmäler geforderten Denkmalwertigkeit zurückbleiben dürfen soll. Damit stellen sich hinsichtlich der Rechtsfolgen schwierige Abgrenzungsfragen: Ob die Gegenstände im Denkmalbereich den gleichen Schutz genießen wie die nach § 3 DSchG NW in die Denkmalliste eingetragenen Objekte oder ob der Denkmalbereich eine andersgeartete, mindere Wirkung vermittelt, ist aufgrund des Fehlens eindeutiger gesetzlicher Festlegungen lebhaft umstritten. Die Beantwortung dieser Frage entscheidet vor allem über die Rechtsfolgen einer Inschutznahme durch Denkmalbereichssatzung,[481] könnte aber auch schon bei der Beschreibung des allgemeinen Zwecks der Unterschutzstellung relevant werden, wie sie zunächst versucht werden soll.

I. Zweck und Zulässigkeit von Denkmalbereichssatzungen

Welcher Zweck mit dem Erlaß einer Denkmalbereichssatzung verfolgt werden darf, ist mangels einfachgesetzlicher Aussagen zunächst von den verfassungsrechtlichen Rahmenbedingungen her zu untersuchen. Sie werden durch die eigentumsrechtliche Problematik, die dem Denkmalschutz aber insgesamt

---

[476] *Brönner*, Rheinische Heimatpflege 1981, S. 1; *Battis/Krieger*, DVBl. 1981, S. 479 (481).

[477] *Friauf/Wendt*, Baurechtlicher Denkmalschutz, S. 81; *Feger*, VR 1983, S. 279 (283); *Bülow*, Flächen- und bodenbezogener Denkmalschutz, S. 249f.; *Schmittat*, Denkmalschutz und gemeindliche Selbstverwaltung, S. 67f., mit Fn. 252.

[478] *Gahlen*, StGR 1981, S. 374 (377), und unten, Zweiter Teil, C, V, 2.

[479] Vgl. dazu *Bülow*, a.a.O., S. 249, mit Nachweisen in Fn. 1.

[480] Vgl. etwa M/U/S, DSchG NW, § 2, Rdnrn. 66, 81, § 5, Rdnr. 5.

[481] Siehe unten, Zweiter Teil, C, V.

zu eigen ist und die deshalb an dieser Stelle nicht weiter vertieft werden soll,[482] und das fragliche Verhältnis zum Bundesbaurecht geprägt.

Spiegelbildlich zu dem oben[483] erörterten Vorwurf an den Bundesgesetzgeber, die von ihm geschaffene Ermächtigung zum Erlaß von Erhaltungssatzungen greife in die Länderkompetenz für den Kulturbereich und damit den Denkmalschutz ein, wird, an die Adresse des Landesgesetzgebers gerichtet, davon gesprochen, daß „die Anreicherung des Denkmal-Rechtsbegriffes mit städtebaulichen Komponenten und die Ausdehnung der Schutzaufgaben auf einerseits größere Flächen, andererseits spezifisch städtebauliche Erhaltungsprobleme verfassungsrechtlich bedenklich" sei. Die „landesgesetzliche Regelungsmacht" werde „in Hinblick auf die bodenrechtlichen Bezüge überschritten".[484]

Keines der beiden in diesem Ansatz verwobenen Argumente greift wirklich durch. Die Unterschutzstellung von Denkmalbereichen nach den §§ 2 Abs. 3, 5, 6 DSchG NW schlägt zum einen nicht schon dadurch in eine Materie des Bodenrechts um, daß sie gebietsbezogen (und) durch Rechtssatz erfolgt. Daß die Handlungsform der Satzung der des Bebauungsplanes nach § 10 BauGB entspricht, indiziert zwar eine gewisse sachliche Nähe zur Bauleitplanung,[485] hat darüber hinaus für das Bestehen einer angeblichen Bundeskompetenz aus Art. 74 Nr. 18 GG aber keine Bedeutung. Denn nicht das austauschbare und in anderen Denkmalschutzgesetzen auch abweichend gewählte Instrument der Inschutznahme,[486] sondern die den Vorschriften über den Denkmalbereich zugrunde liegende Zielrichtung und von ihnen ausgehende Wirkung entscheidet über ihre kompetentielle Zuordnung.[487]

In diesem Sinne bezwecken sie aber nicht, wie es das Baurechtsgutachten formuliert hat,[488] die Regelung der unmittelbaren Rechtsbeziehungen des Menschen zum Grund und Boden und wirken sich auch nicht als solche aus. Anders als die in die Zukunft gerichtete (Bauleit-)Planung fragen sie nicht nach dem wünschenswerten Soll-Zustand, sondern gehen von der Ist-Situation

---

[482] Vgl. die §§ 30ff. DSchG NW und dazu: *Oebbecke,* VR 1980, S. 384 (385f.); *Moench,* NJW 1980, S. 1545ff.; *Battis/Schmittat,* NuR 1983, S. 102 (103ff.); *Prahl,* BlGBW 1983, S. 41 (45); *Parodi,* Eigentumsbindung und Enteignung im Natur- und Denkmalschutz; *M. Müller,* Baudenkmalschutz und Eigentumsbeeinträchtigung; auch BVerwG, BRS 47, Nr. 123, S. 323ff.; BGH, BayVBl. 1987, S. 473ff.

[483] Zweiter Teil, A, I, 1, a).

[484] *Watzke,* ZfBR 1981, S. 10ff. (58); ähnlich schon *Gaentzsch,* DAS 1974, S. 273 (278ff.).

[485] OVG Münster, StGR 1984, S. 291f., zu Gestaltungssatzungen, und dazu oben, Erster Teil, A, II, 2.

[486] Siehe oben, Einleitung, A.

[487] Siehe oben, Zweiter Teil, A, I, 1, b), mit Nachweisen; *Erbguth,* DVBl. 1985, S. 1352 (1357); Kummer, Denkmalschutzrecht, S. 105f.; *Bülow,* Flächen- und bodenbezogener Denkmalschutz, S. 67.

[488] BVerfGE 3, 407 (424).

aus, von der her die für und gegen die Inschutznahme sprechenden Argumente zu entwickeln sind.[489]

Zuzugeben ist allerdings, daß § 2 Abs. 1 DSchG NW, der vom Begriff des Denkmalbereiches quasi vorausgesetzt und in ihn „hineinzulesen" ist,[490] auch „städtebauliche Gründe" für die Zuerkennung der Denkmal-(bereichs-)eigenschaft gelten läßt. Diese und die weiteren am Ende des Satzes 2 der Vorschrift aufgezählten Gründe für die Erhaltung und Nutzung eines Objektes sollten jedoch nicht den Blick dafür verstellen, daß es zunächst einmal „bedeutend für die Geschichte (!) des Menschen, für Städte und Siedlungen oder für die Entwicklung der Arbeits- und Produktionsverhältnisse" sein muß, um unter Schutz gestellt werden zu können. Ohne daß es auf die streitigen Einzelheiten des Verhältnisses der beiden die Denkmaleigenschaft konstituierenden Merkmalsgruppen in dieser Norm weiter ankäme,[491] ist daher die Feststellung erlaubt, daß die notwendige kulturhistorische Dimension den Denkmalschutz, auch wenn er für einen ganzen Bereich durch Satzung erfolgt, in Ansatzpunkt und Zielrichtung von städtebaulicher Planung abhebt. Dieser, im Gesetz vielleicht nicht deutlich genug betonte Gesichtspunkt ist seit jeher das zentrale Moment in der Definition des Denkmals gewesen. Mag das nordrhein-westfälische Denkmalschutzgesetz auch einem umfassenderen als dem „klassischen" Denkmalbegriff folgen,[492] hat es sich von diesem Ursprung doch nicht lösen können. Das Kulturhistorische stellt auch heute noch den Kern des Denkmalbegriffes und damit das maßgebliche Kriterium sowohl für die Eintragung von Denkmälern nach § 3 DSchG NW als auch für die Festlegung von Denkmalbereichen dar.[493] „Denkmalschutz hat die Erhaltung baulicher Anlagen aus historischen Gründen im weitesten Sinne im Auge; er will durch sie geschichtliche, insbesondere kunst- oder architekturgeschichtliche Epochen und Ent-

---

489 *Schmittat,* Denkmalschutz und gemeindliche Selbstverwaltung, S. 31ff. (33).

490 Siehe oben, Zweiter Teil, C.

491 Vgl. zu diesem Verhältnis nur BVerwG, BRS 47, Nr. 123, S. 325, und andererseits *Schmittat,* Denkmalschutz und gemeindliche Selbstverwaltung, S. 25 - 27, m.w.N.; *J. Müller,* VR 1987, S. 36 (37). Zur Definition der in § 2 Abs. 1 S. 2 2. Halbs. DSchG NW aufgeführten Gründe vgl. oben, Zweiter Teil, A, II, 2, a), dd) bis ff), und etwa *Gahlen/Schönstein,* DSchG NW, § 2, Rdnr. 14; OVG Lüneburg, NVwZ 1983, S. 231ff.; VGH Mannheim, DVBl. 1988, S. 1219ff.

492 Vgl. nur OVG Münster, BRS 42, Nr. 123, S. 297; *Schmittat,* Denkmalschutz und gemeindliche Selbstverwaltung, S. 39.

493 *Brönner,* DAS 1986, S. 286, insbes. S. 293f.; ders., Rheinische Heimatpflege 1981, S. 1f.; ders., in: Was ist ein Baudenkmal?, S. 12 (15ff.); *Gassner,* VuR 1981, S. 143 (158); *Moench,* NJW 1983, S. 1998 (1999f.); ders. ZfBR 1985, S. 113; ders., NVwZ 1988, S. 304; *Backes,* DAS 1984, S. 241 (243); *Eberl,* BayVBl. 1980, S. 710 (713); ders., BayVBl. 1987, S. 353; *Hartung,* StGB 1989, S. 72; *Dilcher,* Wertschätzung dokumentierter Geschichte, S. 73ff. (76ff.); *Breuer,* in: *Gebeßler/Eberl,* Baudenkmäler, S. 22ff. (39ff.); *Bülow,* Flächen- und bodenbezogener Denkmalschutz, S. 87; *Hönes,* Unterschutzstellung, S. 37; *Stähler,* Denkmalbegriff, S. 158ff. (168f.); M/U/S, DSchG NW, § 2, Rdnr. 44, aber auch § 2, Rdnrn. 6ff.; a. A. *Watzke,* ZfBR 1983, S. 10 (11).

wicklungen, aber auch allgemein- oder sozialgeschichtliche Ereignisse und Zeitabläufe dokumentieren".[494]

Dann, aber auch nur dann, wenn Baulichkeiten eine solche „geschichtliche Funktion"[495] aufweisen, können die anderen in § 2 Abs. 1 S. 2 2. Halbs. DSchG NW aufgeführten Schutzmotive wie die städtebauliche Bedeutung im Rahmen eines „Motivbündels" eine Rolle spielen. So wie bei den auf § 172 Abs. 1 S. 1 Ziff. 1, Abs. 3 BauGB beruhenden Erhaltungssatzungen gerade das Städtebauliche den Oberbegriff bildet,[496] wirkt bei den Denkmalbereichssatzungen die kulturgeschichtliche Kategorie als verbindende Klammer. Der Regelungsbereich der Erhaltungssatzungen ist gegenüber dem der Satzungen zum Denkmalbereichsschutz insofern umfassender, als erstere auch die in § 25 Abs. 2 DSchG NW angesprochene sonstige „erhaltenswerte Bausubstanz", die der genannten Kategorie nicht genügt, aber dennoch zum Beispiel das Ortsbild prägt, sichern kann.[497]

Das Merkmal des Kulturgeschichtlichen leistet gleichzeitig auch die Abgrenzung zur bauordnungsrechtlichen Ortsbildpflege, die – vereinfachend ausgedrückt – „das Schöne" schützen will, während es dem Denkmalschutz um „das Historische" geht, dessen Zeugnisse in ihrer einmaligen unwiederholbaren Originalität erhalten bleiben sollen.[498] Es unterscheidet auch diese beiden Bereiche, markiert die Differenz der mit Gestaltungs- und Denkmalbereichssatzungen jeweils verfolgbaren Ziele selbst dann, wenn man mit der überwiegenden Meinung die Schutzwirkung der letzteren auf das Erscheinungsbild beschränken will, wie es sich bei den erstgenannten von selbst versteht.

Zusammen mit dem (unscharfen) Gegensatzpaar natürliche Umwelt – vom Menschen geschaffene Landschaftsteile (vgl. § 2 Abs. 2 S. 2 DSchG NW)[499] markiert der Auftrag des Denkmalschutzrechts zur dokumentarischen Geschichtsbewahrung schließlich die Grenze zum Naturschutz, der aus ökologischer Sicht auch Eingriffe in die authentische Substanz gestatten kann, wenn durch Ausgleichsmaßnahmen sichergestellt wird, daß im Ergebnis keine Beeinträchtigung des Naturhaushaltes eintreten wird.[500]

---

494 BVerwG, DÖV 1987, S. 966 (967).

495 OVG Münster, NVwZ-RR 1989, S. 463 (464).

496 *Bülow,* Flächen- und bodenbezogener Denkmalschutz, S. 81.

497 Siehe oben, Zweiter Teil, A, II, 2, a); *Schmittat,* Denkmalschutz und gemeindliche Selbstverwaltung, S. 31, Fn. 57.

498 *Eberl,* in: *Gebeßler/Eberl,* Baudenkmäler, S. 16f.; ders. BayVBl. 1980, S. 710 (713); ders., BayVBl. 1987, S. 353; *Gassner,* VuR 1981, S. 143 (144, 158); *Backes,* DAS 1984, S. 241 (243); M/U/S, DSchG NW, § 5, Rdnr. 11, und § 2, Rdnr. 70; vgl. auch schon oben, Zweiter Teil, 1.

499 Siehe dazu oben, Zweiter Teil, 2, und *Bülow,* Flächen- und bodenbezogener Denkmalschutz, S. 92ff. (195ff.); *Hönes,* Unterschutzstellung, S. 24ff.; *Dilcher,* Wertschätzung dokumentierter Geschichte, S. 74ff.

II. Erlaßvoraussetzungen von Denkmalbereichssatzungen

Die bereits angesprochene Unzulänglichkeit der gesetzlichen Begriffsbestimmung des Denkmalbereiches macht eine nähere Untersuchung des eigentlich Gemeinten erforderlich, um so das Anwendungsfeld abzustecken, das den zu seinem Schutz dienenden Satzungen eröffnet ist. Dabei wird zunächst eine allgemeine Beschreibung versucht, bevor auf die einzelnen Beispiele für erhaltungswürdige Gebiete eingegangen wird.

1. Sachlicher Anwendungsbereich

§ 2 Abs. 3 S. 1 DSchG NW nimmt den traditionellen Ensemblebegriff auf, indem er Mehrheiten baulicher Anlagen als mögliche Denkmalbereiche nennt. Als Denkmalbereich kann nach dieser Vorschrift daher eine Mehrheit baulicher Anlagen, die einzeln unterhalb der Bedeutung eines Denkmals liegen können, insgesamt aber ein Denkmal darstellen müssen (Ensemble),[501] in Schutz genommen werden. Dies wird durch § 2 Abs. 3 S. 1 2. Halbs. DSchG NW bestätigt, aber auch eingeschränkt, denn wenn „nicht jede" dazugehörige bauliche Anlage die Voraussetzungen des Absatzes 1 erfüllen muß, zwingt die Sprachlogik den Gegenschluß auf, daß zumindest eine davon ein Denkmal darstellen muß.[502]

Welchen Sinn man dieser Klausel beizulegen hat, war und ist umstritten. Faßt man den ersten Satz des § 2 Abs. 3 DSchG NW als abschließende Definition, die folgende Aufzählung als bloß beispielhaft auf, könnte ein Denkmalbereich immer nur bei Prägung durch ein oder mehrere Baudenkmäler (unter Einbeziehung einiger Nichtdenkmäler) angenommen werden. Diese, zum entsprechenden Art. 1 Abs. 3 DSchG Bayern herrschende Auslegung,[503] hätte entgegen dem Willen des nordrhein-westfälischen Gesetzgebers bedauerliche Lücken zur Folge, da etwa Arbeiterwohnsiedlungen ohne herausragende, denkmalwerte Dominante nicht als Denkmalbereich erfaßt werden könnten.[504]

Will man das vermeiden, kann man die Einschränkung vollkommen ignorieren,[505] setzt sich dann allerdings in offenen Widerspruch zum Normtext. Ele-

---

500 Eingehend *Kummer,* NuR 1986, S. 12 (14f.); siehe unten, Zweiter Teil, D, III, 2, d).

501 *Gahlen/Schönstein,* DSchG NW, § 2, Rdnr. 21; *Brönner,* Rheinische Heimatpflege 1981, S. 1f.; *Schmittat,* Denkmalschutz und gemeindliche Selbstverwaltung, S. 67; M/U/S, DSchG NW, § 2, Rdnr. 66.

502 *Brönner,* a.a.O., S. 1f.

503 Vgl. etwa *Brohm,* DVBl. 1985, S. 593 (596, Fn. 25); *Moench,* ZfBR 1985, S. 113 (115).

504 *Erbguth/Paßlick/Püchel,* DSchG der Länder, S. 49; *Gahlen/Schönstein,* DSchG NW, § 2, Rdnr. 23.

gant und überzeugend erscheint demgegenüber die von Gahlen/Schönstein[506] vorgeschlagene Lösung, nach der die in § 2 Abs. 3 S. 2 und S. 3 DSchG NW genannten „Stadtgrundrisse ... Siedlungen ... bauliche(n) Gesamtanlagen und Einzelbauten" die in Satz 1 getroffene „Definition" nicht nur illustrieren, sondern auch erweitern. Das ist mit dem Wortlaut der Vorschrift vereinbar und eröffnet doch die Gelegenheit zur Erhaltung solcher baulicher Situationen, bei denen jedes einzelne Gebäude für sich betrachtet unterhalb der Schwelle der Denkmalwürdigkeit bleibt. Ohnehin steht ja die Möglichkeit, auch Einzelbauten als Denkmalbereich unter Schutz stellen zu können, in einem gewissen Widerspruch zur „Grunddefinition" des § 2 Abs. 3 S. 1 DSchG NW.[507]

Legt man dies zugrunde, geht der Begriff des Denkmalbereichs sachlich über den des Ensembles im herkömmlichen Sinn hinaus, indem er dort, wo er nicht nur eine Mehrheit von baulichen Anlagen erfaßt, auf das Kriterium verzichtet, daß mindestens ein Denkmal im Schutzbereich vorhanden sein muß. Die besondere Qualität, die den Denkmalbereich vor anderen, nicht schützenswerten Baugebieten auszeichnet, liegt deshalb nicht (immer) darin, daß er ein eigentliches Denkmal umgibt, sondern im Einander-Zugeordnetsein der Gebäude, in dem durch ein einheitsstiftendes Element vermittelten baulichen Zusammenhang.[508]

Unter Beachtung dieser Maßgaben können neben den ensemblebildenden Mehrheiten baulicher Anlagen nach § 2 Abs. 3 S. 1 DSchG NW auch die in Satz 2 und 3 der Vorschrift aufgereihten Objekte durch Satzung als Denkmalbereich geschützt werden. Sie überschneiden sich nicht nur mit dem Ensemblebegriff, sondern auch untereinander, wie bei der folgenden kurzen Einzelerörterung zu zeigen sein wird.

a) Stadtgrundriß

Der Stadtgrundriß ist die durch den typischen Parzellenrhythmus, die Abfolgen von bebauten und freien Flächen sowie Straßen und Verkehrsanlagen gekennzeichnete flächige Erscheinungsform einer Siedlung. Erhaltenswert ist er dann, wenn sich an ihm eine historische Entwicklung aufzeigen läßt,

---

505 So wohl *Bülow,* Flächen- und bodenbezogener Denkmalschutz, S. 254; *Erbguth/Paßlick/Püchel,* DSchG der Länder, S. 49, mit weiteren Nachweisen.

506 DSchG NW, § 2, Rdnr. 23; zustimmend *Oebbecke,* Zeitschrift Westfalen 1983, S. 256 (257); *Schmittat,* Denkmalschutz und gemeindliche Selbstverwaltung, S. 70, Fn. 264; MLS, Denkmalschutz, S. 14; M/U/S, DSchG NW, § 2, Rdnr. 68, und § 5, Rdnr. 7.

507 *Erbguth/Paßlick/Püchel,* a. a. O., S. 50; vgl. unten, Zweiter Teil, C, II, 1, f).

508 *Gahlen/Schönstein,* DSchG NW, § 2, Rdnr. 23; *Schmittat,* Denkmalschutz und gemeindliche Selbstverwaltung, S. 67; im Ansatz auch *Brohm,* DVBl. 1985, S. 593 (596); *Breuer,* in: *Gebeßler/Eberl,* Baudenkmäler, S. 22ff. (33f.).

etwa die Hinführung des Stadtgefüges zum Markt als dem Mittelpunkt bürgerlicher Stadtkultur.[509]

Er kann aber auch dann schutzwürdig sein, wenn er – wie das fächerförmige Straßennetz Karlsruhes oder die quadratisch angelegte Innenstadt Mannheims – charakteristisch für eine Epoche ist.[510] Als Beispiele aus der jüngeren Vergangenheit für eine solche, am Grundriß ablesbare Baugesinnung einer ganzen Ära sei auf manche Siedlungen der fünfziger Jahre hingewiesen, die dem damals gültigen Konzept des „fließenden" Raumes, der Einbettung der Straßen und der als „städtebaulichen Dominanten" gedachten Einzelbauten folgten.[511]

b) Stadt- und Ortsbild

Das Denkmalschutzgesetz verwendet hier aus anderen Rechtsgebieten bekannte Begriffe. Was gemeint ist, kann den obenstehenden Ausführungen zu den Erhaltungs- und zu den Gestaltungssatzungen entsprechend entnommen werden.[512]

c) Silhouette

Die Silhouette bezeichnet den zweidimensionalen Umriß der Stadt aus der Ferne, der unter ähnlichen Voraussetzungen wie ihr Grundriß Schutz verdient.[513]

d) Stadtteile, Stadtviertel, Siedlungen, Gehöftgruppen und Straßenzüge

Gemeint sind bebaute städtische oder ländliche Bereiche in ihrer konkreten topographischen Gestalt einschließlich der zugehörigen Freiflächen und Verkehrsanlagen. In Frage kommt beispielsweise eine Arbeitersiedlung, die durch Gebäudeanordnung, Straßen- und Platzraum einschließlich der Gärten

---

[509] Vgl. *Borchers,* LK 1975, S. 306; *Kiesow,* Denkmalpflege, S. 79.

[510] Vgl. *Brohm,* DVBl. 1985, S. 593 (596); *Bülow,* Flächen- und bodenbezogener Denkmalschutz, S. 242 und 254, mit Nachweisen; *Stich,* in: *Salzwedel,* Umweltrecht, S. 171 (234); *Brönner,* Rheinische Heimatpflege 1981, S. 1f.; M/U/S, DSchG NW, § 2, Rdnr. 69.

[511] Vgl. *Durth/Gutschow,* Architektur und Städtebau der fünfziger Jahre, S. 30ff. (33).

[512] Siehe oben, Zweiter Teil, A, II, 2, a), aa), und B, III, 2; M/U/S, DSchG NW, § 2, Rdnr. 70.

[513] Vgl. *Bülow,* Flächen- und bodenbezogener Denkmalschutz, S. 242 und 255. (Negativ-)Beispiele bei *Kiesow,* Denkmalpflege, S. 81, und (Beispiel Bonn) *Borchers,* LK 1975, S. 306.

als Einheit erscheint[514] oder als Gehöftgruppe etwa ein denkmalwerter Hof mit Umgebung, d. h. Zufahrt, Koppeln und Hecken, der ebenfalls als Gesamtheit unter Schutz gestellt werden kann.[515]

e) Gesamtanlagen

Der sich vielfach mit den bereits genannten Beispielen für Denkmalbereiche überschneidende Auffangbegriff der baulichen Gesamtanlage soll eine eigene Bedeutung etwa auch bei Industriebereichen und Verkehrsanlagen haben. Als kennzeichnend wird die Beziehung der einzelnen Teile der Gebäudegruppe auf die gemeinsame „Mitte" angesehen,[516] wie etwa bei einem Schloß oder einer Burg mit Nebengebäuden.[517]

f) Einzelbauten

Welcher Sinn der Möglichkeit zukommt, die zunächst doch gerade im Gegensatz zur „Mehrheit baulicher Anlagen" nach § 2 Abs. 3 S. 1 DSchG NW zu sehenden Einzelbauten als Denkmalbereich festsetzen zu können, wird unterschiedlich beantwortet. Zum Teil wird gerade an dieser Bestimmung die „Erscheinungsbildlösung" festgemacht: Nur dieses sei im Denkmalbereich geschützt, während beim Denkmal zusätzlich die historische Substanz konserviert werden solle. Verlange das öffentliche Interesse bei einem Einzelgebäude nur die Erhaltung des äußeren Erscheinungsbildes, sei deshalb die Ausweisung als Denkmalbereich der vom Gesetz gewiesene, geeignete und verhältnismäßige Weg.[518]

Damit wären die beiden Schutzinstrumente des § 2 DSchG NW bei Einzelbauten und – wie zu zeigen sein wird –[519] auch bei Gebäudemehrheiten grundsätzlich austauschbar, nur durch einen unterschiedlichen Wirkungsgrad voneinander geschieden. So formuliert Schmittat[520] ausdrücklich, daß sich das Baudenkmal und der Denkmalbereich nur „durch ihre Schutzrichtung und die damit verbundene Schutzintensität" unterschieden. Dagegen wird zu Recht

---

514 *Gahlen,* StGR 1981, S. 374 (377).

515 *Bülow,* Flächen- und bodenbezogener Denkmalschutz, S. 243 und 255; *Kiepe,* DST 1983, S. 409 (410).

516 *Gahlen / Schönstein,* DSchG NW, § 2, Rdnr. 24; *Bülow,* a. a. O., S. 243; M/U/S, DSchG NW, § 2, Rdnr. 72.

517 *Kiepe,* DSt 1983, S. 409 (410); vgl. auch *Stich,* in: *Salzwedel,* Umweltrecht, S. 234.

518 *Gahlen / Schönstein,* DSchG NW, § 2, Rdnr. 24; *Oebbecke,* VR 1980, S. 384 (387); ders., Zeitschrift Westfalen 1983, S. 256 (257); M/U/S, DSchG NW, § 2, Rdnr. 73.

519 Siehe unten, Zweiter Teil, C, V, 2).

520 *Schmittat,* Denkmalschutz und gemeindliche Selbstverwaltung, S. 70.

eingewandt, das laufe auf die Bildung einer schwächer und einer stärker geschützten Denkmälergruppe hinaus, obwohl doch der nordrhein-westfälische Gesetzgeber auf eine solche Klassifizierung augenscheinlich habe verzichten wollen.[521] Vor allem ergibt sich aber ein auffälliges Mißverhältnis zwischen dem verfahrensmäßigen Aufwand und dem Resultat: Es wäre geradezu absurd, ein einzelnes Bauwerk lediglich in seinen äußerlich in Erscheinung tretenden Teilen in dem aufwendigen förmlichen Verfahren des § 6 DSchG NW unter Schutz zu stellen, während die regelmäßig belastendere Substanzerhaltung selbst bei ausgedehnten Gebäudegruppen durch einfachen Verwaltungsakt im Wege der Eintragung in die Denkmalliste bewirkt werden könnte.[522] Ohnehin bietet sich ja der Ausweg an, in der Form des § 3 DSchG NW nur die Fassade o.ä. eines Gebäudes zu erfassen, wenn es allein um die Wahrung des Erscheinungsbildes geht.[523]

Die fragwürdige Möglichkeit, Einzelbauten als Denkmalbereiche durch Satzung in Schutz zu nehmen, wird nur durch einen Blick in die Gesetzgebungsgeschichte erhellt. Die ursprüngliche Formulierung in § 2 Abs. 3 S. 2 des Entwurfes der Regierungsfraktionen lautete „... bauliche Gesamtanlagen und Einzelbauten mit den sie umgebenden Flächen (Ensembles)“.[524] Sie zeigt eindeutig, daß es dem Gesetzgeber bei Einführung des Denkmalbereichsschutzes nicht um das isolierte Einzelbauwerk, sondern um dieses in der Einheit mit seiner Umgebung ging, ein Gedanke, der durch die Erhebung der Umgebung zu einem selbständigen Schutzobjekt in der nun geltenden Gesetzesfassung verschüttet worden ist.[525] Zu Recht beschreibt daher Kiepe[526] Einzelbauten als Denkmalbereiche, „soweit (!) es dabei um eine über das eigentliche Gebäude hinausgehende erhaltenswerte Situation geht, wie zum Beispiel die Einbindung in eine Park- oder Gartenanlage“.

g) Umgebung

Als möglichen Denkmalbereich nennt § 2 Abs. 3 S. 2 DSchG NW schließlich die engere Umgebung – aller –[527] vorgenannten Objekte, sofern sie für deren Erscheinungsbild bedeutend ist. Man kann sie zwanglos mit der für das Erscheinungsbild notwendigen Umgebung gleichsetzen, wie sie in § 5 Abs. 2

---

521 *Erbguth/Paßlick/Püchel,* DSchG der Länder, S. 51 und S. 22f.

522 *Erbguth/Paßlick/Püchel,* a.a.O., S. 51.

523 *Erbguth/Paßlick/Püchel,* a.a.O; MLS, Denkmalschutz S. 35; *J. Müller,* VR 1987, S. 36 (38, mit Nachweisen); M/U/S, DSchG NW, § 5, Rdnr. 3; § 2, Rdnrn. 16, 17; vgl. auch OVG Münster, NVwZ-RR 1989, S. 463ff.

524 LT-Drs. 8/4492, S. 7.

525 *Bülow,* Flächen- und bodenbezogener Denkmalschutz, S. 243.

526 *Kiepe,* DST 1983, S. 409 (411), Hervorhebung vom Verf.; vorsichtiger M/U/S, DSchG NW, § 2, Rdnr. 73.

527 *Gahlen/Schönstein,* DSchG NW, § 2, Rdnr. 35; *Bülow,* a.a.O., S. 244.

S. 3 DSchG NW zur räumlichen Umgrenzung des Denkmalbereichs nennt und durch Klammerzusatz als „Freiräume, Freiflächen, Sichtbezüge" definiert. Die beiden erstgenannten Begriffe bezeichnen alle nicht mit Bauwerken bestandenen Flächen, wie Grünflächen, Vor- und Marktplätze, die in die Konzeption einer Anlage einbezogen sind. Als Sichtbezüge werden Bereiche vor und hinter dem Objekt erfaßt, die in enger optischer Beziehung zu ihm seine Lage und Wirkung im Raum kennzeichnen.[528] Als klassische Beispiele für geplante, bedeutungssteigernde stadträumliche Bezüge werden etwa die Lage der Kaiser-Wilhelm-Gedächtniskirche am Ende des Kurfürstendamms in Berlin oder in Hannover die Plazierung der evangelischen Markuskirche in den Knickpunkt der Hohenzollernstraße genannt.[529]

h) Handwerkliche und industrielle Produktionsstätten

§ 2 Abs. 3 S. 3 DSchG NW stellt (ebenfalls) solche Anlagen besonders heraus, bei denen eine Produktionsstätte und die sie umgebenden Flächen sichtbar aufeinander bezogen sind. Zur Verdeutlichung werden das mit Wasserkraft betriebene Hammerwerk am Bach, der in den Berg getriebene Stollen u.ä. aufgeführt.[530]

2. Räumlicher Anwendungsbereich

Der Zuschnitt des Denkmalbereichs wird davon bestimmt, wie weit der Eindruck einer geschlossenen Anlage reicht. Nicht erforderlich ist, daß seine Bestandteile dem gleichen oder einem verwandten Baustil angehören.[531] Auch Gebäude ohne eigenen bauhistorischen oder baukünstlerischen Wert können einbezogen werden, wenn sie zum Eindruck der Geschlossenheit beitragen und das Bild der Einheit positiv beeinflussen.[532]

Wenn dazu angemerkt wird, nur unter Beachtung dieser Leitlinie sei eine Abrundung des Regelungsgebiets zulässig, d.h. sie müsse gegenüber der bei Satzungen nach § 172 BauGB möglichen Grenzziehung weniger großzügig

528 Ausführlich mit Nachweisen *Bülow,* Flächen- und bodenbezogener Denkmalschutz, S. 244 - 247, und S. 255f.; *Gahlen/Schönstein,* DSchG NW, § 2, Rdnr. 25; M/U/S, DSchG NW, § 2, Rdnrn. 74ff.; vgl. auch *Schmittat,* Denkmalschutz und gemeindliche Selbstverwaltung, S. 73f.

529 Mit weiteren Beispielen *Kiesow,* Denkmalpflege, S. 82f.

530 *Gahlen/Schönstein,* a.a.O., § 2, Rdnr. 26; *Bülow,* a.a.O., S. 247. Vgl. allgemein zu den Merkmalen schutzwürdiger Ensembles auch die Empfehlungen des Landesdenkmalrats in Bayern, LK 1978, S. 432, sowie *Brönner,* in: Was ist ein Baudenkmal?, S. 11ff.

531 *Moench,* NJW 1983, S. 1998 (2201); ders., ZfBR 1985, S. 113 (115).

532 OVG Lüneburg, BRS 44, Nr. 120, S. 288, mit Nachweisen; *Bülow,* Flächen- und bodenbezogener Denkmalschutz, S. 253 und S. 184f.; *Moench,* NJW 1983, S. 1998 (2001); ders., ZfBR 1985, S. 113 (115); ders., NVwZ 1988, S. 304 (307).

bleiben,[533] sollte nicht aus dem Blick geraten, daß diese Frage beim Denkmalbereich durch die mögliche Einbeziehung auch der Umgebung von vornherein entschärft ist. Genau wie bei den Erhaltungssatzungen spielt es dagegen für die Festlegung des Denkmalbereichs grundsätzlich keine Rolle, ob ein darin gelegenes Grundstück im (un-)beplanten Innenbereich oder im Außenbereich liegt[534] oder im Eigentum der öffentlichen Hand steht: Das Gesetz differenziert insoweit nicht, erst bei den Rechtsfolgen kann § 9 Abs. 3 DSchG NW zu beachten sein, wenn in einem anderen Verwaltungsverfahren über die Durchführung einer erlaubnispflichtigen Maßnahme auf dem Grundstück zu entscheiden ist. An die im folgenden darzustellenden materiellen Anforderungen des Landesrechts bzw. der darauf beruhenden Schutzvorschriften der Gemeinden bleiben allerdings auch hoheitlich handelnde (andere) Behörden grundsätzlich gebunden. Nach der Rechtsprechung des Bundesverwaltungsgerichts[535] hat das Prinzip der Polizeipflichtigkeit (auch) von Hoheitsträgern etwa im Verhältnis von Bundesbahn und Denkmalschutz zur Folge, daß die denkmalrechtlichen Belange im bahnrechtlichen Planfeststellungsverfahren – wie § 36 Abs. 1 BBahnG nunmehr ausdrücklich klarstellt – mit im Einzelfall kollidierenden öffentlichen Interessen abzuwägen sind.[536]

III. Inhaltliche Ausgestaltung der Denkmalbereichssatzungen

Wie bei den zuvor bereits vorgestellten Satzungstypen stehen auch bei den Denkmalbereichssatzungen auf der Tatbestandsseite der Ermächtigung durch die §§ 5, 6, 2 Abs. 3 in Verbindung mit § 2 Abs. 1 DSchG NW unbestimmte (gerade hier sich vielfach überschneidende) Rechtsbegriffe, die der rechtsetzenden Gemeinde bei der Entscheidung über den Satzungserlaß keinen der gerichtlichen Überprüfung entzogenen Beurteilungsspielraum eröffnen.[537]

1. Entscheidungsmaßstäbe

Es bleibt wiederum die Frage, ob der Gemeinde denn auf der Rechtsfolgenseite ein Gestaltungsspielraum, die Möglichkeit der nur eingeschränkt justizia-

---

533 *Bülow,* Flächen- und bodenbezogener Denkmalschutz, S. 362 und S. 184; vgl. oben, Zweiter Teil, A, II, 1.

534 Differenzierend M/U/S, DSchG NW, § 5, Rdnr. 5.

535 Vgl. zu Denkmalschutz und Bundesbahn etwa OVG Münster, DÖV 1984, S. 475f., bestätigt durch BVerwG, BRS 42, Nr. 140, S. 319ff.; OVG Lüneburg, BRS 47, Nr. 126, S. 330ff.; *Stähler,* Denkmalbegriff, S. 169ff.; *Moench,* ZfBR 1985, S. 113, 115, 164.

536 Vgl. *Fluck,* NJW 1987, S. 2352ff.; *Salzwedel,* NuR 1984, S. 165ff. (172ff.).

537 Allgemeine Meinung, vgl. nur BVerwG, BRS 47, Nr. 123, S. 325; *Moench,* NJW 1983, S. 1998 (2000); *J. Müller,* VR 1987, S. 36, mit Nachweisen; *Stähler,* Denkmalbegriff, S. 38ff.; für Denkmalbereiche selbst *Schmittat,* Denkmalschutz und gemeindliche Selbstverwaltung, der bei Denkmälern einen Beurteilungsspielraum annimmt: S. 83 gegen S. 31ff.

blen Abwägung verschiedener Gesichtspunkte im Erlaßverfahren eingeräumt ist. Sie soll auch wieder an dieser Stelle erörtert werden, obwohl sie an sich nicht nur den Satzungsinhalt beeinflußt, sondern auch eine formell ordnungsgemäße Entscheidungsfindung betrifft. Diese Behandlung der Methodenfrage scheint geboten, da das „Wie" der Entscheidungsfindung eine Antwort verlangt, bevor man mögliche Festsetzungen als Ergebnis dieses Findungsprozesses darstellt.

a) Kreis der (un-)beachtlichen öffentlichen Interessen im Sinne des § 2 Abs. 1 DSchG NW

Vorab soll allerdings eine zum Teil zwar gleichfalls unter dem Stichwort „Abwägung" abgehandelte, jedoch an sich noch zu den tatbestandlichen Voraussetzungen[538] eines Denkmals und damit eines Denkmalbereichs gehörende Streitfrage angesprochen werden. Sie dreht sich darum, ob und inwieweit auch gegen eine Unterschutzstellung als Denkmalbereich sprechende Momente wie ein schlechter Erhaltungszustand oder die fragliche Erhaltbarkeit eines Bauwerks,[539] der finanzielle Aufwand des privaten oder öffentlichen Eigentümers und seine sonstigen Vermögensinteressen[540] oder die Kollision mit anderweitigen Planungsvorstellungen der Gemeinde,[541] in die Feststellung des öffentlichen Interesses an der Erhaltung und Nutzung im Sinne des § 2 Abs. 1 S. 1 DSchG NW einfließen können oder müssen. Sie ist im Ergebnis zu verneinen, da diese Vorschrift schon nach ihrem Wortlaut die Bejahung des Erhaltungswertes allein von der Prüfung positiver, für die Konservierung sprechender Umstände abhängig macht und die genannten negativen Motive außer Betracht läßt.[542]

Das erscheint auch sach- und systemgerecht, da für ihre Berücksichtigung § 9 Abs. 2 Buchstabe b) DSchG NW als „Kollisionsnorm" bestimmt ist. Die widerstreitenden Belange sind grundsätzlich nicht bereits bei der Frage, ob überhaupt ein Denkmal bzw. ein Denkmalbereich vorliegt, „begriffsintern" mit abzuwägen, sondern fließen erst – nachdem sie bejaht ist – in die weitere

---

538 Vgl. VGH Mannheim, BRS 44, Nr. 121, S. 290.

539 Zum Pro und Contra vgl. nur OVG Lüneburg, NJW 1980, S. 307 (308), und BRS 42, Nr. 141, S. 320ff.; OVG Münster, BRS 44, Nr. 123, S. 297; OVG Berlin, BRS 44, Nr. 122, S. 292-LS; VGH München, BayVBl. 1987, S. 597; *J. Müller,* VR 1987, S. 36 (39); *Moench,* ZfBR 1985, S. 113 (115); ders., NVwZ 1988, S. 304 (306).

540 Vgl. OVG Lüneburg, NJW 1980, S. 307 (308); VGH Mannheim, BRS 44, Nr. 121, S. 290f.; VGH Kassel, DVBl. 1985, S. 1187; VGH München, a.a.O.; *Moench,* a.a.O.; ders., a.a.O., S. 304 (306f.).

541 Vgl. *Schmittat,* Denkmalschutz und gemeindliche Selbstverwaltung, S. 31ff., und oben, Zweiter Teil, C, I.

542 *Schmittat,* a.a.O., S. 28f.; *Gahlen/Schönstein,* DSchG NW, § 2, Rdnr. 3; VGH Mannheim, BRS 44, Nr. 121, S. 290, zur Rechtslage in Baden-Württemberg; vgl. auch vorstehende Fußnoten.

Entscheidung ein, ob an dem Denkmal bzw. in dem Denkmalbereich eine bestimmte Maßnahme erlaubt werden kann.[543]

Diese Ausklammerung bestimmter Aspekte bei der Inschutznahme des Denkmalbereichs, ihre Berücksichtigung auf individueller Ebene, wenn später im Einzelfall über die Erteilung oder Versagung der Genehmigung bestimmter Maßnahmen bzw. über das Bestehen von Übernahme- und Entschädigungsansprüchen der Eigentümer[544] im Erhaltungsgebiet zu befinden ist, bietet Parallelen zum Ablaufprogramm der Unterschutzstellung durch Satzung nach § 172 BauGB,[545] die auch hier mit dem Bild der „Zweistufigkeit" veranschaulicht werden.[546]

Die Vergleichbarkeit beider Schutzinstrumente endet jedoch, wie sogleich gezeigt wird, wenn die Frage, ob denn eine erhaltenswerte Situation vorliegt, (bejahend) beantwortet ist. Anders als dort eröffnet sich den Gemeinden beim Erlaß von Denkmalbereichssatzungen als Rechtsfolge der Denkmalbereichseigenschaft kein Freiraum für die Betätigung legislatorischen Ermessens.

b) Gebundene Entscheidung über den Satzungserlaß

Gemäß § 5 Abs. 1 S. 1 DSchG NW „werden" Denkmalbereiche durch Satzung der Gemeinde unter Schutz gestellt. Vergleichbar mit den Denkmälern, die nach § 3 Abs. 1 S. 1 DSchG NW bei Vorliegen der begrifflichen Voraussetzungen in die Denkmalliste einzutragen „sind", unterliegen somit auch Denkmalbereiche einer Pflicht zur Unterschutzstellung, wenn nach Maßgabe des bisher Erörterten die Merkmale des § 2 Abs. 3 DSchG NW erfüllt sind.[547]

Schon der Wortlaut des § 5 DSchG NW ist eindeutig. Die grundsätzlich zulässige weitere Deutung, das Schwergewicht dieser Vorschrift liege auf der

---

[543] Umfassend *Schmittat,* Denkmalschutz und gemeindliche Selbstverwaltung, S. 27ff., 34ff., 68; aber auch VGH Mannheim, BRS 44, Nr. 121, S. 290f., und BauR 1989, S. 70 (71); VGH Kassel, NVwZ 1986, S. 237; OVG Berlin, NVwZ 1986, S. 239; *Gahlen/Schönstein,* a. a. O.; M/U/S, DSchG NW, § 2, Rdnr. 3, mit Nachweisen; *Battis/Schmittat,* NuR 1983, S. 102 (107ff.); *Moench,* NJW 1983, S. 1998 (1999); ders., NVwZ 1988, S. 304 (306f.); *J. Müller,* VR 1987, S. 36 (39); Darmstadt, VR 1987, S. 235 (236); a. A. *Rothe,* DSchG NW, § 3, Rdnr. 6.

[544] Siehe dazu unten, Zweiter Teil, C, V, 1.

[545] Siehe oben, Zweiter Teil, A, III, 1.

[546] Vgl. nur *Hönes,* NVwZ 1986, S. 190ff.; *J. Müller,* VR 1987, S. 36 (38f.); *Schmittat,* Denkmalschutz und gemeindliche Selbstverwaltung, S. 26; auch OVG Münster, DÖV 1985, S. 158 (160), zum Eintragungsverfahren bei Denkmälern; a. A. Darmstadt, VR 1987, S. 235ff., mit Nachweisen: „Zwei Verfahren".

[547] *Brönner,* Rheinische Denkmalpflege 1981, S. 1 (4f.); *Prahl,* BlGBW 1983, S. 41; Darmstadt, VR 1987, S. 235 (236); *Kummer,* Denkmalschutzrecht, S. 96f., Fn. 102; *Gahlen/Schönstein,* DSchG NW, § 3, Rdnr. 2; *Schmittat,* Denkmalschutz und gemeindliche Selbstverwaltung, S. 71 und 81f.; zu anderen Landesrechten auch OVG Koblenz, DVBl. 1984, S. 286; VGH Mannheim, BRS 44, Nr. 121, S. 290.

Einführung der Satzung als Schutzinstrument, nicht in der Festlegung des Entscheidungsmaßstabs, verbietet sich, solange sie nicht auch entsprechend für die strukturgleiche Bestimmung über die Eintragung der Denkmäler als verbindlich erachtet wird.

Dennoch wird versucht, die Satzungsermächtigung als „kann" –[548] oder wenigstens als „soll" – Bestimmung zu lesen,[549] um den Gemeinden ein (eingeschränktes) Ermessen zu eröffnen. Eine tragfähige Begründung dafür läßt sich angesichts der gleichermaßen imperativen Sprache weder aus dem angeblichen Gegensatz der §§ 3 Abs. 1 S. 1 und 5 Abs. 1 S. 1 DSchG NW entnehmen[550] noch aus der „kann"-Formulierung des § 5 Abs. 4 S. 2 DSchG NW, der die Aufsichtsbefugnisse der Oberen Denkmalbehörde regelt. Daß hier (entsprechend den allgemeinen, etwa auch dem „kann" in § 112 GO NW zugrunde liegenden Regeln) Ermessen bezüglich des Einschreitens gegen die säumige Gemeinde eingeräumt wird,[551] läßt deren Verpflichtung zur Inschutznahme nicht entfallen, sondern setzt im Gegenteil eine solche Pflichtenstellung, deren Verletzung die Aufsichtsbehörde ja erst zum Einschreiten ermächtigt, geradezu voraus.[552]

Schließlich verfängt auch das dritte, aus der Rechtsform der Unterschutzstellung abgeleitete Argument für eine Ermessensausübung der Gemeinde nicht. Zwar läßt sich Satzungsgebung, wie erwähnt, mit Schmidt-Aßmann[553] prinzipiell als Ausnutzung eines Gestaltungsspielraumes beschreiben, „der ihren Kern ausmacht und dem Gesetzgeber wie den Gerichten gegenüber besteht. Dieser Spielraum ergibt sich in der Praxis schon aus der Struktur der satzungsdirigierenden Rechtsnormen, die durchgängig dem Typus final-programmierender Normen angehören. Speziell für die gemeindliche Satzungsbefugnis folgt er normativ zudem aus der Selbstverwaltungsgarantie." Der Erlaß von Denkmalbereichssatzungen stellt jedoch gerade die Ausnahme von dieser Regel dar: Wie dargelegt, deutet die konkrete Ausgestaltung der Ermächtigungsnorm auf eine gebundene Entscheidung über den Satzungserlaß hin. Aber auch der Garantie gemeindlicher Selbstverwaltung läßt sich hier nichts

---

548 *Rothe,* DSchG NW, § 3, Rdnrn. 6, 14; M/U/S, DSchG NW, § 6, Rdnrn. 5 a)ff.; wohl auch *Dittus,* StGB 1980, S. 297 (298); OVG Bremen, NVwZ 1983, S. 234, zum bremischen Landesrecht; allgemein *Moench,* ZfBR 1985, S. 113 (116); ders., NVwZ 1988, S. 304 (308).

549 *Bülow,* Flächen- und bodenbezogener Denkmalschutz, S. 258f., 261f.

550 Vgl. *Prahl,* BlGBW 1983, S. 41, gegen *Bülow,* a.a.O.

551 So etwa auch VerfGH NW, NWVBl. 1988, S. 11 (12), zum strukturgleichen § 42 a LG NW.

552 Zur Bewertung der Aufsichtsbefugnisse vgl. *Oebbecke,* VR 1980, S. 384 (387); *Prahl,* BLGBW 1983, S. 41, Fn. 6; *Schmittat,* Denkmalschutz und gemeindliche Selbstverwaltung, S. 81ff.; auch *Brohm,* DVBl. 1985, S. 593 (598), und oben, Erster Teil, A, III, 5; a.A. *Bülow,* Flächen- und bodenbezogener Denkmalschutz, S. 258f.

553 *Schmidt-Aßmann,* Kommunale Rechtsetzung, S. 11, und dem folgend oben, Zweiter Teil, III; ausdrücklich darauf Bezug nehmend auch *Schmittat,* a.a.O., S. 81.

Gegenteiliges entnehmen, da der Erlaß von Denkmalbereichssatzungen in Nordrhein-Westfalen nicht als Selbstverwaltungsangelegenheit ausgestaltet ist, sondern den Gemeinden als Pflichtaufgabe zur Erfüllung nach Weisung obliegt.[554]

Insofern wird denn auch die Bedeutung des Aufgabentyps verkannt, wenn diese Ausgestaltung des Schutzes von Denkmalbereichen als „in sich nicht stimmige Rechtskonstruktion" kritisiert wird.[555] Der nordrhein-westfälische Gesetzgeber hat vielmehr der gemeindlichen Satzungsgebung hier ein „Zusatzfeld" im traditionell staatlichen Bereich des Denkmalschutzes eröffnet. Nur konsequent hat er eine außerhalb der Selbstverwaltung liegende Satzungsgebung erlaubt und gleichzeitig die Wege für ein aufsichtsbehördliches Eingreifen bei nicht ordnungsgemäßer Aufgabenerfüllung offengehalten: Ein Versuch, den Gefahren der grundsätzlich gemeindefreundlichen Zuständigkeitsverteilung durch ein System von „checks and balances" zu begegnen.[556]

Im Ergebnis ist die Gemeinde deshalb in Hinblick auf das „Ob" des Satzungserlasses gebunden. Sie muß sich im Konfliktfall nicht nur von den Verwaltungsgerichten, sondern auch von ihrer Aufsichtsbehörde sagen lassen, ob und daß ein Denkmalbereich vorliegt. Hält diese ihn nämlich für gegeben und die Inschutznahme folglich für geboten, kann sie ihre Auffassung durch Verordnungsgebung gemäß § 5 Abs. 4 DSchG NW durchsetzen. Aber auch das „Wie", der Umfang der Erhaltungsanordnung ist nicht der gemeindlichen Eigenverantwortung unterstellt, da die Obere Denkmalbehörde gemäß § 5 Abs. 3 lit. c) DSchG NW die Genehmigung ihr nicht als ausreichend erscheinender Satzungen verweigern kann. Schließlich kann die Gemeinde auch nicht über das „Wann" der Unterschutzstellung frei disponieren, etwa mit dem Hinweis, gegenwärtig drohe dem betreffenden Denkmalbereich keine Gefahr. Denn die (sonder-)aufsichtsbehördliche Befugnis zum Eingreifen nach § 5 Abs. 4 DSchG NW setzt tatbestandlich nur das Vorliegen eines Denkmalbereichs im Sinne des § 2 Abs. 3 DSchG NW voraus, nicht auch den Eintritt einer Gefährdungslage.[557]

Rechtlich steht den Gemeinden damit weder auf der Tatbestands-, noch auf der Rechtsfolgenseite ein Spielraum offen. Rein tatsächlich verfügen sie aber durch die grundsätzliche Zuordnung der Aufgabe Denkmalbereichsschutz über gewisse Toleranzen, da die Materie praktisch ihrem ersten Zugriff unterliegt. Der zu erwartende zurückhaltende, stets dem Gebot der Verhältnismäßigkeit des Eingriffs verpflichtete Gebrauch der Aufsichtsbefugnisse durch die

---

[554] Siehe oben, Erster Teil, A, III.

[555] So *Schmittat,* Denkmalschutz und gemeindliche Selbstverwaltung, S. 84.

[556] Vgl. *Oebbecke,* VR 1980, S. 384 (385).

[557] Zum Ganzen *Schmittat,* Denkmalschutz und gemeindliche Selbstverwaltung, S. 82f.

Oberen Denkmalbehörden wird – je nach Standpunkt – befürchtet oder erhofft.[558]

2. Festsetzungsmöglichkeiten

Den notwendigen Inhalt von Denkmalbereichssatzungen regelt § 5 Abs. 2 DSchG NW. Die nach Satz 1 gebotene Bezeichnung des Gebiets, in dem Maßnahmen gemäß § 9 DSchG NW erlaubnispflichtig sind, kann wiederum wahlweise durch Text oder Lageplan erfolgen,[559] der nach Satz 4 wie die mögliche zeichnerische Darstellung der Schutzobjekte zum Bestandteil der Satzung zu erklären ist. Die Gebietsbezeichnung muß bestimmt sein, also durch Aufzählung der Kataster- bzw. Parzellennummern der einzelnen Grundstücke oder durch eine Karte im kleinen Maßstab (vorgeschlagen werden 1:5000 oder 1:1000) eine klare und nachprüfbare Abgrenzung des Geltungsbereiches der Unterschutzstellung gewährleisten.[560]

Werden auch Sichtbezüge als Umgebung geschützt, ist deren räumliche Erstreckung in der Satzung anzugeben.[561]

3. Begründung und Dokumentation

Zusätzlich zum nachrichtlich beizufügenden Gutachten des Landschaftsverbandes[562] muß die Denkmalbereichssatzung angeben, aus welchen Gründen das Gebiet in dieser Weise festgesetzt wird. Neben der Begründung der Denkmalschutzwürdigkeit insgesamt ist damit die Offenlegung der Kriterien für die räumliche Abgrenzung auch der Sichtbezüge und die Beschreibung der einzelnen Schutzobjekte gemeint. Zu deren Kennzeichnung sollen die entsprechenden Pläne, zeichnerischen, photographischen oder photogrammetrischen Darstellungen beigefügt werden. Diese Regelung des § 5 Abs. 2 S. 2 – 4 DSchG NW soll es ermöglichen, nachträgliche Veränderungen im Denkmalbereich anhand der Satzung sofort nachweisen zu können, ohne daß in eine langwierige Beweisaufnahme eingetreten werden muß.[563]

---

[558] Vgl. *Kummer,* Denkmalschutzrecht, S. 98, und demgegenüber *Rothe,* DSchG NW, § 5, Rdnr. 14, und M/U/S, DSchG NW, § 5, Rdnr. 27; *Schmittat,* Denkmalschutz und gemeindliche Selbstverwaltung, S. 85; vgl. allgemein *Knemeyer,* Staatsaufsicht, in: HdKWP, Bd. 1, S. 265 (266ff.).

[559] Siehe oben, Zweiter Teil, A, III, 2, und B, III, 2.

[560] Vgl. *Rothe,* DSchG NW, § 5, Rdnr. 7; *Bülow,* Flächen- und bodenbezogener Denkmalschutz, S. 261, 212; M/U/S, DSchG NW, § 5, Rdnr. 20.

[561] *Bülow,* a.a.O., S. 259; vgl. auch insgesamt das Satzungsmuster bei M/U/S, DSchG NW, Anhang C.5.1.

[562] Vgl. *Gahlen/Schönstein,* DSchG NW, § 5, Rdnr. 7.

[563] *Bülow,* Flächen- und bodenbezogener Denkmalschutz, S. 260; vgl. auch *Kiepe,* DST 1983, S. 409 (412).

Dieses besondere gesetzliche Gebot zur Begründung der Inschutznahme und zur Dokumentation ihrer Objekte unterscheidet die Denkmalbereichssatzung von den bisher behandelten Satzungstypen. Untersuchungen und Überlegungen, die hier auf der gesetzlichen Verpflichtung beruhen, können auch dort anzustellen sein,[564] ergeben sich dann jedoch allein aus den Sachzwängen, wie sie bei der Vorbereitung des Satzungserlasses auftreten.

IV. Der Erlaß von Denkmalbereichssatzungen

An die schon durch das spätere Begründungs- und Dokumentationsgebot determinierte Vorbereitung einer Denkmalbereichssatzung, die oft bereits schwierig und langwierig genug sein kann,[565] schließt sich das eigentliche – in seinen Grundzügen bereits angesprochene – Verfahren der Unterschutzstellung an, das in § 6 DSchG NW in Anlehnung an das Erlaßverfahren für Bauleitpläne ausführlich geregelt ist.[566]

1. Zuständigkeit

Die Verbandskompetenz zum Erlaß von Denkmalbereichssatzungen liegt gemäß § 5 Abs. 1 S. 1 DSchG NW bei der Gemeinde: zuständiges Organ für den Satzungsbeschluß ist, unabhängig vom sachlichen oder sogar rechtlichen Gebot der Mitwirkung anderer Stellen bei seiner Vorbereitung,[567] gemäß § 28 Abs. 1 S. 2 lit. g) GO NW allein der Rat.[568] Da die begründenden und dokumentierenden Pläne und Darstellungen gemäß § 5 Abs. 2 S. 4 DSchG NW Bestandteil der Satzung werden, müssen sie den Ratsmitgliedern bei der Beschlußfassung über die Satzung vorliegen.[569]

2. Bürgerbeteiligung

Gemäß § 6 Abs. 1 DSchG NW muß die Gemeinde den Satzungsentwurf für die Dauer eines Monats öffentlich auslegen. Diese Frist berechnet sich nach den §§ 187 ff. BGB, wobei nach § 187 Abs. 2 BGB der erste Tag der Auslegung mitzählt.[570] Ort und Dauer der Auslegung und der Hinweis auf die Mög-

---

564 Siehe oben, Zweiter Teil, A, IV, 1, und B, IV, 1.

565 Vgl. *Stähler,* Denkmalbegriff, S. 125ff.; *Bülow,* Flächen- und bodenbezogener Denkmalschutz, S. 253, mit weiteren Nachweisen.

566 Siehe oben, Erster Teil, A, III, 3, b); auf die Kommentierungen zu § 2 a BBauG bzw. § 3 BauGB ist zu verweisen.

567 Zur Mitwirkung weiterer Gremien vgl. bereits oben, Zweiter Teil, B, IV, 1, und Dritter Teil, C, I, 1, a).

568 Vgl. oben, Zweiter Teil, A, IV, 2, a); Darmstadt, VR 1987, S. 33 (34).

569 M/U/S, DSchG NW, § 5, Rdnr. 21.

lichkeit, daß jedermann Bedenken und Anregungen vorbringen kann, sind eine Woche vorher in ortsüblicher Weise bekanntzumachen, § 6 Abs. 1 S. 2 DSchG NW. Wie das zu geschehen hat, richtet sich, wie auch die spätere Bekanntmachung der Satzung selbst, nach der BekanntmachungsVO, da ortsüblich hier landesrechtlich bedeutet.[571]

Fristgemäß eingehende Bedenken und Anregungen sind in die sich anschließende Erörterung des Entwurfs mit dem Landschaftsverband einzubringen. Wird ihnen nicht entsprochen, ist dies den Einsendern mit einer Stellungnahme der Gemeinde schriftlich mitzuteilen und sind sie mit der Stellungnahme der Oberen Denkmalbehörde zuzuleiten, wenn ihr die Satzung zur Genehmigung vorgelegt wird, § 6 Abs. 2 DSchG NW. Verspätete Eingaben der Bürger können selbstredend auch berücksichtigt werden, jedoch treffen die Gemeinde ausweislich des Wortlauts der Vorschrift insoweit nicht die soeben beschriebenen Pflichten.[572]

3. Staatliche Mitwirkung

Die Inschutznahme von Denkmalbereichen erfordert die Beteiligung zweier verschiedener staatlicher Stellen. Zunächst ist, wie erwähnt, eine Erörterung der regelmäßig durch den Hauptverwaltungsbeamten oder einen Beigeordneten vertretenen Gemeinde[573] mit dem Landschaftsverband vorgesehen, der gemäß den §§ 22 Abs. 3 und 4, 5 Abs. 2 S. 4 DSchG NW ein der Satzung nachrichtlich beizufügendes Gutachten erstellt. Will die Gemeinde von der hierin zum Ausdruck kommenden Ansicht des Landschaftsverbandes abweichen, hat dieser gemäß § 21 Abs. 4 S. 3 DSchG NW das Recht, unmittelbar die als Weisung zu verstehende Entscheidung der Obersten Denkmalbehörde herbeizuführen.[574]

Die gegenteilige Ansicht beruht auf der bereits oben[575] verworfenen Einordnung des Denkmalbereichsschutzes als Angelegenheit gemeindlicher Selbst-

---

570 GmS-OGB 2/71, BVerwGE 40, 363; *Rothe,* DSchG NW, § 6, Rdnr. 1, mit weiteren Nachweisen; *Battis,* in: B/K/L, BauGB, § 3, Rdnr. 13; M/U/S, DSchG NW, § 6, Rdnr. 2.

571 *Bülow,* Flächen- und bodenbezogener Denkmalschutz, S. 265f.; *Rothe,* DSchG NW, § 6, Rdnrn. 3, 7; *Battis,* in: B/K/L, BauGB, § 3, Rdnr. 14; jetzt wohl auch M/U/S, DSchG NW, § 6, Rdnr. 1, mit Einzelheiten; a.A. noch *Gahlen/Schönstein,* DSchG NW, § 6, Rdnr. 1; *Feger,* VR 1983, S. 279 (284).

572 *Rothe,* a.a.O., § 6, Rdnr. 4; vgl. auch *Battis,* a.a.O., § 3, Rdnr. 16; a.A. *Bülow,* a.a.O., S. 263f.

573 Vgl. die Empfehlungen *Rothes,* a.a.O., § 6, Rdnr. 4.

574 *Feger,* VR 1983, S. 279 (284); wohl auch *Oebbecke,* VR 1980, S. 384 (385); a.A. *Gahlen/Schönstein,* DSchG NW, § 5, Rdnr. 9, und § 6, Rdnr. 1; M/U/S, DSchG NW, § 5, Rdnr. 25, § 6, Rdnr. 1; unentschieden *Schmittat,* Denkmalschutz und gemeindliche Selbstverwaltung, S. 84f., Fn. 347, mit Darstellung der Konsequenz, S. 76f.

575 Siehe oben, Erster Teil, A, III.

verwaltung. Die Gemeinde wird in diesem Bereich jedoch als untere Denkmalbehörde gemäß § 20 Abs. 1 Ziff. 3 DSchG NW tätig, wobei das Appellationsrecht des Landschaftsverbandes nicht, wie die allgemeinen Befugnisse der Aufsichtsbehörde aus den §§ 9, 10 OBG NW, durch die Sonderregelung des § 5 Abs. 3 und 4 DSchG NW verdrängt wird.[576]

§ 5 Abs. 3 DSchG NW gibt die Maßstäbe für die Genehmigungserteilung an, wenn es um die weiter gebotene Mitwirkung der Oberen Denkmalbehörde geht. Die Vorschrift enthält zwei dem Baurecht entsprechende, in Buchstabe c) aber auch einen eigenständigen Versagungsgrund, für deren Auslegung auf die Kommentierungen zu § 6 Abs. 2 BauGB bzw. auf bereits dargestellte Erwägungen verwiesen werden kann.[577] Die Entscheidung über die Genehmigung ist gemäß § 20 Abs. 1 Ziff. 2 DSchG NW bei kreisfreien Städten vom Regierungspräsidenten, im übrigen von dem als untere staatliche Verwaltungsbehörde handelnden Oberkreisdirektor zu treffen. Der danach zuständigen Oberen Denkmalbehörde ist die Denkmalbereichssatzung mit dem nach § 5 Abs. 2 DSchG NW notwendigen Inhalt zur Genehmigung vorzulegen, wobei die nicht berücksichtigten Bedenken und Anregungen der Einsender und die dazu ergangene Stellungnahme der Gemeinde beizufügen sind.

4. Inkrafttreten

Gemäß § 6 Abs. 3 DSchG NW ist die Satzung nach der aufsichtsbehördlichen Genehmigung auszulegen, und zwar mit den nach § 5 Abs. 2 DSchG NW erforderlichen Beilagen.[578]

Ort und Zeit der Auslegung sind unter Hinweis auf die Genehmigung der Satzung ortsüblich, d. h. in den Formen der BekanntmachungsVO, bekanntzumachen. Die sonst an die Stelle der Veröffentlichung der Satzung selbst tretende Ersatzverkündung, vergleichbar der nach § 12 BauGB, ist verfassungsrechtlich zulässig.[579] Sie setzt sogar statt wörtlicher Bekanntmachung der Genehmigung nur voraus, daß die Satzung so deutlich bezeichnet wird, daß die Bekanntmachung geeignet ist, den an der Unterschutzstellung Interessierten dieses Interesse bewußt zu machen.[580] Kommt die Gemeinde diesen Anforderungen nach, tritt die Satzung in dem Zeitpunkt in Kraft, in dem die Bekanntmachung bewirkt ist, § 6 Abs. 3 S. 2 DSchG NW. Schließlich sollte

---

576 Richtige Konzeption bei *Schmittat,* Denkmalschutz und gemeindliche Selbstverwaltung, S. 84f., Fn. 347.

577 Siehe oben, Erster Teil, A, III, 4.

578 *Rothe,* DSchG NW, § 6, Rdnr. 7; M/U/S, DSchG NW, Rdnr. 10.

579 Vgl. nur BVerfG, NVwZ 1984, S. 430ff.; *Löhr,* in: B/K/L, BauGB, § 12, Rdnr. 3.

580 *Rothe,* a. a. O.; *Bülow,* Flächen- und bodenbezogener Denkmalschutz, S. 265; eingehende Darstellung bei M/U/S, a. a. O., Rdnrn. 10ff.; vgl. auch BVerwGE 55, 369ff. (375ff.), zu Bebauungsplänen.

die Bekanntmachung auch noch einen Hinweis auf die Obliegenheit zur Rüge nach § 4 Abs. 6 S. 1 lit. d), S. 2 GO NW enthalten. Auf diese Weise werden diejenigen, die trotz des Hinweises den Form- oder Verfahrensmangel nicht rechtzeitig und ordnungsgemäß rügen, nach Ablauf eines Jahres seit der Satzungsverkündung mit ihrer Einrede nicht mehr gehört, es sei denn, es läge einer der Fälle des § 4 Abs. 6 S. 1 lit. a) bis c) GO NW vor.[581]

5. (Kein) Vorläufiger Schutz

Da § 4 Abs. 1 DSchG NW darauf abstellt, ob mit einer Eintragung des Denkmals in die Denkmalliste zu rechnen ist, verbietet sich dessen Anwendung auf die nicht eintragungsfähigen Denkmalbereiche, d.h. diese können nicht vorläufig unter Schutz gestellt werden.[582]

Wegen der in der Regel langen Dauer des „schwerfälligen" Erlaßverfahrens[583] stellt das einen gravierenden Nachteil dar. Zugunsten der Belange des Denkmalschutzes kann es daher geboten sein, wenigstens die (nicht notwendig) im Denkmalbereich vorhandenen Einzeldenkmäler durch Verwaltungsakt gemäß § 3 DSchG NW vorab unter Schutz zu stellen,[584] was dann insoweit wieder die Möglichkeiten des § 4 DSchG NW eröffnet. Die Zulässigkeit solch doppelter Inschutznahme ist allgemein anerkannt.[585]

6. Vergleich: Gebietsfestsetzung in einem Bebauungsplan oder durch sonstige Satzung

Gemäß § 6 Abs. 4 DSchG NW i.V.m. § 9 Abs. 4 BauGB können Denkmalbereiche auch in einem Bebauungsplan festgesetzt werden mit der Folge, daß dann die Vorschriften des Baugesetzbuches Anwendung finden. Da der Erlaß sonstiger Denkmalbereichssatzungen in Hinblick auf die Länge des Verfahrens, seine Kompliziertheit und dadurch bedingte Fehleranfälligkeit sowie den Heilungsmöglichkeiten solcher Mängel (§ 4 Abs. 6 GO NW statt §§ 214 ff. BauGB) dem von Bebauungsplänen in etwa vergleichbar ist, trifft die bei Erhaltungs- und Gestaltungssatzungen gegen diese Möglichkeit gerichtete Argumentation nicht zu.[586]

---

581 *Rothe,* DSchG NW, § 6, Rdnr. 7; siehe bereits oben, Zweiter Teil, B, VI, 1.

582 Allgemeine Meinung, vgl. nur *Feger,* VR 1983, S. 279 (284); *Gahlen/Schönstein,* DSchG NW, § 5, Rdnr. 1; *Bülow,* Flächen- und bodenbezogener Denkmalschutz, S. 266; M/U/S, DSchG NW, § 5, Rdnr. 19.

583 *Rothe,* a.a.O., § 21, Rdnr. 5; ähnlich auch schon *Kummer,* Denkmalschutzrecht, S. 98; *Kiepe,* DST 1983, S. 409 (411f.).

584 *Bülow,* a.a.O.

585 Vgl. nur *Gahlen/Schönstein,* DSchG NW, § 2, Rdnr. 27; *Schmittat,* Denkmalschutz und gemeindliche Selbstverwaltung, S. 70, und *Bülow,* Flächen- und bodenbezogener Denkmalschutz, S. 266.

586 Vgl. oben, Zweiter Teil, A, IV, 3, und B, IV, 2.

Im Gegenteil bringt die Festsetzung des Denkmalbereichs im Bebauungsplan spezifische Besonderheiten mit sich, die das soeben zum Fehlen eines vorläufigen Denkmalbereichsschutzes Gesagte wieder relativieren. Für dessen Geltungsbereich greifen dann nämlich auch die §§ 14, 15 BauGB ein, d.h. unter den dort genannten Voraussetzungen können die Erhaltungswünsche der Gemeinde durch Veränderungssperre und Zurückstellung von Baugesuchen zunächst gesichert werden. Dieser – soweit ersichtlich bisher nur von Stähler angesprochene –[587] Zusammenhang kann bei Denkmalbereichs- und auch bei Gestaltungssatzungen einen erheblichen, für die Festlegung des Satzungsgebiets in einem Bebauungsplan sprechenden Vorteil bilden. Anders ist – wie dargestellt –[588] die Situation bei den Erhaltungssatzungen, da dort § 172 Abs. 2 BauGB diese vorläufigen Sicherungsmaßnahmen auch bei Erlaß einer sonstigen Satzung erlaubt.

Die Festsetzungen der Denkmalbereichssatzung behalten, auch wenn sie in den Bebauungsplan einbezogen werden, allerdings ihren denkmalrechtlichen und landesrechtlichen Charakter. Damit bleibt etwa die Entscheidung der Oberen Denkmalbehörde über die Satzungsgenehmigung von den in § 5 Abs. 3 DSchG NW festgelegten Maßstäben abhängig.[589]

V. Rechtsfolgen

Rechtsfolgen normiert § 5 DSchG NW gleich in zweierlei Hinsichten, nämlich für die erfolgte Inschutznahme und für deren pflichtwidriges Unterlassen. Anders als bei den im Bereich gemeindlicher Selbstverwaltung ergehenden Satzungstypen liegt für den als Pflichtaufgabe zur Erfüllung nach Weisung zu verstehenden Erlaß von Denkmalbereichssatzungen mit Absatz 4 der Vorschrift eine ausdrückliche Regelung der (sonder-)aufsichtsbehördlichen Befugnisse vor.

Ergänzend zum schon Gesagten[590] sei nur darauf hingewiesen, daß die Obere Denkmalbehörde nur die dort und die im Ordnungsbehördengesetz genannten Voraussetzungen prüfen muß, wenn sie einen Denkmalbereich im Wege der Verordnung unter Schutz stellen will. Liegt ein solcher vom Sachverhalt her vor, muß sie der Gemeinde also lediglich eine gewisse, spätestens mit Vorliegen des Gutachtens des Landschaftsverbandes in Lauf gesetzte Vorbereitungsfrist[591] und die weitere Dreimonatsfrist ab Aufforderung zum Sat-

---

587 *Stähler,* Denkmalbegriff, S. 115ff.

588 Siehe oben, Zweiter Teil, A, IV, 3.

589 Vgl. *Löhr,* in: B/K/L, BauGB, § 9, Rdnrn. 107, 111, für bauordnungsrechtliche Festsetzungen im Bebauungsplan.

590 Siehe oben, Erster Teil, A, III, 5, und Zweiter Teil, C, III, 1, b).

591 Vgl. *Schmittat,* Denkmalschutz und gemeindliche Selbstverwaltung, S. 82; M/U/S, DSchG NW, § 5, Rdnr. 25.

zungserlaß einräumen, bevor sie selbst die Verordnung nach Maßgabe der §§ 25 ff. OBG NW erläßt. Sie ist demnach etwa nicht verpflichtet, den Betroffenen zuvor eine Gelegenheit zur Stellungnahme zu geben, da § 6 Abs. 1 – 3 DSchG NW nur auf die Satzungs-, nicht auch auf die Verordnungsgebung Anwendung findet und die dafür einschlägigen Normen keine Bürgerbeteiligung vorsehen.[592]

Das Denkmalschutzgesetz bietet insoweit für eine andere Auslegung keinen Raum, obwohl, wie die §§ 42 a ff. LG NW n.F.[593] zeigen, die entgegengesetzte Lösung durchaus vorstellbar gewesen wäre.

Neben den Folgen fehlender Unterschutzstellung befaßt sich § 5 DSchG NW aber auch und vor allem mit dem „Normalfall", daß die Gemeinde ihrer Erhaltungspflicht für Denkmalbereiche durch Erlaß einer entsprechenden Satzung genügt hat. Bereits mit der Frage, welche Bestimmung denn nun genau die Rechtsfolgenanordnung enthält, beginnen allerdings die Meinungsverschiedenheiten, die im folgenden darzustellen sind.

1. Genehmigungspflicht

Wegen § 5 Abs. 2 S. 1 DSchG NW besteht immerhin Einigkeit darüber, daß mit der Unterschutzstellung entsprechend § 9 Abs. 1 lit. a) und b) DSchG NW für die dort bezeichneten Maßnahmen in Denkmalbereichen eine Erlaubnis der Unteren Denkmalbehörde erforderlich ist.[594] Die hiernach erlaubnispflichtigen Vorhaben – Beseitigung, Veränderung, Nutzungsänderung und Errichtung – sind mit denen identisch, die auch im Geltungsgebiet einer Erhaltungssatzung nach § 172 BauGB einer Genehmigung bedürfen.[595]

Trotz der grundsätzlichen repressiven Natur des zunächst eingreifenden Verbots mit Erlaubnisvorbehalt[596] hat die Gemeinde, genau wie dort, ohne Ermessensspielraum über die Versagung der Genehmigung zu befinden,[597] wobei allerdings die Auslegung des § 9 DSchG NW flexible Lösungen erlaubt.[598] An dieser Stelle werden die im Einzelfall gegen die Erhaltung sprechenden öffentlichen Belange berücksichtigt, können sie sich bei Feststellung eines „Überwiegens" gegen das Interesse am Denkmalschutz durchsetzen, § 9

---

592 Vgl. *Rothe*, DSchG NW, § 5, Rdnr. 14.

593 Eingefügt durch ÄnderungsG vom 19. 3. 1985, GVBl., S. 261.

594 Vgl. nur *Gahlen/Schönstein*, DSchG NW, § 5, Rdnr. 3.

595 Vgl. *Gahlen/Schönstein*, a.a.O., § 9, Rdnr. 2, und oben, Zweiter Teil, A, V, 1, a).

596 Siehe unten, Zweiter Teil, D, III, 2, c), zur parallelen Fragestellung bei Baumschutzsatzungen.

597 Eingehend dazu OVG Münster, DÖV 1985, S. 158 (159), mit Nachweisen auch zur Gegenmeinung und zustimmender Anmerkung *Gahlen*, a.a.O., S. 412; *Schmittat*, Denkmalschutz und gemeindliche Selbstverwaltung, S. 104ff.; kritisch *Moench*, NVwZ 1988, S. 304 (310).

598 OVG Münster, NVwZ-RR 1989, S. 463 (464).

Abs. 2 lit. b) DSchG NW. Lediglich die privaten Belange bleiben als solche ausgeschlossen, vermögen keinen Anspruch auf Erteilung der Erlaubnis zu begründen.[599]

Im Unterschied zu den nach Bundesbaurecht in Schutz genommenen Erhaltungsgebieten[600] soll die Wirkung der Erlaubnispflicht im Denkmalbereich jedoch auf einen (bloßen) „Erscheinungsbildschutz" hinauslaufen, der im Kontrast zum (weitergehenden) „Substanzschutz"[601] gesehen und verstanden wird. Letzterer ist nach herrschender Lehre im nordrhein-westfälischen Denkmalschutzrecht nur durch Eintragung als Denkmal in die Liste nach § 3 DSchG NW zu bewirken.[602]

Wenn die Diskussion über dieses Konzept noch nicht verstummt ist, die Gegenposition entwickelt worden ist[603] und „mittlere" Lösungen vorgeschlagen werden, nach denen das Instrument des Denkmalbereiches einen Substanzschutz jedenfalls nicht stets und völlig ausschließt,[604] beruht das unter anderem darauf, daß unter diesem Gegensatzpaar mehrere verwandte, aber nicht völlig kongruente Probleme miteinander vermengt werden. Sie betreffen zum Teil die Reichweite und Auswirkung des Genehmigungserfordernisses nach § 9 DSchG NW, zum Teil auch die Anwendbarkeit anderer Gesetzesvorschriften. Um weiteren Verwirrungen vorzubeugen, sollen sie im folgenden in der vorgegebenen Reihenfolge angesprochen werden.[605]

a) Genehmigung von Maßnahmen im Gebäudeinneren

Zunächst wird unter Substanzschutz verstanden, daß das Schutzobjekt als Dokument behandelt wird, das auch in seinen nicht sichtbaren Teilen, soweit sie zum denkmalwerten, historischen Bestand gehören, geschützt wird.[606]

---

[599] Ausführlich und überzeugend: *Schmittat,* Denkmalschutz und kommunale Selbstverwaltung, S. 102ff.

[600] *Gahlen,* StGR 1981, S. 374 (377); *Stähler,* Denkmalbegriff, S. 128f.; vgl. zum Erhaltungsschutz aber auch oben, Zweiter Teil, A, II, 2, a), gg).

[601] Siehe oben, Zweiter Teil, C, und folgende Fußnoten. Wie beliebig diese Termini benutzt werden, belegt etwa die Entscheidung des BayObLG, NVwZ-RR 1989, S. 461 (462), nach der der Ensembleschutz auch in Bayern vorrangig das Erscheinungsbild betrifft, obwohl dort Ensembles wie Einzeldenkmale durch Listeneintrag unter Schutz gestellt werden.

[602] Vgl. nur *Oebbecke,* VR 1980, S. 384 (387); ders., Zeitschrift Westfalen 1983, S. 256 (257); *Gahlen,* NVwZ 1982, S. 457; ders., a.a.O., S. 423.

[603] Vor allem durch *Bülow,* Flächen- und bodenbezogener Denkmalschutz, S. 238ff.; siehe unten, Zweiter Teil, C, V, (vor) 2.

[604] *Schmittat,* a.a.O., S. 69, unter Berufung auf *Brönner,* in: Was ist ein Baudenkmal, S. 19 (26).

[605] So im Ansatz auch *Schmittat,* Denkmalschutz und gemeindliche Selbstverwaltung, S. 68f.

[606] *Brönner,* Rheinische Heimatpflege 1981, S. 1 (2); *Hönes,* DÖV 1988, S. 606ff.; ders., a.a.O., S. 608; M/U/S, DSchG NW, § 2, Rdnr. 67.

Die Richtigkeit der damit verknüpften Folgerung, daß die Inschutznahme als Denkmalbereich eine solche Konservierung des Gebäudeinneren nicht bewirken könne, erweist sich aus folgenden Erwägungen: Bereits die in § 2 Abs. 3 DSchG NW aufgezählten beispielhaften Begriffe bezeugen, daß es beim Denkmalbereich nicht um das isoliert betrachtete einzelne Bauwerk oder um einen sonstigen Einzelbestandteil des Gebietes geht. Sie genießen nur einen mittelbaren Schutz, da bei der Frage, ob die Veränderung von Einzelgegenständen im Satzungsgebiet genehmigt werden kann, allein darauf abzustellen ist, ob und wie der die Denkmalwürdigkeit begründende Gesamteindruck gesichert werden kann.[607] Dieser den Denkmalbereich konstituierende und abgrenzende Gesamteindruck des einheitsbildenden Zugeordnetseins verschiedener Anlagen bzw. der Anlage und ihrer Umgebung[608] ist aber nur an den Elementen ablesbar, die dem außenstehenden Betrachter zugänglich sind. Maßnahmen an der nicht sichtbaren Bausubstanz im Gebäudeinneren können daher wohl nach § 9 Abs. 1 DSchG NW (insbesondere nach Buchstabe a), der die Erlaubnispflicht nicht von der Beeinträchtigung des Erscheinungsbildes abhängig macht) genehmigungspflichtig sein; sie sind aber stets zu erlauben, da sie für den von der Denkmalbereichssatzung bezweckten Schutz der (nur) in der äußeren Erscheinung nachweisbaren Einheit letztlich keine Rolle spielen.[609]

Diese Einschränkung der durch einen Denkmalbereich vermittelten Schutzwirkung unterscheidet die denkmalrechtlichen Satzungen noch nicht von denen nach §§ 172 ff. BauGB, da sich etwa das dort zu erhaltende „Ortsbild" ebenfalls nur in den von außen wahrnehmbaren Einzelheiten manifestiert.[610] Sie reißt auch kein Loch in das Netz des Denkmalschutzes, da wirklich erhaltenswerte Innendetails ergänzend als Einzeldenkmal gemäß § 3 DSchG NW erfaßt werden können.

b) Genehmigung von Reproduktionen

Andere identifizieren den Gegensatz von Substanz- oder Erscheinungsbildschutz mit dem vom Original und Kopie. Falle der erstere – wie im Denkmalbereich – weg, könne „beispielsweise ein einzelnes Haus durch ein in seiner Größe, Materialbeschaffenheit und Maßstäblichkeit gleichartiges Gebäude ersetzt werden."[611] Das trifft zu, wenn etwa ein Grundriß durch Denkmalbereichssatzung unter Schutz gestellt ist, denn die damit gemeinte Gliederung,

---

[607] OVG Koblenz, DVBl. 1986, S. 189 (190); OVG Lüneburg, NVwZ 1983, S. 231 (232).

[608] Siehe oben, Zweiter Teil, C, II, 1.

[609] Vgl. *Gahlen*, NVwZ 1984, S. 687 (689, mit Fn. 18).

[610] Siehe oben, Zweiter Teil, A, II, 2, a), aa).

[611] *Gahlen*, NVwZ 1982, S. 423; *Stähler*, Denkmalbegriff, S. 128; differenzierend M/U/S, DSchG NW, § 5, Rdnr. 18.

wie sie ein hypothetischer Schnitt in Höhe des Bodenniveaus veranschaulichen würde, bliebe gleich, wenn die Original- durch ihnen entsprechende Ersatzbauten ersetzt würden.[612]

In dieser Allgemeinheit läßt sich diese Aussage aber nicht für alle Spielarten von Denkmalbereichen aufrechterhalten. Vielmehr „kommt es jeweils sehr darauf an, worin der schutzwürdige Zusammenhang" des jeweiligen Denkmalbereiches besteht. Kommt er in einer Abfolge von Fassaden samt vorgelagertem Straßenbild zum Ausdruck, ist auch die historische Substanz der Fassaden geschützt, denn das daran klebende historische Erscheinungsbild würde durch entsprechend nachempfundene Fassaden nicht wiederhergestellt.[613] Der Nachbildung fehlt die gestalterische Qualität des Originals, selbst wenn das gleiche Material und ähnliche Werkzeuge verwendet werden, denn die durch die Lebensumstände des Urhebers geprägte handwerkliche Bearbeitung ist notwendig zeitgebunden. Sie „ist im Grunde ihres Wesens ungeschichtlich, weil sie unter veränderten wirtschaftlichen, sozialen, kulturellen Verhältnissen eine Form zu wiederholen trachtet, die unter ganz anderen Bedingungen entstanden war".[614]

Der im Kulturhistorischen wurzelnde Denkmal-(bereichs-)begriff[615] gibt der Satzung nach den §§ 2 Abs. 3, 5, 6 DSchG NW also auch den Weg zum Substanzschutz frei, soweit die Substanz, für den ganzen Denkmalbereich als Gesamtheit gesehen, Bedeutungsträger ist. Der – allerdings dadurch und insoweit – begrenzte Schutz des Originalmaterials[616] erscheint geradezu zwingend, will man dieses Erhaltungsinstrument dem um geschichtliche Authentizität bemühten Denkmalschutz nicht völlig entfremden und zur, dann an falscher Stelle geregelten, bloßen Ortsbildpflege degenerieren.[617]

So erhält auch das bereits angesprochene Begründungs- und Dokumentationsgebot des § 5 Abs. 2 S. 2 – 4 DSchG NW seinen (weiteren) guten Sinn, da es sicherstellt, daß anhand der Satzung bestimmbar ist, welche Teile des erscheinungsbildprägenden Bestandes gegebenenfalls im Material zu erhalten ist, so daß der Schutzumfang auch insoweit nachvollzogen werden kann.[618]

---

612 *Bülow,* Flächen- und bodenbezogener Denkmalschutz, S. 242; *Schmittat,* Denkmalschutz und gemeindliche Selbstverwaltung, S. 68; *Brönner,* Rheinische Heimatpflege 1981, S. 1 (2).

613 *Schmittat,* a. a. O., S. 68f.

614 *Kiesow,* Denkmalpflege, S. 103f.; vgl. auch *Brönner,* in: Was ist ein Baudenkmal?, S. 15ff. (17).

615 Siehe oben, Zweiter Teil, C, I.

616 Vgl. *Schmittat,* Denkmalschutz und gemeindliche Selbstverwaltung, S. 69; vgl. zum Erhaltungsschutz oben, Zweiter Teil, A, II, 2, a), gg).

617 Die notwendige Abgrenzung zur Ortsbildpflege betonen auch *Backes,* DAS 1984, S. 241ff. (243ff., 245); *Brönner,* DAS 1986, S. 286ff. (289); *Breuer,* in: Gebeßler/Eberl, Baudenkmäler, S. 22ff. (28); vgl. auch *Hönes,* DÖV 1988, S. 608.

618 Siehe oben, Zweiter Teil, C, III, 3; *Schmittat,* a. a. O., S. 68f.

Sowohl die Vertreter der in diesem Sinne „reinen Erscheinungsbildlösung“ als auch die Befürworter des, wie dargelegt, notwendigen „begrenzten Substanzschutzes“ befürchten allerdings, daß diese mit der Ausweisung als Denkmalbereich eintretenden Wirkungen nicht ausreichten, überall da Schutz zu gewähren, wo die Denkmalpflegetheorie eine Erhaltung baulicher Zusammenhänge verlange. Es gebe Fälle zusammenhängender Gesamtheiten z.B. von Gebäudegruppen, deren Bedeutung den umfassenden Substanzschutz erfordere. Um diesen auch für die Objekte zu erreichen, „die für sich genommen unterhalb der Schwelle eines Denkmals liegen, die für ein Ensemble, das als Gruppe ein Denkmal ist, jedoch unverzichtbar sind“, sei die Möglichkeit anzuerkennen, solche Zusammenhänge – statt als Denkmalbereich – als einheitliches Baudenkmal nach § 3 DSchG NW einzutragen.[619] Das Baudenkmal im Sinne von § 2 Abs. 1, 2, DSchG NW und der Denkmalbereich sollen sich folglich nicht wie zwei getrennte Kreise durch ihren räumlichen Radius, sondern (ausschließlich) durch ihre Schutzrichtung und die damit verbundene Schutzintensität unterscheiden.[620]

Diese These wird auf eine in Abgrenzung zu einem Urteil des VG Gelsenkirchen[621] entwickelte Wortlautinterpretation des § 2 Abs. 1 S. 1 DSchG NW gestützt, nach der dieser nicht zu der Annahme zwinge, ein Baudenkmal könne nur aus einer baulichen Anlage bestehen. Dies als richtig unterstellt, ist aber jedenfalls zu bedenken, ob nicht die Gesetzessystematik mit ihrer grundsätzlich separaten Regelung einerseits der (Listen-)Denkmäler und andererseits der Denkmalbereiche dieser Auffassung widerspricht. Soweit versucht wird,[622] anhand der Bestimmung des § 2 Abs. 3 S. 2 DSchG NW, wonach ein Denkmalbereich auch nur aus einem Einzelbauwerk bestehen kann, zu beweisen, daß das Gesetz auch in diesem praktisch umgekehrten Fall keine strikte Trennung der Anwendungsbereiche des Einzelbaudenkmal- und des Denkmalbereichsschutzes verlange, kann auf das zum speziellen Zweck dieser Regelung bereits Gesagte verwiesen werden.[623] Vor allem stellt sich aber die Frage nach dem besonderen Zweck des Denkmalbereiches, der ihn als eigenständiges Erhaltungsinstrument legitimieren könnte, wenn er doch durch eine quasi flächendeckende Allgemeinverfügung in den Formen des § 3 DSchG NW ersetzbar ist. Zur Antwort wird wiederum auf die spezifische, nämlich beschränkte Schutzrichtung verwiesen, die (hauptsächlich) nur im Schutze des Erscheinungsbildes bestehe.[624] Diesen könnte man aber auch dadurch errei-

---

[619] *Gahlen,* NVwZ 1982, S. 457, S. 423; ders., NVwZ 1984, S. 687 (689); *Gahlen/Schönstein,* DSchG NW, § 2, Rdnr. 18.

[620] *Schmittat,* Denkmalschutzgesetz und gemeindliche Selbstverwaltung, S. 70; M/U/S, DSchG NW, § 5, Rdnr. 3.

[621] VG Gelsenkirchen, NVwZ 1982, S. 457f.

[622] *Schmittat,* a.a.O.

[623] Siehe oben, Zweiter Teil, C, II, 1, f).

[624] *Schmittat,* Denkmalschutz und gemeindliche Selbstverwaltung, S. 68; *J. Müller,* VR 1987, S. 36 (40); ders., BauR 1988, S. 425 (437).

chen, daß man nur die erscheinungsbildwirksamen Elemente eines Gebietes, wie Portale und Hausfronten, in die Denkmalliste einträgt.[625]

Die Listeneintragung als Baudenkmal im Sinne des § 3 DSchG NW kann jedoch nicht nur auf diese Weise auf Erscheinungsbildschutz beschränkt werden, sondern bewirkt wegen § 9 Abs. 1 lit. b) DSchG NW auch Umgebungsschutz. Soweit dieser als zusätzlicher, der Denkmalbereichssatzung vorbehaltener Anwendungsfall ins Feld geführt wird, stellt sich die Frage, ob der Schutz der für das Erscheinungsbild des jeweiligen Denkmalbereiches „notwendigen Umgebung" gemäß §§ 2 Abs. 3, 5 Abs. 2 DSchG NW tatsächlich so sehr über den Schutz der „engeren Umgebung", der ohnehin mit der Eintragung eines Baudenkmals verbunden ist, hinausgeht, daß er den Denkmalbereich als eigenständiges Schutzinstrument rechtfertigen kann.[626]

Dann ist aber kein Grund ersichtlich, warum eine Gemeinde sich noch der aufwendigen Satzungsgebung mit Bürgerbeteiligung, Begründungs- und Dokumentationspflicht sowie denkmalbehördlicher Anhörungs- und Eingriffsrechte unterziehen sollte, wenn sie auf diese Weise „billiger" das gleiche oder auch ein schutzintensiveres Resultat erzielen kann. Letztlich würde der Denkmalbereich funktionslos, die Entscheidung des Gesetzgebers für die Satzung als Instrument des Denkmalschutzes konterkariert.

Der besondere Zweck dieser Form der Unterschutzstellung läßt sich daher nur von einem anderen Ausgangspunkt erschließen. In Betracht kommt die, wie erwähnt, selbst bei der Erfassung von Einzelbauten (mit ihrer Umgebung) vorhandene Gebietsbezogenheit des Denkmalbereiches. Er besteht zumeist in einem flächenmäßig ausgedehnten, mehrere (Kataster-)Grundstücke umfassenden Komplex, die in der Regel mehreren Eigentümern gehören.[627] Der Tatsache, daß bei solchen Objekten – nicht notwendig, aber typischerweise – eine Vielzahl von Eigentümern u. ä. betroffen werden, trägt das nordrhein-westfälische Denkmalschutzgesetz Rechnung, indem es gerade einen Rechtssatz als Mittel der Inschutznahme anbietet. Die Zahl der im Denkmalbereich regelmäßig Betroffenen rechtfertigt die Wahl der generell-abstrakt regelnden Satzung sowie die besondere Ausgestaltung des Erlaßverfahrens in den §§ 5, 6 DSchG NW und weist ihr einen genauen Anwendungsbereich zu. Um ihr diesen vorzubehalten, muß der vorgeschlagenen undifferenzierten Ausweitung des Einzeldenkmalschutzes durch Verwaltungsakt auf die flächenbezogene Konservierung einheitsbildender denkmalwerter Zusammenhänge widersprochen werden.[628]

---

[625] *Erbguth/Paßlick/Püchel,* DSchG der Länder, S. 50f., siehe oben, Zweiter Teil, C, II, 1.

[626] So aber M/U/S, DSchG NW, § 5, Rdnr. 4.

[627] OVG Koblenz, DVBl. 1986, S. 189f., zu Denkmalzonen nach DSchG Rh.-Pf.; DÖV 1988, S. 606 (607).

Damit soll andererseits aber nicht jede, durch den elastischen Wortlaut des § 2 Abs. 1 DSchG NW grundsätzlich eröffnete Möglichkeit, den Einzeldenkmalschutz nach § 3 DSchG NW auf flächige Baudenkmäler zu erstrecken, in Abrede gestellt werden. An die Stelle der überspitzten Unterscheidung von Einzelbaudenkmal und Denkmalbereich allein nach dem Gegensatzpaar Erscheinungsbild- und Substanzschutz sollte aber eine Betrachtung treten, die den Grundgedanken (auch) des § 5 Abs. 1 DSchG NW einbezieht, daß bei einer Vielzahl Betroffener die Inschutznahme des Gebietes regelmäßig durch Satzung erfolgen soll, da sie als Rechtssatz die dafür vorgegebene Regelungsform darstellt und durch ihre besondere Verfahrensgestaltung in § 6 DSchG NW eine umfassende Beteiligung der Interessenten schon beim Erlaß erlaubt. In diese Richtung gehen auch die Beispiele – Burg mit Vorburg und Wassergraben, Doppelhausgruppe, die gestalterisch aufeinander bezogene, aus einem Entwurf und in einem Zuge entstandene Häuserfront, historischer Friedhof –[629], die als aus mehreren baulichen Anlagen bestehende Baudenkmäler genannt werden, die als solche durch Listeneintrag und nicht als Denkmalbereich geschützt werden sollen, da in diesen Fällen lediglich ein oder wenige Eigentümer tangiert sein werden.

Ist demnach an der grundsätzlichen Orientierung festzuhalten, daß einzelne, genau definierte Objekte als (Bau-)Denkmäler nach § 3 DSchG NW, flächenhafter Schutz ganzer Gebiete dagegen durch Festlegung eines Denkmalbereiches zu bewirken ist,[630] werden die zum Teil befürchteten Lücken, die dadurch entstehen sollen, daß letzterer nur das „Erscheinungsbild" unter Schutz stelle, zum großen Teil durch die zusätzliche[631] Listeneintragung etwaig im Denkmalbereich vorhandener Denkmäler geschlossen werden können und müssen. Im übrigen muß die Lückenhaftigkeit, sollte sie sich denn in der Praxis tatsächlich ergeben, als durch die besondere Ausgestaltung des Instrumentes der Denkmalbereichssatzung bedingt, hingenommen werden.

Ein Ausweg bietet sich nur dann, wenn man die bislang stillschweigend zugrunde gelegte, aber nicht überprüfte Prämisse, daß die durch die Inschutznahme nach § 5 DSchG NW erzielte Wirkung schwächer ist als die, die einem in der Denkmalliste erfaßten Gegenstand zuteil wird, aufgeben will. Ein solcher „voller Substanzschutz" (auch) durch Denkmalbereichssatzung, d. h. die Gleichsetzung ihrer Schutzintensität mit der einer Eintragung nach § 3 DSchG

---

628 So im Ergebnis vorige Fußnote und VG Gelsenkirchen, NVwZ 1982, S. 457f.; *Prahl,* BlGBW 1983, S. 41 (45), mit einem weiteren Argument, und dazu unten, Zweiter Teil, C, V, 2.

629 Vgl. *Brönner,* in: Was ist ein Baudenkmal?, S. 11 (12) und S. 76ff.; M/U/S, DSchG NW, § 5, Rdnr. 4.

630 Vgl. *Bülow,* Flächen- und bodenbezogener Denkmalschutz, S. 170; M/U/S, a.a.O., § 2, Rdnr. 66.

631 Zur Zulässigkeit der „Mehrfachunterschutzstellung" siehe oben, Zweiter Teil, C, IV, 5.

NW,[632] hätte gegenüber der oben diskutierten, undifferenziert gebietsbezogenen Anwendung des letztgenannten Schutzverfahrens immerhin den Vorteil, daß beiden Erhaltungsinstrumenten klar geschiedene, ihnen vorbehaltene Bereiche verblieben. Hinsichtlich der Rechtsfolgen des Erlasses einer Denkmalbereichssatzung für die Gegenstände in ihrem Geltungsbereich ist deshalb abschließend zu klären, ob auf sie neben § 9 DSchG NW und der darauf aufbauenden Bußgeldvorschrift des § 41 Abs. 1 Ziff. 2 DSchG NW noch andere Schutzbestimmungen Anwendung finden, wie das bei den sogenannten Listendenkmälern der Fall ist.

2. Weitere Rechtsfolgen

In den meisten Fällen soll mit dem Etikett „Erscheinungsbildschutz" zum Ausdruck gebracht werden, daß der Denkmalbereich „nicht selbst Denkmal" ist,[633] daß in ihm also nicht alle für echte Denkmäler im Gesetz begründeten Rechte und Pflichten Geltung haben. § 5 Abs. 1 S. 2 DSchG NW, nach dem der Denkmalbereich mit der Unterschutzstellung den Vorschriften des Denkmalschutzgesetzes unterliegt, ordne nur auf den ersten Blick die Anwendbarkeit sämtlicher Regelungen für Denkmäler auch für Denkmalbereiche an. Obwohl der im Wortlaut parallele § 3 Abs. 1 S. 2 DSchG NW als eine solche Rechtsfolgenverweisung verstanden wird,[634] soll dieser Stelle nur zu entnehmen sein, wann der Schutz des Denkmalbereichs beginne. Welche Rechtsfolgen damit verbunden seien, sage allein § 5 Abs. 2 S. 1 DSchG NW, wonach im Denkmalbereich „Maßnahmen gemäß § 9 DSchG NW erlaubnispflichtig sind".[635]

In der Tat fällt es schwer, diese Bestimmung in anderer Weise befriedigend zu erklären. Es stellt sich auch – worauf Gahlen/Schönstein zu Recht hingewiesen haben –[636] die Frage, warum der Denkmalbereich nicht von vornherein als solcher zum (besonderen, da durch Satzung unter Schutz zu stellenden) Denkmal erklärt worden ist, wie dies in den Denkmalschutzgesetzen anderer Länder geschehen ist.

---

[632] Vertreten durch *Bülow,* Flächen- und bodenbezogener Denkmalschutz, S. 238ff., 247, 256 und 267f.; ähnlich auch *Brönner,* Rheinische Heimatpflege 1981, S. 1 (2).

[633] *Gahlen,* StGR 1981, S. 374 (377); vgl. *Gahlen/Schönstein,* DSchG NW, § 2, Rdnr. 20, und § 5, Rdnr. 3; *Oebbecke,* VR 1980, S. 384 (387); ders., Zeitschrift Westfalen 1983, S. 256 (257); *Prahl,* BlGBW 1983, S. 41 (43, Fn. 38); *Kiepe,* DST 1983, S. 409 (411f.); *Erbguth/Paßlick/Püchel,* DSchG der Länder, S. 48; M/L/S, Denkmalschutz, S. 14; *Schmittat,* Denkmalschutz und gemeindliche Selbstverwaltung, S. 68 und S. 71, Fn. 273; M/U/S, DSchG NW, § 5, Rdnrn. 13 - 16; unklar *Dittus,* StGB 1980, S. 297 (298f.); *Feger,* VR 1983, S. 279 (283).

[634] *Bülow,* Flächen- und bodenbezogener Denkmalschutz, S. 267; vgl. OVG Münster, DÖV 1985, S. 158 (159).

[635] Siehe nur *Oebbecke,* a.a.O.; *Gahlen/Schönstein,* a.a.O., § 5, Rdnrn. 2ff.; vgl. aber auch *Dittus,* a.a.O., S. 297 (299): „insbesondere" Erlaubnispflicht.

[636] *Gahlen/Schönstein,* a.a.O., § 5, Rdnr. 2; M/U/S, a.a.O., § 5, Rdnr. 14.

Schließlich spricht einiges für eine differenzierende Betrachtung: Während Prahl[637] für die §§ 7 und 8 (Erhaltung/Nutzung) zu begründen sucht, daß sie bei Betroffenheit mehrerer Eigentümer mangels einer Regelung der „Gesamtzumutbarkeit“ nicht passen, da sie nur die Haftung des jeweiligen einzelnen Eigentümers oder sonstigen Nutzungsberechtigten ansprechen, scheint ein Urteil des OVG Münster für die eigentumsbezogenen Regelungen der §§ 30 ff. DSchG NW etwas anderes anzudeuten. Wenn dort[638] ausgeführt wird, daß sich aus dem Zusammenwirken der Eintragung in die Denkmalliste und einem auf § 9 Abs. 2 DSchG NW beruhenden Abbruchverbot ein unmittelbarer und endgültiger Eingriff in das Recht des Eigentümers ergebe, der nach § 31 bzw. § 30 DSchG NW zu behandeln sei, ist kein Grund ersichtlich, warum der Eigentümer eines durch Denkmalbereich in Schutz genommenen Gebäudes, dessen Abbruch nach der gleichen Vorschrift verweigert werden kann und wird, anders behandelt werden sollte. So formuliert das Gericht auch allgemein, „daß die Versagung einer Abbruchgenehmigung für ein denkmalrechtlich geschütztes Gebäude enteignende Wirkung für den Eigentümer haben kann“, die dann nach den §§ 30 ff. DSchG NW abgefedert werden muß, ohne daß zwischen dem Denkmalschutz nach § 3 und dem nach den §§ 5, 6 DSchG NW unterschieden würde.[639] Auch in Denkmalbereichen kann nur durch die Begründung von Übernahme- und Entschädigungsansprüchen aus den §§ 31, 33 DSchG NW eine Unzumutbarkeit der Versagungsfolgen für den einzelnen Eigentümer berücksichtigt werden, werden nur so die bei der gebundenen Entscheidung über die Genehmigung selbst zunächst ausgeblendeten privaten Belange[640] in verfassungsrechtlich zulässiger Weise kompensiert.[641]

Hier scheint aufgrund der eingangs erwähnten unklaren Fassung des § 5 DSchG NW jedoch noch einiges in der Schwebe. Solange eine Klärung durch obergerichtliche Entscheidung zumindest für die Rechtspraxis noch aussteht, sollte die zum Schutz eines Denkmalbereichs entschlossene Gemeinde aber keinesfalls darauf verzichten, die eventuell dort auch vorhandenen Einzeldenkmäler zusätzlich durch Aufnahme in die Denkmalliste abzusichern. Ein Vertrauen auf den vollen Denkmalschutz auch für nicht eingetragene, aber in einem Denkmalbereich gelegene Gegenstände wäre in Anbetracht der überwiegenden gegenteiligen Meinung, die in der jüngsten Kommentierung des

---

637 *Prahl,* BlGBW 1983, S. 41 (45).

638 OVG Münster, DÖV 1985, S. 158 (160).

639 Überwiegend wird die Anwendung des § 31 DSchG NW in Denkmalbereichen aber abgelehnt: vgl. *Rothe,* DSchG NW, § 5, Rdnrn. 4, 5; *Kiepe,* DST 1983, S. 409 (412); M/U/S, DSchG NW, § 5, Rdnr. 16; wie hier *Stähler,* Denkmalbegriff, S. 148.

640 Siehe oben, Zweiter Teil, C, V, 1, und Zweiter Teil, C, III, 1, a).

641 Zur Ausgleichsfunktion der §§ 30ff. DSchG NW beim Einzeldenkmalschutz ausführlich *Schmittat,* Denkmalschutz und gemeindliche Selbstverwaltung, S. 104; vgl. auch unten, Zweiter Teil, D, III, 2, c).

nordrhein-westfälischen Denkmalschutzgesetzes erneut bekräftigt worden ist,[642] nicht angebracht und würde dem Denkmalschutz keinen Gefallen tun.

Ganz explizit knüpfen allerdings die Steuergesetze eine weitere Rechtsfolge als die Erlaubnispflicht des § 9 Abs. 1 lit. a) und b) DSchG NW an die Inschutznahme als Denkmalbereich, wenn § 82 i S. 4 EStDV 1986[643] die Vorwegnahme der erhöhten Absetzungen von den Herstellungskosten der Gebäudeteile und der Maßnahmen gestattet, die nach Art und Umfang zur Erhaltung des schützenswerten Erscheinungsbildes der nach landesrechtlichen Vorschriften als Einheit geschützten Gruppe oder Anlage erforderlich ist. Steuerlich begünstigt kann demnach etwa eine bauliche Änderung der Hausfassade im Denkmalbereich sein, während für Aufwendungen, die nur die Rückseite eines Gebäudes betreffen, keine Bescheinigungen gemäß § 40 DSchG NW ausgestellt werden dürfen.[644]

Diese nicht nur für die eigentlichen Baudenkmäler, sondern für alle Bauten in einem Denkmalbereich eröffnete Möglichkeit der Steuerersparnis[645] unterscheidet sie nicht nur von den Gebäuden in der engeren Umgebung eines Baudenkmals, die ja ebenfalls § 9 Abs. 1 lit. b) DSchG NW unterliegen, sondern auch von denen, die (nur) im Geltungsgebiet einer Erhaltungs- oder Gestaltungssatzung liegen. Aus der Sicht der betroffenen Eigentümer kann diese (Verschonungs-)Subventionierung sicherlich einen Vorteil der – zusätzlichen – Unterschutzstellung als Denkmalbereich darstellen.

VI. Fehlerfolgen

Zu den „Heilungsvorschriften" des § 4 Abs. 6 GO NW bei „sonstigen" Denkmalbereichssatzungen und zu den §§ 214 ff. BauGB, die zusätzlich Anwendung finden, wenn der Denkmalbereich als Festsetzung in einen Bebauungsplan aufgenommen wird, kann auf das schon Gesagte verwiesen werden.[646] Jedoch ergeben sich für die Frage des Rechtsschutzes neue Gesichtspunkte, die im folgenden – getrennt nach der Person des Klägers – kurz angesprochen werden sollen.

---

642 M/U/S, DSchG NW, 1989.

643 Einkommensteuer-Durchführungsverordnung in der Fassung vom 24. Juli 1986, BGBl. I, S. 1239.

644 M/U/S, DSchG NW, § 40, Rdnr. 40.

645 M/U/S, a.a.O., Rdnr. 39; M/L/S, Denkmalschutz, S. 37; *Gahlen,* StGR 1981, S. 374 (377); *Stähler,* Denkmalbegriff, S. 139f.; a.A. *Rothe,* StGR 1981, S. 382 (383), mit Nachweisen.

646 Siehe oben, Zweiter Teil, A, VI, 1, und Zweiter Teil, B, VI, 1.

1. Rechtsschutz des Bürgers

Wie bei den Erhaltungs- und Gestaltungssatzungen kommt zunächst die Inzidentkontrolle der Denkmalbereichssatzungen im Rahmen einer Verpflichtungsklage auf Erteilung der Genehmigung in Betracht, wobei es sich um die denkmalrechtliche Erlaubnis nach § 9 Abs. 1, Abs. 3 S. 2 DSchG NW, aber auch um eine nach anderen gesetzlichen Bestimmungen erforderliche Planfeststellung, Genehmigung, Erlaubnis, Bewilligung, Zulassung oder Zustimmung handeln kann, bei der die zuständige Behörde die Belange des Denkmalschutzes in angemessener Weise zu berücksichtigen hat, § 9 Abs. 3 S. 1 DSchG NW.[647] Während die Festsetzungen, die gemäß § 6 Abs. 4 DSchG NW in Verbindung mit § 9 Abs. 4 BauGB Inhalt eines Bebauungsplanes geworden sind, wegen § 47 Abs. 1 Ziff. 1 VwGO zusätzlich direkt im Wege der Normenkontrolle angreifbar sind, bleibt es bei den „sonstigen" Satzungen und bei den sie unter den Voraussetzungen des § 5 Abs. 4 DSchG NW ersetzenden Verordnungen der Oberen Denkmalbehörde grundsätzlich bei diesem Befund.[648]

Die von Hönes[649] erhobene Forderung, auch in Nordrhein-Westfalen müsse über § 47 Abs. 1 Ziff. 2 VwGO für diese Fälle die Normenkontrolle eingeführt werden, bleibt de lege lata unbeachtlich. Wie Hönes selbst einräumt, besteht auch keine Pflicht des (Orts-)Gesetzgebers, seine Entscheidung in diejenige Rechtsform zu kleiden, die die Zulässigkeit des Normenkontrollantrags und damit effektiveren Rechtsschutz gewährleistet,[650] d. h. er ist nicht gezwungen, den Denkmalbereich in einem Bebauungsplan festzusetzen. Unter grundsätzlich engen Voraussetzungen bleibt allerdings die Möglichkeit der Feststellungsklage gegen bestimmte, durch die Inschutznahme ausgelöste Rechte und Pflichten.[651] Sie wird selbst dann gegen die Gemeinde zu richten sein, wenn der Denkmalbereich gemäß § 5 Abs. 4 DSchG NW durch Verordnung unter Schutz gestellt wurde, da ihr dieser Akt – wie allgemein bei der Ersatzvornahme –[652] zuzurechnen ist.

In all diesen möglichen Streitfällen werden die Gerichte zur Bestimmung der Denkmal-(bereichs-)eigenschaft vielfach auf Sachverständige zurückgrei-

---

647 Vgl. OVG Münster, DÖV 1985, S. 158ff., mit Anmerkung *Gahlen,* a.a.O., S. 411ff.

648 *Schmittat,* Denkmalschutz und gemeindliche Selbstverwaltung, S. 73, mit Fn. 285.

649 *Hönes,* Unterschutzstellung, S. 251ff.

650 Vgl. auch BVerfG, NJW 1985, S. 2315, LS 3, mit Sondervotum *Steinberger,* S. 2317ff.

651 Siehe oben, Zweiter Teil, B, VI, 2; *Schmittat,* Denkmalschutz und gemeindliche Selbstverwaltung, S. 73, mit Fn. 286.

652 *Schnapp,* Ersatzvornahme, S. 175; *Kottenberg/Rehn,* GO NW, § 109, Anm. III, 1; a.A. *Knemeyer,* Staatsaufsicht, in: HdKWP, Bd. I, S. 276.

fen müssen,[653] insbesondere aber auf die Fachkunde der Ämter für Denkmalpflege bei den Landschaftsverbänden. Die in § 22 Abs. 3 DSchG NW anerkannte, durch die Weisungsfreiheit gemäß § 22 Abs. 4 DSchG NW gesetzlich hervorgehobene Stellung der Denkmalpflegeämter hat Konsequenzen: Ihre Stellungnahme wird der beklagten Denkmalbehörde im Prozeß nicht als Parteivortrag zugerechnet und nicht schon dadurch unbeachtlich, daß der Kläger sie in Zweifel zieht, sondern ist nur durch (meist durch eigenes Sachverständigengutachten) begründete Zweifel angreifbar.[654]

Bei vertauschten Rollen, d.h. wenn der Bürger eine Denkmalbereichssatzung wünscht, deren Erlaß die Gemeinde aber verweigert, kann er seinen Willen – wie bei den Gestaltungssatzungen –[655] grundsätzlich nicht durchsetzen: Ein Anspruch auf Satzungserlaß besteht nicht, vielmehr sieht die Rechtsprechung sogar in dem ausdrücklichen Antragsrecht auf Eintragung von Einzeldenkmälern in die Denkmalliste gemäß § 3 Abs. 2 S. 2 DSchG NW keine Verbürgung eines materiellen Rechtsanspruchs, sondern nur eine rein verfahrensrechtliche Position.[656]

2. Rechtsschutz der Gemeinden

Die bei den Denkmalbereichssatzungen besonders weitgehenden Befugnisse der Aufsichtsbehörden rücken zusätzlich zum Rechtsschutz des Bürgers den der Gemeinde in den Blickpunkt, wenn sie gegen eine rechtswidrige Ausübung der Aufsicht vorgehen will. Ausgangspunkt der Überlegungen muß dabei wiederum die Charakterisierung des Erlasses von Denkmalbereichssatzungen als Pflichtaufgabe zur Erfüllung und Weisung sein.[657]

Zunächst kann von dieser Zuordnung zu einer Aufgabenkategorie – bei allen Satzungen –[658] abhängen, ob die Gemeinde die Verletzung eines eigenen subjektiven Rechts geltend machen kann, wenn etwa die (staatliche) Baugenehmigungsbehörde eine Baugenehmigung erteilt, die nicht im Einklang mit der Denkmalbereichssatzung steht.[659] Als angreifbare Entscheidungen kom-

---

653 Vgl. nur BVerwG, BRS 47, Nr. 123, S. 325f.

654 Vgl. OVG Lüneburg, NuR 1988, S. 254ff.; VGH Mannheim, DVBl. 1988, S. 1219 (1220); M/U/S, DSchG NW, § 2, Rdnr. 47, unter Hinweis auf unveröffentlichte Urteile des OVG Münster.

655 Siehe oben, Zweiter Teil, B, VI, 2.

656 OVG Münster, NVwZ-RR 1989, S. 64-LS.

657 Siehe oben, Erster Teil, A.

658 Vgl. zu dem entsprechenden Problem bei Nichtbeachtung von Gestaltungssatzungen BayVGH, BayVBl. 1986, S. 213, und *Moench*, Entwicklungen des Denkmalschutzrechts, NVwZ 1988, S. 304 (314).

659 Vgl. § 9 Abs. 3 DSchG NW und dazu unten, Dritter Teil, C, II. Auch für die Frage der Klagebefugnis kommt es aber sehr auf die Sicht der „Pflichtaufgaben zur Erfüllung nach Weisung" an, vgl. *Erichsen*, Kommunalrecht, in: *Grimm/Papier*, StVwR NW, S. 127f.; *Kopp*, VwGO, § 42, Rdnrn. 95ff.

men zunächst die Verweigerung der Satzungsgenehmigung nach § 5 Abs. 3 DSchG NW, die Aufforderung zum Satzungserlaß durch die Obere Denkmalbehörde gemäß § 5 Abs. 4 S. 1 DSchG NW[660] sowie die Entscheidung der Obersten Denkmalbehörde nach Anrufung durch den Landschaftsverband in Betracht, § 22 Abs. 4 S. 3 in Verbindung mit § 5 Abs. 2 S. 4 DSchG NW.[661]

Problematisch ist, da der verwaltungsgerichtliche Rechtsschutz nicht mehr vom Vorliegen eines Verwaltungsaktes abhängig ist, weniger die Rechtsnatur dieser Akte. Sie entscheidet nur über Fristen und die Notwendigkeit des Vorverfahrens, für das im übrigen – da Sonderaufsicht – die Sondervorschrift des § 112 GO NW über die allgemeine Aufsicht nicht gilt.[662] Für die Erfolgsaussichten kommt es vielmehr entscheidend auf die Klagebefugnis an, ob also ein solcher Akt die Gemeinde in ihrem eigenen (Selbstverwaltungs-)Recht betreffen kann. Diese äußerst umstrittene Frage rührt an das grundlegende Verständnis der Pflichtaufgaben zur Erfüllung nach Weisung in den Ländern, die dem Weinheimer Entwurf gefolgt sind und kann an dieser Stelle nicht weiter verfolgt werden.[663]

Daß eine von der Gemeinde angeregte gerichtliche Überprüfung von Aufsichtsmaßnahmen nicht nur von theoretischem Interesse ist,[664] beweist ein jüngeres Urteil des nordrhein-westfälischen Verfassungsgerichtshofs zu § 42 a Abs. 1 LG NW,[665] der entsprechend § 5 Abs. 4 DSchG NW eine an die Stelle der versäumten gemeindlichen Satzung tretende ordnungsbehördliche Rechtsverordnung vorsieht. Auf eine hiergegen – neben einer Feststellungsklage – allein gegebene kommunale Verfassungsbeschwerde (§ 50 VGH NW) hat das Gericht nicht nur die Verfassungsmäßigkeit der Vorschrift bestätigt, sondern auch geprüft, ob durch die Verordnung der verfassungsrechtlich geschützte Kernbereich der kommunalen Planungshoheit der Beschwerdeführerin berührt sei. Diese Beschränkung der Prüfung auf die Planungshoheit läßt den Rückschluß zu, daß nur solche weiteren aus dem Selbstverwaltungsrecht ableitbaren Rechtspositionen durch die Aufsichtsmaßnahme beeinträchtigt werden können, daß aber die Satzungskompetenz der Gemeinde für den

---

660 Vgl. *Schmittat,* Denkmalschutz und gemeindliche Selbstverwaltung, S. 86 und S. 101.

661 Vgl. oben, Zweiter Teil, C, IV, 3.

662 Eingehend *Schmittat,* a.a.O., S. 87, mit Fn. 355; *Kottenberg/Rehn,* GO NW, § 112, Anm. I, 2, und II, 2.

663 Vgl. nur oben, Erster Teil, A; VG Köln, DVBl. 1985, S. 180ff.; *Knemeyer,* Staatsaufsicht, in: HdKWP, Bd. I, S. 265ff. (278ff.); *Schmittat,* Denkmalschutz und gemeindliche Selbstverwaltung, S. 85; M/U/S, DSchG NW, § 20, Rdnrn. 36ff.; *Kopp,* VwGO, § 42, Rdnr. 95; *Erichsen,* Kommunalrecht, in: Grimm/Papier, StVwR NW, S. 124ff.; ders., DVBl. 1985, S. 943 (947); *W. Engel,* DVBl. 1982, S. 758 (760); *J. Müller,* VR 1987, S. 36 (41), mit Nachweisen.

664 Insofern von der tatsächlichen Entwicklung überholt: *Schmittat,* a.a.O., S. 86.

665 VerfGH NW, NWVBl 1988, S. 11; vgl. auch OVG Münster, NWVBl 1990, S. 87ff.

Denkmalbereichsschutz selbst nicht als selbständig wehrfähige Rechtsposition anzusehen ist.[666]

Das bestätigt noch einmal die oben vorgenommene und zugrunde gelegte Einordnung des Denkmalbereichsschutzes als gemeindliche Pflichtaufgabe zur Erfüllung nach Weisung.

Abschnitt D

Die Baumschutzsatzungen nach § 45 LG NW

Die Ermächtigung der Gemeinden zum Erlaß von Baumschutzsatzungen findet sich im sechsten Abschnitt des nordrhein-westfälischen Landschaftsgesetzes, der „Ergänzende Vorschriften" enthält. Eine Ergänzung bildet § 45 LG NW zu den Bestimmungen über die Landschaftsplanung und Schutzausweisung in den §§ 15 bis 42 e LG NW, mit denen zusammen die §§ 43 bis 48 LG NW die bundesrechtliche Rahmenregelung im vierten Abschnitt des Bundesnaturschutzgesetzes über Schutz, Pflege und Entwicklung bestimmter Teile von Natur und Landschaft ausfüllen. Konkreter Bezugspunkt der landesrechtlichen Ermächtigungsgrundlage ist § 18 BNatSchG, dessen Absatz 2 Satz 2 es erlaubt, den Schutz von Landschaftsbestandteilen „in bestimmten Gebieten auf den gesamten Bestand an Bäumen ... (zu) erstrecken", was § 23 LG NW noch einmal wiederholt. Welche Befugnisse den Gemeinden damit im einzelnen auf dem Gebiet des Baumschutzes in die Hand gegeben sind, soll im folgenden Abschnitt dargestellt werden.

Die Untersuchung beschränkt sich hierbei auf die Gemeindesatzungen zum Schutz des Baumbestandes und läßt die weiteren Instrumente des Landschaftsrechts außer Betracht. Zwar weist etwa der Landschaftsplan mit der Möglichkeit, gemäß den §§ 16 Abs. 1, Abs. 4 Ziff. 2, 22 LG NW Naturdenkmale festzusetzen, thematische Überschneidungen mit dem Denkmalschutzrecht auf[667] und bietet – ebenso wie die Schutzausweisungen nach § 42 a LG NW – auch in Hinblick auf das Verfahren der Inschutznahme interessante Parallelen zu den Denkmalbereichssatzungen.[668] Dennoch erscheint ihre Vernachlässigung gerechtfertigt: Das ergibt sich für Landschaftspläne bereits dar-

---

[666] Ähnlicher Gedankengang bei *Schmittat,* Denkmalschutz und gemeindliche Selbstverwaltung, S. 100, für Weisungen zur vorläufigen Unterschutzstellung nach § 4 DSchG NW.

[667] Zur Überschneidung und Abgrenzung von Natur- und Denkmalschutz vgl. *Rosenzweig,* NuR 1987, S. 313 (314); *Hönes,* Unterschutzstellung, S. 88ff.; *Bülow,* Flächen- und bodenbezogener Denkmalschutz, S. 91ff. Vgl. jetzt auch § 2 Abs. 1 Ziff. 2 des Gesetzes über die Umweltverträglichkeitsprüfung vom 12. Februar 1990, BGBl. I, S. 205 (206).

[668] Siehe oben, Zweiter Teil, C, V.

aus, daß sie andere Räume als die Baumschutzsatzungen betreffen, denn ihre Geltung ist grundsätzlich auf die Landschaft und ihre Bestandteile außerhalb der im Zusammenhang bebauten Ortsteile und des Geltungsbereichs der Bebauungspläne beschränkt, § 16 Abs. 1 LG NW.

Demgegenüber ist die Ausweisung von Naturschutzgebieten, Naturdenkmalen und geschützten Landschaftsbestandteilen nach § 42 a LG NW zwar gerade auch im baulichen Innenbereich zulässig und kann mit anderen, vor allem bauplanerischen Festsetzungen kollidieren.[669] Sie unterscheidet sich aber von den hier behandelten gemeindlichen Baumschutzsatzungen grundlegend hinsichtlich Normgeber und Handlungsform, denn sie erfolgt durch ordnungsbehördliche Verordnung der Landschaftsbehörden im Sinne des § 8 LG NW. Aus den gleichen Gründen wird schließlich auch darauf verzichtet, die Maßnahmen zur einstweiligen Sicherstellung von Natur- und Landschaft gemäß § 42 e LG NW näher zu erörtern.

I. Zweck und Zulässigkeit von Baumschutzsatzungen

§ 1 Abs. 1 BNatSchG nennt als Ziele des Naturschutzes und der Landschaftspflege unter anderem die nachhaltige Sicherung der Leistungsfähigkeit des Naturhaushalts sowie der Vielfalt, Eigenart und Schönheit von Natur und Landschaft als Lebensgrundlagen des Menschen und als Voraussetzung für seine Erholung. Diese in § 18 Abs. 1 BNatSchG noch einmal wiederholte und präzisierte Aufzählung beschreibt gleichzeitig den Normzweck der auf den entsprechenden landschaftsrechtlichen Ermächtigungen beruhenden Baumschutzsatzungen und grenzt sie von ähnlichen Regelungen baurechtlicher Natur ab. Zwar erlaubt zum Beispiel auch § 9 Abs. 1 Ziff. 25 a) und b) BauGB Festsetzungen über das Anpflanzen und für die Erhaltung von Bäumen, Sträuchern und sonstigen Bepflanzungen; gerade in Abgrenzung dazu hat *Steinberg*[670] jedoch überzeugend dargelegt, daß nicht das in beiden Fällen betroffene Medium „Grund und Boden", sondern der Zweckzusammenhang, die Funktion einer Norm für ihre kompetentielle Einordnung entscheidend ist, ein Gedanke, der – wie dargestellt –[671] auch auf anderen Gebieten zu Recht Gefolgschaft gefunden hat.

Kann man sich zur Frage der kompetenzrechtlichen Zulässigkeit von Baumschutzsatzungen, die heute nicht mehr ernsthaft bestritten wird,[672] daher auf diese wenigen Bemerkungen beschränken, ist eine ähnliche Kürze zunächst

---

[669] *Grooterhorst,* DVBl. 1987, S. 654 (656).

[670] *Steinberg,* NJW 1981, S. 550 (552); siehe auch unten, Zweiter Teil, D, IV.

[671] Siehe oben, Zweiter Teil, 2, b), und Zweiter Teil, A, I, 1; Zweiter Teil, C, I, jeweils mit Nachweisen.

[672] Vgl. aber noch BVerwGE 55, 272 (274ff.), und dazu: *Steinberg,* a.a.O.; *Hufen/Leiß,* BayVBl. 1987, S. 289 (295, Fn. 55); BVerwGE 67, 84ff.

auch in Hinsicht auf den „Dauerkonflikt"[673] des Baumschutzes mit dem Eigentum erlaubt. Auch er betrifft nämlich weniger die grundsätzliche Zulassung von Baumschutzregelungen, die im Ergebnis durchgehend bejaht wird.[674] Relevant wird er vielmehr erst bei der Untersuchung von Einzelproblemen, wenn es um die konkrete Ausgestaltung der Verbotsvorschriften und Ausnahmetatbestände geht; jeweils an solchen speziellen Konfliktstellen soll die Eigentumsthematik dann auch Berücksichtigung finden. Allgemein sind die dem Baumschutz dienenden Regelungen aber jedenfalls mit Art. 14 Abs. 1 GG vereinbar, da das Verbot, Bäume bestimmter Größe (nicht ohne Erlaubnis) zu beseitigen oder zu schädigen, noch eine Konkretisierung der Sozialbindung des Eigentums und keine entschädigungspflichtige Enteignung darstellt.[675]

II. Erlaßvoraussetzungen der Baumschutzsatzungen

Ist die verfassungsrechtliche Zulässigkeit der Bestimmungen zum Schutz des Baumbestandes geklärt, stellt sich die weitere Frage, welche sachlichen Anforderungen sich denn genau aus dem sie legitimierenden naturschutz- bzw. landschaftsrechtlichen Zweckzusammenhang ergeben. Für die Gemeinden, die in Nordrhein-Westfalen solche Vorschriften in Form der Satzung erlassen dürfen, stellt sich primär auch die Frage nach dem Zuschnitt des Geltungsbereiches, insbesondere die, ob ihre Baumschutzsatzung etwa das ganze Stadtgebiet überdecken darf.

1. Räumlicher Anwendungsbereich

Über die Ausdehnung der Baumschutzsatzungen im Raum trifft § 45 LG NW als zunächst maßgebliche Ermächtigungsgrundlage in Anlehnung an § 30 und § 34 BauGB nur die Aussage, daß sie die „im Zusammenhang bebauten Ortsteile" und „den Geltungsbereich der Bebauungspläne" betreffen dürfen.[676] Ob damit alle zum Innenbereich gehörigen Flächen in einer Gemeinde durch eine einzige Satzung (oder durch mehrere flächendeckend angeordneten Teilsatzungen) in Schutz genommen werden können, steht aufgrund dieses Wortlauts noch nicht eindeutig fest, doch erlaubt er diese Auslegung zumindest auch.

---

[673] *Bartholomäi,* UPR 1988, S. 241 (243).

[674] Siehe nur OLG *Hamm,* NuR 1981, S. 75 (76); VGH Mannheim, NVwZ 1985, S. 63; OVG Berlin, NuR 1987, S. 323; OVG Lüneburg, NuR 1987, S. 327; *Steinberg,* NJW 1981, S. 550 (555ff.); *Otto,* NVwZ 1986, S. 900ff.; *Hufen/Leiß,* BayVBl. 1987, S. 289 (293); *J. Müller,* VR 1987, S. 301 (302ff.), mit weiteren Nachweisen.

[675] OLG Koblenz, NVwZ-RR 1989, S. 67, und vorige Fußnote; siehe auch unten, Zweiter Teil, D, III, 2, b) bis d).

[676] Vgl. zu diesen Begriffen etwa *Krautzberger,* in: B/K/L, BauGB, § 34, Rdnr. 1.

Allerdings ziehen manche[677] ergänzend die Rahmenvorschriften des Bundesnaturschutzgesetzes heran, das in § 18 Abs. 1 S. 2 durch die Wendung „in bestimmten Gebieten" und in § 2 Abs. 1 Ziff. 2 S. 2 mit der Formulierung „Teile von Natur und Landschaft" zu erkennen gebe, daß die landschaftsrechtliche Satzungsermächtigung keine allgemeine Handhabe für einen solchen flächendeckenden Schutz bieten könne. Allenfalls unter besonderen Voraussetzungen, zum Beispiel in Ballungsgebieten und außerordentlich belasteten Zonen, dürfe eine Baumschutzsatzung das ganze (den Anforderungen der §§ 30, 34 BauGB genügende) Gemeindegebiet umfassen; im Regelfall müsse der Ortsgesetzgeber dagegen differenzieren, kleinere Einheiten in den Blick nehmen und nur punktuelle, an die örtlichen Gegebenheiten angepaßte Regelungen erlassen.[678]

Diese Auffassung, die für den räumlichen Geltungsbereich des Baumschutzes letztlich vergleichbare Beschränkungen vorsieht, wie sie bei den bereits behandelten Erhaltungs-, Gestaltungs- und Denkmalbereichssatzungen angenommen worden sind,[679] hat sich in der Diskussion um die Erhaltung des Baumbestandes durch gemeindliche Satzung aber nicht durchsetzen können. Ihr wird entgegengehalten, die zur Begründung angeführten Zitate aus den Vorschriften des Bundesnaturschutzgesetzes erlaubten – ebenso wie § 45 LG NW selbst – mit gleichem Recht die Auslegung, daß lediglich die ausdrückliche und genaue Festlegung des Satzungsgebietes verlangt, zu dessen Umfang dagegen keine Stellung bezogen werden solle.[680]

In der Tat folgt – wie oben erörtert –[681] auch bei den Gestaltungssatzungen die Notwendigkeit der Orientierung an der örtlichen Situation und des Zuschnitts „tendenziell kleiner"[682] Geltungsbereiche letztlich nicht daraus, daß § 81 Abs. 1 BauO NW „bestimmte, genau abgegrenzte ... Teile des Gemeindegebiets" (Ziff. 1) oder „bestimmte Bauten, Straßen, Plätze oder Ortsteile" (Ziff. 2) in Bezug nimmt. Die räumliche Beschränkung der Schutzmaßnahmen beruht dort vielmehr entscheidend darauf, daß erst die gebietsspezifische Anknüpfung der Gestaltungssatzungen der Ermächtigung die nötige Kontur verleiht. Dieser Gesichtspunkt ist auf die Baumschutzsatzungen nach § 45 LG NW nicht übertragbar. Hier finden sich im Gegenteil sachliche Gründe für eine zunächst undifferenzierte, flächendeckende Unterschutzstellung durch Rechtssatz: Der eine liegt in den ständigen Eingriffen begründet, denen der Baumbestand im besiedelten Bereich etwa durch Haus- und Stra-

[677] *Steinberg,* NJW 1981, S. 550 (555); *Hufen/Leiß,* BayVBl. 1987, S. 289 (290); *Kunz,* DVBl. 1979, S. 613 (616), anders aber jetzt ders., DÖV 1987, S. 16f., 20.

[678] *Hufen/Leiß,* BayVBl. 1987, S. 289 (291).

[679] Siehe oben, Zweiter Teil, A, II, 1; B, II; C, II, 2.

[680] *Bartholomäi,* UPR 1988, S. 241 (242); *Rosenzweig,* NuR 1987, S. 313 (315).

[681] Siehe Zweiter Teil, B, I und II.

[682] OVG Münster, ZMR 1984, S. 291 (292).

ßenbau, Versiegelung von Flächen oder die Staub- und Gasemissionen ausgesetzt ist. Sie haben zur Folge, daß eine sorgfältige, an Ortsteilen innerhalb der Gemeinde orientierte Bestandsaufnahme der verbliebenen Vegetation als Voraussetzung eines sinnvoll lokal abgestuften Schutzes sofort wieder veralten und damit unrichtig werden würde. Punktueller Baumschutz müßte deshalb von vornherein von untauglichen Grundlagen ausgehen.[683]

Zum anderen ergibt sich die Notwendigkeit des örtlichen, auf kleinere Flächen begrenzten Schutzes der zuvor dargestellten Satzungstypen und die Möglichkeit einer nur an die Voraussetzungen der §§ 30, 34 BauGB gebundenen flächendeckenden Regelung zur Erhaltung des innerörtlichen Baumbestandes in der Gemeinde aber vor allem aus den trotz vieler Überschneidungen[684] in Einzelheiten dann doch wieder unterschiedlichen Schutzgegenständen. Die ersten hier behandelten drei Satzungstypen knüpfen nämlich an Baulichkeiten an, die dem Gesetzgeber nicht immer, sondern nur bei Erfüllung gewisser Bedingungen erhaltenswert erschienen sind: sie müssen etwa das Ortsbild prägen (§ 172 Abs. 3 S. 1 Fall 1 BauGB), in einem Ortsteil mit geschichtlicher Bedeutung stehen (§ 81 Abs. 1 Ziff. 2 BauO NW) oder eine denkmalbereichsbildende Gehöftgruppe (§ 2 Abs. 3 S. 2 DSchG NW) konstituieren. Dagegen sind aus dem Blickwinkel – wenn nicht aller, so doch einiger – Zielvorgaben des Natur- und Landschaftsschutzes im Grundsatz sämtliche Bäume der Konservierung wert, denn jeder einzelne Baum kann ohne weiteres zur Leistungsfähigkeit des Naturhaushalts beitragen und/oder schädliche Einwirkungen abwehren (vgl. § 18 Abs. 1 Ziff. 1 und 3 BNatSchG).[685]

Diese im Naturschutzrecht angelegte andere Sicht läßt den unterschiedslosen, nicht an weitere Qualifikationen gebundenen Baumschutz durch gemeindliche Satzung zu. Der insoweit bestehende Gegensatz zu den zuvor dargestellten, zur Differenzierung in kleineren Maßstäben gezwungenen Satzungstypen und – erst recht – zu den Bebauungsplänen[686] erklärt sich aus den sich unterschiedlich auswirkenden Zielen, wie sie in den jeweiligen Einzelermächtigungen Ausdruck gefunden haben. Im Prinzip erlauben die §§ 18 Abs. 1 BNatSchG, 45 LG NW daher den Gemeinden den Erlaß genereller, den gesamten besiedelten und bebauten Innenbereich erfassender Satzungen zum Baumschutz, mögen diese in ländlichen Gebieten mit dörflicher Struktur auch seltener erforderlich erscheinen als in hochverdichteten Ballungszentren.[687]

---

683 Pointiert *Bartholomäi,* UPR 1988, S. 241 (242); vgl. auch *Dombert,* StGB 1987, S. 551f., 581.

684 Siehe oben, Zweiter Teil, 2, a).

685 Vgl. *Otto,* NVwZ 1986, S. 900 (902); VGH München, NVwZ 1985, S. 951 (952).

686 Siehe dazu oben, Zweiter Teil, A, II, 1.

687 Vgl. OVG Lüneburg, NuR 1985, S. 242; NuR 1987, S. 327 LS 1; OVG Bremen, NVwZ 1986, S. 953 LS 1; VGH München, BayVBl. 1985, S. 437 (438); VG Berlin, NuR 1984, S. 112; VGH Kassel, NuR 1989, S. 228; BVerwG, NuR 1989, S. 179 (180);

Diese örtlichen Baumschutzvorschriften dürfen ihre Geltung auch auf solche Flächen erstrecken, die von anderen Behörden genutzt werden; das gilt ohne weiteres bei fiskalischem Handeln, aber auch dann, wenn die Nutzung im Rahmen ihrer hoheitlichen Tätigkeit erfolgt. § 38 BNatSchG, der eine solche bestimmungsgemäße hoheitliche Nutzung gegenüber dem Naturschutz in einigen Fällen privilegiert, steht einer Einbeziehung dieser Flächen in den Satzungsbereich nicht entgegen, sondern setzt – vergleichbar mit § 174 BauGB –[688] die grundsätzliche Maßgeblichkeit solcher Bestimmungen geradezu voraus. Ohnehin hat diese Konkurrenzklausel nur einen durch die Ziff. 1 bis 9 begrenzten Anwendungsbereich und gilt auch nicht für Grundstücke, die erst nach dem Inkrafttreten des Bundesnaturschutzgesetzes den dort genannten Zwecken gewidmet worden sind. Mit Recht verweist Rosenzweig[689] auf die oben[690] bereits unter dem Stichwort „Denkmalschutz und Bundesbahn" erwähnte Diskussion: Hier wie dort sind auch andere Hoheitsträger an die materiellen Anforderungen der auf landesgesetzlicher Ermächtigung beruhenden gemeindlichen Schutzvorschriften gebunden, mögen sie auch verfahrensmäßig nicht von einer Genehmigung ihres Vorhabens durch die Gemeinde abhängig sein.

2. Sachlicher Anwendungsbereich

Die durch den Erlaß von Baumschutzsatzungen anzusteuernden Ziele, die Gründe für die Erhaltung des Baumbestandes im Gemeindegebiet nennt § 45 LG NW nicht selbst. Sie sind – wie soeben dargestellt – aber ohne weiteres aus den bundesrechtlichen Rahmenvorschriften der §§ 1, 2 BNatSchG, etwas konkreter aus § 18 Abs. 1 BNatSchG, herzuleiten. Neben den dort genannten Anliegen, die kurz zu erläutern sind, werden allerdings gelegentlich auch andere Schutzgründe aufgezählt, insbesondere die „Erhaltung oder Verbesserung des Stadtklimas oder der kleinklimatischen Verhältnisse", die „Erhaltung eines artenreichen Pflanzenbestandes" oder die „Schaffung von Zonen der Ruhe und Erholung"[691]

Darin ist jedoch keine Erweiterung der die Satzungsgebung legitimierenden Gründe, sondern bloß deren weitere Präzisierung innerhalb des durch die all-

---

Zundel, RdL 1982, S. 85 (86); *Otto,* NVwZ 1986, S. 900 (902); *Künkele/Heiderich,* NatSchG BW, § 25, Rdnr. 6; *Bartholomäi,* UPR 1988, S. 241 (242); *Rosenzweig,* NuR 1987, S. 313 (315).

688 Siehe oben, Zweiter Teil, A, II, 1; *Salzwedel,* NuR 1984, S. 165 (173): „zulässiger Gegenschluß".

689 *Rosenzweig,* NuR 1987, S. 313 (318).

690 Vgl. Zweiter Teil, C, II, 2.

691 OVG Münster, UPR 1986, S. 192 (194); dem folgt die Mustersatzung des Städtetages NW (Umdruck-Nr. Z 5608/1986), abgedruckt bei *Bauer/Salewski,* LG NW, Anhang B 4, S. 99ff.

gemeinen Vorschriften abgesteckten Feldes zu sehen. Das folgt aus kompetenzrechtlichen Erwägungen, denn die Ausfüllungsnormen des Landesrechts und die darauf beruhenden örtlichen Regelungen können nicht weiter gehen als die bundesrechtlichen Rahmenvorschriften (§ 4 BNatSchG) selbst.[692] Es wird aber auch durch einen Blick auf die in § 2 Abs. 1 Ziff. 8, 9 und 11 BNatSchG LG NW niedergelegten Grundsätze bezeugt, die diesen „zusätzlichen" Erhaltungsmotiven inhaltlich entsprechen. Im Ergebnis sind „alle diese (weiteren) Zielsetzungen ... schon in dem ... Zweck der Bestandserhaltung der Bäume enthalten und können – unter Beachtung der ... § 45 LG NW i. V. m. § 1 und 2 LG NW und der bundesrechtlichen Rahmenvorschrift des § 18 BNatSchG – durch Auslegung aus ihm entnommen werden.[693]

a) Der Schutzgrund aus § 18 Abs. 1 Ziff. 1 BNatSchG

Bäume können zunächst unter Schutz gestellt werden, um die Leistungsfähigkeit des Naturhaushaltes, also des komplexen Wirkungsgefüges aller natürlichen Faktoren wie Boden, Wasser, Luft, Pflanzen- und Tierwelt sicherzustellen. Sie bilden wichtige Bestandteile der im Lebensraum Stadt noch verbliebenen, sich gegenseitig beeinflussenden Ökosysteme. Baumschutz im baulichen Innenbereich durch Satzung kann zur Systemstabilisierung und zur Verbesserung ihrer Widerstands- und Regenerationsfähigkeit gegenüber gerade hier besonders massiven und vielfältigen Einflüssen und Eingriffen beitragen.[694]

b) Der Schutzgrund aus § 18 Abs. 1 Ziff. 2 BNatSchG

Ein besonderer Schutz von Bäumen kann auch „zur Belebung, Gliederung und Pflege des Ortsbildes" erforderlich sein. Zur Erläuterung der die ästhetische Komponente der Landschaft aufnehmenden Begriffe des Ortsbildes bzw. Landschaftsbildes kann auf das oben Gesagte verwiesen werden; insoweit überschneidet sich die landschaftsrechtliche Satzungsermächtigung offenkundig mit denen des Bauplanungs-, Bauordnungs- und Denkmalschutzrechts.[695]

Belebt wird die Stadtlandschaft etwa durch Baumgruppen, die die Eintönigkeit mancher Wohnviertel durchbrechen können; eine ansprechende Gliederung kann durch Alleen oder Grünzüge zwischen den Ortsteilen erfolgen, die einen grünen Blickfang im Häusermeer der Stadt schaffen.[696] Noch allgemei-

---

[692] *Steinberg,* NJW 1981, S. 550 (555); *Hufen/Leiß,* BayVBl. 1987, S. 289 (290), mit Nachweisen in Fn. 15; *Dombert,* StGB 1987, S. 551 (552).

[693] BVerwG, NuR 1989, S. 179 (180), Klammerzusatz vom Verfasser.

[694] Vgl. *Koloziejcok/Reken,* Naturschutz und Landschaftspflege, § 18 BNatSchG, Rdnr. 6; § 1 BNatSchG, Rdnr. 11; zustimmend *Rosenzweig,* NuR 1987, S. 313 (315).

[695] Siehe Zweiter Teil, 2, a); ebenda, A, II, 2, a), aa) und cc); vgl. auch VGH München, NVwZ 1986, S. 951ff., und *Kummer,* NuR 1986, S. 12 (15).

ner ist die Pflege aufzufassen, die man bei jeder Verschönerung des Erscheinungsbildes einer Siedlung durch einen Baum „einigen Ausmaßes“ bejahen können wird.[697]

Gute Chancen für eine ökologische und damit gleichzeitig ästhetisch wirkungsvolle Verbesserung des Bestandes durch Baumschutz scheinen zum Beispiel in den Siedlungen der fünfziger Jahre gegeben, die über großzügig bemessenen Freiraum außerhalb der Wohngebäude verfügen.[698] Aber auch bei Neubauvorhaben darf der Schutz eventuell vorhandener Bäume nicht vernachlässigt werden, da er die Ansicht mehrgeschossiger Bauten von Anfang an positiv prägen kann, während Neuanpflanzungen häufig längere Zeit brauchen, bis der Bewuchs die entsprechende Höhe und Wirkung erreicht hat.[699]

c) Der Schutzgrund aus § 18 Abs. 1 Ziff. 3 BNatSchG

Zur Abwehr schädlicher Einwirkungen kann der geschützte Baumbestand beitragen, indem er etwa schädliche Abgase, Stäube und Aerosole filtert oder als Schutzpflanzung Straßenlärm dämpft. Zu denken ist vor allem an den Schutz der erhaltungsbedürftigen Naturgüter: Luft, Klima, (Grund-)Wasser und Boden sowie die Pflanzen- und Tierwelt.[700]

III. Inhaltliche Ausgestaltung der Baumschutzsatzungen

Darf die Gemeinde unter den beschriebenen Voraussetzungen eine Satzung nach § 45 LG NW erlassen, stellen sich wiederum Fragen nach den Grenzen ihrer grundsätzlichen Gestaltungsfreiheit, den empfehlenswerten oder gar notwendigen Bestandteilen einer solchen Regelung.

1. Entscheidungsmaßstäbe

Da die gesetzliche Grundlage der Baumschutzsatzungen als „kann“-Bestimmung gefaßt ist und weitere Einschränkungen nicht ersichtlich sind, steht dem Ortsgesetzgeber nach den allgemeinen Regeln[701] ein legislatorisches Ermessen

---

[696] Vgl. etwa den der Entscheidung des VGH Mannheim, NVwZ 1986, S. 955 (956), zugrunde liegenden Sachverhalt; VGH München, BayVBl. 1989, S. 503.

[697] *Otto,* NVwZ 1986, S. 900 (901); *Kolodziejcok/Reken,* Naturschutz und Landschaftspflege, § 18 BNatSchG, Rdnrn. 9 - 11; *Lorz,* Naturschutzrecht, § 18 BNatSchG, Anm. 5.

[698] *O. Schneider,* DST 1989, S. 5 (6).

[699] *Boeddinghaus,* Stadterhaltung und Stadtgestaltung, Rdnr. 352.

[700] *Lorz,* Naturschutzrecht, § 18 BNatSchG, Anm. 5; § 1 BNatSchG, Anm. 2, b); *Kolodziejcok/Reken,* Naturschutz und Landschaftspflege, § 18 BNatSchG, Rdnr. 12.

[701] Siehe oben, Zweiter Teil, A, III.

zu. Es bezieht sich auf Vornahme und Zeitpunkt des Satzungserlasses, die Ausdehnung des Geltungsbereiches (innerhalb der Schranken, wie sie sich entsprechend den §§ 30 und 34 BauGB ergeben), prinzipiell aber auch auf die in die Satzung aufzunehmenden Festsetzungen, da auch die Entscheidung über den zum Ziel „Baumschutz durch Satzung" führenden Weg der Gemeinde zugewiesen ist. Soweit sich hier aus Gesichtspunkten der Eigentumsgarantie Abweichungen ergeben, sollen sie anhand der gebräuchlichen Einzelbestimmungen dargelegt und begründet werden.

2. Festsetzungsmöglichkeiten

In Hinblick auf den Regelungsinhalt, den Aufbau und zum Teil sogar den Wortlaut der Bestimmungen weisen gemeindliche Satzungen häufig große Übereinstimmungen auf. Vielfach orientieren sich die Ortsgesetzgeber nämlich an Satzungsmustern, wie sie vor allem von den kommunalen Spitzenverbänden unter Auswertung der Rechtsprechung (nicht immer) „juristisch wasserdicht"[702] erarbeitet und den Kommunen anempfohlen werden. Für diese vor allem in entlegeneren Rechtsgebieten anzutreffende Entwicklung kann der Erlaß von Baumschutzsatzungen nach einer rechtstatsächlichen Erhebung Schlinks,[703] nach der bis 1987 im Regierungsbezirk Düsseldorf in den meisten Fällen das Satzungsmuster wörtlich, in fast allen übrigen Fällen dem Sinne nach übernommen worden war, als geradezu exemplarisch angesehen werden. Der Rückgriff auf ein Muster erscheint hier auch in der Tat eher gerechtfertigt als zum Beispiel bei den Gestaltungssatzungen, da ja die Abhängigkeit von spezifischen lokalen Gegebenheiten ungleich geringer ist, die Satzunggebung flächendeckend für das Gemeindegebiet erfolgen kann und nicht auf kleine, baulich homogene Teilbereiche beschränkt ist.[704]

Es liegt daher nahe, die inhaltliche Erörterung der Baumschutzsatzungen etwa in der Reihenfolge vorzunehmen, wie sie in der Mustersatzung des Städtetages Nordrhein-Westfalen gewählt worden ist.[705]

a) Gebietsfestlegung

Nach der Aufzählung der Ziele der Inschutznahme[706] wird im Satzungsmuster, § 45 LG NW wiederholend, der räumliche Geltungsbereich der Regelung

---

702 *Rothe,* Verwirklichung von Bebauungsplänen, Rdnr. 334 a, und unten, Zweiter Teil, D, III, 3.

703 *Schlink,* ZG 1987, S. 33 ff. (50f.).

704 Siehe oben, Zweiter Teil, D, II, 1. Gegen das „Abschreiben" von Mustersatzungen in Gestaltungsfragen *Gassner,* VuR 1981, S. 143 (170); *Mindak/Roseneck,* LK 1978, S. 420; allgemeine Kritik bei *Schlink,* a. a. O., S. 33ff.

705 Mustersatzung des Städtetages NW (Umdruck-Nr. Z 5608/1986), abgedruckt bei *Bauer/Salewski,* LG NW, Anhang B 4, S. 99ff.

allgemein beschrieben, um anschließend die Ausnahmen anzugeben. Wo Streitigkeiten über die Abgrenzung von Außen- und Innenbereich im Sinne der §§ 30 und 34 BauGB, 45 LG NW zu befürchten sind, kann zusätzlich eine Klarstellung vonnöten sein, verbal durch Benennung der betroffenen Stadtbezirke oder Angabe der begrenzenden Straßen und/oder zeichnerisch durch Bezug auf zur Einsicht bereitgehaltene Karten (empfohlener Maßstab nicht kleiner als 1:5000).[707]

Die Herausnahme innerhalb der im Zusammenhang bebauten Ortsteile und des Geltungsbereiches der Bebauungspläne gelegener Flächen aus der Gestaltung der Baumschutzsatzung ist angebracht, wenn Überschneidungen mit anderen Schutzmaßnahmen nach dem Landschaftsgesetz oder den Vorschriften des Forstrechts drohen.[708]

b) Verbote

Während bei den Erhaltungs- und Denkmalbereichssatzungen gemäß § 172 Abs. 1 S. 1 BauGB bzw. gemäß § 5 Abs. 1 S. 2, § 9 Abs. 1 lit. b) analog DSchG NW mit der Unterschutzstellung bestimmte Handlungen (ohne vorherige Genehmigung) schon von Gesetzes wegen untersagt sind, kennen die auf der Grundlage der §§ 45, 23, 19 S. 2 LG NW ergehenden Vorschriften zum besonderen Schutz von Landschaftsbestandteilen eine solche Automatik ebensowenig wie die auf § 81 BauO NW beruhenden Gestaltungssatzungen.[709]

Kern jeder Baumschutzsatzung ist deshalb ein generelles Verbot der Beseitigung, Zerstörung, Schädigung oder wesentlichen Veränderung des Aufbaus von Bäumen. Die zuletzt genannte Alternative bezieht sich vor allem auf das optische Erscheinungsbild von Bäumen, das etwa durch die Beseitigung tragender Äste oder das „Kappen" der Baumkrone in Mitleidenschaft gezogen werden kann.[710] Daß das Verbot sich auch auf mittelbar schädigende Einwirkungen wie Wurzelbeschädigungen oder die Versiegelung der Oberfläche[711]

---

[706] Dazu sogleich Zweiter Teil, D, III, 3.

[707] *Bartholomäi*, UPR 1988, S. 241 (243); *Kunz*, DÖV 1987, S. 16 (18); vgl. auch den der Entscheidung des VGH München, BayVBl. 1985, S. 437f., zugrunde liegenden Sachverhalt.

[708] Vgl. § 2 Abs. 2 und 3 des Satzungsmusters und dazu *Bauer/Salewski*, LG NW, S. 105; unten, Dritter Teil, A. Zur begrifflichen Abgrenzung zwischen Wald und bloßen Baumgruppen siehe VGH Kassel, NuR 1985, S. 192f.; OVG Münster, UPR 1989, S. 78f.

[709] Vgl. *Rosenzweig*, NuR 1987, S. 313 (317), und oben, Zweiter Teil, B, III, 2, zum Gestaltungsrecht. Anders etwa das Berliner Landesrecht, vgl. § 22 Abs. 3 S. 1 NatSchG Bln und dazu VG Berlin, NuR 1984, S. 242; OVG Berlin, NuR 1987, S. 323 (324).

[710] Vgl. § 4 Abs. 1 S. 2 des Satzungsmusters. *Bartholomäi*, UPR 1988, S. 241 (244); *Zundel*, RdL 1982, S. 85 (87).

[711] Sachverhalt der Entscheidung VG Berlin, NuR 1987, S. 323ff.

bezieht, sollte erwähnt und durch Beispiele (Formulierung: „insbesondere") erläutert werden.[712]

Stets sind Eingriffe dieser Art allerdings nur dann unzulässig, wenn sie an „geschützten Bäumen" erfolgen. Das sind alle Bäume einer bestimmten Größe, zum Beispiel ab 60 (80) cm Stammumfang gemessen in 1 (1,3) m Höhe; für mehrstämmige Bäume gelten Sonderregeln. Ausgenommen bleiben die der Verjüngung bedürftigen Obstbäume, wobei die bei uns seltenen Walnuß- und Eßkastanienbäume die Gegenausnahme bilden.[713]

c) *Ausnahmetatbestände*

Die Darstellung der Verbotsbestimmungen wird erst dann vollständig, wenn auch die entgegen der Regel erlaubten Einwirkungen auf die geschützten Bäume Berücksichtigung finden. Neben den Maßnahmen der fachgerechten „ordnungsgemäßen" Pflege und Baumerhaltung,[714] zum Betrieb von Baumschulen und Gärtnereien u.ä., die dem Verbot von vornherein nicht unterliegen, sind hier zwei Gruppen von Erlaubnistatbeständen zu unterscheiden: in der ersten Fallgruppe führt die Tatbestandserfüllung zu einem Anspruch auf Genehmigung, in der zweiten bleibt ihre Erteilung im pflichtgemäßen Ermessen der Behörde.[715] Die Notwendigkeit dieser Regelung und dieser Differenzierung ergibt sich daraus, daß bei ihrem Fehlen „die Verbotsnorm ... in bestimmten Fällen zu entschädigungspflichtigen Eingriffen in das Eigentum führen müßte".[716]

Aus der Eigentumsgarantie folgt aber nicht nur, daß überhaupt Ausnahmetatbestände in der Satzung enthalten sein müssen,[717] sondern auch, daß sie in bestimmten Fällen eine gebundene Erlaubnis vorsehen muß. Vergleichbar der Situation im Denkmalschutzrecht[718] ist zwar das in den Baumschutzsatzungen enthaltene Verbot grundsätzlich repressiver Natur, da die inkriminierten Handlungen irreversible, auch durch Ersatzpflanzungen nicht sofort aus-

---

[712] Vgl. § 4 Abs. 3 des Satzungsmusters; *Bartholomäi,* s. Fn. 710.

[713] Vgl. § 3 des Satzungsmusters und dazu *Bauer/Salewski,* LG NW, S. 105; *Zundel,* RdL 1982, S. 85 (86); zu mehrstämmigen Bäumen vgl. VGH München, BayVBl. 1985, S. 438.

[714] Zur Abgrenzung von den verbotenen Eingriffen vgl. OLG Düsseldorf, NuR 1989, S. 359.

[715] Vgl. § 4 Abs. 2, § 6 des Satzungsmusters.

[716] OVG Münster, UPR 1986, S. 192 (195).

[717] Im Anschluß an *Steinberg,* NJW 1981, S. 500 (556), allgemeine Meinung; siehe nur *Hufen/Leiß,* BayVBl. 1987, S. 289 (294), mit weiteren Nachweisen in Fn. 48; OVG Berlin, NuR 1987, S. 323 (324); a.A. nur *Rosenzweig,* NuR 1987, S. 313 (317).

[718] Siehe oben, Zweiter Teil, C, V, 1, und dazu *Moench,* NJW 1980, S. 1545 (1547); *Hufen/Leiß,* BayVBl. 1987, S. 289 (293), mit Fn. 35.

gleichbare Wirkungen hervorrufen[719] und daher als besonders sozialschädlich erscheinen. Es ist also auf den allgemeinen Ausschluß der darunter fallenden Verhaltensweisen – hier die Beseitigung oder Beschädigung von Bäumen, dort die Beeinträchtigung von Denkmälern bzw. des Erscheinungsbildes von Denkmalbereichen – gerichtet. Daher käme, im Gegensatz etwa zum bloß präventiven Verbot der Erhaltungssatzungen,[720] im Prinzip eine Lösung in Frage, die die ausnahmsweise Genehmigung des Eingriffs an den geschützten Bäumen stets dem behördlichen Ermessen überließe.[721]

Wenn und soweit die Satzung sich aber nicht mehr als Inhaltsbestimmung oder als Ausdruck der Sozialbindung des Eigentums darstellt, die darauf gestützte Ablehnung eines Antrages auf Beseitigung oder wesentliche Veränderung eines Baumes zu einem Eingriff in das verfassungsrechtlich geschützte Eigentumsrecht führen würde, bleibt für die Ausübung von Ermessen kein Raum. Mangels Entschädigungsregelungen[722] enthält der Erlaubnisvorbehalt dann „gleichsam die Vermeidung der Enteignung"[723] mit der zwingenden Folge, daß der Antragsteller bei Erfüllung aller Voraussetzungen einen Anspruch auf Genehmigung hat.[724] Hier zeigt sich der „unlösbare Regelungszusammenhang zwischen den Verbotstatbeständen einerseits und den Ausnahme- und Befreiungstatbeständen andererseits",[725] denn die Notwendigkeit, letztere als gebundene Ansprüche auszugestalten, ergibt sich praktisch als Kehrseite der Zulassung des generellen und flächendeckenden Baumschutzes (ohne Entschädigungsregelung), der andernfalls unzulässig in das Grundrecht aus Art. 14 Abs. 1 GG eingreifen würde.[726] Der Ortsgesetzgeber muß, um im Rahmen bloßer Sozialbindung zu bleiben, hier in der Satzung selbst das

---

[719] *Hufen/Leiß,* s. Fn. 718; *J. Müller,* VR 1987, S. 301 (302); *Bartholomäi,* UPR 1988, S. 241 (246); OLG Koblenz, NVwZ-RR 1989, S. 67; siehe sogleich unten, Zweiter Teil, D, 2, d).

[720] Siehe dazu oben, Zweiter Teil, A; ebenda, A, V, 1, b).

[721] Zur Unterscheidung von präventiven und repressiven Verboten mit Erlaubnisvorbehalt und ihren Konsequenzen: *Oldiges,* Polizei- und Ordnungsrecht, in: *Grimm/Papier,* StVwR NW, S. 281; *Hufen/Leiß,* a.a.O., S. 289 (292f.); BVerfGE 20, 150 (157ff.); 38, 348 (368); 49, 89 (145ff.).

[722] Zum mangels Eingriffstatbestand unanwendbaren § 7 LG NW siehe zuletzt BVerwG, UPR 1990, S. 267ff. Wo (über § 7 LG NW hinausgehende) gesetzliche Vorschriften zur Entschädigung bestehen, sollen reine Ermessensregeln in der Satzung genügen: So OVG Bremen, NVwZ 1986, S. 953 (954), zu § 38 NatSchG Brem.; OVG Lüneburg, NuR 1985, S. 242f., und NuR 1987, S. 327, zu den §§ 50ff. NatSchG Nds.; siehe *Rosenzweig,* NuR 1987, S. 313 (317).

[723] *Hufen/Leiß,* BayVBl. 1987, S. 289 (294f.).

[724] *Bartholomäi,* UPR 1988, S. 241 (245); *Kunz,* DÖV 1987, S. 16 (18); *Zundel,* RdL 1982, S. 85 (87); *Otto,* NVwZ 1986, S. 900 (901); *Bauer/Salewski,* LG NW, S. 106f.; vgl. auch VGH Mannheim, NVwZ 1985, S. 63f.; OVG Hamburg, NuR 1989, S. 524; VG Frankfurt, NuR 1982, S. 30f.; großzügiger noch OLG *Hamm,* NuR 1981, S. 75 (76).

[725] OVG Münster, UPR 1986, S. 192 (195).

[726] *Bartholomäi,* a.a.O.; im Ergebnis auch *Rosenzweig,* a.a.O.

regeln, was etwa bei den Erhaltungssatzungen bereits auf der Ebene des Gesetzes in den §§ 172 Abs. 4 S. 2 und Abs. 5 S. 3 BauGB vorgegeben ist, um enteignende Eingriffe zu vermeiden.[727]

Soweit bestehende Satzungen dennoch lediglich als freie Erlaubnisse formulierte Ausnahmetatbestände enthalten, behilft sich die Rechtsprechung mit einer verfassungskonformen Normanwendung, d. h. sie legt die Vorschrift so aus, daß sich in den relevanten Fällen dennoch zwingend ein Genehmigungsanspruch des Eigentümers ergibt (Ermessensschrumpfung auf Null).[728] Nun ist die Situation eines Gerichts, das ein bestimmtes Interpretationsprinzip auf eine vorhandene Norm anwendet, allerdings grundverschieden von der der Gemeinde als Satzungsgeber, die eben eine solche Regelung erst erlassen bzw. ändern will. Während es dort um die Frage geht, ob ein Gesetz trotz möglicher anderer Auslegungen oder trotz Mehrdeutigkeit des Inhalts noch im Einklang mit der Verfassung interpretiert werden kann,[729] steht der Satzungsgeber vor der Aufgabe, seine Vorschriften von vornherein möglichst bestimmt, eindeutig und unter Beachtung auch des Eigentumsrechts zu formulieren. Kann aber eine Satzungsbestimmung enteignende Wirkungen entfalten und ist – wie im nordrhein-westfälischen Landschaftsrecht – keine ausreichende gesetzliche Entschädigungsklausel vorhanden, „so gebietet es der abwehrrechtliche Gehalt des Art. 14 Abs. 1 GG, die Satzungswirkungen unter die Enteignungsschwelle abzusenken“.[730]

Für die Gemeinden stellt es deshalb nicht nur das zweckmäßige, sondern auch das allein pflichtgemäße Vorgehen dar, schon in der Baumschutzsatzung selbst die nach der Grundregel repressiver Verbote im Wege der Ermessensentscheidung zu genehmigenden Maßnahmen von den Fallgruppen zu trennen, bei denen der Genehmigungstatbestand wegen der sonst drohenden Überschreitung der Grenze zur Enteignung als gebundene Erlaubnisnorm zu formulieren ist. Als solche in Betracht zu ziehen sind insbesondere die baumschädigenden Handlungen, zu denen der Eigentümer aufgrund anderweitiger öffentlich-rechtlicher Vorschriften verpflichtet ist, die bloß eine nach Baurecht bereits zulässige Nutzung verwirklichen oder zur Abwehr von Gefahren dienen, die von dem geschützten Baum ausgehen und nicht auf andere Weise mit zumutbarem Aufwand zu beseitigen sind. Man kann sie – in Anlehnung an

---

727 Vgl. zu den Genehmigungs- bzw. Übernahmeansprüchen bei Erhaltungssatzungen noch einmal BVerfG, DVBl. 1987, S. 465f.; *Bielenberg/Stock,* in: E/Z/B, BauGB, § 172, Rdnr. 116.

728 Vgl. OVG Münster, UPR 1986, S. 192 (194); OVG Berlin, NuR 1987, S. 323 (324); VGH München, NVwZ 1985, S. 951 (953); VG Gelsenkirchen, NuR 1982, S. 271; *C. Engel,* NVwZ 1985, S. 252 (253).

729 Zu Inhalt und Grenzen verfassungskonformer Auslegung vgl. nur BVerfGE 2, 266 (282); 19, 1 (5); 48, 40 (45ff.), mit weiteren Nachweisen; *Hesse,* Grundzüge des Verfassungsrechts, Rdnrn. 79ff. (80); *Larenz,* Methodenlehre der Rechtswissenschaft, S. 325ff. (326).

730 *Schmidt-Aßmann,* Rechtsetzungsbefugnis, in: FS von Unruh, S. 607 (608).

die Terminologie des § 31 BauGB –[731] unter dem Begriff der „Ausnahmen“ zusammenfassen und sie so auch in der Formulierung von den in atypischen Sonderfällen nach Ermessen vorzunehmenden „Befreiungen“ abgrenzen, die im Einzelfall erteilt werden können, „wenn das Verbot zu einer nicht beabsichtigten Härte führen würde und eine Befreiung mit den öffentlichen Interessen vereinbar ist“.[732]

d) Nebenbestimmungen

Die wichtigste mit einer solchen Ausnahme oder Befreiung verknüpfbare Nebenbestimmung ist das durch § 18 Abs. 2 S. 2 BNatSchG gedeckte Gebot, bei Bestandsminderungen angemessene und zumutbare Ersatzplanungen vorzusehen.

aa) Ersatzpflanzung

Einer solchen Verpflichtung zur Ersatzpflanzung liegt der Gedanke zugrunde, daß „der Baumschutz nicht um des konkreten Baumes, sondern um einer bestimmten Funktion willen erfolgt, deren Wahrnehmung nicht von einem bestimmten Baum, sondern von Bäumen als Gattung abhängt“.[733] Die Heranziehung zu Ausgleichsmaßnahmen in diesem Sinne setzt weder Rechtswidrigkeit noch Verschulden voraus. § 18 Abs. 2 S. 2 BNatSchG erwähnt noch nicht einmal die Verursachung als Kriterium,[734] jedoch wird man, insbesondere wegen der überragenden Bedeutung des Verursacherprinzips für die allgemeine landschaftsrechtliche Eingriffsregelung (§ 8 BNatSchG, §§ 4 ff. LG NW)[735] die Angemessenheit einer Verpflichtung zur Ersatzpflanzung nur gegenüber dem Verursacher bejahen können. Sowohl sachlich angemessen als auch dem Betroffenen zumutbar sind Satzungsbestimmungen, die dem Eigentümer oder Nutzungsberechtigten eines mit geschützten Bäumen bestandenen Grundstücks eine Ersatzpflanzung abverlangen, wenn ihnen in Ausnahme vom grundsätzlichen Verbot eine baumschädigende Handlung erlaubt worden ist, um eine ansonsten zulässige bauliche Nutzung zu verwirklichen. Das gilt auch bei Verstößen gegen die Satzung durch Eigentümer, Nutzungsberechtigte oder Dritte. Der Ausgleich der Eingriffsfolgen durch Ersatzpflanzung ermöglicht bei solchen illegalen Bestandsminderungen „ökologisch und juri-

---

[731] Vgl. dazu *Löhr,* in: B/K/L, BauGB, § 31, Rdnrn. 23ff.

[732] Vgl. § 69 Abs. 1 lit. a), aa) und b) LG NW, sowie § 6 des Satzungsmusters. Dazu *Bauer/Salewski,* LG NW, S. 106f.; *Zundel,* RdL 1982, S. 85 (87); *Bartholomäi,* UPR 1988, S. 241 (245), mit weiteren Nachweisen.

[733] *Steinberg,* NJW 1981, S. 550 (556); zustimmend VG Frankfurt, NuR 1982, S. 30 (31); VGH Kassel, NuR 1989, S. 228.

[734] Vgl. *Lorz,* Naturschutzrecht, § 18 BNatSchG, Anm. 8.

[735] Vgl. *Bauer/Salewski,* LG NW, S. 5ff.

stisch eine gewisse Rückkehr ins Recht"[736] Die Grenze des zumutbaren Ausgleichs würde dagegen durch eine Verpflichtung zur Ersatzpflanzung überschritten, die auch solche Fälle erfassen wollte, in denen der Zugriff auf den geschützten Baum aus Gründen der Gefahrenabwehr oder deshalb erfolgt, weil der Eigentümer oder Nutzungsberechtigte aufgrund öffentlich-rechtlicher Vorschriften oder durch ein entsprechendes gerichtliches Urteil dazu verpflichtet (worden) ist. Hier beruht die Bestandsminderung nicht auf einem Satzungsverstoß, dient sie auch nicht dem Interesse des bauwilligen Eigentümers, sondern dem von Dritten und/oder dem Allgemeinwohl. Die Sozialpflichtigkeit des Eigentums nach Art. 14 Abs. 1 GG kann deshalb nicht so weit reichen, daß der Grundeigentümer auch in solchen Fallkonstellationen noch auf eigene Kosten Ersatz pflanzen müßte.[737]

Soweit die Anordnung einer Ersatzpflanzung danach zulässig ist, stellt sich das Problem der Bemessung des Ausgleichs. Ohne weiteres kann sie sich weder an der zivilrechtlichen „Naturalrestitution" orientieren[738] noch gelten die Regeln öffentlich-rechtlicher „Folgenbeseitigung" durch Hoheitsträger.[739]

Auszugehen ist davon, daß der ökologisch-ästhetische Wert eines Baumes, dessen Erhaltung das Landschaftsgesetz wie die darauf gestützte Satzung bezweckt,[740] nicht quantifizierbar ist, da die hierfür bestimmenden Faktoren wie Kohlensäurebindung, Sauerstoffproduktion, Staub- und Lärmschutz oder gestalterische Wirkung für die Umgebung nicht verläßlich zu messen sind.[741] Ob und wann Neuanpflanzungen einen vitalen, jahrzehntealten Baum annähernd gleichwertig ersetzen können, läßt sich unter diesen Aspekten ebenso schwer feststellen wie die angemessene Höhe einer eventuellen Ausgleichszahlung anstelle der Ersatzpflanzung. Man wird aber neben Satzungsregelungen, die insoweit, ebenso wie beim grundsätzlichen Verbot, an den Stammumfang des geschützten Baumes anknüpfen wollen,[742] auch solche wählen dürfen, die die Sachwertermittlung nach Koch[743] als Hilfsmaßstab bemühen. Die vom OVG Münster gegen diese Möglichkeit geäußerten Bedenken[744] erschei-

[736] VGH Kassel, NuR 1989, S. 228; vgl. die §§ 7 und 9 des Satzungsmusters und dazu *Bauer/Salewski,* LG NW, S. 107.

[737] *Otto,* NVwZ 1986, S. 900 (902), und *J. Müller,* VR 1987, S. 301 (303), im Anschluß an OVG Münster, DST 1983, S. 141 (142).

[738] *Künkele/Heiderich,* NatSchG BW, § 25, Rdnr. 8; vgl. aber auch *Bartholomäi,* UPR 1988, S. 241 (246).

[739] Von „Folgenbeseitigung" sprechen aber z.B. § 9 des Satzungsmusters und der VGH Kassel, NuR 1989, S. 228.

[740] Vgl. OVG Münster, DST 1983, S. 141 (142), und oben, Zweiter Teil, D, 1.

[741] *J. Müller,* VR 1987, S. 301 (303).

[742] Formulierungsvorschlag bei *Otto,* NVwZ 1986, S. 900 (902), im Anschluß an das Satzungsmuster; kritisch *Bartholomäi,* UPR 1988, S. 241 (246).

[743] *W. Koch,* VersR 1981, S. 505ff., und dazu etwa OLG Frankfurt, AgrarR 1987, S. 248; *Rothenburger,* AgrarR 1988, S. 219f.; *Breloer,* NVwZ 1989, S. 121f.

[744] Vgl. OVG Münster, DST 1983, S. 141 (142).

nen überzogen, da diese Methode wesentlich auf das Volumen der Baumkrone und damit ebenfalls an eines der aus ökologischer Sicht aussagekräftigsten Merkmale von Gehölzen anknüpft.[745]

bb) Ausgleichszahlung

Den Ausführungen des Gerichts[746] ist allerdings zu folgen, wenn dort eine alternative Verpflichtung zur Ersatzpflanzung „oder" zur Ausgleichszahlung abgelehnt wird. Zwar ist die vom OVG Münster letztlich offengelassene Frage, ob Baumschutzsatzungen auf der Grundlage des § 45 LG NW bzw. der entsprechenden Vorläuferbestimmungen überhaupt eine Pflicht zur Ausgleichszahlung vorsehen können, zu bejahen. Es müssen dafür nur die Voraussetzungen erfüllt sein, die nach dem oben Gesagten auch an die Anordnung einer Ersatzpflanzung zu stellen sind.

Die Begründung für die Zulässigkeit auch solcher, grundsätzlich belastender Satzungsbestimmungen ergibt sich noch nicht aus der gemeindlichen Satzungsautonomie allein;[747] auch der Verweis auf § 5 Abs. 1 S. 5 LG NW, nach dem bei Eingriffen in Natur und Landschaft statt der Durchführung von Ersatzmaßnahmen die Zahlung eines entsprechenden Geldbetrages in Betracht kommen kann, reicht nicht,[748] da die Minderung des Baumbestandes regelmäßig nicht schwer genug wiegen wird, um einen Eingriff im Sinne des § 4 Abs. 1 LG NW, den § 5 LG NW voraussetzt, darzustellen.[749]

Sie leitet sich vielmehr aus der Satzungsermächtigung selbst her, obwohl § 18 Abs. 2 S. 2 BNatSchG ausdrücklich nur die Pflicht zu Ersatzmaßnahmen behandelt und eine Zahlungsverpflichtung nicht erwähnt.[750] Bleibt man nämlich richtigerweise nicht bei diesem Wortlaut stehen, sondern bezieht den auf möglichst effektiven Baumschutz gerichteten Zweck dieser Vorschrift mit ein, müssen entsprechende Satzungsbestimmungen im Prinzip bei den gleichen Fallgruppen zulässig sein, bei denen auch die Ersatzpflanzung angeordnet werden kann. Nur diese Interpretation verhindert einen schleichenden Schwund des Baumbestandes, der ansonsten durch das Fehlen jeglicher Ersatzverpflichtungen in den Fällen, in denen die beantragte baumschädigende Maßnahme genehmigt werden muß, eine Ersatzpflanzung wegen der

---

[745] *J. Müller*, s. Fn. 741; vgl. auch *Bartholomäi*, s. Fn. 742; *Zundel*, RdL 1982, S. 85 (87f.).

[746] OVG Münster, s. Fn. 744.

[747] *Rosenzweig*, NuR 1987, S. 313 (317).

[748] Vgl. aber die Stellungnahme des Städtetages NW und des nordrhein-westfälischen Ministers für Ernährung, Landwirtschaft und Forsten, in: Eildienst, DST 138/82, S. 26ff.; *Kunz*, DÖV 1987, S. 16 (17).

[749] Vgl. *Lorz*, Naturschutzrecht, § 18 BNatSchG, Anm. 8.

[750] Insoweit richtig *Künkele/Heiderich*, NatSchG BW, § 25, Rdnr. 8.

geringen Grundstücksgröße o.ä. aber nicht angemessen oder zumutbar erscheint, zu befürchten wäre. Hier kann nur eine in der Satzung auszusprechende Zahlungsverpflichtung wirksam gegensteuern, wenn die gegebenenfalls auf dieser Grundlage eingenommenen Mittel von der Gemeinde für Ersatzpflanzungen an anderer Stelle verwendet werden. Sinn und Zweck des § 18 BNatSchG gebieten deshalb die erweiternde Auslegung der Ermächtigung zur Anordnung von Ersatzpflanzungen in der Weise, daß unter bestimmten Voraussetzungen die Anordnung einer Zahlungspflicht an ihre Stelle treten kann.[751] Daß der bundesrechtlichen Rahmenvorschrift dieser Inhalt beigemessen werden kann, bestätigt etwa die sie ausfüllende Regelung des Art. 12 Abs. 2 S. 2 NatSchG Bay, die ausdrücklich die Möglichkeit vorsieht, die Grundeigentümer oder sonstigen Berechtigten zu Ersatzpflanzungen oder zweckgebundenen Ausgleichszahlungen an die Gemeinde für den Fall der Bestandsminderung zu verpflichten. Anderes kann auch in Nordrhein-Westfalen trotz Fehlens entsprechender Formulierungen in § 45 LG NW nicht gelten, da diese Vorschrift die gleiche Grundlage im Bundesrecht findet und die Effektivität des Baumschutzes nicht von der mehr oder minder großen Ausführlichkeit der darauf beruhenden landesrechtlichen Regelungen abhängen kann. So fehlt in § 45 LG NW auch ein Hinweis auf die Möglichkeit, die Verpflichtung zu Ersatzpflanzungen vorzusehen, ohne daß bisher – soweit ersichtlich – daraus der Schluß gezogen worden wäre, auch diese Möglichkeit sei dem Satzungsgeber in diesem Land versagt.

Mit der oben angeführten Entscheidung[752] ist jedoch der Pflicht zur Ersatzpflanzung Priorität vor der zur Zahlung eines Ausgleichs einzuräumen, da das Neuanpflanzen von Bäumen am oder in der Nähe des alten Standortes den in § 18 Abs. 1 BNatSchG festgelegten Zielen des Baumschutzes in aller Regel besser gerecht werden wird als entferntere Maßnahmen, die etwa das geschädigte lokale Orts- oder Landschaftsbild gar nicht mehr beeinflussen können. Ausgleichszahlungen können deshalb immer nur eine subsidiäre Funktion erfüllen, d.h. Baumschutzsatzungen dürfen – genau wie § 5 Abs. 1 S. 1 LG NW bei nicht ausgleichbaren Eingriffen – Ausgleichszahlungen nur dann vorsehen, wenn die Ersatzpflanzung am Ort der Bestandsminderung nicht möglich ist.

Aus dem gleichen Grund, aus dem die einfache Alternativität zwischen Ersatzpflanzungen und Ausgleichszahlungen ausgeschlossen ist, ergibt sich schließlich auch die Maßgabe, daß letztere nur dann in der Satzung vorgesehen werden dürfen, wenn dort gleichzeitig eine Bestimmung getroffen wird, die die Gemeinde zwingt, die ihr auf diesem Wege zufließenden Mittel für Ersatzmaßnahmen zu verwenden.[753] Diese Zweckbindung erhöht nicht nur

---

[751] Vgl. das Verständnis des Begriffes „Ersatzmaßnahme" i.S.d. § 8 Abs. 9 BNatSchG in BVerwG, UPR 1989, S. 336 (337).

[752] OVG Münster, DST 1983, S. 141 (142).

die Akzeptanz der Pflicht zur Zahlung von Ausgleichsträgern in der Gemeindebevölkerung, sondern bildet einen notwendigen Teil der Gesamtkonzeption. Nur wenn durch die Baumschutzsatzung sichergestellt ist, daß die eingenommenen Beträge im ökologischen Sinne zweckgebunden verwandt werden, führt die Regelung über Ausgleichszahlungen zu vergleichbaren Ergebnissen wie die Anordnung von Ersatzpflanzungen und kann deshalb wie diese über § 45 LG NW aus § 18 Abs. 2 S. 2 BNatSchG hergeleitet und mit Recht auf diese Ermächtigung gestützt werden. Die durch die Gemeinde als Satzungsgeber insoweit vorzunehmende „Selbstbindung" schafft allerdings nur eine objektive Verpflichtung zur bestimmungsgemäßen Verwendung der Gelder für die Ziele des § 18 Abs. 1 Ziff. 1 bis 3 BNatSchG, ohne auf der anderen Seite etwa ein Leistungsverweigerungsrecht des Satzungsunterworfenen bis zum Erbringen eines Verwendungsnachweises oder gar für ihn ein subjektives öffentliches Recht auf Einhaltung der Zweckbindung zu begründen. Man wird hier auf die Rechtsprechung zu den Ablösebeträgen für Stellplätze oder Garagen nach Bauordnungsrecht[754] verweisen können, da hier das öffentliche Interesse an der Leistungsfähigkeit des Naturhaushaltes, am Schutz und der Pflege des Ortsbildes und des Landschaftsbildes usw. in gleicher Weise der Zweckbindung zugrunde liegt, wie dort das öffentliche Interesse an Sicherheit und Leichtigkeit des Verkehrs der entsprechenden Verpflichtung in § 47 Abs. 5 S. 3 BauO NW.

3. Begründung

Das der Darstellung der Festsetzungsmöglichkeiten zugrunde gelegte Muster einer Baumschutzsatzung des Städtetages Nordrhein-Westfalen enthält neben den bereits angesprochenen und den später zu erörternden Bestimmungen über Verfahrensfragen und die Bußgeldbewehrung schließlich auch eine Vorschrift über den „Gegenstand der Satzung", in der ein Katalog spezieller Schutzzwecke aufgestellt wird. Dieser § 1 ist in Reaktion auf die Entscheidung des OVG Münster vom 31. 10. 1985[755] in das Satzungsmuster aufgenommen worden, in der das Gericht – in ähnlicher „Vorreiterrolle" wie zur Frage einer Begründung von Gestaltungssatzungen –[756] eine ihm vorliegende Baumschutzsatzung (der Stadt Aachen) wegen Fehlens einer sachlichen Rechtfertigung der Unterschutzstellung durch eine solche genaue Zweckangabe als nichtig angesehen hat.

---

[753] Vgl. § 5 Abs. 1 S. 5, Abs. 2 LG NW und § 10 des Satzungsmusters; *Bartholomäi*, UPR 1988, S. 241 (246); *Otto*, NVwZ 1986, S. 900 (902).

[754] Vgl. § 47 Abs. 5 BauO NW und dazu OVG Münster, VR 1984, S. 63 (64); *Ziegler*, DÖV 1984, S. 831ff.; *Bork/Köster*, BauO NW, § 47, Rdnr. 11. Zu weiteren Auswirkungen siehe unten, Zweiter Teil, D, VI.

[755] OVG Münster, UPR 1986, S. 192, insbesondere S. 194; vgl. *Dombert*, StGB 1987, S. 551ff.; *Bauer/Salewski*, LG NW, S. 105.

[756] Siehe oben, Zweiter Teil, B, III, 3.

Diese prompte Umsetzung der Rechtsprechung in einen Normentwurf kann allerdings rückblickend als voreilig bezeichnet werden.[757] Das Bundesverwaltungsgericht hat das noch nicht rechtskräftige Urteil aufgehoben,[758] ist der Vorinstanz hier – wie bei der Frage nach der Notwendigkeit einer besonderen Regelung der Versagungsgründe in der Erhaltungssatzung nach § 39 h BBauG bzw. § 172 BauGB –[759] nicht gefolgt. § 1 des Satzungsmusters ist auch inhaltlich überflüssig, da eine Satzung zur Erhaltung des Baumbestandes weder eine solche ins einzelne gehende Aufzählung ihrer möglichen Zwecke noch gar eine echte Begründung der getroffenen Maßnahmen aus der jeweiligen geographischen und ökologischen Situation aufweisen muß.[760]

Ausgangspunkt der Überlegungen muß wiederum die besondere Ausgestaltung der gesetzlichen Regelung sein, die weder in § 45 LG NW als der Ermächtigung noch in den dazugehörigen allgemeinen Vorschriften eine Begründungspflicht statuiert.[761] Zwar ist in § 12 Abs. 2 BNatSchG und entsprechend in § 19 S. 2 LG NW davon die Rede, daß die Festsetzung u. a. eines geschützten Landschaftsbestandteils auch den „Schutzzweck" bestimmen müsse. Soweit allerdings Bäume durch gemeindliche Satzung als besonders zu schützende Teile der Landschaft festgesetzt werden, wird der Zweck einer solchen Regelung schon dadurch hinreichend verdeutlicht, daß – etwa in der Satzungsüberschrift – der „Schutz des Baumbestandes" als anzustrebendes Ziel genannt wird.[762]

Demgemäß argumentieren die Befürworter einer detaillierteren Auffächerung der verfolgbaren Satzungszwecke auch auf anderer und höherer, nämlich verfassungsrechtlicher Ebene: Der aus dem Rechtsstaatsprinzip ableitbare Grundsatz der Bestimmtheit und Normklarheit sei ohne eine solche genauere Schutzzweckbeschreibung verletzt, da insbesondere die in den Ausnahme- und Befreiungsvorschriften verwendeten unbestimmten Rechtsbegriffe wie „öffentliches Interesse an der Erhaltung des Baumes", „zumutbarer Aufwand für die Erhaltung" und „nicht beabsichtigte Härte" nicht zuverlässig ausgelegt

---

[757] Kritisch zum Einfluß der Gerichte auf den Inhalt kommunaler Mustersatzungen *Schlink,* ZG 1987, S. 33 (45ff.), mit weiteren Beispielen.

[758] BVerwG, NuR 1989, S. 179ff. In diesem Sinne zuvor schon OVG Lüneburg, NuR 1987, S. 327 LS 2; *Otto,* NVwZ 1986, S. 900 (902); *Dombert,* StGB 1987, S. 551ff.; *J. Müller,* VR 1987, S. 301 (302); *Rosenzweig,* NuR 1987, S. 313 (316); *Bartholomäi,* UPR 1988, S. 241 (243f.).

[759] BVerwG, DÖV 1987, S. 966ff., Revisionsentscheidung zu OVG Münster, DSI 1986, S. 36. Vgl. dazu auch die redaktionelle Anmerkung in NuR 1989, S. 179f., und oben, Zweiter Teil, A, III, 3.

[760] Für einen Begründungszwang im Einzelfall aber *Hufen/Leiß,* BayVBl. 1987, S. 289f. (292); vgl. dagegen oben, Zweiter Teil, B, III, 3.

[761] So selbst *Hufen/Leiß,* a.a.O., S. 292, zum NatSchG Bay. Zur Anknüpfung an das Spezialgesetz vgl. oben, Erster Teil, B, und Zweiter Teil, A, III, 1 und 3.

[762] Vgl. BVerwG, NuR 1989, S. 179 (180); siehe auch bereits oben, Zweiter Teil, D, II, 2.

werden könnten. Die sich aus dem Zusammenspiel von grundsätzlichem Verbot und diesen Ausnahmetatbeständen ergebende materielle Reichweite der Satzung bleibe deshalb (zu) unbestimmt, sei auch nicht durch einen Rückgriff auf die bundes- oder landesrechtlichen Grundnormen bestimmbar, da den dort aufgereihten Gründen für eine Inschutznahme je nach den unterschiedlichen örtlichen Gegebenheiten ein anderes Gewicht zukommen könne.[763] Daran ist sicherlich richtig, daß das grundsätzliche Erhaltungsgebot einer Baumschutzsatzung von Fall zu Fall unterschiedlich stark aus einzelnen Gesichtspunkten, etwa aus dem Zweck des Ortsbildschutzes oder dem der Abwehr schädlicher Einwirkungen, gerechtfertigt sein wird. Dieser vom OVG Münster mit Beispielen eingehend dargelegte Umstand[764] „macht es aber nicht erforderlich, für jedes Gebiet innerhalb der Stadt besondere Regeln aufzustellen", da es „auch in Hinblick auf die Ausnahme- und Befreiungsvorschriften genügt ... daß angesichts der konkreten örtlichen Situation die jeweils im Vordergrund stehenden Gesichtspunkte des Baumschutzes und ihre relative Bedeutung für das betreffende Gebiet im Wege der Auslegung ermittelt werden können".[765]

Eine ausdrückliche Zuordnung einzelner Schutzzwecke zu bestimmten Teilgebieten innerhalb des Gesamtgeltungsbereiches schon in der Satzung selbst würde letztlich doch wieder (bloßen) punktuellen und differenzierten Baumschutz bedeuten, lediglich verschoben von der Frage der räumlichen Erstrekkung der Satzung zu der ihrer Begründung. Auch dagegen spricht u. a. der Einwand, daß – manche – Erhaltungsgründe für Bäume ohne weiteres auf jeden einzelnen Baum zutreffen, daß anders als bei den zuvor behandelten Satzungstypen deshalb eine Rechtfertigung der Unterschutzstellung aus den lokalen Verhältnissen nicht bereits beim Satzungserlaß erforderlich wird.[766] Ebenso ergibt sich keine Notwendigkeit für eine „formale" Begründung durch ein ausführliches, § 18 Abs. 1 Ziff. 1 bis 3 BNatSchG illustrierendes und variierendes Aufzählen möglicher Gründe für die Inschutznahme des Baumbestandes, auf das sich der § 1 des Satzungsentwurfs beschränkt. Ohnehin bleibt bei diesem Auf- und Abschreiben der von der Rechtsprechung angesprochenen Zweckvariationen verborgen, inwieweit eine solche Praxis die Rechtssicherheit bei der Anwendung einer Baumschutzsatzung und ihrer Ausnahmebestimmungen fördern sollte.[767]

---

[763] OVG Münster, UPR 1986, S. 192ff.; dem folgend *Bauer/Salewski,* LG NW, S. 105; ähnlich auch *Hufen/Leiß,* BayVBl. 1987, S. 289 (292).

[764] OVG Münster, UPR 1986, S. 192 (193).

[765] BVerwG, NuR 1989, S. 179 (180), auch zu den hier nicht erörterten Fragen, die sich aus dem Erlaß der Aachener Satzung vor dem Inkrafttreten des BNatSchG am 24. 12. 1976 ergaben.

[766] Siehe soeben, Zweiter Teil, D, II, 1.

[767] Zum Ganzen ausführlich *Bartholomäi,* UPR 1988, S. 241 (243f.); *Dombert,* StGB 1987, S. 551 (581); BVerwG, NuR 1989, S. 179ff.

IV. Der Erlaß von Baumschutzsatzungen

Das Zustandekommen einer Baumschutzsatzung richtet sich nach den allgemeinen Vorschriften des Gemeinderechts und braucht daher nicht weiter erläutert zu werden. Das nordrhein-westfälische Landschaftsgesetz stellt insoweit keine besonderen Regeln aus, die in ihm enthaltenen Form- und Verfahrensbestimmungen der §§ 15 ff., 42 a ff. LG NW betreffen die Satzungsgebung der Gemeinde nach § 45 LG NW nicht. Das ergibt sich nicht nur aus der Gesetzessystematik, die die Satzungsermächtigung einem anderen Abschnitt zuordnet, sondern vor allem auch daraus, daß die zuvor genannten Normen nur die unteren und höheren Landschaftsbehörden als Adressaten nennen, also gemäß § 8 Abs. 1 S. 2 und 3 LG NW nur das Handeln des Regierungspräsidenten sowie der Kreise und kreisfreien Städte reglementieren wollen und können. Diese werden aber gerade als Sonderordnungsbehörden tätig, wenn sie einen Landschaftsplan oder entsprechende Verordnungen und Sicherstellungsanordnungen erlassen wollen, vgl. die §§ 16 Abs. 2, 42 a Abs. 1 und 2, 42 e Abs. 1 i.V.m. § 8 Abs. 2 LG NW. Sie nehmen damit, wie § 8 Abs. 3 LG NW ausdrücklich klarstellt, Pflichtaufgaben zur Erfüllung der Weisung wahr, während der Erlaß von Baumschutzsatzungen durch die Gemeinden eine Angelegenheit der Selbstverwaltung darstellt.[768] Dieser Gegensatz schließt nicht nur die direkte, sondern auch eine entsprechende Anwendung der speziell als (Sonder-)Ordnungsrecht konzipierten Vorschriften des Landschaftsgesetzes über den Erlaß von sonstigen Satzungen und Verordnungen auf den Erlaß von Baumschutzsatzungen aus.

Ebenfalls unanwendbar ist § 11 LG NW, der die Einrichtung von Beiräten zur unabhängigen Vertretung der Belange von Natur und Landschaft bei den unteren und höheren Landschaftsbehörden – aber nicht bei den Gemeinden (!) – vorsieht. Überhaupt finden sich, von den Vertretern eines mehr oder weniger lokal-differenzierenden Baumschutzes abgesehen,[769] kaum Stimmen, die eine ähnlich intensive Vorbereitung der Satzungsgebung verlangen, wie sie bei den zuvor behandelten Satzungstypen für notwendig erachtet worden ist. Selbst Zundel,[770] der – soweit ersichtlich – als einziger konkrete Vorschläge macht, empfiehlt die Aufnahme von Infrarot-Lichtbildern und die Erstellung eines Baumkatasters mehr zur späteren Überwachung der zukünftigen Entwicklung der Baumsubstanz als zum Zwecke der Bestandsaufnahme vor der Unterschutzstellung. Auch in diesem Punkt wirkt sich letztlich die bei der Baumerhaltung anders als bei den auf Bauten bezogenen Schutzmaßnahmen bestehende Möglichkeit aus, das Satzungsgebiet auf den gesamten Innenbereich der Gemeinde im Sinne der §§ 45 LG NW, 30, 34 BauGB zu erstrecken.

---

[768] Siehe oben, Erster Teil, A, IV.

[769] Vgl. *Steinberg,* NJW 1981, S. 551 (555); *Hufen/Leiß,* BayVBl. 1987, S. 289 (292).

[770] *Zundel,* RdL 1982, S. 85 (88).

Schließlich fehlt auch die bei den anderen Satzungen vom Gesetz vorgesehene Möglichkeit, das Schutzgebiet statt durch selbständige Baumschutzsatzung in einem Bebauungsplan zu bezeichnen. Allerdings können auch in Bebauungsplänen Festsetzungen für die Erhaltung von Bäumen, Sträuchern und sonstigen Bepflanzungen getroffen werden, § 9 Abs. 1 Ziff. 25 BauGB. Das Bundesverwaltungsgericht hat dazu jedoch in dem bereits erwähnten Urteil zum Begrünungsplan der Stadt Frankfurt[771] ausgeführt, daß es nicht möglich sei, mit diesem Instrument generell-abstrakte Baumschutzvorschriften für das gesamte Gemeindegebiet zu erlassen. Im übrigen können solche Regelungen, anders als die gemäß § 9 Abs. 4 BauGB nur nachrichtlich übernommenen landesbauordnungs- und landesdenkmalrechtlichen Festsetzungen, die lediglich den Zwecken ihrer spezialgesetzlichen Ermächtigungsgrundlagen verpflichtet sind und bleiben,[772] nicht allein ökologische Zielsetzungen verfolgen, sondern müssen sich auf städtebauliche Gründe stützen.[773] Sie haben sich folglich, ebenso wie etwa die Festsetzungen über Grünflächen und zum Landschaftsschutz nach § 9 Abs. 1 Ziff. 15 und 20 BauGB, in den Abwägungszusammenhang des Bebauungsplanes einzufügen und den Abwägungserfordernissen zu entsprechen.[774] Trotz der stärkeren Betonung des Umwelt- und Naturschutzes im Baugesetzbuch[775] bleibt der Baumschutz nur einer von vielen der gemäß § 1 Abs. 5 und 6 BauGB in die Abwägung einzustellenden Belange, mit der Folge, daß ein Bebauungsplan ihm zwar auch dienen kann, daß bei seinem Erlaß aber der Natur- und Landschaftsschutz nur unter angemessener Berücksichtigung anderweitiger Belange verwirklicht werden kann.[776]

V. Rechtsfolgen

Welche rechtlichen Konsequenzen der Erlaß einer Baumschutzregelung für die Satzungsunterworfenen nach sich zieht, ist zum großen Teil bereits bei der Darstellung der Festsetzungsmöglichkeiten mit angesprochen worden. Dies gilt insbesondere auch für das grundsätzliche Verbot des Zugriffs auf geschützte Bäume und für dessen Ausnahmen sowie für die in solchen Fällen und bei Zuwiderhandlung eingreifenden Regelungen über Ersatzpflanzungen und Ausgleichszahlungen. Satzungen zur Erhaltung des Baumbestandes kön-

[771] BVerwGE 50, S. 114ff. (121), zu § 9 Abs. 1 Ziff. 16 BBauG; siehe oben, Zweiter Teil, A, II, 1.

[772] Vgl. oben, Zweiter Teil, B, IV, 2; C, IV, 6.

[773] *Gelzer,* Bauplanungsrecht, Rdnr. 189; *J. Müller,* VR 1987, S. 301 (303f.); *Löhr,* in: B/K/L, BauGB, § 9, Rdnr. 95.

[774] Vgl. OVG Lüneburg, BauR 1981, S. 543f.; *Löhr,* a.a.O., § 9, Rdnrn. 94 und 4.

[775] Vgl. dazu *Hoppenberg,* NJW 1987, S. 748ff.; *Söfker,* UPR 1987, S. 201ff.; *Erich Gassner,* UPR 1987, S. 249ff.; *Battis,* NuR 1988, S. 57ff. (58).

[776] *J. Müller,* a.a.O., S. 301 (304); *Bartholomäi,* UPR 1988, S. 241 (247); VGH Mannheim, NVwZ 1986, S. 955 (956).

nen dem Eigentümer eines in ihrem Geltungsbereich gelegenen Grundstücks jedoch neben der Genehmigungspflicht und den daran geknüpften Folgen noch andere Verpflichtungen auferlegen und wirken sich schließlich auch im Verhältnis zu benachbarten Dritten aus.

1. Auswirkungen auf Eigentümer und Nutzungsberechtigte

Als zusätzlicher Inhalt einer Baumschutzsatzung wird eine Vorsorgeregelung empfohlen, nach der Eigentümer oder Nutzungsberechtigte auf Anordnung der Gemeinde bestimmte Maßnahmen zur Pflege, zur Erhaltung und zum Schutz von gefährdeten Bäumen zu treffen oder deren Durchführung durch ihre Bediensteten bzw. Beauftragten zu dulden haben.[777] Das erscheint bedenklich, soweit ein aktives Handeln abverlangt wird,[778] da das Landschaftsgesetz insoweit keine § 11 BNatSchG ausfüllende Ermächtigung enthält, mit den §§ 26, 38 ff. LG NW vielmehr nur für den Landschaftsplan eine entsprechende Regelung vorsieht. Vor allem geht eine solche Satzungsbestimmung aber auch über das (bloße Dulden) hinaus, was § 46 Abs. 1 LG NW dem Eigentümer oder Nutzungsberechtigten von Flächen, die in Naturschutzgebieten liegen oder auf denen sich Naturdenkmale befinden, zumutet, obwohl doch die Wirkung einer Ausweisung als geschützter Landschaftsbestandteil typischerweise geringer sein soll.

Ohne Bedenken zulässig ist dagegen eine Verfahrensregelung, die den Antrag auf Ausnahme oder Befreiung von dem repressiven Verbot der Baumschutzsatzung derart mit dem Baugenehmigungsverfahren verknüpft, daß Genehmigungsanträgen oder Bauvoranfragen für Grundstücke im Satzungsbereich ein Lageplan beizufügen ist. In ihm sind die auf dem Baugrundstück vorhandenen geschützten Bäume mit ihrem Standort unter Angabe der Art, des Stammumfangs und des Kronendurchmessers einzutragen, so daß eine Entscheidung über die Notwendigkeit einer ausnahmsweisen Erlaubnis zum Zugriff auf einen Baum und gegebenenfalls über ihre Erteilung getroffen werden kann.[779]

Der Überwachung des Baumbestandes und Durchführung der Satzungsbestimmungen kann schließlich eine Bestimmung dienen, die es den Beauftragten der Gemeinde – wegen Art. 13 GG abhängig von der Zustimmung des Eigentümers oder Nutzungsberechtigten (!) – gestattet, Grundstücke zu betreten, bei fehlender Einwilligung ihr aber erlaubt, anhand anderer Anhaltspunkte als dem Ergebnis solcher Augenscheinseinnahme zu entscheiden und Maßnahmen zu treffen.[780]

---

777 Vgl. § 5 des Satzungsmusters und dazu *Bauer/Salewski,* LG NW, S. 106.

778 *Zundel,* RdL 1982, S. 85 (88); *Rosenzweig,* NuR 1987, S. 313 (317).

779 Vgl. die §§ 8 und 6 Abs. 3 des Satzungsmusters und dazu *Bauer/Salewski,* LG NW, S. 107.

Eine bereits über den Kreis der Eigentümer und Nutzungsberechtigten hinausgehende Bedeutung weisen die in der Satzung gemäß § 70 Abs. 1 Ziff. 17 LG NW zu benennenden Bußgeldtatbestände auf. Auch Ordnungswidrigkeiten von Dritten können danach mit einer Geldbuße bis zu DM 100 000 geahndet werden, § 71 Abs. 1 LG NW, mag es in der Praxis auch regelmäßig bei niedrigeren Beträgen bleiben.[781]

2. Auswirkungen auf Dritte

Allein das Verhältnis zu benachbarten Dritten betrifft das private Nachbarrecht. Es schreibt in den §§ 41, 43 NachbG NW für Bäume die Einhaltung bestimmter Grenzabstände vor, berechtigt den Nachbarn gemäß § 910 BGB nach Fristsetzung zum Abschneiden der auf sein Grundstück eingedrungenen Wurzeln und herunterhängenden Zweige und gewährt ihm einen entsprechenden Beseitigungsanspruch aus § 1004 BGB sowie einen Anspruch auf Beseitigung eines Grenzbaumes aus § 923 Abs. 2 BGB. Solche Nachbarrechte können wegen Art. 111 EGBGB durch Baumschutzregelungen eingeschränkt werden. Die auf landesgesetzlicher Ermächtigung beruhenden öffentlich-rechtlichen Satzungsbestimmungen überlagern dann das bürgerliche Recht, indem sie das Eigentum „in Ansehung tatsächlicher Verfügungen beschränken", Art. 111 EGBGB[782]

Die von den auf diese Weise geschützten Bäumen ausgehenden Beeinträchtigungen sind von jedermann und somit auch von den Nachbarn hinzunehmen, denn „der Baumschutz endet nicht an den Grundstücksgrenzen".[783] Ohnehin muß der Nachbar eines baumbestandenen Grundstückes – wie der Eigentümer selbst –[784] die natürlichen Auswirkungen der Gehölze hinnehmen, also Laubfall, Blütenstaub, Beschattung oder Beeinträchtigungen der Kanalisation durch Wurzeln im Interesse des Baumschutzes dulden oder ihnen z.B. durch Verlegung „wurzelfester" Kanalrohre aus Kunststoff oder spezieller Dachbeläge gegen Vermoosung vorbeugen.[785] Die Satzung selbst kann allerdings einen Ausnahmetatbestand für den Fall vorsehen, daß der Grundstückseigentümer durch ein Zivilgericht gegenüber dem Nachbarn zu einem Eingriff in den geschützten Baumbestand verurteilt wird. Umgekehrt kann sie dagegen

---

[780] Vgl. § 11 des Satzungsmusters und dazu *Bauer/Salewski,* LG NW, S. 108.

[781] *Otto,* NVwZ 1986, S. 900 (903); *Bartholomäi,* UPR 1988, S. 241 (246); OLG Düsseldorf, NVwZ 1985, S. 70; OLG Koblenz, NVwZ-RR 1989, S. 67.

[782] Allgemeine Meinung, vgl. nur *Bartholomäi,* a.a.O., S. 241 (247); *Kunz,* DÖV 1987, S. 16 (18); *Bauer/Salewski,* LG NW, S. 105f.

[783] OLG Düsseldorf, NJW 1989, S. 1807.

[784] *Bartholomäi,* a.a.O., S. 241 (245).

[785] OVG Bremen, NVwZ 1986, S. 954f.; zustimmend *Otto,* NVwZ 1986, S. 900 (902), und *J. Müller,* VR 1987, S. 301 (304); vgl. auch LG Dortmund, DST 1987, S. 276.

nicht die Verpflichtung des Eigentümers statuieren, einem auf Beseitigung gerichteten Nachbaranspruch etwa die Einrede der Verjährung entgegenhalten zu müssen.[786]

VI. Fehlerfolgen

Da sich die Voraussetzungen einer Heilung fehlerhafter bzw. nicht ordnungsgemäß zustande gekommener Baumschutzsatzungen mangels Anwendbarkeit des § 42 a Abs. 4 LG NW[787] nach den allgemeinen Vorschriften des Gemeinderechts richten, bleibt nur darzustellen, wie sich der Rechtsschutz der Satzungsunterworfenen gestaltet.

In Hinblick auf die Klagemöglichkeiten des Bürgers kann insoweit grundsätzlich auf das bereits Gesagte[788] verwiesen werden. Besondere Fragen stellen sich für ihn allerdings, wenn er gegen einen Bescheid vorgehen will, der ihm in Konkretisierung der entsprechenden Bestimmung in der Baumschutzsatzung[789] auferlegt, eine Zahlung zum Ausgleich der Folgen zu leisten, die eine ihm ausnahmsweise gestattete bestandsmindernde Maßnahme nach sich ziehen wird. Die aufschiebende Wirkung seines dagegen gerichteten Widerspruchs bzw. der dagegen erhobenen Anfechtungsklage hängt davon ab, ob eine Anforderung von öffentlichen Abgaben oder Kosten gemäß § 80 Abs. 2 Ziff. 1 VwGO gegeben ist. In Betracht zu ziehen ist die Einordnung solcher Ausgleichszahlungen als Abgabe, wobei dieser Begriff im Rahmen dieser Vorschrift nicht mehr nur mit Steuern, Gebühren und Beiträgen gleichgesetzt wird. Auch andere, zum Teil als „Sonderabgabe“[790] bezeichnete hoheitlich auferlegte Geldleistungen, wie die Ausgleichszahlung nach dem Gesetz zum Abbau der Fehlsubventionierung im Wohnungswesen[791] oder die Abwasserabgabe,[792] können unter § 80 Abs. 2 Ziff. 1 VwGO fallen. Insofern kann man die baumschutzrechtliche Ausgleichszahlung ebenfalls als nichtfiskalische Sonderabgabe kennzeichnen, da sie – anders als Gebühren und Beiträge (vgl. § 4 Abs. 2, § 8 Abs. 2 S. 2 KAG NW) – ohne Rücksicht auf eine korrespondierende Gegenleistung der öffentlichen Hand auferlegt und nicht aus eigener Abgabenkompetenz erhoben wird, sondern unter Inanspruchnahme der letzt-

---

786 *J. Müller,* s. Fn. 785, mit Nachweisen; *Otto,* s. Fn. 785.

787 Vgl. oben, Zweiter Teil, D, IV.

788 Siehe oben, Zweiter Teil, B, VI, 2, und Zweiter Teil, C, VI, 1.

789 Vgl. § 10 des Musters einer Baumschutzsatzung, abgedruckt bei *Bauer/Salewski,* LG NW, S. 99ff. (104).

790 Zu diesem Begriff siehe *Tipke,* Steuerrecht, S. 60ff. (64); BVerwG, UPR 1986, S. 390 (391); OVG Münster, NVwZ 1984, S. 394; zuletzt BVerfG, NZA 1990, S. 161 (162ff.), zur Erstattung nach § 128 AFG.

791 Vgl. dazu etwa OVG Berlin, NVwZ 1987, S. 61f.

792 Vgl. OVG Münster, NVwZ 1984, S. 394; VGH München, BayVBl. 1984, S. 279; VGH Mannheim, DVBl. 1984, S. 345; weitere Beispiele bei *Pietzner/Ronellenfitsch,* Assessorexamen, § 47, Rdnr. 4.

lich auf Art. 75 Ziff. 3 GG zurückzuführenden Sachkompetenz für Naturschutz und Landschaftspflege.[793]

Diese Charakterisierung als Sonderabgabe[794] genügt jedoch allein nicht, um den Suspensiveffekt etwaiger Rechtsmittel gegen eine Anforderung solcher Ausgleichszahlungen auszuschließen. Das OVG Münster[795] hat zu den Geldleistungen zur Ablösung der Stellplatzpflicht aus § 47 Abs. 5 BauO NW anhand der Wortbedeutung, dem Regelungszweck und der Gesamtsystematik des § 80 Abs. 1 und 2 VwGO überzeugend dargelegt, daß ein Wegfall der aufschiebenden Wirkung stets zusätzlich voraussetzt, daß die verlangte Zahlung zumindest auch zur Deckung bereits entstandener oder unmittelbar bevorstehender Ausgaben des Abgabengläubigers bestimmt ist. Nur dann ist die öffentliche Hand auf den raschen Eingang der Zahlung angewiesen und deshalb die Ausnahme vom Grundsatz der aufschiebenden Wirkung von Anfechtungswiderspruch und -klage gegen einen Zahlungsbescheid nach § 80 Abs. 1 VwGO gerechtfertigt. Ein solches besonderes Interesse an der alsbaldigen Entrichtung haben die Gemeinden bei Ausgleichszahlungen aufgrund einer Baumschutzsatzung aber ebensowenig wie bei der Ablösung von Stellplatzpflichten,[796] da ihre Verpflichtung zur Durchführung von Ersatzmaßnahmen nicht vor Eingang der Ausgleichsbeträge für die Bestandsminderung entsteht.[797]

Enthält die Baumschutzsatzung also Regelungen über Ausgleichszahlungen für Bestandsminderungen und sieht die aufgrund der Satzung erteilte Erlaubnis zu einer baumschädigenden Handlung eine entsprechende Nebenbestimmung vor, kann der Betroffene gegen einen darauf gestützten Zahlungsbescheid nach dem allgemeinen Grundsatz des § 80 Abs. 1 VwGO seine Rechtsbehelfe mit aufschiebender Wirkung einlegen.

Besonderheiten ergeben sich jedoch schließlich beim Rechtsschutz des Nachbarn: Wird auch er grundsätzlich durch die an „jedermann" gerichteten Satzungsbestimmungen gebunden und in der Ausübung seiner Nachbarrechte beschränkt, muß ihm im Gegenzug das Recht eingeräumt werden, unabhängig vom Eigentümer eine Ausnahme oder Befreiung von dem Eingriffsverbot zu

---

793 Zu diesen Kriterien siehe BVerfG, NZA 1990, S. 161 (162). Zur Herleitung in Baumschutzsatzungen vorgesehener Ausgleichszahlungen aus § 18 Abs. 2 S. 2 BNatSchG als Rahmenregelung i.S.d. Art. 75 GG siehe oben, Zweiter Teil, D, III, 2, d) bb).

794 Nach dem BVerwG, UPR 1986, S. 390 (391), handelt es sich bei der strukturgleichen naturschutzrechtlichen Ausgleichsabgabe für Eingriffe (siehe oben, Zweiter Teil, D, III, 2, d), bb)) um eine verfassungsrechtlich zulässige Sonderabgabe eigener Art.

795 OVG Münster, NVwZ 1987, S. 62ff.

796 OVG Münster, a.a.O.; OVG Lüneburg, NJW 1984, S. 1916; *Bork/Köster,* BauO NW, § 47, Rdnr. 11; zum Ganzen auch *Pietzner/Ronellenfitsch,* Assessorexamen, § 47, Rdnr. 4, mit Fn. 9.

797 Vgl. § 10 des Musters einer Baumschutzsatzung, abgedruckt bei *Bauer/Salewski,* LG NW, S. 99ff. (104).

beantragen. Das gilt sowohl dann, wenn es um die Beseitigung eines Grenzbaumes geht[798] als auch dann, wenn der Nachbar im Wege der Selbsthilfe eingedrungene Wurzeln oder Zweige abschneiden will.[799] Gibt die Gemeinde seinem Genehmigungsantrag statt, entfällt das öffentlich-rechtliche Hindernis, das zuvor der Ausübung der nachbarrechtlichen Befugnisse entgegenstand, und er kann etwa von seinem Selbsthilferecht aus § 910 BGB wieder Gebrauch machen.[800]

Haben dagegen die Eigentümer eine Ausnahme oder Befreiung vom Verbot beantragt und erteilt bekommen, kann ein Nachbar den Bescheid nicht mit Erfolg vor dem Verwaltungsgericht anfechten. Den Bewohnern des Geltungsbereichs einer Baumschutzsatzung wird durch sie kein subjektives öffentliches Recht auf Baumerhaltung bzw. auf fehlerfreie Ermessensentscheidung über den Befreiungsantrag eingeräumt, das Voraussetzung für das Klagerecht wäre. Da Regelungen zur Erhaltung des Baumbestandes nur den in § 18 Abs. 1 Ziff. 1 bis 3 BNatSchG benannten Interessen der Allgemeinheit dienen (dürfen), muß in solchen Fällen bereits die Klagebefugnis des Dritten verneint werden.[801]

---

798 VGH München, NuR 1985, S. 115.

799 OVG Bremen, NVwZ 1986, S. 953; LG Dortmund, DST 1987, S. 276.

800 *Rosenzweig,* NuR 1987, S. 313 (318); *J. Müller,* VR 1987, S. 301 (304); *Bartholomäi,* UPR 1988, S. 241 (247), und vorstehende Fußnoten; a. A. *Otto,* NVwZ 1986, S. 900 (903).

801 VGH München, BayVBl. 1989, S. 503.

Dritter Teil

Die kombinierte Anwendung der einzelnen Satzungstypen im Dienste der Stadterhaltung und -gestaltung

Welche Bedeutung den Erhaltungs-, Gestaltungs-, Denkmalbereichs- und Baumschutzsatzungen für die Bewahrung gewachsener Lebensräume in der Stadt zukommen kann, ist im Zweiten Teil der Darstellung, Abschnitt A bis D, umrissen worden. Das durch ihre Untersuchung hinsichtlich Zulässigkeit, Erlaßvoraussetzungen, mögliche Inhalte und das bei der Satzungsgebung zu beobachtende Verfahren gewonnene Bild ist zwar insofern unvollständig geblieben, als die diesem Ziel nützlichen Festsetzungen, die Teil eines Bebauungsplanes werden können, nicht oder doch nur am Rande behandelt worden sind. Die Thematisierung der Bauleitpläne als Instrumente der Stadterhaltung und Stadtgestaltung kann und soll jedoch unterbleiben, da sie als „Normalfall" der entwickelnden und ordnenden Planung der Gemeinden in ihren Voraussetzungen und Zugriffsmöglichkeiten als bekannt vorausgesetzt werden dürfen.[1] Auch die konsequente Ausnutzung der im Katalog des § 9 Abs. 1 BauGB aufgeführten Festsetzungen, die unter den Voraussetzungen des Absatzes 3 sogar nach einzelnen Geschossen oder Teilen baulicher Anlagen differenziert getroffen werden dürfen, kann allerdings den (völligen) Abbruch einer baulichen Anlage nicht verhindern. Eine Subsumtion unter § 29 S. 1 BauGB ist nicht, auch nicht unter den Begriff der „Änderung" möglich, wenn keine Bausubstanz verbleibt.[2] Im übrigen wäre sonst die Einfügung eines gesonderten „Abbruch"-Tatbestandes in § 172 Abs. 1 S. 1 BauGB nicht verständlich.

Immerhin birgt die Bauleitplanung die Chance, die Überlegungen der Grundstückseigentümer und Nutzungsberechtigten indirekt zu beeinflussen, indem sie die Attraktivität der anstelle der erhaltenswerten Baulichkeiten oder Gehölze vorgesehenen Neubebauung durch weitgehende Einschränkungen vermindern kann.[3]

---

[1] Zu den erhaltenden Festsetzungen in Bebauungsplänen weiterführend *Gaentzsch,* LK 1975, S. 277ff.; *Henke,* Stadterhaltung, S. 89ff.; *Bielenberg/Stock,* in: E/Z/B, BauGB, § 172, Rdnr. 48; *Boeddinghaus,* Stadterhaltung und Stadtgestaltung; *Grosse-Suchsdorf/Schmaltz/Wiechert,* DSchG Nds., § 1, Rdnr. 8.

[2] Allgemeine Meinung, vgl. nur *Zinkahn,* in: E/Z/B, BauGB, § 29, Rdnr. 14; *Löhr,* in: B/K/L, BauGB, § 29, Rdnr. 18; OVG Münster, NJW 1983, S. 2598.

[3] Vgl. *Schmittat,* Denkmalschutz und gemeindliche Selbstverwaltung, S. 124f.

Gerade auch dann, wenn ein bestehender Bebauungsplan keinen hinreichenden Schutz bietet, etwa den Einbruch eines durch Frontbreite, Dachform und Fassadengestaltung abweichenden Kaufhauses in einen intakten innerstädtischen Straßenzug mit schmaler, giebelständiger Hausbebauung nicht verhindern kann,[4] wird der Rückgriff, die (zusätzliche) Unterschutzstellung durch die besonderen Satzungen erforderlich. Sollen sie für ein bereits überplantes Gebiet oder mit untereinander überdeckenden oder überschneidenden Geltungsbereichen erlassen werden, stellen sich allerdings Fragen nach der Zulässigkeit, den Vor- und Nachteilen solcher Kombinationen, die im folgenden abschließend zu erörtern sind.

Abschnitt A

Zulässigkeit der Kombination

Die grundsätzliche Möglichkeit, auch im Geltungsbereich eines Bebauungsplanes gelegene Grundstücke miteinzubeziehen, ergibt sich bei den Baumschutzsatzungen bereits aus dem Wortlaut der Ermächtigung in § 45 LG NW[5], bei den übrigen Satzungstypen im Rückschluß aus § 9 Abs. 4 BauGB und/oder § 172 Abs. 1 S. 1 BauGB, § 81 Abs. 4 BauO NW, § 6 Abs. 4 DSchG NW. Wenn diese Vorschriften nämlich die Aufnahme der dort getroffenen erhaltungs- und gestaltungswirksamen Regelungen als Festsetzungen in den Bebauungsplan vorsehen, gehen sie von der Zulässigkeit des Nebeneinanders aus.

Die Gemeinde als für den Erlaß all dieser Vorschriften zuständige Stelle kann also für das gleiche Gebiet zum Beispiel einen Bebauungsplan und davon unabhängig eine Gestaltungssatzung beschließen, sie kann statt dessen auf letztere verzichten und nur die entsprechenden bauordnungsrechtlichen (ihren Charakter insoweit bewahrenden) Regelungen unmittelbar in den ersteren übernehmen[6] oder zwar beide Satzungen zunächst getrennt erlassen, sie aber nachträglich dennoch verknüpfen, indem die Regelungen der örtlichen Bauvorschrift außerdem auch noch Festsetzungen des Bebauungsplanes werden. Das Nebeneinander muß selbst dann noch nicht problematisch werden, wenn der Bauleitplan schon besondere Festsetzungen gleicher Zielrichtung wie die später hinzutretende Inschutznahme enthält: Zum entscheidenden Punkt, der Erforderlichkeit der zusätzlichen Unterschutzstellung, kann für alle Satzungs-

---

[4] Anschaulich *Boeddinghaus,* Stadterhaltung und Stadtgestaltung, Rdnrn. 128ff.

[5] Siehe oben, Zweiter Teil, D, II, 1.

[6] *Bielenberg,* in: E/Z/B, BBauG, § 9, Rdnr. 87 b; *Löhr,* in: B/K/L, BauGB, § 9, Rdnr. 107; insoweit strenger *Gelzer,* Bauplanungsrecht, Rdnrn. 202f., der eine nachweisbare Satzung nach Bauordnungsrecht voraussetzen will; vgl. auch VGH Kassel, UPR 1989, S. 240 (LS 1).

typen auf die Ausführungen des VGH Mannheim[7] zum Baumschutz verwiesen werden, wonach vorhandene Festsetzungen mit naturschützerischer Tendenz in einem Bebauungsplan (§ 1 Abs. 5 Ziff. 7 BauGB) von einer – durch die entsprechende Ermächtigung gedeckten – Maßnahme nach dem Landschaftsrecht ergänzt bzw. überlagert werden darf, „wenn damit ... ein zusätzlicher Schutz beabsichtigt und erreicht wird". Diese Beurteilung gilt nicht nur für das Verhältnis bauleitplanerischer Festsetzungen nach § 9 Abs. 1 Ziff. 25 BauGB zu denen einer Baumschutzsatzung. Sie gilt auch für solche Bebauungspläne, die zur Erhaltung vorhandener Ortsteile sowie der Gestaltung des Orts- und Landschaftsbildes (§ 1 Abs. 5 Ziff. 4 BauGB) in baulicher Hinsicht dienen sollen oder die Belange des Denkmalschutzes und der Denkmalpflege sowie die erhaltenswerten Ortsteile, Straßen und Plätze von geschichtlicher, künstlerischer oder städtebaulicher Bedeutung (§ 1 Abs. 5 Ziff. 5 BauGB) in den Vordergrund stellen, in ihrer Relation zu den Erhaltungs-, Gestaltungs- und Denkmalbereichssatzungen.

Schließlich ist auch kein Grund ersichtlich, warum sich diese nicht auch untereinander überlappen dürfen sollten. Diese Möglichkeit ist im Gegenteil in § 173 Abs. 4 BauGB partiell geregelt und wird auch sonst, soweit ersichtlich, nirgendwo bezweifelt.[8] Selbst Rößler,[9] der die Einbeziehung von Denkmälern in Gestaltungssatzungen ablehnt, hält die Überdeckung eines Denkmalbereiches für zulässig. Auch die in § 2 Abs. 2 und 3 des Satzungsmusters des nordrhein-westfälischen Städtetages für Baumschutzsatzungen vorgeschlagene Herausnahme bestimmter, den Voraussetzungen des § 45 LG NW ansonsten genügender Flächen aus dem Schutzgebiet bezweckt nicht die räumliche Abgrenzung zu den anderen, grundsätzlich gleichrangigen gemeindlichen Schutzsatzungen, sondern soll den Konflikt mit anderweitigen naturschutzrechtlichen und forstrechtlichen Regelungen anderer Gesetzgeber verhindern, dem Vorrang anderer Instrumentarien des Landschaftsgesetzes bzw. des Forstgesetzes Rechnung tragen.[10]

Nach alledem muß im Prinzip dann selbst der Extremfall erlaubt sein, daß sich der räumliche Geltungsbereich eines Bebauungsplanes mit denen sämtlicher Satzungen nach den §§ 172 ff. BauGB, § 81 BauO NW, §§ 5, 6 DSchG NW und § 45 LG NW zum Teil oder gar ganz deckt. Je mehr man sich in der Praxis einer solchen Konstellation nähert, desto dringender wird sich allerdings die Frage stellen, ob sie tatsächlich für den betroffenen Ortsteil notwendig ist oder ob nicht doch die Nachteile einer solchen Massierung überwiegen.

---

[7] VGH Mannheim, NVwZ 1986, S. 955 (956); ähnlich etwa auch *Kunz,* DÖV 1987, S. 16 (18f.); *Bartholomäi,* UPR 1988, S. 241 (245, 247).

[8] Deshalb auch nur beiläufig als zulässig erwähnt: vgl. *Bielenberg/Stock,* in: E/Z/B, BauGB, § 172, Rdnrn. 27, 85; *Feger,* VR 1983, S. 279 (283); *Stähler,* Denkmalbegriff, S. 144.

[9] *Rößler,* BauO NW, § 81, S. 486; ähnlich *Eberl,* BayVBl. 1987, S. 353 (355).

[10] *Bauer/Salewski,* LG NW, S. 105.

Abschnitt B

Zweckmäßigkeit der Kombination

Wann eine Kombination zweier oder mehrerer Schutzmaßnahmen sich als vorteilhaft darstellt, wurde in Ansätzen schon bei der Einzelerörterung der Satzungstypen mit angesprochen.[11] Weitere Beispiele eines nutzbringenden Nebeneinanders oder auch Miteinanders (durch Aufnahme der Festsetzungen in den Bebauungsplan) lassen sich in der Literatur relativ leicht finden.[12]

Ungleich schwieriger erscheint die abstrakte Beschreibung der Bedingungen, unter denen eine Kombination verschiedener Satzungen zum Vor- oder Nachteil ausschlagen wird. Hier sind die Grenzen der theoretischen Darstellung erreicht. Es bleibt nicht mehr als die lapidare Erkenntnis zu vermitteln, daß die Stärke und Verschiedenheit der lokalen Schutzbedürfnisse, die eine kombinierte Anwendung mehrerer Erhaltungs- und Gestaltungsinstrumente fordern können, abzuwägen ist mit dem sachlichen, personellen und finanziellen Aufwand des Ortsgesetzgebers und den Belastungen der veränderungs-, insbesondere bauwilligen Grundeigentümer und Nutzer im Satzungsgebiet samt ihren indirekten Folgewirkungen auf andere. Das Ergebnis solcher Abwägung im politischen Raum hängt zunächst von der konkreten örtlichen Situation ab, die im jeweiligen Einzelfall stets neu analysiert und bewertet werden muß. Auf der anderen Seite sind allerdings Auswirkungen und Gefahren zu bedenken, die in gewissem Ausmaß bei jeder Kombination eintreten werden, weshalb der Versuch lohnend erscheint, über sie einen abschließenden Überblick zu geben.

Abschnitt C

Auswirkungen der Kombination

Neben der Summierung der Schutzeffekte, deren Erörterung der Zweite Teil gewidmet war, kann die mehrfache Unterschutzstellung eines Gebiets auch zu Konsequenzen in der Phase des Entwerfens, Beratens und Beschließens der Satzungen führen, nach ihrem Erlaß außerdem zu Modifikationen des Genehmigungsverfahrens Anlaß geben.

---

[11] Siehe oben, Zweiter Teil, B, III, 2, b), und Zweiter Teil, C, V, 2.

[12] Vgl. etwa die Beispiele bei *Stich,* ZfBR 1983, S. 61ff.; *Boeddinghaus,* Stadterhaltung und Stadtgestaltung, Rdnrn. 125ff.; *Kiepe,* DST 1983, S. 409 (412); Versuch einer allgemeinen Darstellung aus Sicht des Denkmalschutzes bei *Stähler,* Denkmalbegriff, S. 128ff.

I. Auswirkungen auf das Erlaßverfahren

Der Satzungserlaß als erste Stufe des Ablaufprogramms einer Gebietssicherung durch Statuierung von Verboten mit Erlaubnisvorbehalt[13] wurde oben in die Vorbereitung und die eigentliche Durchführung der Ortsgesetzgebung unterteilt, ein Vorgehen, daß gerade auch bei der Untersuchung sinnvoll erscheint, ob und welche Maßnahmen zur Koordination einer Mehrzahl von Satzungen für sich überdeckende Schutzbereiche angebracht erscheinen.

1. Vorbereitung der Inschutznahme

Schon die gemäß § 47 Abs. 1 S. 1 GO NW mit der Ausarbeitung einer Beschlußempfehlung für den Rat beauftragte Verwaltung hat wichtige Vorentscheidungen über die Methode zu treffen, mit der eine gesteigerte Schutzwirkung erreicht werden soll: Ist das fragliche Gebiet bereits nach Bundesbaurecht überplant oder anderweitig besonders geschützt, stehen die Verantwortlichen vor der Alternative, entweder weitere Satzungen darüber zu legen oder sich mit den bisherigen Vorkehrungen grundsätzlich zu begnügen und nur ihre Effektivität zu steigern, indem sie zum Beispiel den Kreis der genehmigungspflichtigen Vorhaben erweitern, die Maßgaben für eine Erlaubniserteilung verschärfen oder – wenn die Gemeinde auch Genehmigungsbehörde ist – darauf hinzuwirken versuchen, daß auf der zweiten Verfahrensstufe das vorhandene Instrumentarium strenger angewendet wird. Steht ein bisher vernachlässigter Stadtbezirk zur Diskussion, haben sie die Qual der Wahl zwischen dem Bebauungsplan und den dargestellten Satzungstypen; sie müssen über die Erforderlichkeit der einen Sicherungsmaßnahme neben der oder den anderen befinden. Grundlage für diese entscheidenden Weichenstellungen im Vorfeld endgültiger Satzungsbeschlüsse kann wiederum nur die bereits mehrfach angesprochene Sichtung und Analyse der vorhandenen Substanz sein. Während dieser Entscheidungsfindung über das Ob und Wie einer Kombination verschiedener Instrumente und nach Abschluß dieses Prozesses, wenn es um die konkrete Abstimmung der ausgewählten Satzungen untereinander geht, wird bei den beteiligten Stellen ein Bedürfnis entstehen, miteinander in Kontakt zu treten und die Ergebnisse ihrer Kooperation verläßlich festzuhalten.

a) Möglichkeiten personeller Verknüpfung

Daß die Vielzahl der an der Vorbereitung einer Satzung verwaltungsintern und -extern zu beteiligenden Personen und Institutionen, die sich bei ihrer Kombination mit anderen Satzungen zwangsläufig weiter steigert, eine Struk-

---

[13] Zum auf alle vier Satzungstypen zutreffenden Bild der Zweistufigkeit vgl. oben, Zweiter Teil, A und A, III, 1, und Zweiter Teil, C, III, 1, a).

turierung der Zusammenarbeit verlangt, bedarf keiner Vertiefung. Schon innerhalb der Gemeindeverwaltung können unter anderem[14] das Rechts-, Kultur-, Stadtplanungs-, Bauordnungs-, Hochbau-, Grünflächen- oder Umweltamt[15] oder etwa auch das Amt für Wirtschaftsförderung nützliche Beiträge leisten, sind im „parlamentarischen" Raum (neben den Bezirksvertretungen) die entsprechenden Fachausschüsse des Rates, die in ihrer Zuständigkeitsabgrenzung im allgemeinen der Gliederung der Verwaltungsdezernate folgen,[16] mit den Entwürfen zu befassen.

Zumindest für die in gleicher Weise auf den Baubestand bezogenen Erhaltungs-, Gestaltungs- und Denkmalbereichssatzungen erscheint es geboten, eines der Ämter bzw. einen der Ratsausschüsse insgesamt mit der Federführung und in gewissem Maß auch mit der Verantwortung für das Ergebnis zu bekleiden, da dann bessere Chancen für die Harmonisierung dieser Bestimmungen bestehen. Von den grundsätzlich in Frage kommenden drei Organisationsmodellen – der Bildung von fachübergreifenden Projektgruppen, der Errichtung eines eigenen Amtes für Stadterneuerung/Stadterhaltung oder der Zuordnungen dieses Problemkreises zu einer bestehenden Organisationseinheit – werden die Gemeinden, vor allem die kleineren, in der Regel das letztere wählen, obwohl die Effektivität dieser hierarchisch-bürokratischen Form der Aufgabenerfüllung auf dem Gebiet der Stadterhaltung und -gestaltung nach einem „Praxisbericht"[17] eher geringer anzusetzen ist. Ob die dort festgestellten Mängel in kleineren Gemeindeverwaltungen ebenso schwerwiegend auftreten werden wie in den untersuchten Großstädten oder nicht, mag dahinstehen, da schon die dünne Personaldecke oft die Entscheidung „leicht" machen wird, die Erarbeitung der Satzungsentwürfe einem regulären Amt zu übertragen. So kann etwa die von Haus aus mit dem Bauplanungs- und Bauordnungsrecht vertraute Bauverwaltung, an die man bei den Satzungen nach den §§ 172 ff. BauGB, § 81 BauO NW zunächst denken wird, zusätzlich mit den Aufgaben der unteren Denkmalbehörde (§ 20 Abs. 1 Ziff. 3 DSchG NW) und auch dem Entwurf von Denkmalbereichssatzungen betraut werden, ganz ähnlich können dem Bauausschuß die Aufgaben eines Denkmalausschusses übertragen werden, wenn auf dessen eigenständige Bildung verzichtet wird, vgl. § 23 Abs. 2 S. 1 und 2 DSchG NW. Statt der Beauftragung des regelmäßig schon für das Erlaubnisverfahren zweiter Stufe zuständigen Bauordnungsamtes kommt aber etwa auch eine Aufgabenkonzentration beim Planungs- oder Kulturamt[18] bzw. den entsprechenden Ausschüssen[19] in Betracht.

---

[14] Aufzählung auf der Grundlage des Rahmengliederungsplanes, Größenklasse 3, der Kommunalen Gemeinschaftsstelle für Verwaltungsvereinfachung NW.

[15] Vgl. den Sachverhalt der Entscheidung VGH Kassel, NuR 1989, S. 328.

[16] *Körner,* Ausschüsse, Kommissionen und Deputationen, in: HdKWP, Bd. 2, S. 134.

[17] *Boden/Prein,* VR 1982, S. 157ff. (160).

Wichtiger als die durch die Organisationsgewalt der Gemeinden legitimierte Auswahl zwischen diesen und anderen Stellen erscheint allerdings die Forderung, daß das durch sie repräsentierte Anliegen, der in ihnen gebündelte Sachverstand Einfluß auf das Arbeitsergebnis erlangt. So steht etwa die Planungsabteilung für die Notwendigkeit einer Einbindung der erhaltenden und gestaltenden Maßnahmen in das Geflecht der städtischen Flächenplanungen.[20] Ganz ähnlich kommt dem Kulturausschuß typischerweise eine besondere Kompetenz zu, die von allen drei Satzungsermächtigungen in der einen oder anderen Weise vorausgesetzte geschichtliche, künstlerische, wissenschaftliche, volkskundliche und/oder städtebauliche Bedeutung einer baulichen Situation, die das Erhaltungsinteresse begründet (vgl. die §§ 172 Abs. 3 S. 1 Fall 2 BauGB, 81 Abs. 1 Ziff. 2 BauO NW, 2 Abs. 1 und Abs. 3 S. 1 DSchG NW), zu beurteilen und zu beschreiben. Jedenfalls bei solchen „denkmalnahen" Tatbeständen reichte es nicht aus, wenn das in diesem Zusammenhang oft genannte Baudezernat bzw. der Bauausschuß als Koordinierungsinstanz[21] nur die Fachberatung durch die Landschaftsverbände in Anspruch nähmen, wie § 22 Abs. 3 Ziff. 7 DSchG NW sie für die Vorbereitung der Erhaltungs- und Gestaltungssatzungen (aber auch der entsprechenden Bebauungspläne)[22] in Ergänzung der zwingenden Regelung des § 6 Abs. 2 DSchG NW für den Denkmalbereich ausdrücklich vorsieht.

In die Diskussion etwa des kulturgeschichtlichen Wertes von Ensembles gerade aus lokaler Sicht werden wegen ihrer fachlichen Qualifikation und der räumlichen Nähe zum Schutzobjekt vielmehr weitere Stellen einzubeziehen sein: So wird der Kulturausschuß zum Wert der vorhandenen Bausubstanz für die Entwicklung der Gemeinde Stellung nehmen, eine Bezirksvertretung gemäß § 13 b Abs. 1 lit. b) GO NW die für das Ortsbild des jeweiligen Stadtteiles bedeutsamen Gesichtspunkte vortragen,[23] kann ein eventuell bestehender Beirat für Gestaltungsfragen gehört[24] oder „sollen" gemäß § 23 Abs. 2 S. 3 DSchG NW in dem mit den Aufgaben nach dem Denkmalschutzgesetz betrauten Ratsausschuß selbst „für die Denkmalpflege sachverständige Bürger" in solchen Angelegenheiten das Wort ergreifen.[25]

---

[18] Vgl. *Strobl,* BWVerwPR 1983, S. 278 (279); *Feger,* VR 1983, S. 279 (280).

[19] *Dittus,* StGR 1980, S. 297 (300); M/U/S, DSchG NW, § 23, Rdnr. 3; allgemein *Rehn,* StGR 1984, S. 339ff.

[20] Siehe dazu sogleich Dritter Teil, C, I, 1, b).

[21] Zum Gestaltungsschutz: *Teucher,* Das Parlament 1987, Nr. 32, S. 6; *Burger/Gutschow/Krause,* Bebauungspläne und Ortssatzungen, S. 148; Fallbeispiele bei *Zwanzig,* LK 1975, S. 280ff., und *Krause,* Probleme der Stadtgestaltung, S. 86. Zum Denkmalschutz: *Rothe,* StGR 1984, S. 382 (386); Umfrage: Denkmalpflegerische Maßnahmen, NVwZ 1988, S. 325 (326).

[22] *Gahlen/Schönstein,* DSchG NW, § 22, Rdnr. 7.

[23] Vgl. oben, Zweiter Teil, A, II, 2, a), dd), und Zweiter Teil, B, IV, 1, mit Nachweisen. Kritisch für den Bereich des Denkmalschutzes Darmstadt, VR 1987, S. 33ff.

[24] Siehe oben, Zweiter Teil, B, IV, 1.

Die sich aus dem Charakter der Stadterhaltung und -gestaltung als „Querschnittsaufgabe“[26] ergebende Notwendigkeit zur Einbeziehung anderer Fachämter und -ausschüsse u. ä. und zum interdisziplinären Arbeiten wird auch nicht davon berührt, daß der endgültige Satzungserlaß stets dem Rat vorbehalten bleibt, § 28 Abs. 1 S. 2 lit. g) GO NW. Das allein könnte nämlich nicht die Berücksichtigung und den Ausgleich aller Einzelgesichtspunkte (etwa in einer Debatte des Rates) gewährleisten. Mag sich die Tätigkeit (der Verwaltung und) der Ausschüsse auch rein rechtlich gesehen auf die bloße Vorbereitung beschränken, erfolgt realiter doch hier die eigentliche Willensbildung und Entscheidungsfindung im kommunalen Bereich, so daß die Einholung des abschließenden Ratsbeschlusses in aller Regel nur als notwendiger Formalakt erscheint.[27]

b) Möglichkeiten sachlicher Verknüpfung

Als geeignete Schnittstelle für die Ableitung der Maßnahmen der Stadterhaltung und Stadtgestaltung aus der (sonstigen) gemeindlichen Flächenplanung und ihre Einfügung darin wird allgemein[28] die städtebauliche Entwicklungsplanung angesehen. Dieser dem § 1 Abs. 5 BBauG ’76 entnommene Begriff wie auch der an seiner Stelle im Baugesetzbuch nunmehr erwähnte (§ 140 Ziff. 4 BauGB) Rahmenplan[29] bezeichnen informelle Planungsformen der städtebaulichen Praxis, an die zwar vom Gesetz weder formelle noch inhaltliche Anforderungen gestellt werden, die trotz ihrer rechtlichen Unverbindlichkeit aber faktisch für die Ordnung und Entwicklung des Gemeindegebietes eine ebenso große Rolle spielen können wie die Bauleitplanung selbst.[30]

In ihnen kann – rechtlich noch nicht bindend und daher flexibel – das Handlungskonzept erhaltender und gestaltender Stadterneuerung entworfen und dargestellt werden. Sie bieten Hilfe beim Zuschnitt der Satzungsgebiete und bei der Koordination der zu unterschiedlichen Zeitpunkten und/oder an verschiedenen Orten vorzunehmenden rechtsverbindlichen Inschutznahmen.[31]

---

25 Zur Mitarbeit sachverständiger und sachkundiger Bürger (§ 42 Abs. 3 S. 1 GO NW) vgl. M/U/S, DSchG NW, § 23, Rdnr. 5; *Oebbecke,* Zeitschrift Westfalen 1983, S. 256 (257f.); allgemein *Willamowski,* Organisationsgewalt, S. 154ff.; *Rehn,* StGR 1984, S. 339 (344).

26 *Jaeger,* DAS 1979, S. 297 (298); vgl. auch *Boden/Prein,* VR 1982, S. 157ff.

27 Ausführlich *Willamowski,* a. a. O., S. 152f.

28 *Krupinski,* StGR 1988, S. 147 (148); *Gaentzsch,* LK 1975, S. 277 (278); GEWOS, Erhaltenswerte Bausubstanz, S. 61 (64ff.); *Gassner,* VuR 1981, S. 143 (173, 175); *Henke,* DÖV 1983, S. 402 (407); ders., Stadterhaltung, S. 83ff., 171ff., jeweils mit weiteren Nachweisen.

29 Zur Begrifflichkeit *Krautzberger,* in: B/K/L, BauGB, § 1, Rdnrn. 45ff.

30 *Krautzberger,* a. a. O., Rdnr. 47.

31 *Krupinski,* a. a. O., S. 148.

Sie bilden daher auch die Ebene, auf der die Erforderlichkeit mehrfacher Unterschutzstellung und die Auswirkungen sich im Raum schneidender Maßnahmen überdacht und aufeinander abgestimmt werden wollen. Dabei kann es sinnvoll sein, das grobe Raster eines umfassenden Gesamtentwicklungsplanes der Gemeinde weiter zu verfeinern: Räumlich, indem für besonders sensible Teilgebiete konkrete Konzepte im kleinen Maßstab entwickelt werden;[32] sektoral, indem man die Ergebnisse der im Aufgabenfeld Stadterhaltung und -gestaltung kooperierenden Dienststellen zusammenfaßt, also „Baudenkmäler und sonstige ... erhaltenswerte Gebäude, Gebäude und Sichtobjekte mit positivem oder negativem Gestaltwert, positive oder negative Sichtbeziehungen, die raumwirksame Topographie, stadträumliche Qualitäten, Treppen und Fußwege, Grünflächen, durch Bebauungsplan überplante Flächen usw." ausweist.[33]

Als eine mögliche Form mit der allgemeinen Entwicklungsplanung verzahnter, vorbereitender „Fachplanung" im kulturellen Bereich offeriert § 25 DSchG NW den Denkmalpflegeplan. Auch er bleibt ein keinen besonderen Verfahrensregeln unterworfenes Verwaltungsinternum, dem das Denkmalschutzgesetz keine unmittelbare rechtliche Außenwirkung beimißt.[34] Da er neben der Wiedergabe der Darstellungen und Festsetzungen der Bauleitplanung, der Denkmalbereiche und der sonstigen, nicht dem Denkmalschutz unterfallenden „erhaltenswerten Bausubstanz" (§ 25 Abs. 2 Ziff. 2 DSchG NW) auch die Darstellung der auf § 172 BauGB und § 81 BauO NW beruhenden Satzungen erlaubt,[35] kann in ihm der Ausgleich und die Harmonisierung der den Baubestand in der Gemeinde betreffenden rechtsverbindlichen Schutzmaßnahmen unternommen und die Integration des Erhaltungssektors in die Gesamtentwicklungsplanung betrieben werden.

2. Die eigentliche Satzungsgebung

Nicht nur die Frage, von welchen Instrumenten in einem zu erhaltenden und gestaltenden Bereich allein oder kombiniert Gebrauch gemacht werden soll, sondern auch die, ob die Erhaltungs-, Gestaltungs-, Denkmalbereichs- oder Baumschutzsatzungen allein oder miteinander oder eventuell in Verbindung mit einem (wenn schon bestehenden, dann gegebenenfalls zu ändernden) Bebauungsplan erlassen werden sollen, ist rechtlich nicht vorbestimmt und richtet sich daher allein nach Zweckmäßigkeitserwägungen. Für einen

---

[32] *Krupinski,* StGR 1988, S. 148.

[33] *Henke,* Stadterhaltung, S. 84; vgl. insgesamt auch GEWOS, Erhaltenswerte Bausubstanz, S. 64ff. (70).

[34] *Schönstein,* StGR 1981, S. 379f.; M/U/S, DSchG NW, § 25, Rdnrn. 1ff.; *Prahl,* BlGBW 1983, S. 41 (43).

[35] *Schönstein,* a.a.O., S. 380; M/U/S, a.a.O., Rdnr. 4; vgl. auch *Gahlen,* StGR 1981, S. 374 (375).

Verbund in der Art des § 9 Abs. 4 BauGB oder in sonstiger Weise spricht, daß Bauwillige, Architekten und andere Interessierte die ihr Vorhaben möglicherweise betreffenden Rechtsvorschriften auf einen Blick übersehen können, eine Rechtszersplitterung vermieden wird und das Satzungserlaßverfahren nur einmal durchlaufen werden muß.[36]

Auf der anderen Seite weisen die Bebauungspläne und die (sonstigen) Schutzsatzungen, aber auch wieder diese untereinander die im Zweiten Teil abgehandelten gravierenden Unterschiede auf: Neben dem räumlichen Geltungsbereich, der sich bei den Baumschutzsatzungen abweichend von den übrigen grundsätzlich auf das ganze bebaute Gemeindegebiet erstrecken kann,[37] sei vor allem an die unterschiedlich hohen Verfahrensanforderungen erinnert, etwa an die nur bei Bebauungsplänen und Denkmalbereichssatzungen bestehende Pflicht zur Bürgerbeteiligung[38] oder die erweiterten Aufsichtsrechte der staatlichen Behörden beim (Nicht-)Erlaß der letzteren, die ihn als Pflichtaufgabe zur Erfüllung nach Weisung von der übrigen Satzungsgebung im Rahmen der gemeindlichen Selbstverwaltung abheben.[39]

Ob die daraus resultierende Gefahr der Überfrachtung und Schwerfälligkeit des Erlaßverfahrens schwerer wiegt als die Anwenderfreundlichkeit einer Zusammenfassung aller relevanten Regelungen kann wiederum nur anhand des konkreten Einzelfalles entschieden werden. Die Möglichkeit, daß ein in diesem Sinne mehrere Schutzmaßnahmen kombinierendes perfektes Regelungswerk erst so spät in Geltung tritt, daß der zu schützende Zustand bereits mehr oder weniger zerstört ist, sollte dem Satzungsgeber aber immer vor Augen stehen.

II. Auswirkungen auf das Genehmigungsverfahren

Auf der „zweiten Stufe“ des Schutzes führt die Überdeckung eines Gebietes mit zwei oder mehr Satzungstypen oder einer Regelung, die die auf verschiedenen Rechtsgrundlagen beruhenden Maßnahmen zusammenfaßt, zur entsprechenden Verdopplung oder weiteren Häufung der vor der Verwirklichung eines Vorhabens einzuholenden Genehmigungen. Dieser Grundsatz kommt allerdings insofern nicht zum Tragen, als die erforderlichen „mehreren Genehmigungen“ nach außen hin in der Baugenehmigung nach den §§ 60 ff., 70 BauO NW vereinigt werden können. Auch einer solchen einheitlichen Entscheidung der Baugenehmigungsbehörde muß dann die Prüfung der auf Bau-

---

36 Vgl. *Keller*, Örtliche Bauvorschriften, S. 67, zum Verhältnis Gestaltungssatzung/ Bebauungsplan.

37 Siehe oben, Zweiter Teil, D, II, 1.

38 Vgl. § 3 BauGB und oben, Zweiter Teil, C, IV, 2.

39 Siehe oben, Erster Teil, A, III, und Zweiter Teil, C, III, 1, b).

planungs-, Bauordnungs-, Denkmalschutz- oder Landschaftsrecht beruhenden Satzungsbestimmungen als möglicherweise entgegenstehende „öffentlich-rechtliche" Vorschriften nach § 70 Abs. 1 S. 1 BauO NW vorangehen. Sie ergeht wegen der weitgehenden Verknüpfung des Bauplanungs- und Bauordnungsrechts durch § 29 S. 1 BauGB[40] jedenfalls in dem Fall, daß die Regelungen der Erhaltungs-, Gestaltungs- oder Denkmalbereichssatzungen gemäß § 9 Abs. 4 BauGB als Festsetzungen in den Bebauungsplan aufgenommen worden sind. Sie bildet aber auch bei Erlaß selbständiger Satzungen die Regel, denn es ist gerade die Funktion der Gestaltungssatzungen, besondere Anforderungen an Bauvorhaben zu knüpfen, deren Einhaltung im bauordnungsrechtlichen Genehmigungsverfahren zu prüfen ist.[41]

Für Erhaltungssatzungen sieht § 173 Abs. 1 S. 2 BauGB die Erlaubniserteilung durch die Baugenehmigungsbehörde im Einvernehmen mit der Gemeinde vor,[42] ganz ähnlich läßt § 9 Abs. 3 DSchG NW nach Wahl des Antragstellers die Ersetzung der denkmalschutzrechtlichen Genehmigung nach Absatz 1 der Vorschrift (insbesondere) durch die Baugenehmigung zu.[43]

Schließlich wird auch für Baumschutzsatzungen nach § 45 LG NW, für die keine solche gesetzliche Regelung besteht, die Aufnahme entsprechender Bestimmungen in den Satzungstext selbst empfohlen,[44] wobei Hilfsnormen wie § 6 Abs. 3 des Satzungsmusters des nordrhein-westfälischen Städtetages, die auch Bestandteil der übrigen Satzungstypen sein können,[45] an die vom Antragsteller einzureichenden Unterlagen zusätzliche Anforderungen stellen dürfen. Damit ist als Extremfall ein Bauvorhaben denkbar, das ein im Geltungsbereich eines Bebauungsplanes, einer Erhaltungs-, Gestaltungs- und Denkmalbereichssatzung liegendes Gebäude betrifft und zu dessen Verwirklichung (etwa wenn ein Altbau durch einen größeren Neubau ersetzt wird) das Fällen eines geschützten Baumes erfordert, das also aus dem Gesichtspunkt der Stadterhaltung an fünf verschiedenen Maßstäben zu messen, im Falle der Unbedenklichkeit aber (nur) einheitlich zu genehmigen ist.

---

[40] Vgl. dazu *Löhr,* in: B/K/L, BauGB, § 29, Rdnrn. 3f.

[41] Siehe oben, Zweiter Teil, B, V.

[42] Siehe oben, Zweiter Teil, A, V, 1, c).

[43] Siehe oben, Zweiter Teil, C, VI, 1, und *Schmittat,* Denkmalschutz und gemeindliche Selbstverwaltung, S. 115f.

[44] Siehe oben, Zweiter Teil, D, V, 1.

[45] Vgl. *Mindak/Roseneck,* LK 1978, S. 420 (431), für den Gestaltungsschutz.

Abschnitt D

Gefahren der Kombination

In besonderem Maße, aber nicht nur bei einer solchen Massierung von Schutzmaßnahmen können die bezüglich des Satzungserlasses bereits beleuchteten Gefahren der Überreglementierung,[46] vor allem aber auch die Gefahren des Zusammentreffens einander widersprechender Festsetzungen augenfällig werden, die die wissenschaftliche Diskussion beherrschen.[47]

Man hat sie vor allem im Dualismus von Bauleitplanung und Denkmalschutz gesehen und erörtert, mit Recht, da der im letzteren Bereich noch stark zum Tragen kommende staatliche Wille mit den anderen, ganz in die Hand der Gemeinden gelegten Instrumenten erhaltenden Stadtumbaus kollidieren kann. Das gilt, trotz der „Kommunalisierung des Denkmalschutzes" in Nordrhein-Westfalen, auch und gerade in diesem Bundesland, da auch hier der Oberen Denkmalbehörde als der Sachwalterin des überörtlichen Interesses am Denkmalschutz durch § 5 Abs. 4 DSchG NW die Befugnis zuerkannt ist, ihre Auffassung über die Erhaltungswürdigkeit eines Denkmalbereiches gegenüber einer widerstrebenden Gemeinde im Wege der ordnungsbehördlichen Verordnungen durchsetzen.[48] Macht sie davon Gebrauch, kann das durch die Verordnung staatlich gesetzte Denkmalschutzrecht etwas anderes fordern, als das durch den Bebauungsplan konkretisierte Baurecht vorsieht,[49] das heißt, es liegt dann eine echte „Kollision" widersprüchlicher Vorgaben verschiedener Normgeber vor.[50]

Neben solchen Kollisionsfällen, die in den (übrigen) Bundesländern noch häufiger auftreten werden, deren Naturschutz- oder Landschaftsgesetze den Erlaß von Baumschutzverordnungen vorsehen, interessieren aber auch die beim Zusammentreffen divergierender gemeindlicher Satzungen entstehenden Spannungslagen. Zwar bietet sich als probates Mittel zur Vermeidung von Konflikten hier sicherlich die möglichst frühzeitige personelle und sachliche Koordination aller stadterhaltungs- und -gestaltungswirksamen Maßnahmen

---

[46] Siehe dazu sogleich Dritter Teil, D, II.

[47] Siehe bereits oben, Einleitung, A, und Zweiter Teil, 2, b).

[48] Siehe oben, Erster Teil, III, 5, und Zweiter Teil, C, III, 1, b); *Battis/Schmittat,* NuR 1983, S. 102 (108); *Brohm,* DVBl. 1985, S. 593 (598); *Erbguth,* DVBl. 1985, S. 1352 (1353); *Schmittat,* Denkmalschutz und gemeindliche Selbstverwaltung, S. 134f. Positiver zur Kommunalisierung *Stich,* ZfBR 1983, S. 61 (65); ders., Stadtbauwelt 1985, S. 470 (477, mit Fn. 36).

[49] Vgl. die Fallgruppen bei *Schmittat,* Denkmalschutz und gemeindliche Selbstverwaltung, S. 134ff.

[50] Zu dieser an BVerfGE 36, 342 (363ff.), anknüpfenden Definition vgl. *Moench,* NJW 1983, S. 1998 (2004); *Henke,* Stadterhaltung, S. 46; *Schmittat,* a.a.O., S. 137f. Für den Baumschutz *Steinberg,* NJW 1981, S. 500 (553); *Hufen/Leiß,* BayVBl. 1987, S. 289 (294); *Grooterhorst,* DVBl. 1987, S. 654 (656).

an, deren praktische Seite oben angedeutet worden ist. Sie erscheint nicht nur in der Sache sinnvoll, sondern wird in gewissem Ausmaß auch vom Gesetz durch Abwägungsklauseln vorgeschrieben. § 1 Abs. 5 S. 1, S. 2 Ziff. 4, 5 und 7, Abs. 6 BauGB, § 1 Abs. 3 DSchG NW und § 1 Abs. 2, § 2 Abs. 1 Ziff. 13 BNatSchG verlangen stets die Berücksichtigung auch der an sich anderen Rechtsbereichen zuzuordnenden Belange,[51] mag die Unterschutzstellung primär auch immer den der jeweiligen Satzungsermächtigung zugrunde liegenden Zwecken dienen (dürfen). Wo sie offensichtlich in Widerspruch etwa zu einem vorhandenen Bebauungsplan gerät, kann eine Pflicht entstehen, diesen nachträglich entsprechend anzupassen.[52]

Jedoch sind nicht alle Konflikte bereits beim Satzungserlaß voraussehbar, werden manche Probleme als Konsequenz der in diesem Zeitpunkt nur erst flächenbezogen getroffenen Erhaltungsentscheidung[53] erst bei der Anwendung der Schutzsatzungen auf den Einzelfall in voller Schärfe vor Augen treten.

I. Konfliktsituationen

Dazu, wie die eingangs der Untersuchung mit einigen Beispielen illustrierten „pathologischen Fälle“[54] zu lösen sind, in denen eine nach dem Bebauungsplan, § 34 oder § 35 BauGB zulässige Nutzung durch die Festsetzungen einer Erhaltungs-, Gestaltungs-, Denkmalbereichs- oder Baumschutzsatzung verboten oder doch nur modifiziert erlaubt wird oder an ein Objekt unter den jeweiligen Spezialaspekten verschiedene Anforderungen gestellt werden, liegt eine ganze Reihe von Vorschlägen vor, die sich hinsichtlich Argumentation und Ergebnis vielfach ähneln. Sie lassen sich grob danach unterteilen, ob sie durch möglichst weitgehende Abgrenzungen Widersprüche gar nicht zur Entstehung kommen lassen wollen oder diese prinzipiell hinnehmen, aber den einen Vorrang vor den anderen Bestimmungen einräumen oder drittens den Ausgleich erst auf der Ebene der Normanwendung suchen.

---

[51] Für den Bereich Denkmalschutz und Bauleitplanung weitergehend *Henke,* a. a. O., S. 53ff., der in § 29 S. 5 BBauG eine Beteiligungsregelung sieht und ein staatlich-kommunales Aufgabenkondominium annimmt. Vgl. dagegen *Haas-Traeger,* DÖV 1981, S. 402ff., und unten, Dritter Teil, D, I, 3.

[52] *Bielenberg/Stock,* in: E/Z/B, BauGB, § 172, Rdnr. 55, für das Verhältnis Bebauungsplan - Erhaltungssatzung.

[53] Siehe oben, Zweiter Teil, A und A, II, 1, und Zweiter Teil, B, I, 1; C, II, 2; D, II, 1.

[54] Siehe oben, Einleitung, A, und ausführlich *Schmittat,* Denkmalschutz und kommunale Selbstverwaltung, S. 136ff. und S. 155ff., aus Sicht des Denkmalschutzes.

1. Abgrenzungslösungen

Keinen Bedenken unterliegen zunächst die Auffassungen, die Konfliktlagen erst gar nicht zum Austrag kommen lassen wollen, indem sie einander überlappende Geltungsbereiche verschiedener Satzungen vermeiden. So soll beim Erlaß der zur Vereinheitlichung tendierenden Örtlichen Bauvorschriften Spannungen mit dem an der authentischen Individualität interessierten Denkmalschutz bereits dadurch vorgebeugt werden, daß Denkmäler ganz oder teilweise aus dem Anwendungsbereich der Satzung herausgenommen werden.[55]

Diese Überlegung überzeugt, nur die Übertragung dieses praktischen Gesichtspunktes ins Rechtliche derart, daß Gestaltungssatzungen sich bereits von der Ermächtigung her nicht auf Denkmäler[56] oder Denkmalbereiche beziehen dürften,[57] findet in § 81 BauO NW keine Grundlagen. Es ist auch zulässig, Satzungen sich räumlich schneiden zu lassen und die dabei auftretenden Rangfragen ausdrücklich zu regeln, etwa indem Baumschutzsatzungen mit Ausnahmebestimmungen für baurechtlich zulässige Grundstücksnutzungen versehen werden.[58]

Scheitern muß allerdings die (nicht nur)[59] im Verhältnis Denkmal-(bereichs-)schutz und Bauleitplanung versuchte zweite Art der Abgrenzung, die schon die sachlichen Regelungsbereiche voneinander scheiden will, indem sie die Abwägung nach § 1 Abs. 5 und 6 BauGB auf bestimmte Kategorien von Denkmälern bzw. bestimmte Erhaltungsaspekte verengt und damit die Konfliktmöglichkeiten vermindert[60] oder sie gar ganz ausschließt, indem man die gesamte Materie der Erhaltung von Bausubstanz in die Hand des Bundesgesetzgebers legt.[61] Letzteres entspricht nicht der bestehenden Gesetzeslage und würde de lege ferenda die Gesetzgebungskompetenzen der Länder für Kulturangelegenheiten und damit den Denkmalschutz aus Art. 70 Abs. 1 GG außer acht lassen.

---

[55] *Bülow,* Flächen- und bodenbezogener Denkmalschutz, S. 378.

[56] So *Rößler,* BauO NW, § 81, S. 486 – ohne Begründung.

[57] So – mit Differenzierungen – *Eberl,* BayVBl. 1987, S. 353 (355). Wie hier: *Manssen,* Stadtgestaltung, S. 33/34.

[58] Siehe oben, Zweiter Teil, D, III, 2, c).

[59] Die Unterscheidung des „optischen" und „funktionellen" Landschaftsschutzes in BVerwGE 55, 272 (274ff.), ist spätestens mit Erlaß des BNatSchG obsolet geworden, vgl. *Steinberg,* NJW 1981, S. 550 (552), und oben, Zweiter Teil, D, I.

[60] *Erbguth,* DVBl. 1985, S. 1352ff. Ausführliche Darstellung und Kritik bei *Schmittat,* Denkmalschutz und gemeindliche Selbstverwaltung, S. 146ff.

[61] *Watzke,* ZfBR 1981, S. 10 (57ff.); auch *Gaentzsch,* DAS 1974, S. 273 (278ff.); *Neuenfeld,* BBauBl. 1976, S. 120ff.

2. Vorranglösungen

Eng verwandt mit solchen Vorstellungen ist die von Bartlsperger entwikkelte Konzeption vom „städtebaulichen Denkmalschutz“[62] nach der sogar bereits das geltende Bundesbaurecht den Gemeinden uneingeschränkt die Befugnis einräumen soll, „durch Bebauungspläne in Verbindung mit § 30 BBauG (BauGB) über Denkmalschutzbelange im Zusammenhang der städtebaulichen Ordnung formell und materiell abschließend zu entscheiden“.[63] Der solcherart planifizierte Denkmalschutz beinhalte, daß die in einem gültig zustande gekommenen Bebauungsplan getroffenen Festsetzungen „eine abschließende rechtsbegründende Wirkung für bauliche Vorhaben einschließlich planakzessorischer Abbrüche“ zukomme, wenn und weil die in § 1 Abs. 6 BBauG (§ 1 Abs. 5 Ziff. 5 BauGB) erwähnten Belange des Denkmalschutzes bei seinem Erlaß ordnungsgemäß mitabgewogen worden seien. Dann gehe der auf den Ausgleich unterschiedlicher Ansprüche an den Zielsetzungen des Baugesetzbuches ausgerichtete Plan im Kollisionsfalle den singulären Fachinteressen wie dem Denkmalschutz vor.[64]

Fast gleichzeitig hat Steinberg[65] das Verhältnis der Baumschutzregelungen zu den Bebauungsplänen untersucht und ganz ähnlich bilanziert: Bei der Aufstellung der letzteren sei „eine die konkrete Situation der betroffenen Grundstücke berücksichtigende Abwägung einer Vielzahl von öffentlichen und privaten Belangen erfolgt, wozu auch Fragen des Baumschutzes gehören“. Der bauplanungsrechtliche Anspruch aus § 30 BBauG (BauGB) gehe deshalb Festlegungen in Baumschutzsatzungen gemäß Art. 31 GG (!) vor,[66] weshalb sie die oben erwähnte ausdrückliche Regelung der Konfliktfälle über entsprechende Ausnahmetatbestände enthalten sollten.[67]

Auf gleicher Ebene angesiedelte Argumentationen können jedoch auch zu genau entgegengesetzten Ergebnissen führen. So erkennen manche zwar den umfassenden Zugriff der örtlichen Bauleitplanung grundsätzlich an, billigen dem Denkmalschutz aber eine „relative“ Priorität gegenüber den anderen abwägungserheblichen Belangen zu. Halte die Denkmalschutzbehörde eine nach dem Planentwurf erlaubte Zerstörung eines Baudenkmals auch unter

---

62 Vgl. zu diesem Begriff bereits oben, Zweiter Teil, A, I, 1, b).

63 *Bartlsperger,* DVBl. 1981, S. 284ff. (298), Klammerzusatz vom Verf.

64 Zustimmend *Prahl,* BlGBW 1983, S. 41 (43); zuletzt *Stuer,* BauR 1989, S. 251 (254), und *Manssen,* Stadtgestaltung, S. 96, auch zu § 172 Abs. 3 BauGB.

65 *Steinberg,* NJW 1981, S. 550 (554).

66 Zustimmend etwa *J. Müller,* VR 1987, S. 301 (302); *Hufen/Leiß,* BayVBl. 1987, S. 289 (294); *Bartholomäi,* UPR 1988, S. 241 (245, 247); Kritik bei *Battis/Schmittat,* NuR 1983, S. 102 (108); *Henke,* Stadterhaltung, S. 43ff.; *C. Engel,* NVwZ 1985, S. 252f.; *Schmittat,* Denkmalschutz und gemeindliche Selbstverwaltung, S. 140ff. (160).

67 Siehe oben, Dritter Teil, I, 1, und Zweiter Teil, D, III, 2, c).

Berücksichtigung entgegenstehender Aspekte für unvertretbar, müsse von der Planung regelmäßig Abstand genommen werden.[68]

Ganz überwiegend und mit Recht wird allerdings dem Denkmalschutz in der Abwägung (nur) der gleiche abstrakte Wert zugewiesen, wie er auch den übrigen in die Ortsplanung einzustellenden Belangen zukommt,[69] ohne daß damit jedoch notwendig das gleiche Endresultat verbunden wäre. Gleichwohl wird nämlich versucht, aus dem kompetenzrechtlichen Gebot der Rücksichtnahme die prinzipielle Durchsetzungsfähigkeit der Denkmalschutzbestimmungen gegenüber der gemeindlichen Planung herzuleiten.[70]

Andere Begründungsversuche setzen bei der Normenhierarchie an, räumen aber nicht wie Bartlsperger und Steinberg dem qualifizierten Bebauungsplan als einer auf Bundesrecht (§ 30 BauGB) beruhenden Regelung den Vorrang ein, sondern sehen das staatliche Denkmalschutzrecht als höherrangige Norm die in Satzungsform erfolgende (§ 10 BauGB) gemeindliche Planung verdrängen. Mit dieser schematischen Berufung auf angebliche Über- oder Unterordnungen ist daher wenig gewonnen,[71] zumal im unbeplanten Innenbereich dann wiederum ein Zurücktreten des landesrechtlichen Denkmalschutzes gegenüber § 34 BauGB als Vorschrift des Bundesrechts angenommen werden müßte.[72] Da Denkmalbereiche in Nordrhein-Westfalen gemäß § 5 Abs. 1 S. 1 DSchG NW (erst) mit Erlaß einer entsprechenden gemeindlichen Satzung geschützt sind, müßte weiterhin Gleichrangigkeit mit den in gleicher Form beschlossenen Bebauungsplänen bestehen, während die gleiche Schutzmaßnahme, auf Grundlage des § 5 Abs. 4 DSchG NW durch ordnungsbehördliche Verordnung getroffen, einen höheren Rang beanspruchen könnte. Hier wie auch beim Baumschutz, der nur in Nordrhein-Westfalen durch Satzung, im übrigen durch Verordnungen bewirkt wird, träte eine gewisse Zufälligkeit der Ergebnisse ein, die sich nicht gerade vermindern würde, wenn man bei „gleichrangigen" Regelungen auf den Grundsatz zurückgreifen will, daß eine

---

[68] *Bülow,* Flächen- und bodenbezogener Denkmalschutz, S. 312f.; *Gahlen/Schönstein,* DSchG NW, § 1, Rdnr. 11; *Henke,* Stadterhaltung, S. 52, mit weiteren Nachweisen in Fn. 164; *Moench,* ZfBR 1985, S. 166, wohl zu Unrecht unter Berufung auf *Watzke,* ZfBR 1981, S. 10 (59); jetzt offengelassen in: Moench, NVwZ 1988, S. 304 (313).

[69] VGH München, BRS 39, Nr. 38, S. 92; *Eberl,* BayVBl. 1980, S. 129 (135); *Battis/Schmittat,* NuR 1983, S. 102 (107); *Gassner,* VuR 1984, S. 129 (135); *Erbguth,* DVBl. 1985, S. 1352 (1358); *Stuer,* BauR 1989, S. 251 (253f.); *Friauf/Wendt,* Arbeiterwohnsiedlungen, S. 46f.; *Krautzberger,* in: B/K/L, BauGB, § 1, Rdnr. 73; *Schmittat,* Denkmalschutz und gemeindliche Selbstverwaltung, S. 109 (130ff.), mit weiteren Nachweisen. Entsprechend für den Baumschutz *Grooterhorst,* DVBl. 1987, S. 654 (662).

[70] So *Brohm,* DVBl. 1985, S. 593 (599); ders., DÖV 1983, S. 525 (528ff.); Argument auch bei *Bülow,* a.a.O., S. 85f. (312f.).

[71] *Brohm,* DVBl. 1985, S. 593 (599).

[72] So in der Tat *Moench,* NJW 1983, S. 1998 (2004), unter Berufung auf *Steinberg,* NJW 1981, S. 550 (554); vgl. auch OVG Hamburg, NuL 1989, S. 524.

später erlassene Rechtsnorm eine frühere Vorschrift (desselben Normgebers) derogiert.[73]

Alle diese Argumentationen erscheinen in sich stringent. Wenn sie dennoch zu der in diesem Überblick nur unvollkommen widergespiegelten „Beliebigkeit" der Ergebnisse führen, spricht vieles dafür, daß dies nicht auf immanenten Fehlern des einen oder des anderen Gedankenganges beruht, sondern vielmehr der ihnen allen voraus- und zugrunde liegende Lösungsansatz verfehlt ist. Die These, daß der Inhalt einer bestimmten gemeindlichen Satzung einen Schutzgegenstand abschließend mit Geltung auch gegenüber anderen Regelungen erfasse, die aus anderen fachspezifischen Gesichtspunkten weitere oder andere Anforderungen an ihn stellen, ist nämlich unbewiesen geblieben. Ihre Richtigkeit muß auch unbewiesen bleiben, da die einzelnen Satzungsermächtigungen für das Vorliegen erschöpfender, allein verbindlicher Festlegungen nichts hergeben und die weiter zur Begründung herangezogenen Prinzipien wie die Normenhierarchie oder das Gebot der Rücksichtnahme zwar Mittel zur Herstellung einer „Einheit der Rechtsordnung" auch auf Satzungsebene sein können, die Frage, ob denn überhaupt eine solche Harmonie notwendig vorliegen muß, jedoch nicht beantworten können. Das hier umrissene Bild sich gegenseitig widersprechender Argumente und Lösungen scheint die Konfliktlösung durch Begründung des Vorrangs der einen Rechtsvorschrift ad absurdum zu führen und drängt zu der Annahme, daß sie auf einer anderen Stufe, nämlich der des dem Satzungserlaß nachgestalteten Genehmigungsverfahrens zu suchen ist.

3. Konfliktlösung im Genehmigungsverfahren

Nach einigen früheren Ansätzen[74] hat vor allem Erbguth[75] dargelegt, daß die endgültige Entscheidung über die (Nicht-)Erhaltung eines Objektes bei divergierenden Vorgaben erst im konkreten Genehmigungsverfahren und nur für das konkrete Vorhaben erfolgen kann und soll. Ansatzpunkt dieses Konzeptes für die Auflösung möglicher Widersprüche zwischen den Festsetzungen sich räumlich schneidender oder deckender Normen ist die bereits mehrfach angesprochene Flächenbezogenheit der Erhaltungsentscheidung beim Satzungserlaß.[76] Sie hat zur Folge, daß die Verlagerung des Konfliktstoffes auf die Genehmigungsebene nicht als systemwidrig erscheint, denn sie läßt Raum

[73] Diesen Grundsatz vertreten für Baumschutz und Bauleitplanung *C. Engel,* NVwZ 1985, S. 252f.; *Hufen/Leiß,* BayVBl. 1987, S. 289 (294); Kritik bei *Erbguth,* DVBl. 1985, S. 1352 (1358).

[74] *Steinberg,* NJW 1981, S. 550 (554), zum Baumschutz im unbeplanten Innenbereich; daran anschließend *Moench,* NJW 1983, S. 1998 (2004); ders., NVwZ 1988, S. 304 (313, mit Fn. 136).

[75] *Erbguth,* DVBl. 1985, S. 1352 (1358f.).

[76] Siehe oben, Dritter Teil, D, mit Nachweisen.

für eine spätere (Neu-)Bewertung der gegensätzlichen Norminhalte jeweils im Hinblick auf den Einzelfall. Die bei Betrachtung der generellen Satzungsbestimmungen zunächst vorliegende (und als solche hinzunehmende) Kollision oder Spannungslage kann und muß von der Genehmigungsbehörde auf ihre Auswirkungen für das jeweilige Vorhaben des Antragstellers reduziert und in diesem Verfahren – nur für diesen konkreten Fall (!) – endgültig gelöst werden. Eine allgemeine Vorrangregelung bzw. ein Zwang zum absoluten Gleichlauf aller relevanten Satzungen schon bei ihrem Erlaß entfällt damit.[77]

Deshalb ist auch durch § 29 S. 4 BauGB nicht schon vorab entschieden, daß sich etwa ein denkmalrechtliches Veränderungsverbot gegenüber dem baurechtlichen Genehmigungsanspruch in jedem Fall durchsetzen müßte.[78] Diese Vorschrift eröffnet (in Verbindung mit § 70 BauO NW) nur überhaupt die Möglichkeit, ein Vorhaben an bauplanungsrechtlichen und gleichzeitig anderen Maßstäben zu messen, ohne selbst der Entscheidungsmaßstab zu sein. Sie ergibt sich daraus, daß die hier vorgestellten Satzungstypen die etwa durch Bebauungsplan und Erhaltungssatzung bestimmte planungsrechtliche Zulässigkeit überlagern, da sie als Vorschriften des Bauordnungsrechts wie die Gestaltungssatzungen[79] oder als diesen vergleichbare, d. h. nicht bodenrechtliche[80] Normen des Öffentlichen Rechts „unberührt bleiben". Unter diese zweite Alternative des § 29 S. 4 BauGB fallen sowohl die Baumschutzsatzungen[81] als auch die Denkmalbereichssatzungen,[82] ohne daß daraus zu folgern wäre, daß sie gegenüber einem planungsrechtlich nach den §§ 30 bis 37 BauGB zulässigen Vorhaben in gleichem Maße durchsetzungsfähig wären. Eine Baumschutzregelung muß für solche Fälle einen Ausnahmetatbestand vorsehen,[83] während der Denkmalschutz im Ergebnis die baurechtliche Privilegierung unterlaufen kann, da die erstere nicht, wohl aber das letztere als Enteignungsrecht ausgestaltet ist, vgl. die §§ 30 ff. DSchG NW.[84]

---

77 Das verkennt *Bülow,* Flächen- und bodenbezogener Denkmalschutz, S. 313.

78 So aber *Moench,* ZfBR 1985, S. 113 (167), zu § 29 S. 5 BBauG. Betonung dieser Vorschrift auch bei *Schmittat,* Denkmalschutz und gemeindliche Selbstverwaltung, S. 155ff.

79 *Löhr,* in: B/K/L, BauGB, § 29, Rdnr. 32.

80 BVerwGE 55, S. 272 (278); zustimmend etwa *Zinkahn,* in: E/Z/B, BBauG, § 29, Rdnr. 46.

81 Ausdrücklich OVG Hamburg, NuL 1989, S. 524; vgl. auch BVerwGE 67, 84 (86) zu § 35 BBauG.

82 Für den Denkmalschutz allgemein *Steinberg,* NJW 1981, S. 550 (551); *Bülow,* Flächen- und bodenbezogener Denkmalschutz, S. 339; *Löhr,* in: B/K/L, BauGB, § 29, Rdnr. 32; *Gahlen/Schönstein,* DSchG NW, § 3, Rdnr. 15; *Grosse-Suchsdorf/Schmaltz/Wiechert,* DSchG Nds., § 1, Rdnr. 13.

83 Siehe nochmals oben, Zweiter Teil, D, III, 2, c), mit Nachweisen.

84 Diesen in BVerwGE 55, 272 (278); 67, 84 (86f.), und BVerwG, NJW 1981, S. 474 (475), für das Landschaftsrecht entwickelten Gedanken greifen für das Denkmalschutzrecht auf: *Moench,* NJW 1983, S. 1998 (2004); *Erbguth,* DVBl. 1985, S. 1352 (1354); *Kummer,* Denkmalschutzrecht, S. 137ff.; *Grosse-Suchsdorf/Schmaltz/Wiechert,*

Dieser Charakter entscheidet entgegen Schmittat[85] nicht darüber, ob § 29 S. 4 BauGB überhaupt im Dualismus von Denkmalschutz und Bauleitplanung Anwendung finden kann, sondern über die Durchsetzungsfähigkeit der denkmalrechtlichen Festsetzungen im konkreten Genehmigungsfall. Zu § 9 Abs. 3 S. 1 DSchG NW, der in diesem Sinne ausdrücklich die Berücksichtigung der Belange des Denkmalschutzes und der Denkmalpflege in den dort genannten Gestattungsverfahren „in angemessener Weise" verlangt, hat das OVG Münster[86] diese Kraft dahingehend präzisiert, daß der Stellenwert des Denkmals im bauordnungsrechtlichen Genehmigungsverfahren gleich hoch sei wie in einem gesonderten denkmalrechtlichen Verfahren nach S. 2. Das werde regelmäßig auf eine strikte Beachtung des Denkmalschutzes hinauslaufen. Das ist – wenn man der oben vertretenen Ansicht zur Anwendbarkeit der §§ 30 ff. DSchG NW folgt –[87] auf den durch Denkmalbereiche vermittelten Schutz entsprechend übertragbar. Auch Erhaltungssatzungen können die baurechtlich zulässige Nutzung eines Grundstücks aufheben oder ändern[88] können wegen der dem Baudenkmalschutzrecht vergleichbaren eigentumsrechtlichen Regelungen der §§ 173 Abs. 2, 42 ff. BauGB[89] zur Versagung der Baugenehmigung aus Erhaltungsgesichtspunkten führen, während sich schließlich bei den nur die Modalitäten des Bauens regelnden Gestaltungssatzungen[90] die Frage ihrer Durchsetzungskraft gegenüber einer bauplanungsrechtlichen Anspruchsposition nicht (in dieser Schärfe) stellt.

II. Überreglementierung

Sind also früher beklagte Lücken im System der bundes- und landesgesetzlichen Ermächtigungen geschlossen und steht den Gemeinden eine ganze Palette gegebenenfalls auch kombinierbarer Schutzinstrumente zur Auswahl,[91] so besteht jetzt im Gegenteil die Gefahr, zuviel des Guten zu tun, das sichernde Netz zu eng zu knüpfen. Die Aufgaben der Stadterhaltung und -gestaltung können nicht nach der Maxime „je mehr, desto besser" bewältigt

DSchG Nds., § 1, Rdnr. 10; *Henke,* Stadterhaltung, S. 47f.; *Schmittat,* Denkmalschutz und kommunale Selbstverwaltung, S. 160ff.

[85] *Schmittat,* Denkmalschutz und kommunale Selbstverwaltung, S. 158f. (163), erschwert sich die Subsumtion des Denkmalschutzrechts unter § 29 S. 4 BauGB unnötig, als er dessen Qualität als „Bodenrecht" nicht ausschließen will.

[86] OVG Münster, DÖV 1985, S. 158f., mit zustimmender Anmerkung *Gahlen,* a.a.O., S. 411ff.; *Bülow,* Flächen- und bodenbezogener Denkmalschutz, S. 311f.; *J. Müller,* VR 1987, S. 36 (42); ausführlich *Schmittat,* a.a.O., S. 116ff. (164ff.).

[87] Siehe oben, Zweiter Teil, C, V, 2.

[88] *Battis,* in: B/K/L, BauGB, § 42, Rdnr. 5.

[89] Vgl. *Bielenberg,* in: E/Z/B, § 42, Rdnrn. 61ff.

[90] Siehe oben, Zweiter Teil, B, III, 2, b).

[91] Mögliche weitere Maßnahmen sind dargestellt bei *Schmittat,* Denkmalschutz und gemeindliche Selbstverwaltung, S. 175ff.

werden, sondern verlangen dem Satzungsgeber Augenmaß ab, denn auch gutgemeinte Schutzmaßnahmen können unerwünschte direkte und indirekte Folgewirkungen hervorrufen.

1. Belastung der Gemeinden

Durch die Satzungsgebung und deren Vorbereitung werden zunächst die Gemeinden selbst sachlich und personell,[92] aber auch finanziell belastet: Eigene oder durch beauftragte Planungsbüros erstellte Voruntersuchungen, Bestandsanalysen, Gutachten oder sogar Gestaltungswettbewerbe können – wie mehrfach betont – unumgänglich sein. Sie können aber auch ebenso zu Buche schlagen wie mit dem Satzungsvollzug möglicherweise verknüpfte Prozeßkosten oder Übernahme- und Enteignungsansprüche, wobei letztere in der Praxis allerdings keine große Rolle spielen sollen.[93]

2. Belastung der Eigentümer und Nutzungsberechtigten

Wirtschaftlicher Art sind auch die Auswirkungen intensiver Satzungsregelungen auf diejenigen, die ihre Neu-, Umbau- oder Modernisierungsvorhaben im Genehmigungsverfahren an verschärften Anforderungen messen lassen müssen. Weiterhin können Bauwillige durch die Unsicherheit über die Chancen eines Genehmigungsantrages,[94] durch die Aussicht auf eine überlange Verfahrensdauer oder dadurch abgeschreckt werden, daß sich ihre Vorstellungen nicht ganz so wie gewünscht verwirklichen lassen. Hier tut eine die Vorbereitung und den Erlaß der Satzung von Anfang an begleitende Aufklärung not, die übertriebene Befürchtungen abbaut, auf eventuelle Förderungsmöglichkeiten hinweist,[95] die Rückbindung der Planung an den Willen der Satzungsunterworfenen ermöglicht und allgemein das Verständnis und die Akzeptanz für die beabsichtigten Regelungen fördert.[96] Die Aussichten dafür sind nicht schlecht, da dem Gedanken der Erhaltung und Gestaltung der eigenen städtischen Umwelt in weiten Bevölkerungskreisen ein hoher Rang eingeräumt wird.[97]

---

[92] Vgl. dazu Dritter Teil, C, I, 1, a).

[93] *Edel/Schäfer*, Erhaltung in der Praxis, S. 35ff., und *Kiepe*, DST 1983, S. 409 (413), für die Erhaltungssatzungen.

[94] *Stähler*, Denkmalbegriff, S. 153.

[95] Zu Steuersubventionen oben, Zweiter Teil, C, V, 2.

[96] *Edel/Schäfer*, a.a.O., S. 32.

[97] Vgl. etwa für den Baumschutz *Bartholomäi*, UPR 1988, S. 241 (248); für die bauliche Erhaltung GEWOS, Erhaltenswerte Bausubstanz, S. 60.

3. Belastung der Mieter

Schließlich können bei Dritten unerwünschte Nebenfolgen eintreten, die der Satzungsgeber nicht aus dem Auge verlieren sollte, obwohl oder gerade weil sie nur mittelbar mit der Unterschutzstellung verknüpft sind. Eine solche Konsequenz ist die Verdrängung einkommensschwacher Mieter, denn die Erhaltung wertvoller alter Bausubstanz sorgt nicht per se für preisgünstigeren Wohnraum. Bei einer turnusgemäß fällig gewordenen Modernisierung können zusätzliche Kosten daraus entstehen, daß statt der wirtschaftlichsten Lösung eine andere gewählt werden muß, die auch den Gesichtspunkten der Erhaltung und Gestaltung Rechnung trägt, dafür aber aufwendiger ausfällt.[98] Solche Mehrausgaben werden, da die Vermieter versuchen werden, sie überzuwälzen, in der Regel Mieterhöhungen (über das Übliche hinaus) nach sich ziehen. Sie können damit auch zu Veränderungen in der Struktur der Wohnbevölkerung führen,[99] eine Auswirkung, die gerade auch aus den § 172 Abs. 1 S. 1 Ziff. 2 Abs. 4 BauGB zugrunde liegenden Gründen mitbedacht und gegebenenfalls verhindert werden muß.

4. Knebelung der baulichen Entwicklung

Besonders an die Gestaltungssatzungen knüpfen sich Bedenken etwa der Architektenschaft, daß historische Lösungen unkritisch zum Maßstab der Erneuerung und Restaurierung erhoben und die Entwicklung neuer Bauformen verhindert werden könnten.[100]

In der Tat wäre eine Knebelung der baulichen Entwicklung durch ein striktes „obrigkeitlich verordnetes" Erhaltungsideal verfehlt, zumal sich die Wertschätzung des Vorhandenen in der Politik wie im öffentlichen Bewußtsein geändert hat und wieder ändern wird.[101] Auf Dauer werden sich daher nur solche Einschränkungen der Baufreiheit durchsetzen (lassen), die von vornherein auch einen Spielraum für die Kreativität der Bauherren und ihrer örtlichen Berater einplanen, dessen Größe je nach der örtlichen Situation unterschiedlich ausfallen wird. Auch in dieser Hinsicht kann nur die gründliche Vorbereitung der Inschutznahme, eine sie unterstützende Öffentlichkeitsarbeit und Behutsamkeit bei Formulierung und Anwendung der erhaltenden und gestaltenden Satzungen angeraten werden, um ihre möglichst weitgehende Akzeptanz zu erreichen und zu bewahren.

---

[98] *Burger / Gutschow / Krause,* Bebauungspläne und Ortssatzungen, S. 149.

[99] So schon der Städtebaubericht der Bundesregierung 1975, BT-Drs. 7/3583, Nr. 111, S. 49.

[100] Vgl. *Burger / Gutschow / Krause,* Bebauungspläne und Ortssatzungen, S. 147f.; *Gassner,* VuR 1981, S. 143 (170). Zu Fehlentwicklungen aus der Sicht des Denkmalschutzes *Backes,* DAS 1984, S. 241ff.

[101] Siehe oben, Einleitung, mit Nachweisen.

III. Alternativen

Die zur Stadterhaltung und -gestaltung entschlossene Gemeinde wird schließlich überlegen müssen, ob anstelle oder flankierend zu dem hier vorgestellten Erlaß von Schutzsatzungen nicht der Einsatz anderer Steuerungsmittel in Frage kommt. Vorgeschlagen werden in erster Linie Maßnahmen auf privatrechtlicher Grundlage: So können gemeindliche oder der Gemeinde verbundene gemeinnützige und genossenschaftliche Wohnungsunternehmen über ihre Mietverträge Einfluß auf die Erhaltung und Umgestaltung ihrer Häuser durch die Mieter nehmen.[102] Sie und die Gemeinden selbst können auch bei der Veräußerung eigener Grundstücke und Häuser Erhaltungs- und Gestaltungsauflagen in die Kaufverträge aufnehmen, um etwa das noch bestehende einheitliche Bild einer Bergarbeiterwohnsiedlung auch nach dem Erwerb durch eine Vielzahl von Eigentümern mit ihren unterschiedlichen Vorstellungen zu wahren oder um es etwa bei der Abgabe gemeindeeigener Grundstücke an Bauwillige herzustellen und an Bestehendes in der Nachbarschaft anzupassen.[103]

Im Geltungsbereich einer Erhaltungssatzung[104] in förmlich festgelegten Sanierungsgebieten gemäß den §§ 142, 24 BauGB oder in Ortsteilen, für die eine Satzung nach § 25 BauGB erlassen worden ist, kann die Gemeinde solche Auflagen auch durchsetzen, indem sie von ihrem dort bestehenden Vorkaufsrecht nur unter der Bedingung zurücktritt, daß sie Gegenstand der Vereinbarung mit dem neuen Eigentümer werden.[105]

Schließlich hat jedoch auch das Verhalten der Gemeinde in eigenen Angelegenheiten „Vorbildfunktion". Wo sie in ihrer dritten Rolle nicht als planende oder genehmigende Instanz, sondern selbst als Eigentümer, Nutzer oder Erwerber in Altbaugebieten auftritt, kann sie – positive wie negative – Beispiele verantwortungsvollen Umgangs mit erhaltenswerter Substanz geben und zu einer Orientierung der Bürger auf die Ziele der Stadterhaltung und -gestaltung beitragen.[106]

---

102 *Burger/Gutschow/Krause,* Bebauungspläne und Ortssatzungen, S. 149f., mit Beispielen.

103 Vgl. *Burger/Gutschow/Krause,* a.a.O., S. 149; *Gassner,* VuR 1981, S. 143 (172).

104 Siehe oben, Zweiter Teil, A, V, 2.

105 *Burger/Gutschow/Krause,* a.a.O., S. 149.

106 Vgl. GEWOS, Erhaltenswerte Bausubstanz, S. 60ff.

Zusammenfassung in Thesen

1. Im Rahmen der allgemeinen *Aufwertung des Erhaltungsgedankens* haben Bundes- und Landesgesetzgeber Ermächtigungen geschaffen, die es den Gemeinden ermöglichen, ihre landschaftliche und bauliche Entwicklung im Sinne der Erhaltung und Gestaltung des Bestehenden stärker zu kontrollieren und zu lenken. Insbesondere in Nordrhein-Westfalen ist dabei die gemeindliche *Satzung als Schutzinstrument* bevorzugt worden. (Einleitung)

2. Ein *Automatismus: Handlungsform Satzung = eigener Wirkungskreis* der Gemeinden besteht *nicht.* Satzungsgebung gehört zwar schon wegen Art. 28 Abs. 2 S. 1 GG regelmäßig zu den Selbstverwaltungsaufgaben; daneben kann den Gemeinden aber auch auf „Zusatzfeldern" die Befugnis zur Regelung durch Satzung eingeräumt sein. So sind die Denkmalbereichssatzungen nach §§ 5, 6 DSchG NW dem Bereich der Pflichtaufgaben zur Erfüllung nach Weisung zuzuordnen, während die Stadterhaltung und -gestaltung durch Erlaß von Erhaltungssatzungen nach §§ 172 ff. BauGB, von Gestaltungssatzungen nach § 81 BauO NW und von Baumschutzsatzungen nach § 45 LG NW im übrigen eine Angelegenheit der örtlichen Gemeinschaft darstellt. (Erster Teil, A)

3. Anders als aus der *Einordnung unter eine bestimmte Aufgabenart* leiten sich aus der Untersuchung der gemeindlichen Satzungsgebung im Hinblick auf die zu regelnden Gegenstände keine unmittelbaren Rechtsfolgen ab. Beachtliche Auswirkungen auf die Verläßlichkeit einer Regelung in Satzungsform haben dagegen die sog. *„Heilungsvorschriften"* des Bauplanungs- und des Gemeinderechts, die als zwar rechtspolitisch angreifbar erscheinen, jedoch keinen durchgreifenden verfassungsrechtlichen Bedenken unterliegen. (Erster Teil, B und C)

4. Die Begriffe Stadterhaltung und Stadtgestaltung stecken ein weites *Aufgabenfeld* ab. Bezogen auf die baulichen Elemente der Stadtlandschaft steht innerhalb der so gekennzeichneten Aufgaben aus der Sicht des Denkmalschutzes die *Konservierung der historisch authentischen Substanz „auf Dauer"*, aus der Sicht des Städtebaus die *Refunktionalisierung und Bewahrung von Anlagen „auf Zeit"* im Vordergrund, während die Stadtgestaltung bei dem Bemühen um die *Erhaltung und Verbesserung des städtischen Erscheinungsbildes* sogar unbebaute Grundstücke und

Gebäude, die, für sich betrachtet, nicht schutzwürdig erscheinen, miteinbeziehen. Schutzbedürftig sind aber auch *die natürlichen Bestandteile des Gemeindegebiets,* die aus der Betrachtung nicht ausgeklammert werden dürfen: Gemeinsame Schutzgegenstände und gemeinsame Fragestellungen rechtfertigen die Untersuchung der Baumschutzsatzungen neben den Erhaltungs-, Gestaltungs- und Denkmalbereichssatzungen, deren „sachinhaltliche Wechselbeziehungen" schon früher thematisiert worden sind.
(Zweiter Teil, Einleitung)

5. Zweifel an der Gesetzgebungszuständigkeit des Bundes für die §§ 172 ff. BauGB (§ 39 h BBauG) wegen der Länderkompetenz für Kulturangelegenheiten erweisen sich als letztlich unbegründet, da die im Gesetz verankerte *städtebauliche Zielsetzung* die Ermächtigung zum Erlaß von Erhaltungssatzungen nach Zweck und Wirkung vom Denkmalschutz unterscheidet.
(Zweiter Teil, A, I)

6. Erhaltungssatzungen dürfen nicht das gesamte Gebiet einer Gemeinde abdecken, sondern müssen sich auf durch eine homogene Bausubstanz gekennzeichnete und abgegrenzte Teilbereiche beschränken. Ihr sachlicher Anwendungsbereich wird durch sich überschneidende *Erhaltungsgründe* bestimmt, die sich jeweils aus der Zusammenschau eines der in § 172 Abs. 1 BauGB aufgeführten Satzungsziele mit einem der in den Absätzen 3 bis 5 geregelten Versagungsgründe ergeben. Innerhalb der für die Stadterhaltung zentralen Erhaltungsgründe aus § 172 Abs. 1 S. 1 i. V. m. Abs. 3 BauGB ist für die *Abgrenzung der erhaltenswerten von der nicht erhaltenswerten Bausubstanz* die die Gebietseigenart bestimmende städtebauliche Gestalt entscheidend. Der Schutz der Stadtgestalt kann dabei weder allgemein noch bezogen auf einen einzelnen Erhaltungsgrund mit einem (nur) die sozialen und psychischen Auswirkungen der Bebauung betreffenden selbständigen sog. Psychotopschutz identifiziert werden. Anknüpfungspunkt und Objekt der Inschutznahme können vielmehr stets nur bestimmte bauliche Anlagen sein, deren Schutzwürdigkeit dann allerdings anhand der von ihnen allein oder im Zusammenhang mit der Umgebung vermittelten Atmosphäre usw. beurteilt werden kann.
(Zweiter Teil, A, II)

7. Den Gemeinden steht bei den Erhaltungssatzungen hinsichtlich des „Ob" des Satzungserlasses in vollem Umfang bezüglich des „Wie" dagegen nur *eingeschränkt Ermessen* zu, da der Gesetzgeber einerseits die Anwendungssituation vorweggeplant, andererseits die auf das einzelne Grundstück bezogenen Entscheidungen in das nachgeschaltete Genehmigungsverfahren verlagert hat. Der Satzungsinhalt kann sich demgemäß auf die Bezeichnung der Erhaltungsgebiete und die Angabe der jeweils darauf

zutreffenden Erhaltungsgründe beschränken, eine darüber hinausgehende *Begründungspflicht* besteht *nicht.*
(Zweiter Teil, A, III)

8. In der Praxis erfolgt die erhaltende Unterschutzstellung ganz überwiegend durch *„sonstige" Satzungen.* Die Vorteile des dann zu beobachtenden Verfahrens, das insbesondere weder einen förmlichen Aufstellungsbeschluß noch eine staatliche Mitwirkung erfordert, werden vor allem in der *Zeitersparnis* und der *geringen Fehleranfälligkeit* gesehen.
(Zweiter Teil, A, IV)

9. Primäre Rechtsfolge der Inschutznahme ist die Begründung einer *Genehmigungspflicht* für bestimmte Vorhaben im Erhaltungsgebiet. Die Genehmigungsbehörden haben auf der dem Satzungserlaß folgenden zweiten Stufe des Erhaltungsschutzes eine *gebundene Entscheidung* zu treffen. Für *Unzumutbarkeitsfälle* sieht das Gesetz mit den §§ 172 Abs. 4 S. 2, Abs. 5 S. 3, 85 Abs. 1 Ziff. 6, §§ 173 Abs. 2, 40 Abs. 2 BauGB selbst eine differenzierte Regelung vor.
(Zweiter Teil, A, V)

10. Die §§ 214 bis 216 BauGB finden auf die Gebietsbezeichnung in Bebauungsplänen uneingeschränkt, auf sonstige Erhaltungssatzungen nur zum Teil Anwendung. Daneben ist auch eine Heilung von Form- oder Verfahrensfehlern nach Gemeinderecht möglich.
(Zweiter Teil, A, VI)

11. Gestaltungssatzungen können der über die bloße Verunstaltungsabwehr hinausgehenden *„positiven Baupflege"* dienen, ohne das Bestimmtheitsgebot zu verletzen, weil und soweit die Schutzanordnung an bestimmte, besonders qualifizierte Gebiete anknüpft.
(Zweiter Teil, B, I)

12. Ähnlich wie der Erhaltungsschutz knüpfen die *Gestaltungsgründe* aus § 81 Abs. 1 Ziff. 2 und 5 BauO NW an den vorhandenen Baubestand an, ohne jedoch wie dieser vorauszusetzen, daß zu der geschichtlichen oder künstlerischen Bedeutung des Schutzbereiches noch eine städtebauliche Relevanz hinzutritt. § 81 Abs. 1 Ziff. 1 BauO NW versetzt die Gemeinden darüber hinaus in die Lage, durch örtliche Bauvorschriften noch in der Entwicklung begriffene Baugebiete gestalterisch zu beeinflussen. Die in diesen Vorschriften verankerte *Bindung an bestimmte, „tendenziell kleine" Gebiete* wird für Bestimmungen auf Grundlage des § 81 Abs. 1 Ziff. 4 BauO NW gelockert, die sich dadurch und durch die Möglichkeit der Inschutznahme auch der natürlichen Bestandteile der Stadtlandschaften den Baumschutzsatzungen annähern.
(Zweiter Teil, B, II)

13. Bei dem in ihrem Ermessen stehenden Erlaß von örtlichen Bauvorschriften steht den Gemeinden eine ganze *Palette von Festsetzungsmöglichkeiten* zur Verfügung, die sich einer abschließenden Aufzählung entziehen. Negativ lassen sie sich durch ihre Abhängigkeit von den örtlichen Gegebenheiten und die Beschränkung auf die *Modalitäten des Bauens* charakterisieren. Sie können grundsätzlich keine Verbesserungsmaßnahmen provozieren, aber die Auswirkungen ohnehin vom Antragsteller beabsichtigter Maßnahmen auf das *geschützte Erscheinungsbild* beeinflussen.
(Zweiter Teil, B, III, 1 und 2)

14. Eine Pflicht zu einer echten Begründung der in örtlichen Bauvorschriften getroffenen Festsetzungen ergibt sich weder allgemein aus dem Grundgesetz oder übergreifenden Rechtsgrundsätzen noch speziell aus der Satzungsermächtigung selbst. Es genügt, daß sich die Ausweisungen angesichts der örtlichen Situation im Schutzbereich als *rechtfertigungsfähig* erweisen.
(Zweiter Teil, B, III, 3)

15. Der Erlaß von Gestaltungssatzungen weist nur in Hinblick auf seine Vorbereitung Besonderheiten auf, für die in Form von sog. *Gestaltungsbeiräten* und der *Bezirksvertretungen* beratende Gremien vorgesehen sind. Werden die Regelungen zur Baugestaltung in den Bebauungsplan aufgenommen, finden zwar die verfahrensrechtlichen Bestimmungen des Bauplanungsrechts Anwendung, sie selbst behalten aber ihre bauordnungsrechtliche Natur.
(Zweiter Teil, B, IV)

16. Die Rechtsfolgen örtlicher Bauvorschriften bestehen vor allem darin, daß sie *besondere Anforderungen an die Gestaltung* baulicher Anlagen, Werbeanlagen usw. stellen, die im Baugenehmigungsverfahren mit zu prüfen sind. Die Fehlerfolgen ergeben sich nach den §§ 214 ff. BauGB oder § 4 Abs. 6 GO NW wie die Rechtsschutzmöglichkeiten des Bürgers in Abhängigkeit von der Form der Unterschutzstellung als Teil eines Bebauungsplanes oder als sonstige Satzung.
(Zweiter Teil, B, V und VI)

17. Seine *kulturhistorische Dimension* unterscheidet den Denkmalschutz von der bauordnungsrechtlichen Ortsbildpflege und dem Naturschutz, insbesondere aber auch vom Bodenrecht. Die *Anknüpfung an das Original,* das es in seiner historischen Authentizität zu bewahren gilt, hebt ihn von erhaltender städtebaulicher Planung ab und gibt ihn auch dann in die Gesetzgebungskompetenz der Länder, wenn er gebietsbezogen in Satzungsform erfolgt.
(Zweiter Teil, C, I)

18. Der *Begriff des Denkmalbereichs* nach § 2 Abs. 3 DSchG NW geht dort, wo er nicht nur im Sinne des Satzes 1 dieser Vorschrift eine Mehrheit von

baulichen Anlagen erfaßt, über den des *Ensembles* im herkömmlichen Sinn hinaus. Kennzeichen der in § 2 Abs. 3 S. 2 und 3 DSchG NW spezifizierten Denkmalbereiche ist nicht (immer), daß sie ein einheitliches Denkmal umgeben, sondern ihr durch ein einheitsstiftendes Element vermittelter baulicher Zusammenhang.
(Zweiter Teil, C, II)

19. Liegen die durch unbestimmte Rechtsbegriffe nachprüfbar beschriebenen Voraussetzungen für die Unterschutzstellung eines Gebietes als Denkmalbereich vor, ist die Gemeinde in ihrer *Entscheidung über den Satzungserlaß gebunden.* Sie muß die Denkmalbereichssatzung begründen und die Schutzobjekte dokumentieren.
(Zweiter Teil, C, III)

20. Das nordrhein-westfälische Denkmalschutzgesetz trifft eingehende Regelungen über die Beteiligung der Bürger an der Satzungsgebung. Die dadurch bedingte Länge des Verfahrens weckt ein *Bedürfnis nach vorläufiger Unterschutzstellung,* das durch § 4 Abs. 1 DSchG NW nicht abgedeckt wird. Einen Ausweg kann die Festlegung des Denkmalbereichs im Bebauungsplan bieten, die die Anwendbarkeit der §§ 14, 15 BauGB begründet.
(Zweiter Teil, C, IV)

21. Entsprechend § 9 Abs. 1 lit. a) und b) DSchG NW bedürfen im Denkmalbereich bestimmte Maßnahmen der Erlaubnis, über deren Versagung die Gemeinde ohne Ermessensspielraum entscheiden muß. Stets zu genehmigen sind nach außen nicht in Erscheinung tretende *Veränderungen im Gebäudeinneren,* während die Genehmigungsfähigkeit eines Austausches der Originalsubstanz durch eine „werkgetreue" *Reproduktion* sehr davon abhängt, worin der schutzwürdige Zusammenhang besteht. Im übrigen spricht einiges dafür, neben der Genehmigungspflicht, der Bußgeldbewehrung und den steuerlichen Vergünstigungen noch andere Rechtsfolgen mit der Inschutznahme durch Denkmalbereichssatzung zu verknüpfen, die z.T. unter der Bezeichnung *„Substanzschutz"* zusammengefaßt werden.
(Zweiter Teil, C, V)

22. Als Konsequenz der besonders weitgehenden Befugnisse der Aufsichtsbehörden rücken beim Denkmalbereichsschutz die Klagemöglichkeiten der Gemeinden gegen staatliche Einwirkungen in den Vordergrund. Ihre Erfolgsaussichten hängen vom grundsätzlichen Verständnis der Kategorie der *Pflichtaufgaben zur Erfüllung nach Weisung* ab.
(Zweiter Teil, C, VI)

23. Die verfassungsrechtlich unbedenklichen Baumschutzsatzungen nach dem nordrhein-westfälischen Landschaftsrecht dürfen im Gegensatz zu den anderen Satzungstypen prinzipiell das *gesamte Gemeindegebiet* erfassen,

da einige der letztlich aus § 18 Abs. 1 BNatSchG zu entnehmenden Schutzgründe auf jeden Baum zutreffen können.
(Zweiter Teil, D, I und II)

24. Bei dem nach den allgemeinen Regeln des Gemeinderechts erfolgenden Erlaß von Baumschutzsatzungen steht den Gemeinden ein *legislatorisches Ermessen* zu. Die Eigentumsgarantie des Grundgesetzes zwingt sie allerdings, in der Satzung *Ausnahmen vom generellen Verbot baumschädigender Handlungen* vorzusehen und dem Antragsteller in bestimmten Fällen einen *Anspruch auf Genehmigung* einzuräumen. Wichtige Nebenbestimmungen, die mit der Erlaubniserteilung verknüpft werden können, sind die Gebote zur *Ersatzpflanzung* und zur *Ausgleichszahlung*.
(Zweiter Teil, D, III und IV)

25. Eine besondere Rechtsfolge des Baumschutzes in Satzungsform ist die Einschränkung der Nachbarrechte gemäß Art. 111 EG BGB. Spezielle Fragen wirft der Rechtsschutz gegen Bescheide auf, die in Konkretisierung entsprechender Satzungsbestimmungen zur Leistung von Ausgleichszahlungen auffordern. Obwohl sie eine *Sonderabgabe* festsetzen, kommt dagegen gerichteten Rechtsbehelfen aufschiebende Wirkung gemäß § 80 Abs. 1 VwGO zu.
(Zweiter Teil, D, V und VI)

26. Die Zweckmäßigkeit der grundsätzlich zulässigen *Kombination verschiedener Satzungstypen* untereinander und mit einem Bebauungsplan hängt von den im Einzelfall gegebenen Umständen ab.
(Dritter Teil, A und B)

27. Die vielfältigen Aufgaben der Stadterhaltung und -gestaltung verlangen die Zusammenarbeit unterschiedlicher Stellen innerhalb (und außerhalb) der Gemeinde, deren besondere Kompetenzen und Anliegen personell und sachlich koordiniert werden müssen. Als geeignete Schnittstelle kann die gemeindliche *Entwicklungs- bzw. Rahmenplanung,* insbesondere auch der *Denkmalpflegeplan* nach § 25 DSchG NW dienen.
(Dritter Teil, C)

28. Trotz Koordination auftretende *Spannungslagen und Kollisionen* können nicht sämtlich durch Abgrenzungen der Anwendungsbereiche oder die Begründung von Stufenverhältnissen bei der abstrakten Betrachtung in Widerspruch zueinander stehender Satzungen aufgelöst werden. Manche divergierenden Vorgaben können und sollen erst bei der Normanwendung im konkreten Genehmigungsverfahren zum Ausgleich gebracht werden. Auch wo die Harmonisierung auf der Satzungserlaß- oder der Anwendungsebene gelingt, sind allerdings die Vorteile für die Schutzgegenstände stets neu mit den möglichen Nachteilen einer *Überreglementierung* für die Betroffenen und für die Gemeinden selbst abzuwägen.
(Dritter Teil, D)

Literaturverzeichnis

Backes, Magnus: Denkmalpflege – Ortsbildpflege – Umweltschutz, in: DAS 1984, S. 241 ff.

Bartholomäi, Eberhard: Baumschutzsatzungen und Baumschutzverordnungen – eine Zwischenbilanz, in: UPR 1988, S. 241 ff.

Bartlsperger, Richard: Denkmalschutz zwischen staatlicher Fachverwaltung und städtebaulicher Planifizierung, in: DVBl. 1981, S. 284 ff.

Battis, Ulrich: Neuerungen des Baugesetzbuches für Landwirtschaft und Umweltschutz, in: NuR 1988, S. 57 ff.

Battis, Ulrich / *Krieger,* Heinz-Jürgen: Zur praktischen Bedeutung des § 39 h BBauG für die Stadterhaltung, in: DVBl. 1981, S. 479 ff.

Battis, Ulrich / *Krautzberger,* Michael / *Löhr,* Rolf-Peter: Kommentar zum Baugesetzbuch, München 1987, zit.: Bearbeiter, in: B/K/L, BauGB.

Battis, Ulrich / *Schmittat,* Karl-Oskar: Rechtsfragen des Denkmalschutzes, in: NuR 1983, S. 102ff.

Bauer, Erwin / *Salewski,* Siegbert: Recht der Landschaft und des Naturschutzes in NW, 2. Aufl., Köln 1987, zit.: Bauer/Salewski, LG NW.

Bernatzky, Aloys / *Böhm,* Otto: Bundesnaturschutzgesetz, Loseblatt, Wiesbaden, Stand: August 1989

Bielenberg, Walter / *Krautzberger,* Michael / *Söfker,* Wilhelm: Baugesetzbuch, – Leitfaden. Vergleichende Gegenüberstellung des BauGB mit dem alten Recht (Synopse). Ausführliche Kommentierung des neuen Rechts, München / Münster 1987, zit.: Bearbeiter, in: B/K/S, BauGB-Leitfaden.

Blümel, Willi: Gemeinden und Kreise vor den öffentlichen Aufgaben der Gegenwart (Bericht), in: VVDStRL, Bd. 36 (1978), S. 171 ff.

Boden, Franz Peter / *Prein,* Heinrich: Stadterneuerung und Verwaltungsorganisation – ein Praxisbericht, in: VR 1982, S. 157 ff.

Böckenförde, Dieter / *Temme,* Heinz-Georg: Landesbauordnung Nordrhein-Westfalen – Kommentar, 8. Aufl., Düsseldorf 1989, zit.: Böckenförde / Temme, BauO NW.

Boeddinghaus, Gerhard: Stadterhaltung und Stadtgestaltung, Köln / Stuttgart / Berlin / Hannover / Kiel / Mainz / München 1982.

Bonin, Paul: Landesbauordnung Rheinland-Pfalz – Kommentar, Köln / Stuttgart / Berlin / Hannover / Kiel / Mainz / München 1981.

Borchers, Günter: Die Stadtsilhouette als Abbild ihrer Geschichte, in: LK 1975, S. 306 f.

Bork, Gundolf: Die neue Landesbauordnung Nordrhein-Westfalens, in: StGR 1984, S. 219 ff.

Bork, Gundolf / *Köster,* Wolf: Landesbauordnung Nordrhein-Westfalen '84 – Kommentar, Köln / Stuttgart / Berlin / Hannover / Kiel / Mainz / München 1985.

Breloer, Helge: Rechtsfragen der Gehölzwertermittlung, in: NVwZ 1989, S. 121 f.

Breuer, Rüdiger: Die Kontrolle der Bauleitplanung – Analyse eines Dilemmas, in: NVwZ 1982, S. 273 ff.

— Struktursicherung in Kur- und Erholungsgemeinden, in: NVwZ 1985, S. 635 ff.

Brohm, Winfried: Der Schutz erhaltenswerter Bausubstanz, in: DVBl. 1985, S. 593 ff.

— Kompetenzüberschneidungen im Bundesstaat, in: DÖV 1983, S. 525 ff.

Brönner, Wolfgang: Anmerkungen zum neuen Denkmalschutzgesetz in Nordrhein-Westfalen, in: Rheinische Heimatpflege 1981, S. 1 ff.

— Geschichte als Grundlage und Kategorie des heutigen Denkmalbegriffs, in: DAS 1986, S. 286 ff.

— Baudenkmal und Denkmalbereich, Der Denkmalwert, in: Was ist ein Baudenkmal?, hrsg. von Udo Mainzer, Heft 5 der Mitteilungen aus dem Rheinischen Amt für Denkmalpflege, Köln 1983, zit.: Brönner, in: Was ist ein Baudenkmal?

Brügelmann, Hermann / *Dürr,* Hansjochen / *Förster,* Hans / *Friedrich,* Horst / *Grauvogel,* Gustav u. a.: Kommentar zum Bundesbaugesetz, Loseblattausgabe, Stuttgart / Berlin / Köln / Mainz, Stand: Dez. 1988, zit.: Bearbeiter, in: Brügelmann, BBauG.

Bülow, Wolfgang: Rechtsfragen flächen- und bodenbezogenen Denkmalschutzes, Bd. 103 der Beiträge zum Siedlungs- und Wohnungswesen und zur Raumplanung, Münster 1986, zit.: Bülow, Flächen- und bodenbezogener Denkmalschutz.

Bundesminister für Raumordnung, Bauwesen und Städtebau (Hrsg.): Stadtbild und Gestaltung – Modellvorhaben Hameln, Nr. 02.033 der Schriftenreihe „Stadtentwicklung", Bonn 1983, zit.: BuMi RBS, Stadtbild und Gestaltung.

Burger, Bert / *Gutschow,* Niels / *Krause,* Karl-Jürgen: Bebauungspläne und Ortssatzungen. Instrumente zur gestalterhaltenden Erneuerung historischer Stadtgebiete, Berlin 1978, zit.: Burger / Gutschow / Krause, Bebauungspläne und Ortssatzungen.

Creifelds, Carl (Hrsg.): Rechtswörterbuch, 9. Aufl., München 1988.

Darmstadt, Helmut: Denkmalschutz – kein zweistufiges Verfahren, in: VR 1987, S. 235 f.

— Denkmalschutz und Bezirksvertretungen in Nordrhein-Westfalen, in: VR 1987, S. 33 ff.

Degenhart, Christoph: Umweltschutzrecht, in: Grimm, Dieter / Papier, Hans-Jürgen, Nordrhein-westfälisches Staats- und Verwaltungsrecht, Frankfurt 1986, zit.: Degenhart, Umweltschutzrecht, in: Grimm / Papier, StVwR NW.

Deutsches Nationalkomitee für Denkmalschutz: Empfehlung zu Gestaltungssatzungen vom 17. 11. 1980, in: VuR 1981, S. 178 ff.

Dilcher, Hermann: Die Wertschätzung dokumentierter Geschichte und ihre rechtlichen Folgen, in: Festschrift für Helmut Coing, Band II, München 1982, zit.: Dilcher, Wertschätzung dokumentierter Geschichte, FS Coing.

Dittus, Rolf: Das Denkmalschutzgesetz für das Land Nordrhein-Westfalen, in: StGB 1980, S. 297 ff.

Dombert, Matthias: Rechtsstaatprinzip und Baumschutzsatzung, in: StGB 1987, S. 551, 552 und 581.

Durth, Werner / *Gutschow,* Niels: Architektur und Städtebau der Fünfziger Jahre, Band 33 der Schriftenreihe des Deutschen Nationalkomitees für Denkmalschutz, Bonn 1987.

Eberl, Wolfgang: Denkmalschutzgesetz und örtliche Bauvorschriften, in: BayVBl. 1987, S. 353 ff.

— Das Recht des Denkmalschutzes in der Bundesrepublik Deutschland und seine Beziehungen zum Städtebau, in: BayVBl. 1980, S. 170 ff.

Edel, Otto / *Schäfer,* Rudolf: Erhaltungssatzungen in der kommunalen Praxis, Berlin 1985.

Engel, Christoph: Die Konkurrenz von Baumschutzrecht und Baurecht am Beispiel Schleswig-Holstein, in: NVwZ 1985, S. 252 f., zit.: C. Engel.

Engel, Wolfgang: Staatlicher Selbsteintritt und kommunale Selbständigkeit, in: DVBl. 1982, S. 758 ff., zit.: W. Engel.

Erbguth, Wilfried: Bauplanungsrecht, München 1989.

— Rechtliche Abgrenzungsfragen bei der Stadterhaltung, in: DVBl. 1985, S. 1352 ff.

Erbguth, Wilfried / *Paßlick,* Hermann / *Püchel,* Gerald: Denkmalschutzgesetze der Länder – Rechtsvergleichende Darstellung unter besonderer Berücksichtigung Nordrhein-Westfalens, Band 97 der Beiträge zum Siedlungs- und Wohnungswesen und zur Raumplanung, Münster 1984, zit.: Erbguth / Paßlick / Püchel, DSchG der Länder.

Erichsen, Hans-Uwe: Kommunalaufsicht – Hochschulaufsicht, in: DVBl. 1985, S. 943 ff.

— Kommunalrecht, in: Grimm, Dieter / Papier, Hans-Jürgen, Nordrhein-westfälisches Staats- und Verwaltungsrecht, Frankfurt 1986, zit.: Erichsen, Kommunalrecht, in: Grimm / Papier, StVwR NW.

— Kommunalrecht des Landes Nordrhein-Westfalen, Siegburg 1988.

Erichsen, Hans-Uwe / *Martens,* Wolfgang: Das Verwaltungshandeln, in: dies. (Hrsg.), Allgemeines Verwaltungsrecht, 7. Aufl., Berlin / New York 1986, zit.: Erichsen / Martens, in: dies., Allg. VerwR.

Ernst, Werner / *Hoppe,* Werner: Das öffentliche Bau- und Bodenrecht, Raumplanungsrecht, 2. Aufl., München 1981, zit.: Ernst / Hoppe, Bau- und Bodenrecht.

Ernst, Werner / *Zinkahn,* Willy / *Bielenberg,* Walter: Kommentar zum Bundesbaugesetz, Loseblatt, München, Stand: März 1987, zit.: Bearbeiter, in: E/Z/B, BBauG; Kommentar zum Baugesetzbuch, Loseblatt, München, Stand: August 1988, zit.: Bearbeiter, in: E/Z/B, BauGB.

Farenholtz, Christian / *Foerster-Baldenius,* Peter / *Schwender,* Heinz Werner: Erhaltenswerte Bausubstanz. Beiträge zur Stadtentwicklung in Altbaugebieten, Heft 34 der GEWOS-Schriftenreihe, Hamburg 1980, zit.: GEWOS, Erhaltenswerte Bausubstanz.

Feger, Dieter: Der Schutz von Denkmälern durch Eintragung in die Denkmalliste und von Denkmalbereichen durch Satzung als Aufgabe der Gemeinden in Nordrhein-Westfalen, in: VR 1983, S. 279 ff.

Fiebig, Karl-Heinz: Stadtökologie – eine Querschnittsaufgabe des kommunalen Umweltschutzes, in: DST 1987, S. 311 ff.

Fischermeier, Ernst: Die Inschutznahme im Denkmal- und Naturschutzrecht und ihre Bedeutung für das Verwaltungssachenrecht, Jur. Diss., Erlangen-Nürnberg 1986, zit.: Fischermeier, Inschutznahme.

Fleiner, Fritz: Institutionen des deutschen Verwaltungsrechts, 4. Aufl., Tübingen 1919, Neudruck 1966.

Fluck, Jürgen: Neubau des Bundestages und Denkmalschutz, in: NJW 1987, S. 2352 ff.

Friauf, Karl Heinrich / *Wendt,* Rudolf: Zur Zulässigkeit eines baurechtlichen „Denkmalschutzes" für Arbeiterwohnsiedlungen, Band 4 der Ökologischen Forschungen, Bochum 1980, zit.: Friauf / Wendt, Baurechtlicher Denkmalschutz.

Gaentzsch, Günter: Bundesrechtliche Grundlagen für die Erhaltung historischer Bausubstanz im Städtebau, in: LK 1975, S. 277 ff.

— Denkmalpflege und kommunale Selbstverwaltung, in: DAS 1974, S. 273 ff.

Gahlen, Hans Georg: Denkmalschutz in Nordrhein-Westfalen, in: StGR 1981, S. 374 ff.

— Rechtsschutz von Baudenkmälern, in: NVwZ 1984, S. 687 ff.

— Urteilsanmerkung zu OVG Münster, DÖV 1985, S. 158 ff., in: DÖV 1985, S. 411 ff.

— Urteilsanmerkung zu OVG Münster, NVwZ 1982, S. 457 f., in: NVwZ 1982, S. 423.

Gahlen, Hans Georg / *Schönstein,* Horst Dieter: Denkmalrecht Nordrhein-Westfalen – Kommentar, Köln / Stuttgart / Berlin / Hannover / Kiel / Mainz / München 1981, zit.: Gahlen / Schönstein, DSchG NW.

Gassner, Edmund: Die städtebauliche Entwicklung der Gemeinden im Spannungsfeld zwischen kommunaler Planungshoheit, privilegierten Fachplanungen und Zielen der Landes- und Regionalplanung, in: VuR 1984, S. 129 ff.

— Städtebauliche Gestaltung und Rücksichten auf die Denkmalpflege in der Bauleitplanung und im kommunalen Bausatzungsrecht, in: VuR 1981, S. 143 ff.

Gassner, Erich: Naturschutz im neuen Baugesetzbuch, in: UPR 1987, S. 249 ff., zit.: Erich Gassner.

Gebeßler, August / *Eberl,* Wolfgang: Schutz und Pflege von Baudenkmälern in der Bundesrepublik Deutschland – ein Handbuch, Köln / Stuttgart / Berlin / Mainz 1980, zit.: Bearbeiter, in: Gebeßler / Eberl, Baudenkmäler.

Gelzer, Konrad: Bauplanungsrecht, 4. Aufl., Köln 1984.

Gönnenwein, Otto: Gemeinderecht, Tübingen 1963.

Grabosch, V.: Bebauungspläne und gestalterische Festsetzungen, in: NWVBL 1990, S. 293 ff.

Grawert, Rolf: Gemeinden und Kreise vor den öffentlichen Aufgaben der Gegenwart (Mitbericht), in: VVDStRL Bd. 36 (1978), S. 277 ff.

Grooterhorst, Johannes: Welche Möglichkeiten bieten insbesondere Bau- und Planungsrecht zur Umsetzung umweltrelevanter Maßnahmen im Innenstadtbereich?, in: DVBl. 1987, S. 654 ff.

Grosse-Suchsdorf, Ulrich / *Schmaltz,* Hans Karsten / *Wiechert,* Reinald: Kommentar zur niedersächsischen Bauordnung und zum niedersächsischen Denkmalschutzgesetz, 3. Aufl., Hannover 1984.

Haas-Traeger, Evelyn: Denkmalschutz und kommunale Selbstverwaltung, in: DÖV 1981, S. 402 ff.

Hartung, Sven: Was ist ein Kulturdenkmal?, in: StGB 1989, S. 72 ff.

Henke, Reginhard: Stadterhaltung als kommunale Aufgabe, Berlin 1985, zuvor jur. Diss., Bielefeld 1984, zit.: Henke, Stadterhaltung

— Stadterhaltung durch Erhaltungssatzung nach § 39 h BBauG, in: DÖV 1983, S. 402 ff.

Henneke, Hans-Günter: Landwirtschaft und Naturschutz, Jur. Diss., Kiel 1986.

Hesse, Konrad: Grundzüge des Verfassungsrechts der Bundesrepublik Deutschland, 14. Aufl., Heidelberg / Karlsruhe 1984, zit.: Hesse, Grundzüge des Verfassungsrechts.

Hill, Hermann: Das fehlerhafte Verfahren und seine Folgen im Verwaltungsrecht, Heidelberg 1986, zit.: Hill, Fehlerhaftes Verfahren.

— Zur Dogmatik sog. Heilungsvorschriften im Kommunalverfassungsrecht, in: DVBl. 1983, S. 1 ff.

Henkel, Reinhard: Zur Situation der kommunalen Selbstverwaltung, in: NVwZ 1985, S. 225 ff.

Hönes, Ernst-Rainer: Denkmalschutz – Eine Aufgabe der Gemeinden, in: DÖV 1979, S. 286 ff.

— Die Unterschutzstellung von Kulturdenkmälern, Köln 1987, zit.: Hönes, Unterschutzstellung.

— Urteilsanmerkung zu OVG Koblenz, DÖV 1988, S. 606 ff., in: DÖV 1988, S. 608 f.

— Zur Zweistufigkeit des Denkmalschutzverfahrens, in: NVwZ 1986, S. 190 ff.

Hofherr, Erich: Bauleitplanung und Landschaftsplanung, in: UPR 1987, S. 88 ff.

Hoppenberg, Michael: Das Baugesetzbuch, in: NJW 1987, S. 748 ff.

Hufen, Friedhelm / *Leiß,* Dieter: Ausgewählte Probleme beim Erlaß von Baumschutzverordnungen, in: BayVBl. 1987, S. 289 ff.

Ipsen, Jörn: Die prinzipale Normenkontrolle von Bebauungsplänen, in: Die Verwaltung 1987, S. 477 ff.

Jaeger, Falk: Instrumente der Stadtgestaltung, in: DAS 1979, S. 297 ff.

Keller, Johann: Recht und Praxis der örtlichen Bauvorschriften nach Art. 91 Bauordnung Bayern, Jur. Diss., München 1985, zit.: Keller, Örtliche Bauvorschriften.

Kerbusch, Hermann: Nochmals: Wohnungsmodernisierung, Stadterneuerung und „Milieuschutz", in: NVwZ 1982, S. 360 f.

Kiepe, Folkert: Erhaltungssatzungen nach § 39 h BBauG, in: DST 1983, S. 409 ff.

Kiesow, Gottfried: Einführung in die Denkmalpflege, Darmstadt 1982, zit.: Kiesow, Denkmalpflege.

Knemeyer, Franz-Ludwig: Die Staatsaufsicht über die Gemeinden und Kreise, in: Handbuch für kommunale Wissenschaft und Praxis, Bd. 1, Berlin / Heidelberg / New York 1981, zit.: Knemeyer, Staatsaufsicht, in: HdKWP, Bd. 1

Koch, Hans-Joachim: Das Abwägungsgebot im Planungsrecht, in: DVBl. 1983, S. 1125 ff.

Koch, Werner: Entschädigung für Bäume und Gartenanlagen als Grundstücksbestandteil, in: VersR 1981, S. 505 ff., zit.: W. Koch.

Koch, Hans / *Molodovsky,* Paul / *Rahm,* Wolfdietrich: Bayerische Bauordnung – Kommentar, Loseblatt, München / Münster, Stand: Dezember 1987, zit.: Koch / Molodovsky / Rahm, BauO Bay.

König, Hans-Günther: Öffentliches Baurecht in Bayern, Köln / Berlin / Bonn / München 1986, zit.: König, Baurecht in Bayern.

Körner, Hans: Ausschüsse, Kommissionen und Deputationen, in: Handbuch für kommunale Wissenschaft und Praxis, Bd. 2, Berlin / Heidelberg / New York 1982, zit.: Körner, Ausschüsse, Kommissionen und Deputationen, in: HdKWP, Bd. 2.

Kolodziejcok, Karl-Günther / *Recken,* Josef: Naturschutz und Landschaftspflege, Loseblatt, Berlin, Stand: September 1989.

Kopp, Ferdinand O.: Kommentar zur Verwaltungsgerichtsordnung, 8. Aufl., München 1989.

Köttgen, Arnold: Wesen und Rechtsform der Gemeinden und Gemeindeverbände, in: Handbuch für kommunale Wissenschaft und Praxis, Bd. 1, Berlin / Heidelberg / New York 1956, zit.: Köttgen, HdKWP, Bd. 1.

Kottenberg, Kurt / *Rehn,* Erich / *Cronauge,* Ulrich: Kommentar zur Gemeindeordnung Nordrhein-Westfalen, Loseblatt, Siegburg, Stand: August 1989, zit.: Kottenberg / Rehn, GO NW.

Krause, Karl-Jürgen: Probleme der Stadtgestaltung, in: Machtemes, Aloys u.a., Probleme der Stadtgestaltung, Band 2.028 der Schriftenreihe Landes- und Stadtentwicklungsforschung des Landes Nordrhein-Westfalen, zit.: Krause, Probleme der Stadtgestaltung.

Krautzberger, Michael: Das neue Baugesetzbuch – Das besondere Städtebaurecht, in: NVwZ 1987, S. 647 ff.

— Urteilsanmerkung zu OVG Lüneburg, ZfBR 1983, S. 238 ff., in: ZfBR 1983, S. 241 ff.

Krebs, Walter: Baurecht, in: Grimm, Dieter / Papier, Hans-Jürgen, Nordrhein-westfälisches Staats- und Verwaltungsrecht, Frankfurt 1986, zit.: Krebs, Baurecht, in: Grimm / Papier, StVwR NW.

Krupinski, Hans-Dieter: Erhaltung und Erneuerung historischer Stadtkerne, in: StGR 1988, S. 147 ff.

Kuhn, Gustav: Ästhetische Bevormundung durch Bebauungspläne?, in: DVBl. 1968, S. 497 ff.

Kummer, Michael: Denkmalschutzrecht als gestaltendes Baurecht, München 1981, zit.: Kummer, Denkmalschutzrecht.

— Urteilsanmerkung zu OVG Lüneburg, DÖV 1980, S. 837 ff., in: DÖV 1980, S. 839 ff.

— Bietet die Eingriffsregelung nach dem Naturschutzrecht Hilfen für die Denkmalpflege?, in: NuR 1986, S. 12 ff.

Künkele, Siegfried / *Heiderich,* Eberhart: Kommentar zum Naturschutzgesetz für Baden-Württemberg, Loseblatt, Stuttgart / Berlin / Köln / Mainz, Stand: Mai 1987, zit.: Künkele / Heiderich, NatSchG BW.

Kunz, Wolfgang: Schutz, Pflege und Erhaltung des Baumbestandes, in: DVBl. 1979, S. 613 ff.

— Schutz, Pflege und Erhaltung des Baumbestandes durch Baumschutzregelungen, in: DÖV 1987, S. 16 ff.

Landesdenkmalrat in Bayern: Baumaßnahmen in der Nähe von Ensembles, Empfehlungen, in: LK 1978, S. 432 f.

Larenz, Karl: Methodenlehre der Rechtswissenschaft, 5. Aufl., Heidelberg / Berlin / New York 1983.

Lerche, Peter: Ermächtigungsvorschriften für Außenwerbungssatzungen, in: DB 1969, Beilage Nr. 6, S. 1 ff.

von Loebell, Friedrich Wilhelm / *Oerter,* Volker: Gemeindeordnung für das Land Nordrhein-Westfalen, Loseblatt, Wiesbaden, Stand: 1985, zit.: von *Loebell / Oerter,* GO NW.

Löhr, Rolf-Peter: Wohnungsmodernisierung, Stadterneuerung und „Milieuschutz“, in: NVwZ 1982, S. 19 ff.

Lorz, Albert: Naturschutzrecht – Kommentar, München 1985.

Lotz, Werner: Kommunalverwaltung und Verwaltungsgerichtsbarkeit, in: BayVBl. 1983, S. 385 ff.

Lüersen, Karl / *Neuffer,* Martin: Niedersächsische Gemeindeordnung – Kommentar, Loseblatt, Wiesbaden, Stand: Februar 1987, zit.: Lüersen / Neuffer, GO Nds.

Manssen, Gerrit: Stadtgestaltung und örtliche Bauvorschriften, Berlin 1990, zugleich Jur. Diss., Regensburg 1990, zit.: Manssen, Stadtgestaltung.

Maunz, Theodor / *Dürig,* Günter / *Herzog,* Roman / *Scholz,* Rupert: Kommentar zum Grundgesetz, Loseblatt, München, Stand: Oktober 1984, zit.: Bearbeiter, in: Maunz / Dürig, GG.

Memmesheimer, Paul Artur / *Upmeier,* Dieter / *Schönstein,* Horst Dieter: Kommentar zum Denkmalschutzgesetz Nordrhein-Westfalen, 2. Aufl. des Kommentars von Gahlen / Schönstein, Köln 1989, zit.: M/U/S, DSchG NW.

Meyer, Hans: Die Kodifikation des Verwaltungsverfahrens und die Sanktion für Verfahrensfehler, in: NVwZ 1986, S. 513 ff.

Mindak, Jochen / *Roseneck,* Reinhard: Analyse von Ortssatzungen zum Schutz historischer Stadtbilder, in: LK 1978, S. 420 ff.

Minister für Landes- und Stadtentwicklung Nordrhein-Westfalen (Hrsg.): Denkmalschutz und Denkmalpflege in Nordrhein-Westfalen 1980 - 1984, Band 11 der Schriftenreihe des Ministeriums für Landes- und Stadtentwicklung NW, Düsseldorf 1984, zit.: MLS, Denkmalschutz.

Moelle, Peter / *Rabeneck,* Hartmut / *Schalk,* Heribert: Kommentar zur Bauordnung für das Land Nordrhein-Westfalen, Loseblatt, Essen, Stand: Januar 1987, zit.: Moelle / Rabeneck / Schalk, BauO NW.

Moench, Christoph: Denkmalschutzrecht, neuere Entwicklungen, Berührungspunkte mit dem Baurecht, in: ZfBR 1985, S. 113 ff. und S. 163 ff.

— Denkmalschutzrecht und Eigentumsbeschränkung, in: NJW 1980, S. 1545 ff.

— Entwicklung des Denkmalschutzrechts, in: NVwZ 1988, S. 304 ff.

— Reichweite und Grenze des Denkmalschutzes, in: NJW 1983, S. 1998 ff.

Müller, Jürgen: Baumschutzregelungen in der neueren Rechtsprechung, in: VR 1987, S. 301 ff., zit.: J. Müller.

— Das Recht der Baudenkmäler, in: BauR 1988, S. 425 ff., zit.: J. Müller.

— Die Rechtsprechung zum nordrhein-westfälischen Denkmalschutzgesetz, in: VR 1987, S. 36 ff., zit.: J. Müller.

Müller, Martin: Baudenkmalschutz und Eigentumsbeeinträchtigung, Jur. Diss., Gelsenkirchen 1985, zit.: M. Müller.

von Münch, Ingo (Hrsg.): Kommentar zum Grundgesetz, Bd. 3, 2. Aufl., München 1983, zit.: Bearbeiter, in: von Münch, GG.

von Mutius, Albert: Sind weitere rechtliche Maßnahmen zu empfehlen, um den notwendigen Handlungs- und Entfaltungsspielraum der kommunalen Selbstverwaltung zu gewährleisten?, Gutachten E zum 53. Deutschen Juristentag, München 1980, zit.: von Mutius, Gutachten E zum 53. DJT.

von Mutius, Albert / *Hennecke,* Hans-Günther: Urteilsanmerkung zu VerfGH NW, DVBl. 1985, S. 685 ff., in: DVBl. 1985, S. 689 ff.

von Mutius, Albert / *Hill,* Hermann: Die Behandlung fehlerhafter Bebauungspläne durch die Gemeinden, Siegburg 1983, zit.: von Mutius / Hill, Fehlerhafte Bebauungspläne.

Neuenfeld, Klaus: Bundeskompetenzen für die Denkmalpflege?, in: BBauBl. 1976, S. 120 ff.

Neuffer, Otto / *von Arnim,* Achim / *Schlotterbeck,* Karlheinz: Das neue Baurecht in Baden-Württemberg – Kommentar, Loseblatt, Stuttgart, Stand: August 1987, zit.: Neuffer / von Arnim / Schlotterbeck, BauO BW.

Neuhausen, Karl-Heinz: Die Planverwirklichungsgebote nach der Neufassung des BBauG, in: NJW 1977, S. 784 ff.

Oebbecke, Janbernd: Die Aufgaben der Gemeinden und Kreise nach dem nordrhein-westfälischen Denkmalschutzgesetz, in: VR 1980, S. 384 ff.

— Zweifelsfragen zum Denkmalschutz, in: Zeitschrift Westfalen 1983, S. 256 ff.

Oldiges, Martin: Polizeirecht, in: Grimm, Dieter / Papier, Hans-Jürgen, Nordrhein-westfälisches Staats- und Verwaltungsrecht, Frankfurt 1986, zit.: Oldiges, Polizeirecht, in: Grimm / Papier, StVwR NW.

Ortloff, Karsten-Michael: Die Entwicklung des Bauordnungsrechts im Jahre 1981, in: NVwZ 1983, S. 10 ff.

Ossenbühl, Fritz: Eine Fehlerlehre für untergesetzliche Normen, in: NJW 1986, S. 2805 ff.

Otto, Franz: Rechtliche Probleme bei der Anwendung von Baumschutzregelungen, in: NVwZ 1986, S. 900 ff. = NuL 1987, S. 112 ff.

— Zivilrechtliche Auswirkungen von Baumschutzregelungen, in: NJW 1989, S. 1783 ff.

Pappermann, Ernst: Hat sich das Denkmalschutzgesetz NW in der kommunalen Praxis bewährt?, in: BlGBW 1983, S. 101 ff.

Parodi, Silvana: Eigentumsbindung und Enteignung im Natur- und Denkmalschutz, Berlin 1984.

Pagenkopf, Hans: Kommunalrecht, Bd. 1: Verfassungsrecht, 2. Aufl., Köln / Berlin / Bonn / München 1975.

Pestalozza, Christian: Thesen zur kompetenzrechtlichen Qualifikation von Gesetzen im Bundesstaat, in: DÖV 1972, S. 181 ff.

Pietzcker, Jost: Inzidentverwerfung untergesetzlicher Rechtsnormen durch die Verwaltung, in: DVBl. 1986, S. 806 ff.

Pietzner, Rainer / *Ronellenfitsch,* Michael: Das Assessorexamen im öffentlichen Recht, 6. Aufl., Düsseldorf 1987, zit.: Pietzner / Ronellenfitsch, Assessorexamen.

Prahl, Albert: Zum Denkmalschutzgesetz NW – Grundzüge und einige Zweifelsfragen –, in: BlGBW 1983, S. 41 ff.

Rauball, Johannes / *Rauball,* Reinhard / *Rauball,* Werner / *Pappermann,* Ernst / *Roters,* Wolfgang: Kommentar zur Gemeindeordnung Nordrhein-Westfalen, 3. Aufl., München 1981, zit.: Rauball / Pappermann / Roters, GO NW.

Rehn, Erich: Bildung von Ausschüssen, in: StGR 1984, S. 339 ff.

Ritter, Ernst Hasso: Umweltpolitik und Rechtsentwicklung, in: NVwZ 1987, S. 929 ff.

Rößler, Hans-Günther: Kommentar zur Landesbauordnung Nordrhein-Westfalen, 3. Aufl., Köln usw. 1985, zit.: Rößler, BauO NW.

Rosenzweig, Klaus: Das Rechtsinstitut „Geschützter Landschaftsbestandteil", in: NuR 1987, S. 313 ff.

Rothe, Karl-Heinz: Kommentar zum Denkmalschutzgesetz Nordrhein-Westfalen, Wiesbaden / Berlin 1981, zit.: Rothe, DSchG NW.

— Das Denkmalschutzgesetz aus der Sicht der Gemeinden, in: StGR 1981, S. 382 ff.

— Verwirklichung von Bebauungsplänen mit oder ohne Gebotsanordnung und die Erhaltung baulicher Anlagen, Wiesbaden / Berlin 1986, zit.: Rothe, Verwirklichung von Bebauungsplänen.

Rothenburger, W.: Diskussion über Baumwerte, in: AgrarR 1989, S. 219 f.

Salzwedel, Jürgen: Bundesbehörden und Naturschutzrecht, in: NuR 1984, S. 165 ff.

Schlez, Georg: Baugesetzbuch – Kommentar, 3. Aufl., Wiesbaden / Berlin 1987, zit.: Schlez, BauGB.

Schlichter, Otto / *Stich,* Rudolf / *Tittel,* Hans-Joachim: Kommentar zum Bundesbaugesetz, 3. Aufl., Köln 1979, zit.: Bearbeiter, in: S/S/T, BBauG; Kommentar zum Baugesetzbuch, Köln / Berlin / Bonn / München 1988, zit.: Bearbeiter, in: Berliner Kommentar zum BauGB.

Schlink, Alexander: Mustersatzung – Ihre Entstehung und Umsetzung in der Kommunalverwaltung, in: ZG 1987, S. 33 ff.

Schmaltz, Hans Karsten: Örtliche Bauvorschriften über Gestaltung, in: VuR 1983, S. 217 ff.

Schmidt-Aßmann, Eberhard: Die kommunale Rechtsetzung im Gefüge der administrativen Handlungsformen und Rechtsquellen, München 1981 = Handbuch für kommunale Wissenschaft und Praxis, Bd. 3, Berlin / Heidelberg / New York 1983, zit.: Schmidt-Aßmann, Kommunale Rechtsetzung.

— Die Rechtsetzungsbefugnis der kommunalen Körperschaften, in: Selbstverwaltung im Staat der Industriegesellschaft, Festschrift für Georg Christoph von Unruh, Heidelberg 1983, zit.: Schmidt-Aßmann, Rechtsetzungsbefugnis, in: FS von Unruh.

— Vorüberlegungen zu einem neuen Städtebaurecht, in: DVBl. 1984, S. 582 ff.

Schmidt-Eichstaedt, Gerd: Einführung in das neue Städtebaurecht, Stuttgart / Berlin / Köln / Mainz 1987, zit.: Schmidt-Eichstaedt, Städtebaurecht.

— Die Satzung zur Erhaltung baulicher Anlagen nach § 39 h des novellierten Bundesbaugesetzes, in: DST 1979, S. 143 ff.

Schmidt-Jortzig, Edzard: Kommunale Satzungen als Form materieller Rechtsetzung durch Selbstverwaltungskörperschaften, in: ZG 1987, S. 193 ff.

— Kommunalrecht, Stuttgart / Berlin / Köln / Mainz 1982.

Schmittat, Karl-Oskar: Denkmalschutz und gemeindliche Selbstverwaltung, Berlin 1988, zuvor Jur. Diss., Hagen 1987.

Schnapp, Friedrich E.: Die Ersatzvornahme in der Kommunalaufsicht, Jur. Diss., Bochum 1969.

Schneider, Hans: Gesetzgebung, Heidelberg 1982.

Schneider, Oskar: Stadterneuerung für eine bessere Umwelt, in: DST 1989, S. 5 ff., zit.: O. Schneider.

Schönstein, Horst Dieter: Denkmalpflegeplan, in: StGR 1981, S. 379 ff.

Schrödter, Hans: Kommentar zum Bundesbaugesetz, 4. Aufl., München 1980.

Schwerdtfeger, Gunther: Rechtsfolgen von Abwägungsdefiziten in der Bauleitplanung – BVerwGE 64, 33, in: JuS 1983, S. 270 ff.

Seewald, Otfried: Kommunalrecht, in: Arndt u. a., Besonderes Verwaltungsrecht, Heidelberg 1984, zit.: Seewald, Kommunalrecht, in: Arndt u. a., Bes. VerwR.

Simon, Alfons: Kommentar zur Bayerischen Bauordnung, Loseblatt, München, April 1983 bzw. März 1987, zit.: Simon, BauO Bay.

Söfker, Wilhelm: Baugesetzbuch und Umweltschutz, in: UPR 1987, S. 201 ff.

Stähler, Bernhard: Denkmalbegriff, Denkmalschutzrelevante Satzungen und Denkmalschutz bei Bundesbehörden, Jur. Diss., Münster 1985, zit.: Stähler, Denkmalbegriff.

Steinberg, Rudolf: Baumschutzsatzungen und -verordnungen, in: NJW 1981, S. 550 ff.

Stich, Rudolf: Maßnahmen zur Stadterhaltung und des Denkmalschutzes im Spannungsfeld zwischen Bundes- und Landesrecht sowie zwischen kommunaler Selbstverwaltung und staatlicher Einwirkung, in: ZfBR 1983, S. 61 ff. = DAS 1983, S. 85 ff.

— Rechtsprobleme des Verhältnisses der kommunalen Bauleitplanung zur örtlichen Landschaftsplanung, in: ZfBR 1986, S. 61 ff. und S. 111 ff.

— Zur Notwendigkeit einer Harmonisierung von Planungsrecht, Bauordnungsrecht und Umweltschutzrecht, in: Stadtbauwelt 1985, S. 140 ff.

— Baumschutz, in: Handwörterbuch des Agrarrechts, Bd. 1, Berlin 1981.

— Umweltschutz im Städtebau-, Bauordnungs- und Denkmalschutzrecht, in: Salzwedel, Jürgen (Hrsg.), Grundzüge des Umweltrechts, Berlin 1982.

Stober, Rolf: Kommunalrecht, Heidelberg 1987.

— Kommunalrecht, in: Wolff, Hans J. / Bachof, Otto, Verwaltungsrecht II, 5. Aufl., München 1987.

Strobl, Heinz: Die Reform des Denkmalschutzrechts, in: BWVerwPr 1983, S. 278 ff.

Stroetmann, Clemens: Umweltschäden und Schutzmaßnahmen in der Denkmalpflege, in: Umwelt 1990, S. 229 ff.

Stuer, Bernhard: Denkmalschutz vor Bauleitplanung?, in: BauR 1989, S. 251 ff.

— Erfahrungen mit der verwaltungsgerichtlichen Normenkontrolle – eine Zwischenbilanz, in: DVBl. 1985, S. 469 ff.

Teucher, Rolf: Die kommunale Gesetzgebung, in: Das Parlament 1987, Nr. 32 (Ausgabe vom 11. August), S. 6.

Thiel, Fritz / *Rößler,* Hans Günther / *Schuhmacher,* Wilhelm: Baurecht in Nordrhein-Westfalen – Kommentar, Band 3/1, Loseblatt, Köln / Berlin / Bonn / München, Stand: 1986, zit.: Thiel / Rößler / Schuhmacher, Baurecht NW.

Thiele, Willy: Allzuständigkeit im örtlichen Wirkungskreis ein politisch hochstilisiertes, praktisch unbrauchbares Dogma?, in: DVBl. 1980, S. 10 ff.

Tipke, Klaus: Steuerrecht, 12. Aufl., Köln 1989.

Wachter, Bernhard: Urteilsanmerkung zu OVG NW, BauR 1981, S. 559 ff., in: StGR 1982, S. 72 ff.

Watzke, Hans Georg: Zur Konkurrenz von Denkmalschutz- und städtebaulichem Erhaltungsrecht, in: ZfBR 1981, S. 10 ff. und S. 57 ff.

Wenzel, Werner / *Bündgen,* Günter: Kommentar zur Hessischen Bauordnung, 2. Aufl., Köln / Berlin / Hannover / Kiel / Mainz / München 1984, zit.: Wenzel / Bündgen, BauO Hessen.

Weyreuther, Felix: Bauen im Außenbereich, Köln / Berlin / Bonn / München 1979.

— Bundes- und Landesbaurecht, in: BauR 1972, S. 1 ff.

Willamowski, Gerd Lothar: Zur Verteilung der innergemeindlichen Organisationsgewalt in Nordrhein-Westfalen, Jur. Diss., Bochum 1983, zit.: Willamowski, Organisationsgewalt.

Zundel, Rolf: Regelungen zum Schutz des Baumbestandes, in: RdL 1982, S. 85 ff.

Zwanzig, Günter W.: Ortsrecht zur Baudenkmalpflege, in: LK 1975, S. 280 ff.

Kolibri 360 GmbH
Ferdinand-Jühlke-Straße 7
99095 Erfurt, Deutschland
produktsicherheit@kolibri360.de

Druck:
CPI Druckdienstleistungen GmbH
im Auftrag der
Kolibri 360 GmbH
Ferdinand-Jühlke-Str. 7
99095 Erfurt